Le contentieux électoral et le juge constitutionnel :

l'impératif de vérité, sincérité, régularité et crédibilité

RD Congo 2006, 2011

Bushiri Omari

Le contentieux électoral et le juge constitutionnel :

l'impératif de vérité, sincérité, régularité et crédibilité

RD Congo 2006, 2011

L'Harmattan

5-7, rue de l'École-Polytechnique – 75005 Paris

www.editions-harmattan.fr

ISBN : 978-2-343-17141-8
EAN : 9782343171418

Épigraphe

Très souvent nous entendons dire que celui-là ou celle-là est bien « placé » ; plus populairement « qu'il est haut » ! Mais qu'est-ce qui fait vraiment le statut social auquel tant de personnes aspirent ? La réponse est évidemment bien difficile.

Dr Stephano Zico Etoughé Fam'Ella

In memoriam

À toi notre père...

Que le même vœu parvienne à notre mère Mariam et celui qui fut...
BIBOMBA MWAMBA Bonaventure.

Dédicace

À nos chéris Rashidi Salima, Omari Djuma Chirac, Omari Mwamini Tridia, Ngalula Kanda Nathalie, Omari Nyembo Gauthier, Omari Miriam Mirdie, Omari Mutombo Gauldie, Omari Zahabu Merhétat, Omari Bushiri Wassa Alhnovic.

Remerciements

Il est dit que la reconnaissance est une vertu pour tout celui qui met sa vie en Dieu.

Qu'il nous soit permis d'exprimer nos remerciements au Professeur MFUMU NGOY Daniel qui, nonobstant ses multiples charges comme Recteur et enseignant, a consenti la direction de cette recherche qui demande beaucoup de sacrifices et d'esprit de promotion.

Nous ressentons également le devoir et la gratitude d'exprimer toute notre reconnaissance au Professeur Richard Zacharie NTUMBA MUSUKA, Copromoteur de ce travail, qu'il a su démontrer la maitrise de la question traitée et à travers ses conseils, de ce qui était chantier est devenu ce jour une thèse.

Nous remercions, en outre le Recteur Professeur Dr. Jean Pascal MANGA OKENGE pour son accompagnement dans cette épineuse épreuve intellectuelle et socioculturelle dans le contexte de notre chère Province du Maniema.

Nos remerciements s'adressent enfin à tous ceux de près ou de loin, ont apporté leur soutien à la réalisation de cette œuvre.

Sigles

PUF : Presses Universitaires de France
UDPS : Union pour la Démocratie et le Progrès social
ONU : Organisation des Nations Unies
(CENA : commission électorale nationale autonome
MLC : Mouvement de libération du Congo
PPRD : Parti du Peuple pour la Reconstruction et la démocratie
CENCO : la Conférence épiscopale nationale du Congo
RDC : République Démocratique du Congo
CEI : Commission Électorale Indépendante
CENI : Commission Électorale Nationale Indépendante
CSJ : Cour Suprême de Justice
UNIKIN : Université de Kinshasa
ONG : Organisation Non Gouvernementale
AFP : Agence France - Presse

Introduction générale

Les sociétés démocratiques se caractérisent, entre autres, par l'organisation d'élections disputées à intervalles réguliers. Le contentieux électoral a, à cet effet, pour objet de vérifier la régularité des actes et la validité des résultats des élections[1] ; en d'autres termes, il se définit comme l'opération qui vise à régler les litiges mettant en cause la régularité des processus électoraux. Le contentieux électoral comporte lui-même plusieurs types de contentieux : le contentieux électoral proprement dit et le contentieux répressif qui tend à la sanction des actes de fraudes commis à l'occasion des élections et à la condamnation de leurs auteurs[2].Mais au-delà de la perception que le juriste peut donner de la notion de contentieux, c'est-à-dire du règlement par des organes juridictionnels d'un différend, il convient de préciser qu'en matière électorale l'expression« règlement des contentieux » peut être saisie de façon extensive ; au point d'avoir recours à la notion de régulation électorale.

Quelle que soit l'analyse que l'on peut faire à propos de l'idée de la représentation politique en rapport avec la démocratie, le contentieux apparaît comme la technique qui assure, autant que possible, l'équité et la régularité de la représentation dans la démocratie électorale. Or il n'y a pas d'élection sans contentieux ; à moins que l'on ne choisisse d'organiser ce qu'on appelle, dans le jargon des africanistes, les « élections sans risques ».

En effet, l'élection pluraliste est aujourd'hui indispensable pour mesurer la légitimité des gouvernants ; et le contentieux est incontournable pour assurer la crédibilité de la consultation électorale. L'existence du contentieux et sa fiabilité sont un signe de la légitimité des procédures de désignation des gouvernants.

En d'autres termes, l'utilisation du contentieux électoral par les acteurs politiques et l'adhésion de ceux-ci à l'idée même de ce mécanisme démontrent leur maturité ainsi que celle de la population en général, et révèlent le niveau de développement politique de la société. Il vaut mieux

1 Jean-Claude MASCLET, *Droit électoral*, Paris, PUF, coll. « Droit politique et théorique », 1989, p. 309
2 Jean-Claude MASCLET, *Le Droit des élections politiques*, Paris, PUF, coll. « Que sais-je ? », 1992, p. 97.

organiser le contentieux que d'avoir recours aux violences postélectorales ; de plus, il y a lieu de s'inquiéter lorsqu'il n'y a pas de contentieux réglé selon les voies du droit. En octobre 2000, le juge électoral en Côte d'Ivoire déclarait dans son arrêt relatif à la proclamation définitive des résultats de l'élection présidentielle : « Aucune réclamation concernant la régularité du scrutin ou de son dépouillement n'a été présentée à la Chambre constitutionnelle dans les délais requis ; par ailleurs, que l'examen des documents électoraux ne révèle aucune irrégularité de nature à entacher la sincérité du scrutin »[3]. On sait ce qui est advenu par la suite dans ce pays avec les tentatives répétées de coups d'État militaires et, deux années plus tard, la rébellion armée.

Dans le même pays, les violences post électorales qui ont secoué la communauté ivoirienne, après l'annonce des résultats par l'administration électorale et certifiés par la mission de l'ONU ont été infirmés par la Cour constitutionnelle de ce pays proclamant Bagbo Laurent au lieu d'Al Hassan Wattara comme l'a annoncé l'administration électorale. En République démocratique du Congo, les deux cycles électoraux de 2006 et de 2011, particulièrement les élections présidentielles se sont soldées par des violences et contestations ou mieux crises postélectorales pour celles de 2006 entre Kabila Kabange Joseph et Bemba Gombo Jean Pierre et la crise institutionnelle qui a justifié entre autres la convocation de concertations nationales pour la cohésion nationale pour celle de 2011. Sur un plan général, on remarque que le continent africain est pluriel et que les formes de la compétition politique ne sont pas linéaires.

Par ailleurs, il est aujourd'hui possible d'affirmer que l'Afrique s'exerce depuis quelques années, et sans doute péniblement, à la pratique du contentieux électoral. L'intérêt accordé à cette opération varie en fonction des phases du processus électoral ; les acteurs de la régulation des élections sont en général pluriels, et ce qui est appelé contentieux électoral comporte également plusieurs figures.

La démocratisation des systèmes politiques en Afrique reste relativement lente ; l'élection, qui constitue aujourd'hui l'instrument de la compétition pour le pouvoir, permet en même temps de mesurer l'évolution de la société démocratique. Dans ce contexte, le contentieux électoral connaît une gestation difficile et son implantation est variable selon les pays.

De plus, en faisant une appréciation rétrospective du contentieux électoral en Afrique, on est saisi par une impression d'un fort sentiment de déception. La déception, parce que le contentieux électoral a souvent, pour ne pas dire toujours, en Afrique pour les élections municipales, les scrutins législatifs et, pire encore, pour ce qui est de l'élection présidentielle à propos de laquelle Francis Wodié faisait remarquer que tout contentieux est

3 Djedjro Francisco MELEDJE, *Le contentieux électoral en Afrique*, Actes du séminaire de Cotonou, 11-12 novembre 1998, p 140

considéré comme préalablement et définitivement tari ou vidé ; à raison du filtrage et du contrôle opérés avec les partis dominants, on présente même le contentieux comme étant pratiquement sans issue[4].

La démocratie pluraliste constitue aujourd'hui, partout ailleurs comme en Afrique, une expression à la mode ; pour ce faire, l'élection est présentée comme étant le mode normal de manifestation du droit des peuples à disposer d'eux-mêmes.

A ce propos, un juge constitutionnel marocain a fait remarquer à juste titre que le droit électoral duquel émerge le contentieux électoral connaît à l'heure actuelle une extension aussi large que la démocratie puisqu'il se trouve inscrit aussi bien dans les actes juridiques des pays développés que dans ceux des États nouveaux[5].

En effet, dès que la concurrence politique est réapparue à l'occasion des consultations électorales dans certains pays africains qui ont adopté des systèmes politiques semi-fermés, la fraude électorale et les autres formes d'irrégularités sont devenues des préoccupations pour les acteurs politiques et les observateurs de la vie politique en Afrique[6]. L'idée même d'un contentieux électoral en Afrique est rendue de ce fait irrésistible, du moins si l'on accepte le principe d'élections transparentes.

Nombre de failles demeurent quant à la fiabilité du contentieux électoral en Afrique, du moins dans la plupart des États du continent.

Alors que, dans les démocraties pluralistes en Occident, l'action du juge constitutionnel et du juge pénal a largement contribué à moraliser les consultations électorales, en Afrique, le contentieux électoral en est encore au stade des balbutiements. On a même quelquefois le sentiment d'assister au déroulement de procédures que l'on peut qualifier tout simplement d'« exotiques », comme par exemple le fait pour le juge électoral au Nigeria de ne s'être prononcé que plus d'une année et demie après l'élection présidentielle d'avril 2007 sur la régularité de ce scrutin.

Dans ces conditions et raisonnablement, Umaru Musa Yar'Adua, donné comme élu et exerçant depuis un temps déjà très long les fonctions de chef de l'État, ne peut plus voir son élection invalidée. La faible implantation du contentieux électoral s'explique de diverses façons. Il y a, avant tout, une raison institutionnelle qui tient au fait qu'en Afrique les pouvoirs publics, c'est-à-dire le personnel politique et l'administration publique, sont parties prenantes dans la fraude électorale ; il y a, par ailleurs, les défaillances dues

4 Francis WODIE, *Institutions politiques et Droit constitutionnel en Côte d'Ivoire*, Abidjan, Presses universitaires de Côte d'Ivoire, 1996, p. 116

5 Abdeltif MENOUNI, « Constitution et contentieux électoral », *in Académie Internationale de droit constitutionnel, Recueil des cours*, vol. 10, « Constitution et élection », 2002, p. 298.

6Jean DU BOIS DE GAUDUSSON, « Les élections à l'épreuve de l'Afrique », *Les Cahiers du Conseil constitutionnel*, n° 13, « Études et doctrine. La sincérité du scrutin », Paris, Dalloz, 2002, p. 100

à l'insuffisance ou l'inadéquation des moyens matériels. Tout ceci concourt à retarder ou à empêcher la mise en place des conditions du renouvellement régulier des élites au pouvoir.

Dans ce cas, il est évident que les manœuvres électorales prennent une ampleur significative, l'égalité entre les candidats reste théorique. On aurait dû s'attendre, comme le souligne Jean-Claude Masclet, que le contentieux se trouve au premier plan de l'actualité[7], en d'autres termes, que ces manœuvres soient plus sévèrement sanctionnées ; mais il n'en est pas ainsi. Il y a environ un quart de siècle, on faisait remarquer que, dans certaines législations électorales en Afrique, telles que celles de la Tunisie, la fraude n'était pas sanctionnée dans le code électoral[8]; ce qui était probablement dû au fait que la Constitution tunisienne ne fait aucune mention du contentieux électoral.

Pour en rester à cet exemple, on indique aujourd'hui qu'« un contentieux électoral est [tout de même] organisé même si la Constitution ne fait aucune mention de cette possibilité… Il n'en demeure pas moins que la Constitution par les principes qu'elle pose : de représentation politique, d'universalité du suffrage, d'égalité des candidats, de sincérité du vote, oriente le cours du contentieux électoral, le soumet à un certain nombre de contraintes et le légitime tout en lui donnant une signification démocratique »[9]. En d'autres termes, la mise en place d'une réglementation du contentieux électoral est un signe, au moins formel, de la régulation d'élections disputées.

On sait à l'évidence que les élections en Afrique sont, en elles-mêmes, sources de difficultés de toutes sortes et surtout de conflits constatables par les irrégularités nombreuses, les violences postélectorales (récemment encore, en novembre 2008, des élections locales à Jos au Nigeria ont provoqué près de quatre cents morts à la suite d'affrontements entre musulmans et chrétiens).

Les règles relatives au contentieux sont en principe destinées à prévenir ou à régler de telles situations. On peut à ce jour encore émettre quelque doute quant à la croyance des populations et même d'une partie de la classe politique en Afrique en vertu des procédures contentieuses en matière électorale. L'élection n'est plus un facteur de cohésion sociale ; bien plus, elle est source de conflits : non seulement la sécurité des juges est menacée (en 1993 au cours des élections générales, le vice-président du Conseil

7 Jean-Claude MASCLET, « R apport introductif à la séance sur "L'organisation générale des contentieux en matière électoral" », *in Organisation internationale de la francophonie, Aspects du contentieux électoral en Afrique. Actes du séminaire de Cotonou,* 11-12 novembre 1998, p. 33

8 Neji BACCOUCHE, « Contentieux électoral et suffrage universel », *in* Abdelfattah Amor, Philippe Ardant et Henry Roussillon (dir.), *Le Suffrage universel*, PUSS, 2007 p. 215 ; et « Le problème des délits électoraux en Tunisie », *Revue tunisienne de droit*, 1982.

9 Abdeltif MENOUNI, *Op. Cit.*, p. 303.

constitutionnel sénégalais a été assassiné), mais la stabilité du pays est compromise par l'élection.

Au-delà de cette perception plutôt pessimiste, il est clair que cette ère de la transition ou (selon les interprétations) de la post transition comporte des signes de l'émergence d'une démocratie électorale sur le continent : existence d'une pluralité de partis politiques, élections plus ou moins concurrentielles et transparentes, mise en œuvre d'un contentieux électoral. Ce tableau n'est évidemment pas identique dans tous les États.

Selon les pays, le contentieux électoral ne bénéficie pas de la même considération ; dans certains États comme le Bénin, la République sud-africaine et le Ghana, les règles de la compétition électorale s'enracinent progressivement ; les contestations se résolvent devant le juge des élections et dans une atmosphère qui est, tout compte fait, celle d'élections démocratiques. Le fait est que certains pays africains sont, au contraire, restés dans un état d'instabilité chronique et de crise permanente. Dans un autre registre se trouvent les pays qui restent en marge des procédés démocratiques de conquête du pouvoir, soit parce qu'on a (encore) recours au coup d'État militaire ou à la rébellion armée (Côte d'Ivoire, Mauritanie, République démocratique du Congo), soit parce que le contentieux est tout simplement dévoyé en raison du détournement pur et simple du suffrage au profit d'un candidat en général le sortant[10].

Dans ce cas, ce qui fait office de contentieux électoral n'est en réalité qu'un mécanisme qui a montré son incapacité à fonctionner ou alors qui vise à entériner les irrégularités électorales ; les exemples de contestations électorales de ces dernières années, au Cameroun (2004), en Côte d'Ivoire (1995, 2000), au Togo (2005), au Kenya et au Nigeria (2007), au Zimbabwe (2002 et 2008) l'attestent.

La démocratisation des systèmes politiques africains avait été perçue comme devant être mise en route et consolidée par les constitutions et par les élections ; les dynamiques sociales et le pluralisme devant servir de ferment à la construction de la démocratie.

Les textes constitutionnels étant (à nouveau) soumis à une instrumentalisation à travers des révisions que l'on peut dire fréquentes et qui risquent de compromettre l'alternance au pouvoir ; c'est peut-être par l'élection, dont la crédibilité est jugée à l'épreuve du contentieux, que va être recherché le fondement de la démocratie en Afrique.

Cette variabilité de l'évolution du contentieux est également vécue dans le processus même de ce contentieux.

---

10 Cfr. La déclaration du Candidat à la présidence de 2011 en RDC, Tshisekedi et d'autres candidats contre le président de la CENI Mulunda. Et récemment, la plate forme politique sauvons le Congo, ne touche à ma constitution.

Le contentieux électoral dans les États africains se développe à des degrés variables, non seulement selon le type d'élection mais aussi en fonction de l'opération électorale en jeu. Au-delà des variations, une question demeure récurrente, la gestion des irrégularités électorales.

Selon le type d'élection, la mobilisation des acteurs politiques et de l'opinion pour le contentieux électoral n'a pas la même ampleur. Bien évidemment, ailleurs comme en Afrique, le contentieux de l'élection présidentielle est celui qui captive le plus la classe politique et la nation entière. Il y a une dizaine d'années, on notait que le contentieux, relatif à l'élection présidentielle, demeurait en général très évasif dans les pays africains francophones, mais aussi dans les autres pays (anglophones, arabes et lusophones[11]), or dans nos régimes politiques à orientation présidentialiste, c'est précisément de cette élection, quoi qu'on en dise la plus importante et déterminante pour les autres institutions, que partent la plupart des crises politiques. Et le contentieux qui s'y rapporte est bien souvent problématique, la contestation de la décision rendue par le juge étant à la mesure du niveau de conflictualité.

Sous d'autres aspects, on peut noter que le contentieux des élections législatives mérite plus de considération. Le Parlement n'est plus juge de la sincérité de sa propre élection ; ce qui peut conférer un semblant d'objectivité au contrôle de la régularité de l'élection des parlementaires ; les décisions prises à l'occasion de ce contentieux paraissent en effet moins marquées par l'impartialité, du moins si on en juge par le fait qu'on assiste quelquefois à l'invalidation de l'élection d'un candidat du parti au pouvoir.

Par ailleurs, le contentieux des élections législatives est, à l'évidence, le plus important quantitativement ; il est donc plus aisé de dégager la politique jurisprudentielle des organes en charge de la régulation des élections.

Dans les pays où la décentralisation est en expérimentation depuis peu ou même depuis bien longtemps, les élections locales constituent également des occasions pour les partis politiques de reporter les enjeux nationaux sur le terrain local ; celui-ci est le plus souvent le reflet des luttes politiques nationales.

De plus, le contentieux électoral dans ce domaine est abondant et riche s'agissant de certains pays. En République démocratique du Congo, les deux cycles électoraux n'ont pas connu, du moins jusqu'à l'élaboration de cette recherche, les élections locales et qu'il est tôt de donner un point de vue quant à ce.

Les opérations électorales constituent – on le sait – un ensemble d'actes se rapportant à une élection ; à l'occasion de chacune de ces différentes phases, un contentieux peut s'ouvrir. On constate, cependant que certaines opérations, telles que celles des actes préparatoires du scrutin et celles du découpage des circonscriptions électorales dans lesquelles le contentieux est

11 http/enarquespdg.vefblog.net,posté le 30/1/1998

fort développé en France, sont en général très peu pratiquées dans les pays africains.[12]

Les actes juridiques préparatoires semblent pratiquement s'inscrire dans le registre des actes de gouvernement, tant les recours sont peu opératoires. S'agissant du découpage électoral, quoique extrêmement sensible dans les élections en Afrique comme ailleurs, il est l'objet d'un contentieux pratiquement inexistant ; en général, les leaders politiques de l'opposition se plaignent, à l'occasion des élections législatives, des découpages électoraux fantaisistes, sans que cela ne donne lieu à un contentieux proprement dit.

En réalité, le découpage fait problème lorsqu'il est effectué de façon unilatérale par les hommes au pouvoir qui peuvent, ne serait-ce que par un simple décret, modifier la représentation nationale à leur avantage.

Toutefois, dans certains pays africains, des procédés concertés de découpage électoral sont expérimentés aux fins de mettre un terme à l'emprise des partis au pouvoir sur tout le paysage politique.

Une opération électorale est d'abord et surtout le face-à-face entre les électeurs et des personnes qui se portent candidates à l'exercice d'une fonction politique. La sélection de ces deux catégories d'acteurs fait l'objet d'un contentieux préélectoral abondant.

Il s'agit, d'une part, d'inscrire sur la liste électorale les personnes qui ont le statut de citoyen et qui sont disposées à exercer les droits politiques qui s'y attachent (les électeurs) et, d'autre part, d'enregistrer la candidature de celles qui peuvent prétendre à l'exercice d'une fonction politique. Le contentieux de l'éligibilité est visiblement celui pour lequel le juge des élections est le plus souvent saisi dans la phase de préparation du scrutin proprement dit.

Quel est alors l'état de cette question ? Par moments, le sentiment qu'une question aussi explosive que la lutte pour le pouvoir s'accommode mieux en Afrique avec le droit « mou ».

Les systèmes politiques africains sont en quête de fondements démocratiques solides ; l'application des procédures électorales permettra de mesurer leur adhésion au principe de légitimité démocratique.

Plusieurs études ont été menées que ça soit sur la justice constitutionnelle que celle administrative.

A ce sujet, Ntumba Musuka Zacharie, dans son ouvrage intitulé : « Le Rôle du juge administratif congolais dans l'émergence de l'État de droit »[13], démontre comment la justice administrative contribue à l'avènement de l'Etat de droit.

---

12 Stephano ZICO ETOUGHE FAM'ELLA, Réflexion posté le 30/1/2014 dans http/enarquespdg.vefblog.net

13 NTUMBA MUSUKA Zacharie, *Le Rôle du juge administratif congolais dans l'émergence de l'État de droit*, Paris, l'Harmattan, 2014, 360 pages.

Cet État de droit est caractérisé par la soumission et des gouvernants et des gouvernés à la loi stricto sensu, la protection des droits et libertés fondamentaux des citoyens, le recours au juge comme un rempart dans la protection des droits des citoyens.

A ce sujet, l'auteur démontre que tout juge est protecteur des droits et libertés fondamentaux des citoyens ; qu'il s'agisse du juge judiciaire, du juge administratif ainsi que du juge constitutionnel.

Ce dernier garantit l'État de droit dans sa double casquette de juge de constitutionnalité des lois et juge des élections présidentielles, législatives et du référendum.

Pour sa part, Kaluba Dibwa, dans sa thèse de doctorat soutenue à l'université de Kinshasa en 2010, ayant comme intitulé : « Du contentieux constitutionnel en République Démocratique du Congo. Contribution à l'étude des fondements et des modalités d'exercice de la justice constitutionnelle »[14], fait une bonne proposition de manière générale pour l'amélioration institutionnelle de la justice constitutionnelle.

Pour lui, le juge constitutionnel doit contrôler la constitutionnalité des lois afin de garantir la suprématie de la constitution. Ce même juge contrôle la régularité du contentieux électoral et statue en application du principe de l'influence déterminante.

De son côté, Abdourahmane B., dans sa thèse qui porte sur les cours constitutionnelles dans le processus de démocratisation en Afrique, aborde la question épineuse de la place de la justice constitutionnelle dans la protection des valeurs démocratiques en Afrique et l'auteur arrive à la conclusion selon laquelle, il n'y a pas de démocratie sans la juridiction constitutionnelle. Cette dernière constitue en même temps le gage ainsi que le garde-fou de la dérive autoritaire. Il conclut en affirmant que la juridiction constitutionnelle constitue un passage obligé pour l'émergence de la démocratie en Afrique15.

De plus, NDIAYE A. dans sa thèse ayant pour intitulé : « la nouvelle juridiction constitutionnelle en Afrique noire francophone : exemple du Gabon et du Sénégal » étudie les conditions de réussite de la mission de la juridiction constitutionnelle dans ces pays pour favoriser l'émergence de la démocratie pluraliste.

A la fin de sa recherche, il aboutit au résultat selon lequel, le juge constitutionnel est un acteur de premier plan dans la promotion de la

14 KALUBA DIBWA, *Du contentieux Constitutionnel en République Démocratique du Congo. Contribution à l'étude des fondements et des modalités d'exercice de la justice constitutionnelle*, Thèse de doctorat en droit, UNIKIN, 2010

15 Abdourahmane B ISSA, *Les cours constitutionnelles dans le processus de démocratisation en Afrique*, Thèse de doctorat soutenue a l'université de Bordeaux, France, octobre, 2002

démocratie dans ces pays à condition de se dépasser de vielle conception du pouvoir en Afrique, conception ethnique et clanique16.

De sa part, SY Mouhamadou Mounirou dans sa thèse portant sur « la Protection constitutionnelle des droits fondamentaux en Afrique : L'exemple du Sénégal. »,17 l'auteur se pose la question de savoir comment la justice constitutionnelle peut-elle protéger les droits de l'homme au Sénégal ? Il aboutit au résultat selon lequel le législateur sénégalais doit pousser plus loin la liberté de saisir le juge constitutionnel, c'est-à-dire organiser les autres voies de saisine du juge constitutionnel en dehors de la saisine par voie d'exception pour permettre au juge constitutionnel d'être un vrai protecteur des droits fondamentaux au Sénégal .

Matadi Nenga Gamada, dans sa thèse soutenue en 2001 à Louvain-la Neuve, portant sur la question du Pouvoir judiciaire en République Démocratique du Congo, énumère les différents maux qui rongent la justice congolaise parmi lesquels la corruption, le népotisme, la sous-formation des magistrats, le clientélisme, le tribalisme. Il considère que la mauvaise formation des magistrats est un obstacle majeur immédiat à la réforme de la justice.

Essambo Kangashe dans sa thèse intitulée « la Constitution du 18 février 2006 à l'épreuve du constitutionnalisme : contraintes pratiques et perspectives » part de la problématique selon laquelle les innovations apportées par la constitution du 18 février 2006 sur le constitutionnalisme seraient-elles de nature à faire avancer le contrôle de constitutionnalité des lois ?

Cependant, il constate que ce contrôle se buterait devant les difficultés pratiques de gestion du pouvoir public par les gouvernants caractérisés par un esprit conservateur du pouvoir.

Pour y remédier, il aboutit au résultat selon lequel l'installation urgente de la juridiction constitutionnelle revêtue du pouvoir de contrôle effectif de constitutionnalité reste la principale garantie contre les dérives dictatoriales18.

Quant à nous, notre étude porte sur « le juge constitutionnel face à l'impératif de vérité, sincérité, régularité et crédibilité du contentieux électoral en Afrique : Analyse des cas des élections présidentielles et législatives de 2006 et 2011 en République démocratique du Congo ».

Bien que le deuxième auteur ait étudié la question de la justice constitutionnelle en général et qu'il ait démontré que le juge électoral fait

---

16 NDIAYE A, *La nouvelle juridiction constitutionnelle en Afrique noire francophone : exemple du Gabon et du Sénégal*, Thèse soutenue en droit public, Montpellier, 2003

17 Mouhamadou MOUNIROU, *La protection constitutionnelle des droits fondamentaux en Afrique. L'exemple du Sénégal,* Thèse soutenue et publiée à Paris, l'Harmattan, 2007

18 ESSAMBO KANGASHE J.L., La constitution du 18 février 2006 à l'épreuve du constitutionnalisme : contraintes pratiques et perspectives, Paris I Panthéon-Sorbonne, Université de Kinshasa, 2009

partie intégrante de la justice constitutionnelle, nous, nous envisageons particulièrement et de manière approfondie d'examiner, d'analyser et de commenter les décisions de justice rendues en matière électorale et de dégager la tendance et les difficultés en vue d'en donner une conclusion. Nous examinons également la base ou mieux les causes de crise postélectorales en prenant comme repère le juge ou les décisions du juge électoral face à l'exigence de la régularité et la sincérité pour une crédibilité des élections.

Aussi, par rapport au premier auteur, notre étude se démarque de la nature spécifique des litiges examinés par notre thèse par rapport au second auteur. Alors que la première étude citée ci-haut, analyse la justice administrative, notre recherche s'est articulée sur la justice constitutionnelle, précisément le juge électoral, bien que le milieu d'étude pour les deux premières recherches reste la République démocratique du Congo. Par rapport aux autres auteurs, c'est soit les milieux ou l'objet de la recherche, voire les résultats trouvés qui nous différencient. Dès lors notre étude reste originale par rapport aux autres recherches citées ci-dessus.

De ce qui précède, quelle problématique suscite cette étude ? La problématique qui ressort de cette étude est articulée autour de la question principale suivante :

- Comment le juge constitutionnel dont le juge du contentieux électoral présidentiel et législatif doit-il être désigné pour garantir la crédibilité des élections en République Démocratique du Congo ?

Autour de cette question fondamentale, il découle d'autres préoccupations spécifiques ci-dessous :

- Comment peut-on voir se dérouler un contentieux électoral viable et fiable dans un contexte d'instabilité permanente ?
- Qu'est-ce qui explique le nombre élevé de recours en contestation des résultats des élections en Afrique en général et en République Démocratique du Congo en particulier ?

C'est autour de toutes ces questions que nous avons essayé de répondre tout au long de cette recherche. Mais, quelles en sont les hypothèses ?

Les hypothèses qui ressortissent de cette étude sont les suivantes :

1. Le statut qui est la source de son pouvoir, gage de son indépendance pratique et non théorique et au mythisme seraient les garanties pour espérer une contribution si pas effective, mais palpable ou visible du juge des élections à la quiétude postélectorale.
2. Ainsi, le déficit de la vérité, crédibilité, sincérité et régularité de l'issue des élections serait à la base de crises postélectorales et du nombre élevé des recours ;
3. Le comportement ou mieux les attitudes impartiales dans tout le processus électoral du juge des élections et le mécanisme opérationnel favorisant la découverte de la vérité, la régularité électorale seraient un atout, un déclencheur pas déterminant, plutôt majeur et de grande

importance pour susciter l'adhésion ou l'acceptation des acteurs électoraux au processus électoral ;

Quel intérêt suscite la présente étude ?

Cette étude a pour objectif principal de contribuer à l'amélioration du système électoral en général et de la fonction du juge du contentieux électoral en particulier, en vue de l'émergence d'un État de droit en République Démocratique du Congo. Elle vise aussi à la contribution d'une théorie ou des théories sur le plan de la science constitutionnelle en général et en matière électorale en particulier. Ces théories se rapporteront sur le plan structurel et technique de l'administration de justice constitutionnelle sur les élections.

Pour bien mener cette étude, nous recourons aux méthodes juridiques dont l'exégèse qui nous permet d'analyser les différents textes de droit ayant trait à notre sujet en vue de dégager leur sens intrinsèque.

Ces méthodes vont bien nous permettre de savoir non seulement les raisons des différentes lois quand il s'agit de leur interprétation pour les décisions judiciaires que nous étudions dans le cadre de cette recherche. Parce que nous devons dégager l'interaction entre différents pouvoirs de l'État, les méthodes juridiques ne nous paraissent pas suffisantes à elles seules pour expliquer le phénomène étudié, la méthode fonctionnelle nous semble également pertinente d'être utilisée ici comme il en est de même de l'approche dialectique.

L'analyse du paysage électoral pour ce qui concerne ses acteurs, le fonctionnement des institutions ou du système congolais dans le cadre des élections nous permettent de dégager l'intention des acteurs et le risque que cela apporte à l'issue du processus électoral. Ces méthodes seront soutenues par les techniques documentaire, comparative qui nous permettent non seulement de faire une lecture des travaux et recherches antérieurs ayant trait à la question de notre étude en particulier et du domaine du droit constitutionnel et du pouvoir en général, mais aussi de faire une comparaison aux autres systèmes juridiques qui ont inspiré notre droit congolais. Les techniques d'observation directe et d'interview nous permettent de requérir les différentes impressions de certains acteurs du processus électoral.

La recherche qui se limite sur le plan spatial en Afrique du moins pour quelques États qui affichent le lien ou les raisons justifiés ci-dessous dans ce travail et la République Démocratique du Congo et sur le plan temporel en ce qui concerne le Congo de 2006 à 2011.Pour l'opérationnalité de l'étude deux parties la constituent dont : le juge constitutionnel comme juge du contentieux électoral en Afrique (1) et le juge électoral congolais face à l'impératif de vérité, sincérité, régularité et crédibilité des élections (2).Chaque partie définit son plan détaillé pour permettre la lecture facile du travail.

Cette recherche offre un intérêt théorique et pratique certain. Sur le plan théorique, ce travail constitue un outil qui sert de doctrine à tout chercheur qui s'intéressera à ce domaine au vu des informations qu'il contient. Quant au plan pratique, il se révèle important non seulement sur l'actualité du thème abordé mais surtout dans l'analyse de ses données jurisprudentielles ainsi que la doctrine abondante dans la justice constitutionnelle contenues en son sein, qui attireront différents praticiens de droit à trouver leur compte.

En sus, l'intérêt de cette étude se justifie dans le fait que la juridiction constitutionnelle en République Démocratique du Congo se trouve être dans un stade embryonnaire qui nécessite une base nécessaire du point de vue doctrinal et jurisprudentiel pour aider d'inspiration à ses juges. Ce travail constitue un outil sûr de vulgarisation sur la justice constitutionnelle dans un État autre fois calqué sur le modèle de chambre. Cette étude constitue une base sur laquelle l'administration électorale peut se ressourcer pour améliorer son organisation en vue d'un aboutissement qui garantit la crédibilité, la régularité et la sincérité des élections souhaitées consensuelles.

Première Partie

Le juge constitutionnel comme juge du contentieux électoral en Afrique

Cette première partie définit les idées de base sur l'organisation, le fonctionnement, les prouesses, les objectifs ou mieux les missions régaliennes de la justice constitutionnelle en général et des deux systèmes juridiques occidentaux. La raison visée de l'étude du juge constitutionnel dans cette thèse reste celle de fixer nos lecteurs sur la spécificité et des caractéristiques du juge constitutionnel par rapport au juge judiciaire, voire administratif.

Dans cette partie, il est également question de passer en revue, après avoir examiné comment est organisée la justice constitutionnelle dans les deux grands systèmes juridiques qui ont inspiré les droits Africains, le modèle africain de la justice constitutionnelle en générale et le contentieux électoral en particulier.

Sans prétendre analyser tous les droits des États africains, notre étude s'articule autour de quelques États choisis, soit parce qu'ils ont une histoire avancée dans la justice constitutionnelle dans le continent, soit parce qu'ils affichent une importance du point de vue de leur organisation de cette justice, soit encore, parce qu'ils présentent de rapprochement avec le droit de la République démocratique du Congo du fait, qu'ils appartiennent dans une même famille juridique.

Trois chapitres constituent cette partie. Le premier chapitre traite de la justice constitutionnelle dans les deux principaux systèmes juridiques occidentaux et, est constitué des deux sections dont la mission et la finalité de la justice constitutionnelle de manière générale et le statut autonomisant une juridiction constitutionnelle.

Le deuxième chapitre examine le modèle de la justice constitutionnelle et le contentieux électoral africain. Ce chapitre compte deux sections dont la première est le problème de la justice constitutionnelle en Afrique et la seconde sur le contentieux électoral en Afrique.

Le chapitre troisième étudie le contentieux électoral en Afrique.

Cette première partie est clôturée par une conclusion partielle.

Chapitre 1

La justice constitutionnelle dans les deux principaux systèmes juridiques occidentaux : latino-européen et anglo-saxon

Ce chapitre qui a deux sections comme nous avons annoncé ci-dessus trace par quelques cas illustratifs jugés pertinents par les avancées connus par ces pays en matière de justice constitutionnelle ; deux grands systèmes juridiques contemporains ou se situent la majorité de pays africains en vue de dégager une conclusion quant à l'organisation de la justice constitutionnelle en Afrique et en tirer enfin, des bonnes pratiques à encourager et les faiblesses à améliorer.

Pour ce faire un saut dans l'organisation de la justice constitutionnelle des anciens pays qui l'ont connu s'avère indispensable pour mesurer la tendance et voir si ce modèle peut, dans la mesure du possible, contribuer au modèle africain. Ce chapitre est subdivisé en deux sections dont la première parle de la mission et finalité de la justice constitutionnelle, et la seconde sur le statut assurant l'autonomie de la juridiction constitutionnelle.

Section I : Mission et Finalité de la Justice constitutionnelle de manière générale

§1 Notions générales sur l'organisation de la justice constitutionnelle

La justice constitutionnelle, comme toute justice[19], est soumise à l'exigence d'impartialité.

---

19 « De la justice de classe, fustigée par La Fontaine […] à la justice actuelle soupçonnée aussi bien d'être 'aux ordres' du pouvoir que d'être parfois trop influencée par la presse ou l'opinion publique et les effets possibles de ses décisions sur celles-ci, les critiques les plus acerbes formulées contre les décisions des institutions juridictionnelles ont trait à leur impartialité. C'est dire combien la nécessité d'un tribunal impartial est ressentie comme étant de l'essence même de la justice, ce qui fait de l'impartialité un composant majeur de l'éthique des juges » (Pierre CROCQ, « Le droit à un tribunal impartial », *Droits et libertés fondamentaux*, sous la dir. de Remy CABRILLAC, Marie Anne FRISON-ROCHE et Thierry REVET, Paris, Dalloz, 9ème éd., 2003, p. 412).

Charles Eisenmann soulignait au sujet de la Haute Cour constitutionnelle d'Autriche qu'« appelée à jouer dans une certaine mesure le rôle d'arbitre entre les parties, à assurer le règne du droit jusque dans le domaine politique, l'impartialité de ses membres apparaît d'autant plus nécessaire qu'ils ont à se prononcer sur des questions plus brûlantes[20] ».

Mais l'impartialité est une qualité subjective et il n'est jamais possible d'être certain de l'impartialité d'un juge avant que celui-ci ne statue. Charles Eisenmann en déduisait que « ce n'est donc pas l'impartialité des juges que doit chercher à garantir le droit positif : sur cette qualité intellectuelle et d'ailleurs difficilement définissable [...] le droit n'a pas d'action directe, les moyens juridiques n'ont pas de prise. Ce qu'il faut à tout prix garantir, c'est l'indépendance des juges, qui est la condition, sinon suffisante, du moins nécessaire de l'impartialité, celle qui fera, non pas que les juges soient impartiaux, mais qu'ils ne soient pas empêchés de l'être, s'il est en eux de l'être[21]».

L'indépendance du juge paraît alors comme un moyen d'atteindre l'impartialité de l'organe chargé de rendre la justice. La Cour suprême du Canada a exprimé une telle idée dans son arrêt *La Reine c. Lippé* de 1991. Le juge Lamé, qui rédigea l'opinion de la Cour, ne soulignait que « la garantie d'indépendance judiciaire vise dans l'ensemble à assurer une perception raisonnable d'impartialité ; l'indépendance judiciaire n'est qu'un 'moyen' pour atteindre cette 'fin'. Si les juges pouvaient être perçus comme 'impartiaux' sans l'indépendance judiciaire, l'exigence d'indépendance' serait inutile.

L'indépendance est la pierre angulaire, une condition préalable de l'impartialité judiciaire[22] ».

Ces exigences prennent une ampleur particulière lorsqu'il s'agit du juge constitutionnel. En effet, comme remarquait Hans Kelsen « son indépendance vis-à-vis du Parlement comme vis-à-vis du gouvernement est un postulat évident. Car ce sont précisément le Parlement et le gouvernement qui doivent être, en tant qu'organes participant à la procédure législative, contrôlés par la juridiction constitutionnelle[23] ». Or l'indépendance est essentiellement la conséquence du statut de la juridiction et de ses membres.

Charles Eisenmann a ainsi souligné que « l'indépendance -qualité juridique- ne tient pas tant au mode de nomination qu'au statut des juges une fois nommés : ce qui importe -même s'ils sont désignés (ce qu'on ne pourra pas toujours, peut-être jamais, éviter) par un organe politique, Parlement ou

---

20 Charles EISENMANN, *La justice constitutionnelle et la Haute Cour constitutionnelle d'Autriche*, Paris, 1928, rééd. Paris, Economica, 1986, p. 175.

21 Charles EISENMANN, *La justice constitutionnelle et la Haute Cour constitutionnelle d'Autriche*, Paris, 1928, rééd. Paris, Economica, 1986, p. 175.

22 *La Reine c. Lippé* [1991], 2 R.C.S. 114.

23 Hans KELSEN, *La garantie juridictionnelle de la Constitution*, R.D.P. 1928, p. 225-226.

chef de l'État- c'est qu'ils échappent à toute influence de l'autorité qui les a choisis, qu'ils n'aient plus rien à craindre ni à attendre d'elle[24] ».

Il est nécessaire de rappeler que l'expression *juridiction constitutionnelle* « désigne l'ensemble des juridictions chargées de la justice constitutionnelle : sont ainsi des juridictions constitutionnelles aussi bien, dans le système américain, les tribunaux et cours investis de cette mission (et au premier rang de ceux-ci la Cour suprême) que, dans le système européen, les cours, tribunaux et conseils constitutionnels[25] ». Il n'est possible d'employer cette expression pour désigner un organe chargé de contrôler la constitutionnalité des lois[26] que si « son indépendance est véritablement assurée tant à l'égard des pouvoirs publics qu'il contrôle que des forces extérieures susceptibles de faire pression sur lui[27] ». Cette indépendance n'existe que si la juridiction constitutionnelle est dotée « d'un statut constitutionnel [la] mettant à l'abri des représailles possibles de la part des autorités politiques.

L'existence, la composition et les attributions des juridictions constitutionnelles doivent être inscrites dans la Constitution, afin que le législateur ordinaire ne puisse y toucher[28] ».

Cette indépendance n'existe que si la juridiction constitutionnelle est dotée « d'un statut constitutionnel [la] mettant à l'abri des représailles possibles de la part des autorités politiques.

Si l'organe chargé du contrôle de la constitutionnalité ne tire son existence, sa composition, et sa compétence que d'une loi ordinaire, il se trouvera à la merci du législateur. Il n'aura alors aucune indépendance par rapport au législateur qui pourra porter atteinte à son existence. Or, un tel organe ne pourra pas être qualifié de juridiction constitutionnelle car lui fera défaut ce minimum d'indépendance nécessaire.

Mais, la lecture de la Constitution ne permet pas, seule, de déterminer si cette exigence est remplie. Ainsi, bien que son existence ne soit pas prévue par la Loi constitutionnelle de 1867, la Cour suprême du Canada semble pouvoir être considérée comme une juridiction constitutionnelle. En effet, son existence, sa composition et ses attributions doivent être modifiées selon

---

24 Charles EISENMANN, *La justice constitutionnelle et la Haute Cour constitutionnelle d'Autriche*, *Op.Cit.*, p. 176-177 ;

25 Louis FAVOREU, « Juridiction constitutionnelle », *Dictionnaire constitutionnel* (sous la dir. d'Olivier DUHAMEL et d'Yves MENY), Paris, P.U.F., 1992, p. 547 ;

26 Comme cela est logique, il n'est pas possible qu'existe un contrôle de constitutionnalité dans un système juridique où il n'existe pas de Constitution au sens formel. Ainsi, il n'est pas possible de parler de contrôle de constitutionnalité, et donc de juge constitutionnel, pour désigner les diverses formes de contrôle de légalité des lois existant au Royaume-Uni et en Droit canonique (Emmanuel TAWIL, « Le respect de la hiérarchie des normes dans le droit canonique actuel », R.D.C. 2002, p. 173-174) ;

27 Louis FAVOREU et al., *Droit constitutionnel*, Paris, Dalloz, 7ème éd., 2004, p. 226 ;

28 Louis FAVOREU, « Juridiction constitutionnelle », *Loc. cit.* p. 547.

la forme prescrite pour la révision constitutionnelle[29]. De même, en Belgique, bien que seules l'existence et les attributions de la Cour d'arbitrage soient prévues par la Constitution, sa composition et son organisation sont hors d'atteinte du législateur ordinaire puisqu'elles relèvent d'une loi spéciale[30].

L'expression *juge constitutionnel* présente un double sens. Elle désigne d'abord la juridiction constitutionnelle. C'est dans ce sens que l'emploie le doyen Favoreu lorsqu'il oppose le statut du juge constitutionnel au statut du juge administratif[31]. Mais cette expression peut également désigner un membre de la juridiction constitutionnelle.

C'est dans ce sens qu'elle a été utilisée lors de la Table ronde internationale d'Aix-en-Provence de 1988, consacrée aux *Juges constitutionnels*[32].

Le substantif *statut* a son origine étymologique dans le mot latin *statutum*, qui est le supin du verbe *statuere*[33]. *Statuere* a pour sens « établir, poser, placer, mettre dans une position déterminée[34] » lorsqu'il porte sur une chose.

Mais il renvoie à l'idée de « décider, fixer, déterminer » ou de « poser en principe, être d'avis, juger, estimer » lorsqu'il porte sur une opinion. Le verbe *statuere* est parfois utilisé à l'époque classique pour désigner l'établissement d'une loi. Au Bas-Empire et au Moyen Âge, son participe passé est substantivé, et désigne des textes juridiques. L'une des plus anciennes collections canoniques gauloises est ainsi nommée *Statuta Ecclesiae Antiqua*[35].

A partir de cette époque, le mot est employé, en général au pluriel, afin de désigner des règles de droit, ou un corpus juridique. En français, le mot *statut* est parfois employé dans le sens de « loi, règlement, ordonnance »[36]. De *statutum* découle également le mot anglais *statute*[37] qui désigne une loi adoptée par le Parlement, que son caractère écrit oppose traditionnellement à

29 Karim BENYEKHLEF, *Le statut constitutionnel des juges du siège et du parquet - Canada* , A.I.J.C. 1995, p. 151 ;

30 Article 142 de la Constitution belge ;

31 Louis FAVOREU, *Le juge administratif a-t-il un statut constitutionnel ?* , *Mélanges Auby*, Paris, Dalloz, 1992, p. 111-128 ;

32 Table ronde internationale sur *Les juges constitutionnels*, A.I.J.C. 1988, p. 81-228 ;

33 *Dictionnaire Larousse de la langue française*, Paris, Larousse, 1977, tome 2, p. 1788 ;

34 Félix GAFFIOT, *Dictionnaire Latin-Français*, Paris, Hachette, 1934, p. 1475.

35 Paul FOURNIER et Gabriel LE BRAS, *Histoire des collections canoniques en Occident*, Paris, Sirey, 1931, p. 20 ;

36 Paul-Emile LITTRE, *Dictionnaire de la langue française,* Chicago, *Encyclopaedia Britannica*, 1978, tome 4, p. 6048 ;

37 René DAVID, *Les grands systèmes de droit contemporains*, Paris, Dalloz, 7ème éd., 1978, p. 72 ;

la *Common Law*[38]. Mais le sens qui est donné au mot *statut* dans l'expression *statut du juge constitutionnel* est fort éloigné de cette étymologie. Il s'agit plutôt de sa « situation [...] de sa position par rapport à la société »[39], et en particulier par rapport aux autres pouvoirs publics.

Appliqué à une personne, le mot *status* désigne « la condition juridique d'une personne que déterminent la nature de sa personnalité légale, sa capacité légale, et la nature de ses relations juridiques avec l'État »[40]. Appliqué à une institution, il désigne la condition juridique de cette institution « que détermine la nature juridique de ses relations avec les autres institutions ». Le mot anglais *status* correspond au mot latin *status*, utilisé pour désigner une « condition » ou un « état juridique[41].

Le statut juridique du juge constitutionnel apparaît ainsi comme la position dans l'État de l'institution et de ses membres, que déterminent les rapports entre les pouvoirs publics et, d'une part la juridiction constitutionnelle, d'autre part les membres de celles-ci. Or, ces rapports juridiques se traduisent en termes de droits et d'obligations. Le statut des membres de la juridiction constitutionnelle constitue donc l'ensemble des droits qu'ils peuvent revendiquer de l'Etat et des obligations qu'ils ont à l'égard de l'Etat, ces droits et ces obligations naissant de leur qualité de membres de la juridiction constitutionnelle.

Cette précision est nécessaire afin d'exclure de la définition les droits et obligations découlant d'une autre qualité, comme celle de citoyen, d'élu ou de fonctionnaire. Le statut de la juridiction constitutionnelle constitue l'ensemble des droits et des obligations de l'institution par rapport aux autres pouvoirs publics, à l'exception des droits et obligations qui résultent des compétences accordées à la juridiction. Cette précision est nécessaire afin d'éviter que la notion de statut de la juridiction n'intègre l'ensemble de son activité.

§2 Sources du statut du juge constitutionnel

De la Constitution au règlement, toutes les catégories de normes sont susceptibles d'être une source du statut du juge constitutionnel.

La nécessité qu'une partie du statut du juge constitutionnel soit constitutionnalisée a déjà été rappelée. Et, effectivement, dans la plupart des États les normes constitutionnelles jouent un rôle essentiel. La Constitution prévoit en général des dispositions relatives à la composition, à la durée du mandat, à l'organisation interne de la juridiction, à ses compétences, voire

---

38 Elizabeth A. MARTIN, *A Dictionary of Law*, Oxford, Oxford University Press, 3ème éd., 1994, p. 382;

39 *Dictionnaire Larousse de la langue française*, *Op. Cit.*, tome 2, p. 1788 ;

40 Webster's Third New *International Dictionary*, *Op. Cit.*, tome 3, p. 2230.

41 26 Elizabeth A. MARTIN, *A Dictionary of Law*, *Op. Cit.*, p. 381-382.

même à la rémunération de ses membres ou à leur destitution. La conséquence de l'insertion de telles dispositions dans la Constitution est que les matières qu'elles règlent relèvent alors de ce que l'on a appelé le *domaine de la Constitution* : seul le constituant est compétent pour poser des règles dans ce domaine. Qu'une partie du statut relève du domaine de la Constitution constitue une garantie pour le juge constitutionnel, puisque le législateur ne peut pas intervenir.

Dans plusieurs États, sans relever du domaine de la Constitution, des règles statutaires sont protégées contre le législateur car celui-ci ne peut les modifier qu'en recourant à une procédure spécifique. Il en est ainsi en Belgique[42], en Espagne et en France : en Belgique, le législateur peut modifier les dispositions relatives à la Cour d'arbitrage mais, en principe, il doit le faire en ayant recours à une procédure spéciale, conduisant à l'adoption d'une loi spéciale ; en France et en Espagne, de nombreux éléments du statut des juges constitutionnels peuvent être modifiés par le législateur, mais celui-ci doit adopter une loi organique.

A priori, il ne semble pas souhaitable que le législateur ordinaire ou l'autorité titulaire du pouvoir réglementaire fixe des règles concernant le juge constitutionnel. Ce serait leur laisser la possibilité d'adopter des dispositions en « représailles » à une décision du juge constitutionnel qui les mécontenterait.

L'attitude du président Roosevelt en 1937 à l'égard de la Cour suprême des États-Unis est une manifestation du danger qui peut en résulter pour le juge constitutionnel. La Cour suprême ayant empêché le Président et le Congrès de mettre en œuvre certaines dispositions législatives du programme du *New Deal*, le Président Roosevelt proposa une réforme l'autorisant à nommer un nouveau membre de la Cour suprême pour chaque membre âgé de plus de soixante-dix ans, ce qui aurait porté à 15 le nombre de membres[43].

Mais le danger résultant de la compétence du législateur et du pouvoir réglementaire est sans doute bien moindre en réalité qu'il n'apparaît au premier abord. En effet, le juge constitutionnel a, en pratique, un droit de veto sur la plupart des normes dont il n'est pas l'auteur.

Le droit international peut être une source du statut du juge constitutionnel. Mais il n'y a guère qu'en Bosnie-Herzégovine où l'existence et la composition de la juridiction constitutionnelle aient leur fondement dans une convention internationale[44]. Dans les autres États européens, la question qui pourrait se poser est celle de l'application au juge

42 Article 142 de la Constitution belge

43 David O'BRIEN, *Storm center*, New York- Londres, Norton, 5ème éd., 2000, p. 56-58 ;

44 Batyah SIERPINSKI, *La Constitution de Bosnie-Herzégovine* : un texte à la croisée du droit interne et du droit international, R.R.J. 1997, p. 1066 ; Nicolas MAZIAU, Chron. Bosnie-Herzégovine, A.I.J.C. 1999, p. 477-494 ;

constitutionnel des textes relatifs au droit international des droits de l'homme. En effet, la Cour européenne des droits de l'homme considère que l'article 6 §1 de la Convention européenne des droits de l'homme s'applique aux juridictions constitutionnelles lorsque celles-ci sont saisies de litiges portant sur des droits et obligations de caractère civil.

Lorsqu'une cour constitutionnelle est saisie d'un litige relatif à une telle question par une question préjudicielle[45] ou par un recours direct de particulier[46], cette cour est soumise aux exigences du procès équitable. Mais cela ne concerne pas le Conseil constitutionnel lorsqu'il statue en matière électorale, malgré les conséquences patrimoniales de ses décisions[47].

Cette problématique a des conséquences pratiques fortes importantes du fait de la compétence de la Cour européenne des droits de l'homme en matière de contrôle du respect de la Convention.

Il est nécessaire d'assurer au juge constitutionnel un minimum d'indépendance. Il s'agit même, comme l'a souligné le professeur Scoffoni, d' « une condition capitale de légitimité »[48].

Mais l'appréciation de l'indépendance du juge constitutionnel, en tant qu'elle porte sur l'institution et ses membres, ne peut être uniforme. Il est nécessaire d'opérer une distinction. En effet, l'indépendance est la qualité d'une personne ou d'un organe indépendant c'est-à-dire « qui ne dépend pas [...] d'un autre être »[49]. L'appréhension de l'indépendance d'un membre d'une juridiction constitutionnelle par rapport à l'État est possible. On peut apprécier ce caractère à partir de divers éléments de son statut, de la durée de son mandat, de son inamovibilité, de son droit à bénéficier d'un traitement, de ses obligations, notamment des incompatibilités qui lui sont imposées. Lorsque le statut de membre d'une juridiction présentera un certain nombre de critères, il sera objectivement possible de le qualifier d'indépendant.

Il est plus délicat d'utiliser le mot *indépendance* pour qualifier la juridiction en tant qu'institution. En effet, celle-ci tire son origine de la volonté du Constituant, et le Constituant peut la supprimer, comme il l'a instaurée.

S'agissant de la juridiction constitutionnelle, appréhendée en tant qu'institution, il n'est pas possible que lui soit assurée une indépendance au sens strict : quelles que soient les prérogatives dont elle bénéficiera, elle restera dépendante du Constituant. Ce n'est pas l'indépendance de l'institution qu'il faut rechercher, mais son autonomie. Il s'agit de se

---

45 C.E.D.H. 23 juin 1993, *Ruiz-Mateos c. Espagne*, Série A, n°262 ;

46 C.E.D.H. 16 septembre 1996, *Süssmann c. Allemagne*, R.U.D.H. 1997 p. 201-209 ;

47 C.E.D.H. 21 octobre 1997, *Pierre-Bloch c. France*, note Laurence BURGORGUE-LARSEN, A.J.D.A. 1998, p. 65-71 ;

48 Guy SCOFFONI, *La légitimité du juge constitutionnel en droit comparé : les enseignements de l'expérience américaine* , R.I.D.C. 1999, p. 254 ;

49 André LALANDE, *Vocabulaire technique et critique de la philosophie*, Paris, P.U.F., 1992, p. 493 ;

demander si la juridiction constitutionnelle en tant qu'institution dispose du « pouvoir [...] de s'organiser et de s'administrer [elle-même], du moins sous certaines conditions et dans certaines limites », ce qui est le critère de l'autonomie. Compte tenu des missions qui incombent au juge constitutionnel, cette autonomie doit être appréciée sur le plan réglementaire, administratif et financier[50].

L'étude du statut du juge constitutionnel doit donc avoir pour objet de déterminer si celui-ci assure l'autonomie de la juridiction constitutionnelle, en tant qu'institution, et garantit l'indépendance de ses membres.

Le développement de la justice constitutionnelle sur les divers continents, notamment en Afrique et en Europe centrale et orientale, rend toute étude exhaustive impossible. C'est pourquoi, nous nous limiterons aux systèmes de justice constitutionnelle des principaux États d'Europe occidentale et d'Amérique du Nord. Une telle limitation est justifiée. D'une part, la justice constitutionnelle s'est initialement développée dans ces États et ceci depuis parfois fort longtemps : la Cour suprême des États-Unis exerce un contrôle de constitutionnalité depuis 1803 ; la Cour constitutionnelle autrichienne tire son origine de la Constitution de 1920.

D'autre part, les systèmes retenus en Europe et en Amérique du Nord servent de modèle aux juridictions constitutionnelles des autres États[51].

En outre, la comparaison entre les juridictions constitutionnelles relevant du modèle européen et celles relevant du modèle américain de justice constitutionnelle conduit à restreindre l'étude à celles des juridictions qui tranchent en dernier ressort la question de constitutionnalité. Dans le cadre du modèle européen, les cours constitutionnelles ont un monopole dans ce domaine[52].

Mais dans le cadre du modèle américain, cette limitation suppose d'exclure la plupart des juridictions qui sont compétentes pour opérer un contrôle de constitutionnalité des lois, puisque, par définition, toute juridiction est compétente. Une telle limitation est néanmoins logique, car, comme le souligne le professeur Scoffoni au sujet des États-Unis, « la Cour suprême fixe [...] en dernier ressort l'interprétation constitutionnelle et le droit jurisprudentiel ainsi défini s'impose en vertu de la règle du précédent (*stare decisis*) »[53].

Il en déduit que la Cour suprême a une « position historique très marquée de véritable juridiction constitutionnelle ». Dans les États d'Europe

---

50 Louis FAVOREU et al. *Droit constitutionnel*, *Op. Cit.* p. 226-227.

51 Sur le champ d'influence des modèles américain et européen, Louis FAVOREU et al., *Droit constitutionnel*, *Op. cit.*, p. 208-210 et p. 216-219 ;

52 Louis FAVOREU, *La notion de Cour constitutionnelle*, *Mélanges Aubert*, Bâle et Francfort-sur-le-Main, Helling et Lichtenhahn, 1996, p. 21 ;

53 Guy SCOFFONI, *La légitimité du juge constitutionnel en droit comparé : les enseignements de l'expérience américaine*, *Loc. Cit*, p. 244.

occidental et d'Amérique du Nord qui ont adopté un système de justice constitutionnelle, le statut du juge constitutionnel assure l'autonomie de la juridiction (section 2) et garantit l'indépendance de ses membres.

Section 2 : Un statut assurant l'autonomie de la juridiction constitutionnelle

Le statut de la juridiction constitutionnelle lui assure la plus large autonomie qui puisse être reconnue à un organe de l'État. Cette autonomie présente deux aspects principaux. La juridiction constitutionnelle a la maîtrise des textes normatifs qui la concernent (I.). De plus, il lui revient, en principe, de gérer ses affaires administratives et financières (II.).

§.1. La maîtrise par la juridiction constitutionnelle des règles la concernant

Le statut de la juridiction constitutionnelle lui assure la maîtrise des règles qui la concernent.

L'aspect le plus visible de cette situation est l'autonomie réglementaire de la juridiction, c'est-à-dire sa compétence pour produire elle-même des normes relatives à son organisation et à la procédure applicable. Mais la juridiction constitutionnelle a également une maîtrise des règles dont elle n'est pas l'auteur, soit qu'elle ait un droit de veto sur celles-ci, soit qu'il lui revienne de les interpréter.

A. L'autonomie réglementaire de la juridiction constitutionnelle

Il peut bien se faire, par exemple, que les tribunaux, et notamment les cours supérieures aient le pouvoir d'établir des normes de procédure ; la chose est fréquente en particulier dans les pays de common law. On ne voit pas pour quelle raison on devrait exclure a priori l'idée que les cours elles-mêmes soient, ou puissent être, les législateurs les plus qualifiés pour déterminer, et adapter en permanence les règles avec lesquelles elles ont à faire dans leur activité quotidienne. IL faut seulement reconnaître que, lorsqu'ils exercent un tel pouvoir d'établir des règles, les juges agissent en tant que législateurs, et non comme juges »[54].

Cette analyse de Mauro Cappelletti conserve sa pertinence lorsqu'elle est appliquée à la juridiction constitutionnelle.

Il peut sembler souhaitable au Constituant et au législateur de confier à celle-ci le soin d'adopter des normes générales, concernant son activité, son organisation, sa procédure. Une telle solution apparaît même « comme condition d'existence de leur indépendance »[55], car « la juridiction

54 Mauro CAPPELLETTI, « Des juges législateurs », in Mauro CAPPELLETTI, *Le pouvoir des juges*, Paris, Economica, coll. « Droit public positif », 1990, p. 75.

55 Louis FAVOREU, note sous CE 25 octobre 2002, *Brouant*, R.F.D.A. 2003, p. 11 ;

constitutionnelle doit pouvoir elle-même définir un minimum de règles de fonctionnement et de procédure »[56].

Les concepts utilisés par Mauro Cappelletti peuvent induire un lecteur français en erreur. Il est donc nécessaire de préciser que lorsqu'il utilise le mot « législateur », c'est dans le sens d'autorité édictant des normes générales. Il semble plus approprié de désigner la compétence dont disposent les juridictions constitutionnelles par *pouvoir réglementaire*. Un texte adopté par une juridiction relève alors de la catégorie normative du *règlement intérieur de la juridiction constitutionnelle*. Il est possible qu'il y ait plusieurs textes appartenant à cette catégorie normative. Il ne faut pas confondre cette catégorie normative avec le texte spécifiquement appelé « règlement intérieur » de la juridiction constitutionnelle. Il arrive qu'un autre nom soit donné à un texte relevant de cette catégorie normative[57]. *L'autonomie réglementaire* désigne donc la compétence dont disposent les juridictions constitutionnelles de produire des règles générales directement applicables[58].

Presque tous les textes relatifs au statut des juridictions constitutionnelles prévoient l'autonomie réglementaire des juridictions constitutionnelles[59].

Il convient de préciser quels sont le fondement de l'autonomie réglementaire, l'organe l'exerçant et le *domaine du règlement intérieur de la juridiction constitutionnelle*, c'est-à-dire le champ d'intervention de ces normes résultant de l'exercice de l'autonomie réglementaire.

1) Le fondement de l'autonomie réglementaire

Le Constituant et le législateur ont généralement reconnu l'autonomie réglementaire des juridictions constitutionnelles. Mais, au-delà de ces affirmations, les juridictions constitutionnelles ont parfois précisé quel en était le fondement juridique. Ainsi, certaines juridictions ont considéré que leur autonomie réglementaire est inhérente à leur existence même. Au

---

56 Louis FAVOREU et al., *Droit constitutionnel*, *Op. Cit.*, p. 226 ;

57 Par exemple, le règlement adopté en 1956 par la Cour constitutionnelle italienne en application de l'article 22 de la loi n°87 de 1953 est nommé « Normes complémentaires » ;

58 Il vaut mieux éviter d'employer l'expression *autonomie normative*. Dans le cadre du contentieux de constitutionnalité, l'*autonomie normative* renvoie à la problématique « de l'autonomie du contentieux de constitutionnalité sur le plan normatif » (Joseph PINI, *Recherches sur le contentieux de constitutionnalité*, Th. Aix-Marseille III, 1997, p. 232). Il s'agit essentiellement de la question de la spécificité des normes relatives à la conduite du procès constitutionnel ;

59 Allemagne : article 115g de la Loi fondamentale ; articles 1 al. 3, 14 al. 4 et 30 al. 2 de la loi sur la Cour constitutionnelle fédérale. Autriche : article 148 de la Constitution ; article 14 de la loi de 1953 sur la Cour constitutionnelle fédérale ;

Belgique : article 122 de la loi spéciale du 6 janvier 1989 sur la Cour d'arbitrage. Canada : article 97 de la loi sur la Cour suprême. Espagne : articles 2, 96, 97 et 102 de la loi organique relative au Tribunal constitutionnel. États-Unis : 28 U.S.C.2071. France : article 56 de l'ordonnance du 7 novembre 1958. Italie : articles 14 et 22 de la loi n°87 de 1953,

contraire, dans d'autres États, il est admis que l'autonomie réglementaire tire seulement son origine de textes législatifs.

a) Une prérogative inhérente à la juridiction constitutionnelle

L'autonomie réglementaire est parfois considérée comme inhérente à l'existence de la juridiction, c'est-à-dire qu'elle existerait même si aucune disposition législative ou réglementaire ne la prévoyait de manière expresse. Les cours constitutionnelles italienne et allemande considèrent ainsi que leur autonomie réglementaire découle de leur statut d'organe constitutionnel, et qu'elle préexiste à sa reconnaissance législative. Le Conseil constitutionnel français ne s'est pas explicitement prononcé.

Mais sa situation tend à le rapprocher des Cours constitutionnelles allemande et italienne.

b) L'autonomie réglementaire inhérente au statut constitutionnel de la juridiction

L'article 148 de la Constitution autrichienne prévoit l'existence d'un règlement intérieur de la Cour constitutionnelle. Une telle disposition n'existe ni en Allemagne ni en Italie.

Pourtant les juridictions constitutionnelles allemande et italienne ont fondé l'autonomie constitutionnelle dont elles bénéficient sur la base de leur statut constitutionnel.

La Cour constitutionnelle fédérale allemande est, d'après l'article 1 de la loi sur la Cour constitutionnelle fédérale « un organe constitutionnel ». Or, la Cour dans son mémorandum du 27 juin 1952, a fait découler son autonomie réglementaire de son statut d'organe constitutionnel. Ce texte affirme que la Cour, « en tant que gardien suprême de la Constitution est d'après le texte et le sens de la Loi fondamentale et des lois relatives à la Cour constitutionnelle fédérale, un organe constitutionnel doté de la plus haute autorité »[60]. La doctrine allemande accorde à cette notion une grande importance.

En effet, « on entend par organes constitutionnels les organes suprêmes de l'État directement mis en place par la Constitution et auxquels il incombe de remplir les fonctions nécessaires dans la vie constitutionnelle : les organes législatifs (Bundestag et Bundesrat), le Président fédéral, le Gouvernement fédéral et la Cour constitutionnelle fédérale »[61].

De cette qualité d'organe constitutionnel découle la compétence de la Cour d'adopter son règlement intérieur, quand bien même n'existerait

---

60 Cité par Klaus SCHLAICH, « Procédures et techniques de protection des droits fondamentaux – Tribunal constitutionnel fédéral allemand », in Louis FAVOREU et al., *Cours constitutionnelles européennes et droits fondamentaux,* Aix-en Provence- Paris, P.U.A.M.-Economica, 1982, nouveau tirage 1987, p. 116 ;

61 Gotthard WÖHRMANN, *Introduction au contentieux constitutionnel allemand,* www.jura.uni sb.de/BIJUS/bverfgg/introfr. Htm ;

aucune disposition expresse de la Loi fondamentale ou de la loi sur la Cour constitutionnelle fédérale prévoyant cette compétence de manière expresse[62].

La Cour constitutionnelle italienne a présenté son autonomie réglementaire en des termes assez proches. Plusieurs dispositions législatives envisagent la compétence de la Cour constitutionnelle en matière réglementaire. Il est généralement considéré « qu'il s'agit là de dispositions à caractère recognitif car la Cour tient le pouvoir de s'organiser elle-même de sa place au sein des pouvoirs publics constitutionnels »[63].

La Cour a d'ailleurs affirmé, dans sa décision n°2 du 16 décembre 1985, qu'elle bénéficiait « d'un pouvoir d'auto-organisation inhérent à l'autonomie de l'institution[64] ». L'autonomie réglementaire trouverait son fondement direct dans la Constitution. Comme le souligne Roland Ricci, « malgré la référence à sa source formelle, la loi n°87 de 1953, le pouvoir d'auto-organisation de la Cour constitutionnelle n'est pas, ou n'est plus, un pouvoir normatif de type secondaire, comme le pouvoir réglementaire classique, c'est-à-dire dérivé de la Constitution par l'intermédiaire d'une norme primaire qui est directement issue de la Loi fondamentale.

Ce pouvoir d'auto-organisation est par conséquent lui-même un pouvoir normatif primaire, qui trouve sa source directement dans la Constitution italienne, comme le pouvoir législatif »[65]. La solution retenue par la Cour constitutionnelle est d'autant plus remarquable que, comme le souligne Jean-Claude Escarras, « à suivre l'article 137 de la Constitution, toutes les Règles qui forment le statut de la Cour lui sont extérieures. Ce sont des lois constitutionnelles qui doivent fixer les garanties d'indépendance des juges,

---

62 Klaus SCHLAICH, « Procédures et techniques de protection des droits fondamentaux – Tribunal constitutionnel fédéral allemand », *Loc. cit.*, p. 116. La Loi fondamentale prévoit la compétence normative de la Cour constitutionnelle fédérale dans certaines circonstances exceptionnelles. Lorsqu'est proclamé l'État de défense, en vertu de l'article 115g de la Loi fondamentale, « la loi relative à la Cour constitutionnelle fédérale ne peut être modifiée que pour autant que, de l'avis même de la Cour constitutionnelle, cela est nécessaire pour la maintenir en état de remplir ses fonctions. Jusqu'à l'édiction d'une telle loi, la Cour constitutionnelle fédérale peut prendre les mesures nécessaires à son maintien en activité. Les décisions intervenant sur la base des deuxième et troisième phrases sont adoptées par la Cour constitutionnelle à la majorité des juges présents » ;

63 Rapport italien à la 7ème conférence des Cours constitutionnelles européennes, traduction de Bruno Genevois, A.I.J.C.,1987, p. 193. Voir également, pour l'opinion de la doctrine, Jean-Claude ESCARRAS, Chron. Italie, A.I.J.C., 1985, p. 479-480.

64 Décision n°2 du 16 décembre 1985, Citée par Roland RICCI, *Le Procès constitutionnel en Italie*, Mém. D.E.A. Toulon, Paris - Aix-en Provence, Economica - P.U.A.M., 1996, p. 30.« Un tel pouvoir réglementaire [...] trouve sa source, au sommet, dans l'article 137 alinéa 2 de la Constitution, qui demande à la loi ordinaire d'établir les normes spécifiques pour le fonctionnement de la Cour, normes qui s'accompagnent nécessairement, dans leur indéfectibilité organique, des prescriptions de la Cour sur sa constitution et ses fonctions » (décision n°2 du 16 décembre 1985, citée par Roland RICCI, *Le Procès constitutionnel en Italie*, *Op. cit.*, p. 29) ;

65 Roland RICCI, *La Cour constitutionnelle italienne et la résolution des conflits de normes*, Th. Toulon, 1997, p. 78-79 ;

les conditions, les formes, les délais, toute la procédure en somme, applicable aux procès constitutionnels ; des lois ordinaires doivent, pour leur part, établir les conditions de fonctionnement de la Haute Instance. Il n'est donc rien là, qui puisse fonder un quelconque pouvoir normatif de la Cour »[66].

L'autonomie réglementaire étant ainsi inhérente à la juridiction constitutionnelle, il est impossible que le législateur y porte atteinte. Les cours constitutionnelles allemande et italienne se garantissent donc une marge de liberté quant à la détermination des normes qui les régissent.

c) Le caractère inhérent de l'autonomie réglementaire du Conseil constitutionnel français

En France, le Conseil constitutionnel n'a pas revendiqué de manière expresse une autonomie réglementaire inhérente à son existence. Mais il semble que l'autonomie réglementaire du Conseil constitutionnel doit être considérée comme ayant, au moins partiellement, un tel fondement.

L'article 56 de l'ordonnance du 7 novembre 1958 prévoit l'intervention d'un règlement intérieur du Conseil constitutionnel : « le Conseil constitutionnel complétera par son règlement intérieur les règles de procédure édictées par le titre 2 de la présente ordonnance. Il précisera notamment les conditions dans lesquelles auront lieu les enquêtes et mesures d'instruction prévues aux articles 42 et 43 sous la direction d'un rapporteur ».

Le Conseil constitutionnel a mis en œuvre ces dispositions en adoptant un règlement applicable au contentieux de l'élection des députés et sénateurs et un règlement applicable aux opérations de référendum[67].

Pini a souligné que le Conseil constitutionnel peut intervenir en dehors du champ de compétence déterminé par l'article 56 de l'ordonnance du 7 novembre 1958. Selon lui, certains organes de la juridiction constitutionnelle peuvent intervenir en application « du principe exprimé par le Conseil d'État dans l'arrêt *Jamart* »[68]. Dans cet arrêt, le Conseil d'État avait affirmé que « tout chef de service [a la compétence] de prendre les mesures nécessaires au bon fonctionnement de l'administration placée sous [son] autorité, et [peut] notamment, dans la mesure où l'exige l'intérêt du service, interdire l'accès

66 Jean-Claude ESCARRAS, Chron. Italie, A.I.J.C., 1985, p. 477.

67 Règlement applicable à la procédure suivie devant le Conseil constitutionnel pour le contentieux de l'élection des députés et sénateurs, adopté en mai 1959 et modifié en 1986, 1987 et 1991, in Thierry S. RENOUX et Jean-Michel de VILLIERS, *Code constitutionnel*, Paris, Litec, 1995, p. 1045-1049.

68 Règlement applicable à la procédure suivie devant le Conseil constitutionnel pour les réclamations relatives aux opérations de référendum, adopté par décision du 5 octobre 1988, in Thierry S. RENOUX et Jean-Michel de VILLIERS, *Code constitutionnel*, *Op. cit.*, p. 1049-1050.

des locaux qui y sont affectés aux personnes dont la présence serait susceptible de troubler le fonctionnement régulier dudit service »[69].

Une telle analyse permet de considérer qu'en l'absence même de disposition constitutionnelle ou législative prévoyant la compétence du Conseil constitutionnel, celui-ci peut adopter des mesures réglementaires. La compétence du Conseil constitutionnel, ou plutôt de son président, est inhérente à son existence même. Mais la compétence découlant de l'arrêt *Jamart* n'est nullement comparable[70] à celle dont bénéficient les juridictions constitutionnelles italienne et allemande. Le champ couvert par cette prérogative est très limité.

Pini note ainsi qu'« il y a lieu de considérer probablement que le pouvoir d'organisation [découlant de l'arrêt *Jamart*] ne s'étend qu'au personnel administratif ou d'assistance »[71]. De plus, il ne semble pas qu'il soit possible, sur le fondement de la jurisprudence *Jamart*, de fixer des règles statutaires concernant le personnel[72]. L'autonomie réglementaire du Conseil constitutionnel diffère également de celle des cours constitutionnelles allemande et italienne sur un autre point. La compétence de celles-ci étant censée résulter de la Constitution, elle est protégée contre le législateur. En France, rien de tel. Le Conseil constitutionnel bénéficie du simple fait de son existence d'une prérogative réglementaire, mais cette prérogative ne découle pas de la Constitution. Rien n'interdit au législateur d'y porter atteinte.

d) Une prérogative accordée par les textes législatifs relatifs à la juridiction Constitutionnelle

Dans certains États, il a été clairement affirmé que l'autonomie réglementaire avait pour fondement, non pas l'existence même de la juridiction, mais une simple disposition législative. C'est le cas aux États-Unis et en Belgique.

Le fondement législatif de l'autonomie réglementaire de la Cour suprême des États-Unis.

Aux États-Unis, on se refuse à considérer que, de la seule existence de la Cour suprême, découle pour elle une autonomie réglementaire (*Rule-Making Power*)[73]. Mais la jurisprudence admet que le Congrès puisse habiliter des juridictions, et donc la Cour suprême, à adopter elles-mêmes des règles de

69 Joseph PINI, *Recherches sur le contentieux de constitutionnalité*, *Op. Cit.*, p. 236.

70 CE Sect. 7 février 1936, *Jamart*, Leb., p. 172. Voir également Pascale GONOD et Olivier JOUANJAN, note sous CE 25 octobre 2002, *Brouant*, R.F.D.A. 2003, p. 17.

71 Joseph PINI, *Recherches sur le contentieux de constitutionnalité*, *Op. Cit.*, p. 236.

72 CE Sect. 7 février 1936, *Jamart*, Leb., p. 172 ;

73 *Constitution of the United States of America : Analysis and interpretation*, annotations de jurisprudence décidées par la Cour suprême des États-Unis, préparées par le Congressional Research Service, 1992, www.access.gpo/congress/senate/constitution (28/12/1999), p. 644;

procédure[74]. Mais, la compétence conférée aux juridictions ne pouvait concerner que des domaines mineurs, le législateur étant seul compétent pour les matières importantes.

Le législateur est intervenu à plusieurs reprises pour fixer la compétence réglementaire de la Cour suprême. La section 2071 du titre 28 du *United States Code* prévoit ainsi que « la Cour suprême et toutes les cours établies par une loi du Congrès peuvent, de temps en temps, prescrire des règles pour la conduite de leurs affaires ». En outre, la Cour suprême a la compétence d'adopter des règles de procédure et de preuve pour les cours de districts et les cours d'appel.

e) Le fondement législatif de l'autonomie réglementaire de la Cour d'arbitrage belge

L'article 142 de la Constitution belge renvoie à la loi le soin de déterminer « la composition, la compétence et le fonctionnement » de la Cour d'arbitrage. Le Conseil d'État de Belgique, dans son avis du 22 septembre 1982 a précisé qu'un règlement de procédure de la Cour d'arbitrage était envisageable, mais seulement s'il était prévu par la loi[75]. En outre, le Conseil d'État a souligné que le règlement d'arbitrage ne pouvait porter que sur « des questions d'ordre secondaire »[76]. Le législateur est intervenu.

Et l'article 122 de la loi spéciale du 6 janvier 1989 prévoit que « la Cour arrête son règlement d'ordre intérieur. Elle en assure la publication au *Moniteur belge* ». En République Démocratique du Congo, c'est l'article 169 de la constitution du 18 février 2006 telle que modifiée à ce jour qui renvoie à la loi organique la question sur l'organisation et le fonctionnement de la Cour constitutionnelle. Il ressort de cette disposition que la République Démocratique du Congo, comme la Belgique et les États unis ont adopté le fondement législatif et non celui inhérent à sa nature comme organe constitutionnel. Cependant, il faut reconnaitre que l'on reconnait à la Cour constitutionnelle le pouvoir de prendre son règlement intérieur et ses règles de procédure, comme c'est le cas dans le fondement inhérent à la nature.

2) Les organes exerçant le pouvoir réglementaire de la juridiction constitutionnelle

Le pouvoir réglementaire de la juridiction constitutionnelle peut être exercé par une formation collégiale, par son président, voire même, par un juge ou un haut fonctionnaire.

74 *Wayman v. Southard*, 23 US 1 (1825).

75 Francis DELPEREE et Anne RASSON-ROLAND, Chron. 1987, A.I.J.C., 1987, p. 460 ;

76 Conseil d'État de Belgique, avis du 22 septembre 1982, cité par Jacques VAN COMPERNOLLE, in Francis DELPEREE (sous la dir.), *La Cour d'arbitrage, actualité et perspectives*, Bruxelles, Bruylant, 1988, p. 85.

a) L'exercice de l'autonomie réglementaire par une formation collégiale de la juridiction constitutionnelle

L'autonomie réglementaire de la juridiction constitutionnelle est généralement exercée de manière « collégiale »[77]. En principe, l'adoption du règlement intérieur de la juridiction constitutionnelle relève de la compétence de sa formation plénière. Il en est ainsi, notamment, aux États-Unis[78], en Allemagne[79], en Belgique[80], en Espagne[81] et en France[82].

Mais il est envisageable qu'une disposition relevant de la catégorie normative du *règlement intérieur de la juridiction constitutionnelle* soit adoptée par une formation restreinte de la juridiction constitutionnelle. Ainsi, l'article 20 du règlement intérieur de la Cour constitutionnelle fédérale allemande autorise chaque chambre à déterminer en début d'année les modalités de répartition des affaires entre les juges chargés d'exercer les fonctions de rapporteurs[83].

Il ne faut pas confondre l'exercice du pouvoir réglementaire par une formation restreinte de la juridiction et la préparation de la réglementation par une formation spéciale. Il est, en effet, envisageable que le règlement intérieur soit préparé par un organe ou une commission spécifique.

Ainsi, aux États-Unis, les modifications des *rules* de la Cour suprême sont en général préparées par une commission de trois juges[84]. En Italie, la procédure est plus encadrée. Aux termes de l'article 28 du règlement général de la Cour constitutionnelle, la préparation des modifications de la réglementation intérieure de la Cour relève de la compétence de la Commission pour les études et le règlement[85]. De même, il existe au sein de la Cour constitutionnelle fédérale allemande un comité permanent nommé *Comité du règlement*[86]. Ce comité est composé de quatre juges élus par leurs pairs, du président et du vice-président de la Cour.

---

77 Joseph PINI, *Recherches sur le contentieux de constitutionnalité*, *Op. Cit.*, p. 236.

78 David O'BRIEN, *Storm center*, *Op. Cit.*, p. 129;

79 Article 3 de la loi sur la Cour constitutionnelle fédérale ;

80 Article 56 de la loi spéciale du 6 janvier 1989 relative à la Cour d'arbitrage ;

81 Articles 2 et 10 de la loi organique sur le Tribunal constitutionnel espagnol ;

82 L'article 56 de l'ordonnance du 7 novembre 1958 prévoit que la compétence d'établir un règlement intérieur revient au « Conseil constitutionnel ». On peut en conclure qu'il adopte celui-ci dans les conditions normales de réunion et de majorité ;

83 Michel FROMONT, « Les méthodes de travail des juridictions constitutionnelles – Allemagne », A.I.J.C., 1992, p. 166-167.Sur cette question, voir, à titre d'illustration, la décision de la première chambre du 11 décembre 1990 et la décision de la seconde chambre du 28 novembre 1991, A.I.J.C., 1992, p. 173 ;

84 David O'BRIEN, *Storm center*, *Op. Cit.*, p. 129.

85 Article 28 du règlement général de la Cour constitutionnelle italienne. Voir également, sur cette question, Jean-Claude ESCARRAS, Chron. Italie, A.I.J.C., 1985, p. 488 et Roland RICCI, *Le Procès constitutionnel en Italie*, Paris - Aix-en Provence, Economica - P.U.A.M., 1996, p. 32 ;

86 Article 3 du règlement intérieur de la Cour constitutionnelle fédérale allemande ;

b) L'exercice de l'autonomie réglementaire par le président ou un fonctionnaire de la juridiction constitutionnelle

Le chef de la juridiction constitutionnelle, un juge ou un fonctionnaire de la juridiction exercent parfois une compétence réglementaire. Ainsi, le président du Conseil constitutionnel français, peut exercer les prérogatives qu'il tire de l'arrêt *Jamart* sans avoir besoin d'être habilité par le Conseil[87].

Les présidents de la Cour constitutionnelle fédérale allemande[88]. et de la Cour constitutionnelle autrichienne ont également une compétence réglementaire. Il est envisageable qu'un fonctionnaire de la juridiction constitutionnelle puisse exercer une compétence réglementaire. Ainsi, le professeur Pini considère que le secrétaire général du Conseil constitutionnel peut exercer une prérogative réglementaire découlant de l'arrêt *Jamart* [89]

3) Les matières régies par le règlement intérieur de la juridiction constitutionnelle

L'étendue du champ d'intervention du règlement intérieur est en principe fixée par le législateur ou le Constituant. Mais il revient à la juridiction constitutionnelle elle-même de mettre en œuvre ces dispositions.

Elle précise alors l'étendue du domaine de son règlement intérieur, parfois de manière explicite. Mais, le plus souvent, les précisions sont implicites, c'est-à-dire qu'elles découlent de l'intervention du règlement intérieur dans un domaine particulier.

a) L'adoption de règles relatives à l'organisation de la juridiction

Plusieurs juridictions constitutionnelles ont adopté des règles relatives à la gestion et à l'utilisation des locaux qui leur sont affectés. Il en est ainsi au Canada[90] et aux États-Unis[91]. Parfois, c'est l'utilisation de la bibliothèque qui fait l'objet de dispositions réglementaires. Les juridictions constitutionnelles d'Italie[92], des États-Unis [93] et du Canada[94]ont prévu de telles dispositions.

L'exercice du pouvoir de police au sein de la juridiction constitutionnelle est souvent l'objet d'une ou de plusieurs dispositions réglementaires. En Autriche, la compétence de la Cour dans cette matière est expressément

87 Pascale GONOD et Olivier JOUANJAN, note sous CE 25 octobre 2002, *Brouant*, R.F.D.A. 2003, p. 17 ;

88 Voir, par exemple, article 103 de la loi sur la Cour constitutionnelle fédérale ;

89 Joseph PINI, *Recherches sur le contentieux de constitutionnalité*, *Op. Cit.*, p. 236.

90 Les heures et jours d'ouverture des locaux sont l'objet de l'article 10 des Règles de la Cour suprême du Canada ;

91 Par exemple, l'usage du tabac est réglementé (David O'BRIEN, *Storm center*, *Op. Cit.*, p. 129) ;

92 Existe ainsi en Italie un texte appelé « règlement et instructions pour la bibliothèque », adoptée en 1978 ;

93 Rule n°2 de la Cour suprême des États-Unis ;

94 Article 10 des Règles de la Cour suprême du Canada ;

prévue par l'article 14 de la loi de 1953 sur la Cour constitutionnelle fédérale.

En Italie, malgré l'absence de disposition législative précise faisant relever cette matière de la compétence de la Cour en matière réglementaire, la Cour constitutionnelle a adopté plusieurs dispositions organisant l'exercice du pouvoir de police par les organes de la Cour constitutionnelle[95]

Les règlements intérieurs régissent fréquemment le domaine de la gestion du personnel. La Cour suprême des États-Unis a adopté un Code de conduite des *Law Clerks*[96]. Une telle compétence est expressément accordée à la Cour constitutionnelle italienne par l'article 14 de la loi n°87 de 1953.

Elle peut décider « du nombre, du statut et de la rémunération des agents ainsi que des attributions, des droits et des obligations de chacun d'eux». Sur cette base, la Cour constitutionnelle italienne a adopté un règlement du service et du personnel[97] et un règlement sur les recours en matière d'emploi du personnel[98]. La Cour constitutionnelle fédérale allemande a également adopté des textes portant sur la gestion de son personnel[99]. La compétence reconnue aux juridictions constitutionnelles peut porter sur l'organisation du concours de recrutement de certains fonctionnaires de la Cour, comme c'est le cas en Belgique[100] et en Espagne[101].

La compétence de la juridiction constitutionnelle s'étend parfois à la détermination de ses structures internes. L'exemple de la Cour constitutionnelle italienne est, à cet égard, particulièrement notable.

La Cour a créé une vice-présidence, qui n'était prévue par aucun texte législatif[102], ainsi que plusieurs organes comme la Commission pour les études et le règlement[103] et le Bureau de la présidence[104].

Dans l'article 31 de son règlement général, la Cour s'est reconnue la compétence de fixer par voie de règlement « l'organisation des bureaux [...] ainsi que son organigramme »[105]. En Allemagne, la Cour constitutionnelle

---

95 Articles 1 et 2 du règlement général de la Cour constitutionnelle italienne. Sur cette question, Voir Roland RICCI, *Le Procès constitutionnel en Italie*, *Op. Cit.*, p. 31-32 ;

96 David O'BRIEN, *Storm center*, *Op. Cit.*, p. 121;

97 Roland RICCI, *Le Procès constitutionnel en Italie*, *Op. Cit.*, p. 32 ;

98 *Ibid.* Ce texte a été remplacé par le règlement sur les recours en matière d'emploi du personnel du 16 décembre 1999,www.giurcost.org/fonti/regolimpiego.htm.

99 Articles 12, 13 et 14 du règlement intérieur de la Cour constitutionnelle fédérale ;

100 Article 37 de la loi spéciale du 6 janvier 1989 sur la Cour d'arbitrage ;

101 Article 97 de la loi organique sur le Tribunal constitution ;

102 Jean-Claude ESCARRAS, Chron. Italie, A.I.J.C., 1985, p. 479 ;

103 Article 28 du règlement général de la Cour constitutionnelle italienne ;

104 Jean-Claude ESCARRAS, Chron. Italie, A.I.J.C., 1985, p. 488-489 ;

105 Sur cette question, Roland RICCI, *Le Procès constitutionnel en Italie*, *Op. Cit.*, p. 32-33 ;

fédérale a organisé des comités permanents au sein de la Cour[106] et fixé les compétences de plusieurs organes administratifs de la Cour[107].

Le règlement intérieur précise parfois le statut du juge constitutionnel.

Ainsi, la Cour constitutionnelle italienne a créé un statut de juge émérite pour ses anciens membres[108]. La Cour constitutionnelle fédérale allemande, quant à elle, a fixé la tenue vestimentaire que doivent porter les juges lors des audiences[109]. Le règlement de la juridiction constitutionnelle peut être également une source du statut de l'institution. La juridiction a compétence pour adopter des dispositions réglementaires relatives à son autonomie administrative, notamment en matière de police, de gestion des locaux ou de gestion du personnel. Il arrive que les dispositions réglementaires fixent elles-mêmes l'étendue et les modalités d'exercice de l'autonomie réglementaire de la juridiction.

Ainsi, l'article 2 du règlement d'ordre intérieur de la Cour d'arbitrage belge du 15 décembre 1987, confirmé par le règlement du 14 février 1989, prévoit que « lorsque la mise en œuvre des règles de procédure contenues dans la loi spéciale [sur la Cour d'arbitrage] appelle une interprétation ou des précisions quant aux modalités d'application, la Cour arrête à cet effet des directives ».

Comme nous le verrons, la Cour se reconnaît une compétence d'interprétation authentique. En outre, elle s'accorde le droit d'apporter des précisions par voie de directives. Or *préciser* signifie, par définition, compléter la norme en la rendant plus précise. La Cour s'accorde donc ici un pouvoir de réglementation[110]. Elle se reconnaît le droit de produire un type particulier de normes : les « directives ». De telles normes appartiennent à la catégorie normative du *règlement intérieur de la juridiction constitutionnelle*[111].

b) L'adoption de règles de procédure

Le domaine du règlement intérieur de la juridiction constitutionnelle s'étend à la procédure applicable. Il s'agit, d'ailleurs, du domaine naturel

---

106 Article 3 du règlement intérieur de la Cour constitutionnelle fédérale allemande ;

107 Articles 14, 15, 17 et 18 du règlement intérieur de la Cour constitutionnelle fédérale allemande ;

108 Jean-Claude ESCARRAS, Chron. Italie, A.I.J.C., 1985, p. 47 ;

109 Article 64 du règlement de la Cour constitutionnelle fédérale allemande.

110 Jacques VAN COMPERNOLLE, in Francis DELPEREE (sous la dir.), *La Cour d'arbitrage*, *Op. Cit.*, p. 87 ;

111 Il suffit de lire les directives de la Cour d'arbitrage pour en être convaincu. La Cour n'hésite pas à prévoir des règles impératives, complétant les dispositions du règlement d'ordre intérieur et la loi spéciale. Ainsi, dans sa directive du 20 juin 1996, la Cour d'arbitrage a adopté des règles précisant la procédure à suivre en cas de mémoire tardif ;

d'intervention de la juridiction constitutionnelle. Plusieurs dispositions législatives prévoient cette compétence de manière expresse[112].

La compétence de la juridiction constitutionnelle peut notamment porter sur la détermination des frais de justice, comme c'est le cas au Canada[113], aux États-Unis[114] et en Italie[115]. Il arrive que la juridiction constitutionnelle impose diverses règles d'ordre formel. Ainsi, la Cour suprême du Canada a adopté un formulaire[116]. Bien qu'en général il ne précise pas de tels détails, le règlement intérieur de la juridiction constitutionnelle porte souvent sur des règles de forme, comme l'obligation de prévoir certaines mentions[117] ou la fixation du nombre d'exemplaires de la requête à fournir[118].

L'organisation du travail de la juridiction constitutionnelle est l'objet de plusieurs dispositions réglementaires. Ainsi, la réglementation intérieure de la juridiction peut porter sur la conduite de l'audience. La Cour suprême des États-Unis a, par exemple, régi la durée des arguments oraux, ainsi que les modalités de leur déroulement[119]. La juridiction constitutionnelle adopte souvent elle-même des règles relatives à la répartition des affaires entre les chambres la composant[120], à la conduite des délibérations des juges constitutionnels ou à la présentation des décisions[121].

4) Hiérarchie des normes et contrôle normatif des normes produites par les juridictions Constitutionnelles

L'existence d'une compétence réglementaire des juridictions constitutionnelles pose de nombreuses questions liées à la place de ces normes dans l'ordre juridique étatique. La détermination de la place dans la

---

112 Par exemple : en Italie, l'article 22 de la loi n°87 de 1953 ; en France l'article 56 de l'ordonnance du 7 novembre 1958 ; au Canada, l'article 97 de la loi sur la Cour suprême ;

113 Article 97 §1 d) de la Loi sur la Cour suprême du Canada ;

114 David O'BRIEN, *Storm center, Op. Cit.*, p. 171. Voir par exemple, rule n°38 de la Cour suprême des États-Unis.

115 Articles 19 et 30 des Normes complémentaires du 16 mars 1956.

116 Voir les formules adoptées par la Cour suprême du Canada, annexées aux articles 16, 22, 23, 23-1, 25, 32, 33, 44, 46,45 et 69 des Règles de la Cour suprême ;

117 Par exemple, rule n° 14 de la Cour suprême des États-Unis ;

118 Rule n°28 de la Cour suprême ;

119 Par exemple : rule n°39 de la Cour suprême des États-Unis fixant le nombre d'exemplaires à fournir en cas de requête *in forma pauperis* ; articles 6 et 10 des Normes complémentaires de la Cour constitutionnelle italienne du 16 mars 1956 ;

120 Article 14 al.4 de la loi sur la Cour constitutionnelle fédérale allemande. Voir également la décision du 15 novembre 1993 de l'Assemblée plénière de la Cour ;

Article 14 al.4 de la loi sur la Cour constitutionnelle fédérale allemande. Voir également la décision du 15 novembre 1993 de l'Assemblée plénière de la Cour ;

121 Par exemple : article 18 des Normes complémentaires de la Cour constitutionnelle italienne ; article 37 du règlement intérieur de la Cour constitutionnelle autrichienne ; décision du 24 février 1981 relative à la détermination par tirage au sort de l'ordre de la liste des candidats à l'élection de la présidence de la République ainsi que de la liste du nom et de la qualité des citoyens ayant régulièrement présenté un candidat inscrit dans la limite du nombre requis pour la validité de la candidature, Rec.. p. 66 ;

hiérarchie des normes des règles produites dans le cadre de l'autonomie réglementaire est délicate.

Si ces règles ont un rang inférieur à la loi, comment est-il possible qu'elles puissent la modifier, comme cela semble être le cas en Italie[122] ? Existe-t-il une hiérarchie entre les normes produites par les juridictions constitutionnelles[123] ? Se pose également la question de l'existence d'un contrôle de conformité de ces normes aux normes qui leur sont supérieures. Les juridictions administratives sont-elles compétentes pour en connaître ? Ou bien y a-t-il un monopole des juridictions constitutionnelles ?

Ces questions, auxquelles la doctrine italienne est confrontée depuis de nombreuses années, ne se posent que depuis peu dans la doctrine française. C'est à la suite de la décision du 27 juin 2001 du Conseil constitutionnel, par laquelle le Conseil constitutionnel a fixé un régime juridique de l'accès à ses archives, spécifique, distinct de celui fixé par la loi n° 79-3 du 3 janvier 1978, que les auteurs français ont commencé à aborder ces problématiques.

En adoptant ce texte, le Conseil constitutionnel a considéré que le « régime juridique applicable aux archives du Conseil constitutionnel est inséparable de ses règles de fonctionnement et de procédure, lesquelles relèvent de la seule loi organique, conformément à l'article 63 de la Constitution »[124]. Il en a déduit que le régime des archives du Conseil constitutionnel devrait être régi par la loi organique, et la loi ordinaire est inapplicable car « s'agissant de sa procédure, le Conseil a toujours écarté l'applicabilité de dispositions de loi ordinaire ».

Selon une telle logique, la loi n°79- 18 du 3 janvier 1979, relative aux archives, ainsi que la législation sur l'accès aux documents administratifs, qui sont des lois ordinaires, ne sont pas applicables[125.] Or, l'article 56 de l'ordonnance organique n°58-1067 habilite le Conseil constitutionnel à compléter « par son règlement intérieur les règles de procédure édictées par » cette même ordonnance.

Dans sa décision du 27 juin 2001, le Conseil constitutionnel vise expressément ce texte. Pour Jean-Eric Schoettl, le Conseil constitutionnel s'est fondé sur l'habilitation résultant de l'article 56 pour fixer lui-même les règles de communication de ses archives[126.] Cette analyse de l'article 56 est contestée

---

122 Roland RICCI, *Le Procès constitutionnel en Italie*, *Op. Cit.*, p. 22-23.

123 *Ibid.*, p. 33. La question peut également se poser en Belgique au sujet des directives de la Cour d'arbitrage, prises sur le fondement de l'article 2 du règlement d'ordre intérieur de la Cour d'arbitrage belge du 15 décembre 1987.

124 Jean-Eric SCHOETTL, « Quel régime juridique pour les archives du Conseil constitutionnel ? », *Les Petites affiches*, juillet 2001, n°133, p. 28.

125 Louis FAVOREU, note sous CE 25 octobre 2002, *Brouant*, R.F.D.A. 2003, p. 11.

126 Jean-Eric SCHOETTL, « Quel régime juridique pour les archives du Conseil constitutionnel ? », *Loc. Cit.*, p. 28

Pascale Gonod considère ainsi que « l'établissement d'un procès-verbal ne saurait [...] pouvoir être considérée comme faisant corps avec une règle de procédure au sens du titre II de l'ordonnance de 1958 »[127.] De même, les conclusions rendues par le commissaire du gouvernement Goulard, à l'occasion de l'examen par le Conseil d'État d'un recours formé contre la décision du 27 juin 2001, affirment que « bien que le Conseil constitutionnel se soit fondé sur l'article 56 de l'ordonnance organique, qui est mentionné dans les visas de la décision attaquée, il est impossible d'affirmer que cette décision ait été prise dans le cadre des attributions que le Conseil constitutionnel tient de la Constitution et des lois organiques »[128].

Le Conseil d'État, saisi d'un recours dirigé contre la décision du 27 juin 2001, ne s'est pas prononcé au fond. Dans son arrêt *Brouant*, du 25 octobre 2002, il s'est déclaré incompétent. Mais il est notable que le Conseil d'État n'a pas fondé son incompétence sur l'article 62 de la Constitution, comme l'y invitait le mémoire du Conseil constitutionnel[129]. Le Conseil d'État s'est déclaré incompétent pour examiner la légalité du règlement par lequel le Conseil constitutionnel a fixé des règles d'accès à ses archives.

Il a motivé ce refus en soulignant « qu'eu égard à cet objet, qui n'est pas dissociable des conditions dans lesquelles le Conseil constitutionnel exerce les missions qui lui sont confiées par la Constitution, ce règlement ne revêt pas le caractère d'un acte administratif dont la juridiction administrative serait compétente pour connaître ».

Le refus d'examiner la légalité du règlement n'est donc pas fondé sur le fait que le règlement émane du Conseil constitutionnel, mais sur l'indissociabilité de ce règlement et des « conditions dans lesquelles le Conseil constitutionnel exerce les missions qui lui sont confiées par la Constitution ». C'est donc l'objet du règlement adopté par le Conseil constitutionnel qui motive l'incompétence du juge administratif[130]. C'est parce qu'il s'agit d'un acte indissociable de la mission du Conseil constitutionnel, laquelle doit être exercée dans la plus totale indépendance. Si le règlement adopté par le Conseil constitutionnel était dissociable de la

---

127 Pascale GONOD ,« Les archives du Conseil constitutionnel », D. 2001, p. 2605 ;

128 Guillaume GOULARD, concl. sur CE 25 octobre 2002, *Brouant*, R.F.D.A. 2003, p. 4 ;

129 *Ibid.*, p. 2. Comme le remarquait le commissaire du gouvernement Goulard dans ses conclusions « le point de savoir si l'article 62 de la Constitution [...] s'applique aussi aux hypothèses où le Conseil constitutionnel agit en tant qu'autorité de l'État habilitée à prendre des décisions exécutoires n'est pas expressément tranché pour la jurisprudence » (*Ibid.*). D'ailleurs, dans le cadre de l'établissement de la liste des candidats à l'élection présidentielle, le Conseil constitutionnel accepte que sa décisions puisse être contestée (voir article 8 du décret du 2 mars 2001 ; sur cette question, Emmanuel TAWIL, « Le conseil constitutionnel et la liste des candidats à l'élection présidentielle », *Revue de l'actualité juridique française*, avril 2001, www.rajf.org).

130 Pascale GONOD et Olivier JOUANJAN, note sous CE 25 octobre 2002, *Brouant*, R.F.D.A. 2003, p. 18.

mission que lui confie la Constitution, le juge administratif pourrait examiner la légalité de l'acte.

Ce n'est donc pas un critère formel qui fonde l'incompétence du juge administratif. Ce point est essentiel : alors que les actes qui sont formellement législatifs sont tous, par leur nature même, injusticiable du juge administratif[131], il n'en est pas de même pour les règles adoptées par le Conseil constitutionnel qui ne sont injusticiables du juge administratif que lorsque, par leur objet, elles sont indissociables des missions confiées au Conseil.

B. Le contrôle de la juridiction constitutionnelle sur les règles dont elle n'est pas l'auteur

La maîtrise de la juridiction constitutionnelle sur les règles qui la concernent découle également du contrôle qu'elle exerce sur règles dont elle n'est pas l'auteur. En effet, sur ces règles, la juridiction constitutionnelle a en principe un véritable droit de veto. En outre, elle est compétente pour les interpréter, ce qui lui laisse une marge de manœuvre appréciable.

1) L'émergence d'un droit de veto du juge constitutionnel

Dès son article de 1967 sur « Le Conseil constitutionnel régulateur de l'activité normative des pouvoirs publics », Favoreu soulignait que « le Conseil constitutionnel a pratiquement un droit de veto quant à l'adoption de la réglementation le concernant »[132]. Ce constat peut être étendu à la plupart des juridictions constitutionnelles. Ce droit de veto résulte de l'intervention préalable de celles-ci, c'est-à-dire de leur compétence d'initiative et de leur droit d'être consulté, et de leur intervention postérieure, c'est-à-dire du contrôle normatif qu'elles opèrent sur les textes législatifs et réglementaires dans le cadre de leurs missions.

a) L'intervention préalable : initiative et consultation du juge constitutionnel

L'intervention préalable du juge constitutionnel, c'est-à-dire sa compétence d'initiative et de consultation peut prendre plusieurs formes : s'exercer en dehors de tout cadre formel, ou résulter d'une obligation, ou bien encore consister dans la préparation d'un texte qu'il revient à une autre autorité d'adopter.

131 CE 6 novembre 1936, *Arrighi*, Leb. p. 966.

132 Louis FAVOREU, « Le Conseil constitutionnel régulateur de l'activité normative des pouvoirs publics », R.D.P. 1967, p. 72.

1. L'initiative et la consultation du juge constitutionnel en dehors de tout cadre formel

Aucun texte législatif ne prévoit la consultation de la Cour suprême des États-Unis lors de la procédure d'adoption des textes la concernant. Pourtant, le rôle de la Cour suprême, ou plutôt de ses membres, est essentiel.

David O'Brien a souligné qu'« en fait, l'ensemble de la législation affectant la Cour a été préparé par les juges et est le résultat de leur *lobbying* »[133].

Les exemples sont très nombreux. La suppression de la participation des juges aux jugements de première instance, la création de la Circuit Court of Appeals et l'octroi à la Cour suprême de la liberté de choisir les affaires qu'elle examine sont des revendications des juges eux-mêmes, qu'ils ont réussi à faire adopter par le Congrès. De même, les membres de la Cour suprême n'hésitent pas à rendre publique leur opposition à un texte que le Congrès envisage de prendre.

Ainsi, le *Chief Justice* Hughes a écrit au Comité judiciaire du Sénat pour signaler que les membres de la Cour suprême étaient opposés au projet de réforme du président Roosevelt[134].

Aujourd'hui, l'action de proposition et de conseil des membres de la Cour suprême a fréquemment lieu dans un cadre plus organisé. Ainsi, le *Chief Justice* s'exprime lors des réunions de la *Judicial Conférence*, dont il est le président. Cet organisme créé en 1922 a notamment compétence pour proposer des modifications aux textes relatifs aux tribunaux. De même, le Chief Justice peut s'adresser à l'Administrative *Office of the United States Courts*, qui joue un rôle dans la préparation de la législation fédérale.

Le rôle de la Cour suprême dans la préparation des textes la concernant est donc effectif, bien qu'il ne soit prévu par aucun texte.

2. La consultation obligatoire du juge constitutionnel

Il est également possible de prévoir l'obligation pour l'autorité qui adopte le texte de consulter préalablement le juge constitutionnel. Cette consultation donne lieu à un avis qui ne s'impose pas au législateur ou, le cas échéant, au pouvoir réglementaire. Une telle situation existe en France. Elle concerne les textes relatifs au rôle du Conseil constitutionnel lors de l'élection du Président de la République.

Ainsi, le Gouvernement a l'obligation de consulter le Conseil constitutionnel avant l'adoption des textes réglementaires relatifs à l'élection du Président de la République. Cette obligation découle de la loi référendaire

---

133 David O'BRIEN, *Storm center*, *Op. Cit.*, p. 98.

134 *Ibid.*, p. 99. David O'BRIEN souligne que la lettre donnait l'impression d'une unanimité des membres de la Cour alors que ce n'était pas le cas. Certains juges étaient d'un avis contraire et désapprouvaient l'action du *Chief Justice*.

du 6 novembre 1962[135]. Le Conseil constitutionnel considère notamment que « la référence aux opérations de l'élection présidentielle qui ressort [...] des textes applicables doit conduire à sa consultation sur toutes les prescriptions de portée générale qui sont relatives à ces opérations, quelle que soit leur forme juridique »[136].

Or, de nombreuses dispositions de ces textes sont susceptibles de concerner le Conseil constitutionnel qui a un rôle essentiel dans le contrôle de l'élection.

De même, l'article 55 de l'ordonnance du 7 novembre 1958 prévoit que « les modalités d'application de la présente ordonnance pourront être déterminées par décret en conseil des ministres, après consultation du Conseil constitutionnel et du Conseil d'État ». Cette clause permet d'envisager l'adoption de textes portant sur les divers aspects de l'ordonnance. Mais, aucun texte n'a jamais été adopté sur son fondement[137].

3. La préparation des textes par le juge constitutionnel

Il est possible que le juge constitutionnel se voie confier la préparation d'un texte que l'organe qui l'adoptera formellement ne pourra pas modifier s'il décide de l'adopter. Cette situation existe au profit de la Cour d'arbitrage belge et du Conseil constitutionnel français.

En France, le décret prévu par l'article 7 de l'ordonnance du 7 novembre 1958 afin de définir les obligations des membres du Conseil constitutionnel est un décret en Conseil des ministres. Mais ce texte doit être pris sur proposition du Conseil constitutionnel. De même, le décret en Conseil constitutionnel prévu par l'article 15 de l'ordonnance du 7 novembre 1958 afin de déterminer l'organisation du secrétariat général du Conseil constitutionnel doit être pris « sur proposition du Conseil constitutionnel ». Le Gouvernement ne saurait agir de sa propre initiative[138] ni modifier le texte du Conseil constitutionnel. Il peut seulement refuser de l'adopter.

En Belgique l'article 42 de la loi spéciale du 6 janvier 1989 sur la Cour arbitrage prévoit une procédure comparable. La Cour peut fixer dans un texte nommé « règlement » les règles statutaires applicables à son personnel. Mais ce règlement doit être approuvé par arrêté royal. Cette situation est assez proche de celle que connaît le Conseil constitutionnel : la Cour

---

135 Observations du Conseil constitutionnel relatives à l'élection présidentielle des 24 avril et 8 mai 1988, R.D.P., 1989, p. 47; Observations du Conseil constitutionnel relatives à l'élection présidentielle des 23 avril et 7 mai 1995, R.D.P., 1996, p. 492.

136 Observations du Conseil constitutionnel relatives à l'élection présidentielle des 23 avril et 7 mai 1995, *Loc. cit.*, p. 492.

137 Michel VERPEAUX, « Conseil constitutionnel », *Jurisclasseur administratif*, fascicule 1410, 1998, n°49.

138 « Les décrets mentionnés aux articles 7 et 15 ne peuvent être pris que sur la proposition du Conseil constitutionnel, ce qui [ôte] tout pouvoir d'initiative au gouvernement » (*Ibid.*)

d'arbitrage prépare le texte ; le Roi (c'est-à-dire en fait le Gouvernement) l'adopte définitivement, ce qui lui permet d'entrer en vigueur.

b) L'intervention postérieure : le contrôle normatif par le juge constitutionnel des normes le concernant

Pour l'essentiel, le droit de veto dont bénéficie en pratique le juge constitutionnel sur les textes qui le concernent découle de l'exercice normal par celui-ci de sa compétence de contrôle des normes.

Le droit de veto du juge constitutionnel s'exerce sur ces textes, postérieurement à leur adoption, que ce soit à la suite d'une saisine par voie d'action ou d'une saisine par voie d'exception.

1. Le contrôle à la suite d'une saisine par voie d'action

Le juge constitutionnel peut, dans le cadre du modèle européen de justice constitutionnelle, être amené à se prononcer à la suite d'une saisine par voie d'action sur les textes qui le concernent. Il contrôle la conformité à la Constitution des normes adoptées sans qu'il ait été consulté.

Le juge constitutionnel est compétent, par définition, pour contrôler la conformité des lois à la Constitution. Cette compétence lui permet donc de contrôler les lois qui lui sont déférées. S'il est saisi, le juge constitutionnel peut donc invalider une disposition le concernant.

Il y a là, un « droit de veto quant à l'adoption de la réglementation le concernant »[139] au profit du juge constitutionnel. La situation du Conseil constitutionnel français est particulièrement favorable à cet égard. Comme le souligne le doyen Favoreu, « en vertu de la Constitution (art. 63) son organisation et son fonctionnement sont déterminés par une loi organique, ce qui implique qu'ils ne peuvent être modifiés que par un texte de même force ; or toutes les lois organiques lui sont obligatoirement soumises avant promulgation ».

Le droit de veto du Conseil constitutionnel peut donc s'exercer avant même l'entrée en vigueur de la disposition contrôlée. Le Conseil constitutionnel a examiné plusieurs textes le concernant directement. Dans sa décision 74-52 DC du 23 décembre 1974[140], il a contrôlé les modifications de l'ordonnance du 7 novembre 1958, que l'ouverture de la saisine à soixante députés et soixante sénateurs avait rendues nécessaires.

Dans sa décision 76-65 DC du 14 juin 1976, le Conseil constitutionnel s'est prononcé sur la réforme des modalités de présentation des candidats à l'élection du Président de la République[141].

139 Louis FAVOREU, « Le Conseil constitutionnel régulateur de l'activité normative des pouvoirs publics », *Loc. Cit.*, p. 72 ;

140 Décision n°74-52 DC du 23 décembre 1974, R.J.C.I-29 ;

141 Décision n°76-65 DC 14 juin 1976, R.J.C. I-38.

Le droit de veto du Conseil constitutionnel peut donc s'exercer avant même l'entrée en vigueur de la disposition contrôlée. Dans la décision 88-242 DC du 10 mars 1988[142], le Conseil constitutionnel a contrôlé la législation relative au financement de la vie politique et à la transparence financière. Dans sa décision 94-354 DC du 11 janvier 1995, le Conseil constitutionnel s'est prononcé sur une loi organique qui étend le nombre des incompatibilités qui s'imposent à ses membres[143].

Dans certains États, le juge constitutionnel peut également exercer un contrôle de certains actes réglementaires. En principe, les normes réglementaires ne jouent qu'un rôle subalterne dans la fixation des règles relatives au juge constitutionnel.

Mais, il existe une exception : à Monaco, la plupart des règles portant sur le Tribunal suprême sont réglementaires, puisqu'elles sont contenues dans une ordonnance souveraine[144]. Le Tribunal suprême, exerçant également le contrôle de légalité des actes administratifs[145], dispose donc d'un droit de veto sur ces règles. En France, quelques textes réglementaires concernent le Conseil constitutionnel. Dans le cadre de ses compétences en matière électorale, le Conseil constitutionnel saisi par voie d'action, peut exercer un contrôle de légalité portant sur certains actes administratifs. Le Conseil constitutionnel a admis sa compétence pour connaître de certains actes préparatoires aux élections législatives dès sa décision du 11 juin 1981[146].

Mais sa compétence est très encadrée. Comme il l'a rappelé dans sa décision du 8 juin 1995, « si, en vertu de la mission de contrôle de la régularité de l'élection des députés et des sénateurs qui lui est conférée par l'article 59 de la Constitution, le Conseil constitutionnel peut exceptionnellement statuer sur les requêtes mettant en cause la régularité d'élections à venir, ce n'est que dans la mesure où l'irrecevabilité qui serait opposée à ces requêtes en vertu des articles 32 à 45 de l'ordonnance susvisée du 7 novembre 1958 risquerait de compromettre gravement l'efficacité du contrôle par le Conseil constitutionnel de l'élection des députés et des sénateurs, vicierait le déroulement général des opérations électorales et, ainsi, pourrait porter atteinte au fonctionnement normal des pouvoirs publics »[147]

L'élection du Président de la République n'avait donné lieu à aucune décision de cet ordre jusqu'à 1995. Depuis sa décision *Durand* du 6 avril 1995, le Conseil constitutionnel semble se reconnaître compétent pour

---

142 Décision n°88-242 DC du 10 mars 1988, R.J.C. I-331.

143 Décision n°94-354 DC du 11 janvier 1995, R.J.C. I-617.

144 Ordonnance souveraine du 16 avril 1963.

145 148 Article 90 de la Constitution de Monaco.

146 Décision du Conseil constitutionnel du 11 juin 1981, *Delmas*, note M.A. FEFFER, A.J.D.A., 1981, p. 481-483 ; note Claude GOYARD, A.J.D.A., 1981, p. 357 s. note François LUCHAIRE, D. 1981, J., p. 589-594 ; note Dominique TURPIN, *Gaz. Pal.*, 1981, p. 709-712.

147 Décision du Conseil constitutionnel du 8 juin 1995, *Bayeurte*, A.J.D.A, 1995, p. 518.

connaître, de certains recours[148]. Dans une décision du 25 juillet 2000[149], le Conseil constitutionnel a également admis qu' « il appartient au Conseil constitutionnel de statuer sur les requêtes mettant en cause la régularité d'opérations à venir dans le cas où l'irrecevabilité qui serait opposée à ces requêtes risquerait de compromettre gravement l'efficacité de son contrôle des opérations référendaires, vicierait le déroulement général du vote ou porterait atteinte au fonctionnement normal des pouvoirs publics ».

Cette dernière décision est particulièrement importante, car le Conseil constitutionnel a accepté d'examiner les décrets n°2000-666 et 2000-667 du 18 juillet 2000. Or, ces textes contiennent diverses dispositions concernant directement le Conseil constitutionnel. Dans ce cadre, très restreint, il est donc possible que le Conseil, saisi par voie d'action, puisse contrôler un texte réglementaire.

2. *Le contrôle à la suite d'une saisine par voie d'exception*

Le juge constitutionnel peut contrôler les textes le concernant, et donc exercer un droit de veto, dans le cadre d'un contrôle par voie d'exception. Le contrôle de constitutionnalité aux États-Unis s'exerce dans un tel cadre. La Cour suprême des États-Unis a pu contrôler de nombreux textes relatifs à son organisation et au statut de ses membres. Les exemples sont nombreux.

La Cour suprême a exercé un droit de veto sur l'application à ses membres de dispositions fiscales[150], sur le montant de leur rémunération[151], ou bien encore sur l'autonomie réglementaire[152].

Il est plus surprenant de constater que le Conseil constitutionnel français peut être saisi d'une exception d'illégalité dirigée contre une disposition réglementaire. Il dispose, ainsi, d'un moyen supplémentaire d'exercer un droit de veto. En effet, lors de l'examen d'un recours dirigé contre la

---

148 Décision du Conseil constitutionnel du 6 avril 1995, *Durand*, Rec. p. 37. Cette décision serait sans doute passée inaperçue sans le secrétaire général de l'époque, Olivier SCHRAMECK. A l'occasion de son commentaire de la décision *Bayeurte* du 8 juin 1995, il écrivait « alors que la loi organique n'avait organisé aucune voie de droit contentieuse préalable devant le Conseil constitutionnel, celui-ci n'a pas dénié sa compétence de manière générale et absolue pour ce seul motif, dès lors que l'article 58 de la Constitution lui confie la charge de veiller à la régularité de l'élection du Président de la République et d'examiner les réclamations. Il a assorti le prononcé de son incompétence d'un « en l'espèce », qui réserve les cas où le respect de sa mission constitutionnelle devrait le conduire à se prononcer » (Commentaire de la décision du 8 juin 1995, A.J.D.A., 1995, p. 517s.). Quelques mois après, revenant dans l'un de ses articles sur la décision Durand, il reprenait la même analyse (Olivier SCHRAMECK, « Le Conseil constitutionnel et l'élection présidentielle de 1995 », A.J.D.A., 1996, p. 12-13) ;

149 Décision du Conseil constitutionnel du 25 juillet 2000, *M. Hauchemaille*, note Jean-Eric SCHOETTL, L.P.A. n°153, 2000, p. 20-22.

150 Voir, par exemple, *Evans v. Gore*, 253 US 245 (1920); *Miles v. Graham*, 268 US 501 (1925); *O'Malley v. Woodrough*, 307 US 277 (1939).

151 Voir, par exemple, United *States v. Will*, 449 US 200 (1980).

152 Voir, par exemple, *Wayman v. Southard*, 23 US 1 (1825).

décision d'établissement de la liste des candidats à l'élection du Président de la République, le Conseil constitutionnel admet que la légalité des dispositions réglementaires relatives à l'établissement de la liste et à son contentieux soit contestée par voie d'exception à l'occasion d'une réclamation[153]. Mais il semble qu'il n'est pas possible de contester la légalité des textes réglementaires qui ne concernent pas la présentation des candidats ou son contentieux. Notamment, un requérant ne saurait soulever une exception d'inconstitutionnalité dirigée contre une loi organique[154].

c) L'interprétation des règles relatives au juge constitutionnel par le juge constitutionnel lui-même

Le juge constitutionnel interprète les règles qui le concernent dans le cadre de ses fonctions juridictionnelles et non-juridictionnelles. Ainsi, se renforce sa maîtrise sur ces règles.

1. L'interprétation dans le cadre d'une fonction juridictionnelle

Comme tout juge, le juge constitutionnel interprète les normes servant de référence à son contrôle. En outre, il interprète également les normes qu'il contrôle.

L'exercice de ses fonctions juridictionnelles permet au juge constitutionnel d'avoir une maîtrise sur le sens à donner à ces règles, dont certaines concernent l'étendue de sa compétence et son organisation. Il lui arrive d'utiliser ces prérogatives, qui découlent de sa fonction même de juge constitutionnel, afin d'étendre sa compétence à des domaines pour lesquels rien n'était prévu, ou bien de se reconnaître des privilèges que ni le Constituant ni le législateur n'avaient envisagés[155].

a. L'interprétation par le juge constitutionnel des normes de référence de son contrôle

Lorsqu'il exerce ses fonctions, le juge constitutionnel a parfois interprété les normes de référence de son contrôle dans un sens contribuant à affermir sa place dans l'État.

Il peut en être ainsi, lorsque le juge détermine l'étendue de sa compétence. L'exemple le plus connu est celui de la Cour suprême des États-Unis. La Constitution des États-Unis de 1787 ne prévoit pas expressément un mécanisme de contrôle de constitutionnalité. Or la Cour suprême elle-même, dans l'arrêt *Marbury v. Madison* a accepté de se reconnaître compétente pour contrôler le respect de la Constitution par la

153 Décision du Conseil constitutionnel du 9 avril 1995, *Néron*, Rec. p. 53.

154 Décision du Conseil constitutionnel du 11 avril 1981, *Fouquet*, Rec. p. 72.

155 La question de l'interprétation de règles concernant le juge constitutionnel dans le cadre de l'exercice de ses fonctions juridictionnelles justifierait une étude beaucoup plus étendue. Il n'est possible, ici, que de présenter cette question de manière sommaire ;

loi[156]. Cette décision de la Cour suprême « fonde sa prérogative essentielle que l'on ne trouve nulle part inscrite dans la Constitution de 1787 : le contrôle de constitutionnalité »[157]

C'est donc de l'interprétation par la Cour des textes constitutionnels que découle la compétence de la Cour suprême en matière de contrôle de constitutionnalité.

Au Canada, l'interprétation des règles relatives aux juridictions a permis à la Cour suprême de se reconnaître des privilèges qui ne lui étaient pas expressément accordés par le législateur et le Constituant.

L'exemple le plus remarquable est celui de l'application de l'article 100 de la loi constitutionnelle de 1867. Ce texte avait pour objet de fixer la compétence du Parlement fédéral en matière de salaires et de pensions des juges fédéraux. Or, la Cour suprême en a déduit un droit subjectif à valeur constitutionnelle, c'est-à-dire un droit fondamental, de bénéficier d'un salaire ou d'une pension[158]. En outre, elle a affirmé que le législateur fédéral ne dispose pas d'une absolue liberté dans leur fixation[159].

De même, en France, le Conseil constitutionnel, en l'absence de tout texte constitutionnel en ce sens a affirmé que « la règle selon laquelle les pouvoirs publics constitutionnels déterminent eux-mêmes les crédits nécessaires à leur fonctionnement [...] est inhérente au principe de leur autonomie financière qui garantit la séparation des pouvoirs »[160]. Ainsi, le Conseil constitutionnel a rattaché au principe de séparation des pouvoirs une règle qui constitue un élément essentiel de son propre statut.

b. L'interprétation des normes contrôlées par le juge constitutionnel

Le juge constitutionnel interprète les normes qu'il contrôle. Et cette interprétation peut lui donner l'occasion de préciser les normes qui le concernent. Sa maîtrise sur ces textes est ainsi renforcée. La Cour constitutionnelle italienne et le Conseil constitutionnel français ont utilisé cette prérogative.

Lors de l'exercice de son contrôle de constitutionnalité des lois, le Conseil constitutionnel français interprète les normes soumises à son contrôle. Cette technique a été utilisée par le Conseil constitutionnel au cours de l'examen de dispositions relatives au statut de ses membres.

---

156 *Marbury v. Madison*, 1 Cranch 137 (1803) ;

157 Marie-France TOINET, *La Cour suprême : les grands arrêts*, Presses universitaires de Nancy, Nancy, 1989, p. 50 ;

158 Dans l'arrêt *Beauregard c. Canada* de 1986, le juge en chef DICKSON, qui a rédigé l'opinion de la Cour, soulignait que l'article 100 « constitue une affirmation constitutionnelle que les juges des cours supérieurs [...] recevront au moins un certain salaire et des prestations de retraite » (*Beauregard c. Canada*, [1986] 2 R.C.S. 56).

159 *Beauregard c. Canada*, [1986] 2 R.C.S. 56 ;

160 Décision n°2001-456 DC du 27 décembre 2001, Rec., p. 180 ;

Dans sa décision 94-354 DC du 11 janvier 1995[161] le Conseil constitutionnel a validé les nouvelles incompatibilités applicables à ses membres. Mais comme le souligne Jean-Christophe Car, « la Haute juridiction ajoute à la loi sur deux points, en mentionnant que les dispositions examinées ne méconnaissent pas la Constitution à condition de respecter ces réserves constructives »[162]. Le Conseil constitutionnel a d'abord rappelé l'interdiction faite aux membres de droit atteints par une incompatibilité de siéger au sein du Conseil. Ensuite, il a souligné que doit s'appliquer aux nouvelles incompatibilités la procédure de démission d'office.

L'interprétation des normes soumises au contrôle de la juridiction peut parfois permettre à celle-ci de les modifier substantiellement. La jurisprudence de la Cour constitutionnelle italienne est à cet égard particulièrement notable. Ainsi, le Code pénal italien prévoyait que la Cour constitutionnelle ne pouvait engager des poursuites en cas de délit d'outrage à la Cour qu'avec l'autorisation du ministre de la Justice. Mais dans sa sentence n°15 du 17 février 1969, la Cour s'est reconnue le pouvoir d'engager elle-même des poursuites.

Dans le cadre de ses fonctions juridictionnelles, le juge constitutionnel manifeste sa maîtrise sur les règles qui le concernent, par la possibilité de les interpréter. La juridiction peut ainsi étendre sa compétence ou faire bénéficier ses membres de privilèges, qui n'avaient pas été envisagés par le Constituant et le législateur.

2. L'interprétation dans le cadre de fonctions non juridictionnelles

Lors de l'exercice de leurs compétences non juridictionnelles, la juridiction constitutionnelle peut également interpréter les textes relatifs à son organisation, sa compétence, ou bien encore au statut de ses membres. La maîtrise du juge constitutionnel sur les textes qui le concernent peut ainsi se manifester lors de l'interprétation de ces textes dans le cadre d'une compétence consultative ou d'une compétence d'interprétation authentique.

a. L'interprétation dans le cadre de fonctions consultatives

Le juge constitutionnel est souvent chargé d'exercer un rôle consultatif. Il en est notamment ainsi au Canada[163], en Irlande169 et en France[164]. Et à l'occasion de l'exercice de ces compétences, le juge constitutionnel

161 Décision n°94-354 DC du 11 janvier 1995, R.J.C. I-61 ;

162 Jean Christophe CAR, in Chron. « Droit constitutionnel jurisprudentiel », D 1997, S.C., p. 117.

163 La Cour suprême du Canada dispose d'une compétence consultative tres large, en application de l'article 53 de la loi sur la Cour suprême ;

164 La Cour suprême d'Irlande a une compétence consultative résultant de l'article 27 de la Constitution, en matière de référendum. Voir Marthe FATIN-ROUGE, *Le contrôle du référendum par la justice constitutionnelle*, Th. Aix-Marseille III, 1999, p. 246-247.

interprète les dispositions qui le concernent. Ainsi, le Conseil constitutionnel a interprété les règles relatives à sa compétence consultative lors des opérations d'élection du Président de la République.

L'article 3-III, alinéa 1er de la loi du 6 novembre 1962 dispose que « le Conseil constitutionnel veille à la régularité des opérations et examine les réclamations dans les mêmes conditions que celles fixées pour les opérations de référendum par les articles 46, 48, 49, 50 de l'ordonnance n°58-1067 du 7 novembre 1958 portant loi organique sur le Conseil constitutionnel ». Les prérogatives consultatives du Conseil constitutionnel découlent donc de l'article 46 de l'ordonnance du 7 novembre 1958, lequel prévoit que « le Conseil constitutionnel est consulté par le Gouvernement sur l'organisation des opérations de référendum.

Il est avisé sans délai de toute mesure prise à ce sujet ». Le Conseil constitutionnel a logiquement déduit qu'« en vertu des dispositions combinées de l'article 3-III de la loi n°62-1292 du 6 novembre 1962 et de l'article 46 de l'ordonnance organique n°58-1067 du 7 novembre 1958, le Conseil constitutionnel doit être consulté par le Gouvernement sur l'opportunité de l'organisation des opérations de l'élection présidentielle et être avisé sans délai de toute mesure prise à ce sujet »[165].Le Conseil constitutionnel a précisé ces notions.

Ainsi, il considère que « la référence aux opérations de l'élection présidentielle qui ressort ainsi des textes applicables doit conduire à sa consultation sur toutes les prescriptions de portée générale qui sont relatives à ces opérations, quelle que soit leur forme juridique »[166]. Le Conseil constitutionnel devrait donc être consulté sur tous les textes de portée permanente, notamment les éventuelles modifications du décret du 14 mars 1964[167].

Pourtant, le Gouvernement n'a jamais soumis au Conseil constitutionnel les textes permanents. Ainsi, le décret du 14 mars 1964 a été pris après avis du Conseil d'État, mais le Conseil constitutionnel n'a pas été saisi. Le Conseil constitutionnel a rappelé sa compétence[168]. Mais les simples «

---

165 Observations du Conseil constitutionnel relatives à l'élection présidentielle des 24 avril et 8 mai 1988, *Loc. Cit.*, p. 47;
Observations du Conseil constitutionnel relatives à l'élection présidentielle des 23 avril et 7 mai 1995, *Loc. Cit.*, p. 492 ;

166 Observations du Conseil constitutionnel relatives à l'élection présidentielle des 23 avril et 7 mai 1995, *Loc. Cit.*, p. 492 ;

167 François LUCHAIRE, *Le Conseil constitutionnel*, 2 tomes en 3 volumes, tome 1(*Organisation et attribution)*, Paris, Economica, 2nde éd., 1997, n° 319.

168 « Le Conseil estime qu'il devrait être informé de toute modification que le Gouvernement entend apporter au décret en Conseil d'État pris sur le fondement de l'article 3-V de la loi du 6 novembre 1962, en raison de l'incidence qu'a ce texte sur le déroulement des opérations électorales » (Observations du Conseil constitutionnel relatives à l'élection présidentielle des 24 avril et 8 mai 1988, *Loc. cit.*, p. 47). Il ne faut pas se méprendre sur l'utilisation par le Conseil constitutionnel du verbe « informer ». En effet, la syntaxe, ainsi que l'utilisation du

mesures ponctuelles et dispositions pratiques d'ordre interne prises au sein des services de l'État » ne nécessitent pas d'être soumises pour avis au Conseil constitutionnel avant leur adoption.

Il suffit que le Conseil constitutionnel en soit informé[169]. Cela correspond à la dernière phrase de l'article 46 de l'ordonnance du 7 novembre 1958, qui s'applique à l'élection présidentielle. En effet, aux termes de ces dispositions, le Conseil constitutionnel « est avisé sans délai de toute mesure prise » en matière d'organisation des opérations de référendum.

Le Conseil constitutionnel a ainsi établi un ensemble de règles très détaillées, à partir de quelques mots à la portée plutôt incertaine.

b. L'interprétation dans le cadre des procédures d'interprétation authentique

La notion d'interprétation authentique est définie comme une interprétation dont « le sens est imposé sous forme obligatoire »[170]. Ceci revient à dire que lorsqu'une autorité interprète authentiquement une norme, cette norme doit obligatoirement être entendue dans le sens prescrit par l'acte d'interprétation. Il existe des systèmes juridiques qui confient à un organe particulier le soin de prescrire l'interprétation authentique de textes législatifs.

Ainsi, le Code de droit canonique de 1983 prévoit la possibilité pour le législateur, soit d'interpréter lui-même authentiquement les lois dont il est l'auteur, soit de déléguer cette compétence[171]. Par la constitution apostolique *Pastor bonus*, le pape Jean-Paul II a confié la compétence d'interpréter authentiquement les lois pontificales au Conseil pontifical pour l'interprétation des textes législatifs[172]. Dans quelques États qui ont adopté un système de justice constitutionnelle, le juge constitutionnel bénéficie d'une compétence d'interprétation authentique qu'il applique aux textes qui concernent sa compétence et son organisation[173].

Par exemple, jusqu'à l'adoption de la Constitution du 2 avril 1997, le Tribunal constitutionnel polonais exerçait une compétence d'« interprétation

---

verbe « devoir », impliquent une obligation pour le Gouvernement de saisir le Conseil constitutionnel, avant que le texte n'ait été adopté ;

169 Observations du Conseil constitutionnel relatives à l'élection présidentielle des 23 avril et 7 mai 1995, *Loc. Cit.*, p. 492 ;

170 Francisco Javier URRUTIA, *Les normes générales*, Paris, éd. Tardy, 1994, p. 62 ;

171 Canon 16 du Code de droit canonique de 198 ;

172 Article 155 de la constitution apostolique *Pastor bonus* du 28 juin 1988.

173 Mauro CAPPELLETTI a souligné que les juges « agissent [...] en tant que législateur, plus que comme des juges lorsque [...] ils exercent le pouvoir, qui leur est reconnu, de donner des « directives » de caractère général en matière d'interprétation du droit, directives qui doivent être suivies par les tribunaux inférieurs et qui sont données en dehors de tout lien avec une espèce concrète donnée » (Mauro CAPPELLETTI, « Des juges législateurs », in Mauro CAPPELLETTI, *Le pouvoir des juges*, Paris, Economica, coll. « Droit public positif », 1990, p. 75) ;

universellement obligatoire ». Dès que le Tribunal constitutionnel avait adopté une telle interprétation, les autorités de l'État étaient tenues de la suivre. Il s'agissait donc d'une interprétation authentique. Le Tribunal constitutionnel avait exercé cette compétence sur des textes relatifs à la portée de ses décisions qu'il avait pu renforcer à l'époque où celles-ci pouvaient être renversées par la diète[174].

Ainsi, le Tribunal constitutionnel polonais a décidé qu'une loi déclarée non conforme à la Constitution cessait d'avoir effet après l'écoulement du délai de six mois que la Constitution laissait à la Diète pour intervenir[175]. De même, dans une autre décision, le Tribunal constitutionnel avait exclu du champ des décisions susceptibles d'être mises en cause par la Diète, celles qui avaient été prises dans le cadre d'un contrôle a priori, avant leur promulgation[176].

Le Tribunal constitutionnel polonais a perdu sa compétence d'interprétation authentique, mais un système qui s'en rapproche existe encore en Belgique.

L'article 2 du règlement d'ordre intérieur de la Cour d'arbitrage du 15 décembre 1987 prévoit que « lorsque la mise en œuvre des règles de procédure contenues dans la [loi spéciale sur la Cour d'arbitrage] appelle une interprétation [...] quant aux modalités d'application, la Cour arrête à cet effet des directives ». La Cour d'arbitrage a donc la compétence d'établir des directives portant interprétation de la loi sur la Cour d'arbitrage[177]. Or, les directives adoptées par la Cour semblent avoir, *de facto*, une portée générale puisqu'elles ne concernent pas seulement une affaire. En outre, elles semblent être obligatoires pour ceux qu'elles concernent.

En effet, la lecture de celles-ci suffit à comprendre qu'il s'agit de règles impératives : l'utilisation de l'indicatif présent rend l'application de la directive obligatoire[178]. Dès lors, il faut considérer qu'une directive portant sur l'interprétation de la loi sur la Cour d'arbitrage doit être appliquée. Et l'application de la directive suppose l'application du sens particulier de l'interprétation énoncée dans la directive. S'agit-il d'une interprétation authentique ? Pour qu'il en soit ainsi, il faut que l'interprétation de la

---

174 La Diète pouvait passer outre aux décisions du Tribunal constitutionnel polonais invalidant une loi. L'article 239 de la Constitution de 1997 a prévu le maintien de cette procédure pendant les deux ans suivants l'entrée en vigueur de la Constitution, c'est-à-dire jusqu'au 17 octobre 1999 ;

175 Tribunal constitutionnel polonais, 20 octobre 1993, W6/93, cité par Lech GARLICKI, Chron., A.I.J.C. 1993, p. 593-594 ;

176 Tribunal constitutionnel polonais, 5 septembre 1995, BJC 1995, p. 361-362.

177 Jacques VAN COMPERNOLLE, in Francis DELPEREE (sous la dir.), *La Cour d'arbitrage*, actualité et perspectives, *Op. Cit.*, p. 8 ;

178 Par exemple, la directive du 20 juin 1996 sur les mémoires tardifs dispose : « lorsqu'il résulte des dates des cachets de la poste qu'un mémoire a été introduit après expiration du délai fixé [...], le président le constate dans une ordonnance ». Ceci signifie que le président est tenu d'agir au moyen d'une ordonnance ;

directive s'impose à tous, notamment aux autres autorités de l'État, comme c'était le cas en Pologne avant 1997.

A défaut, l'interprétation conserve un caractère de relativité qui interdit de parler d'interprétation authentique. Est-il possible de considérer que le Parlement belge est tenu par l'interprétation contenue dans une directive de la Cour d'arbitrage alors que l'article 84 de la Constitution prévoit que « l'interprétation des lois par voie d'autorité n'appartient qu'à la loi »[179]?

A l'égard des textes dont elle n'est pas formellement l'auteur, la juridiction constitutionnelle est donc loin de manquer de tout moyen d'action. Au contraire, elle peut exercer un véritable contrôle sur ces dispositions.

§2. La gestion par la juridiction constitutionnelle de ses affaires administratives et financières

Il est souhaitable qu'un organe chargé de contrôler le législateur et le pouvoir exécutif ne soit pas soumis à eux quant à son organisation et à la gestion de ses affaires administratives et financières.

C'est pourquoi, dans la plupart des États, est reconnue à la juridiction constitutionnelle une autonomie administrative et financière.

A. L'autonomie administrative de la juridiction constitutionnelle

Dans l'arrêt *Valente c. La Reine* de 1985, le juge Le Dain, qui rédigea l'opinion de la Cour suprême du Canada, notait que « le contrôle judiciaire sur [...] l'assignation des juges aux causes, les séances de la Cour, le rôle de la Cour, ainsi que les domaines connexes de l'allocation de salles d'audience et de la direction du personnel administratif qui exerce ces fonctions a généralement été considéré comme essentiel ou comme une exigence minimale de l'indépendance institutionnelle ou collective »[180].

Il est particulièrement nécessaire que la juridiction constitutionnelle ait « une administration interne autonome par rapport à celle qui dépend de l'exécutif et du législatif »[181].

Ainsi, la plupart des juridictions constitutionnelles bénéficient d'une autonomie administrative répondant à ce schéma. En général, les juridictions constitutionnelles exercent un contrôle sur leurs organes d'administration et gèrent elles-mêmes leurs affaires administratives.

---

179 Jacques VAN COMPERNOLLE, in Francis DELPEREE (sous la dir.), *La Cour d'arbitrage*, *Op. Cit.*, p. 87.
180 *Valente c. La Reine* [1985], 2 R.C.S. 673, p. 709.
181 Louis FAVOREU et al., *Droit constitutionnel*, *Op. Cit.*, p. 227.

1) Le contrôle de la juridiction constitutionnelle sur ses organes d'administration

La compétence de principe en matière administrative appartient, généralement, à la formation plénière de la juridiction constitutionnelle. Il en est ainsi de la Cour suprême des États-Unis[182], de la Cour constitutionnelle fédérale allemande[183] et de la Cour constitutionnelle italienne[184]. Mais il existe toujours d'autres organes au sein des juridictions qui exercent une compétence administrative. Et les juridictions constitutionnelles contrôlent ces organes d'administration. Ce contrôle porte notamment sur ceux des juges qui exercent une fonction dirigeante, sur les commissions administratives des juridictions et sur les hauts-fonctionnaires exerçant une fonction de direction administrative.

a) Le contrôle de la juridiction sur le juge exerçant une fonction dirigeante

Les juridictions constitutionnelles ont toujours un *président*, c'est-à-dire un juge qui, placé à leur tête, exerce la direction de leurs services. Son titre est « *Chief Justice* » aux États-Unis, en Irlande et au Canada. En Belgique, deux juges ont le titre de « présidents »[185] ; mais un seul exerce la présidence de la Cour d'arbitrage[186]. Au sens strict, celui-là seul est *président*.

Il est hors de notre propos de détailler les compétences des présidents des juridictions constitutionnelles.

Soulignons seulement que ceux-ci exercent des fonctions de représentation de la Cour vis-à-vis de l'extérieur[187] et qu'ils président les séances des formations plénières[188]. Parfois, la convocation, ainsi que la présidence des audiences et des délibérations leur reviennent[189]. Lorsque les

182 David O'BRIEN, *Storm Center, Op. Cit.*, p. 129.

183 J.-C. BEGUIN, *Le contrôle de la constitutionnalité des lois en République fédérale d'Allemagne*, Paris, Economica, 1982,p. 28.

184 Jean-Claude ESCARRAS, Chron. Italie, A.I.J.C. 1985, p. 486.

185 Article 33 de la loi spéciale du 6 janvier 1989 sur la Cour d'arbitrage ;

186 Article 54 de la loi spéciale du 6 janvier 1989 sur la Cour d'arbitrage ;

187 Par exemple : article 5 du règlement intérieur de la Cour d'arbitrage de la Cour constitutionnelle fédérale allemande ; article 1er du règlement d'ordre intérieur de la Cour d'arbitrage belge du 15 décembre 1987 ; article 15 de la loi organique sur le Tribunal constitutionnel espagnol. Voir également, sur le pouvoir d' « *esternazione* », Jean-Claude ESCARRAS, Chron. Italie, A.I.J.C. 1985, p. 487. En France, le rôle du Président du Conseil constitutionnel découle de la pratique (François LUCHAIRE, *Le Conseil constitutionnel, t. 1, Op. Cit.*, p. 92 ; Joël BOUDANT, « Le Président du Conseil constitutionnel », R.D.P. 1987, p. 622-624) ;

188 Par exemple, article 2 du règlement intérieur de la Cour constitutionnelle allemande ;

189 C'est le cas en Italie (Jean-Claude ESCARRAS, Chron. Italie, A.I.J.C. 1985, p. 487), en Belgique (article 55 de la loi spéciale du 6 janvier 1989 sur la Cour d'arbitrage), en Autriche (article 3 de la loi de 1953 sur la Cour constitutionnelle) et en France (article 13 de l'ordonnance du 7 novembre 1958) ;

chambres ont une existence autonome, il arrive qu'ils ne président les travaux que de l'une d'elles[190].

Les présidents exercent des fonctions de direction de l'administration de la juridiction[191]. La juridiction constitutionnelle exerce fréquemment un contrôle sur son président. Dans une certaine mesure, ce contrôle résulte de la prérogative de désignation du président par les juges, qui est prévue en Italie[192], au Portugal[193], en Espagne[194] et, au moins partiellement, en Belgique[195]. Mais un tel système n'existe ni en Autriche[196], ni en Allemagne[197], ni en France[198], ni à Monaco[199], ni aux États- Unis[200].

Bien que le Président ne soit pas partout élu, il existe généralement un droit de regard des juges sur son activité. Ceci résulte de la reconnaissance de la compétence de principe de la formation plénière de la juridiction pour tout ce qui concerne son administration[201]. L'une des expressions de ce principe est le droit des juges d'être informé de la vie de la juridiction, droit qui est parfois formalisé dans une règle juridique[202], mais qui, le plus souvent, découle de la pratique. La juridiction constitutionnelle exerce donc bien un contrôle de l'activité de son président. Ce rôle, parfois informel, conduit à relativiser la primauté dont il bénéficie. David O'Brien souligne ainsi que le Chief Justice des États-Unis est avant tout « the executive officer of the Court »[203].

---

190 C'est le cas en Allemagne (article 15 de la loi sur la Cour constitutionnelle fédérale) ;

191 Par exemple, voir : article 1er du règlement intérieur de la Cour constitutionnelle fédérale allemande ; article 1er du règlement de la Cour constitutionnelle autrichienne ; article 39 de la loi sur l'organisation, le fonctionnement et la procédure du Tribunal constitutionnel portugais ;

192 Article 135 de la Constitution de 1947 ;

193 Article 224 §4 de la Constitution portugaise.

194 Article 160 de la Constitution. Sur la procédure, voir l'article 9 de la loi organique sur le Tribunal constitutionnel. Il y a formellement nomination par le Roi, mais la décision appartient en pratique au Tribunal constitutionnel qui propose la personne que le Roi désigne ;

195 Le système belge est complexe. Il y a six juges d'expression francophone et six juges d'expression néerlandaise. Chacun de ces collèges désigne son président (article 33 de la loi spéciale du 6 janvier 1989). Et la présidence de la Cour est exercée à tour de rôle par chaque président pour une période d'un an » (article 54 de la loi spéciale du 6 janvier 1989) ;

196 Article 147 de la Constitution : nomination par le Président fédéral sur proposition du Gouvernement fédéral ;

197 Articles 9 et 10 de la loi sur la Cour constitutionnelle fédérale allemande ;

198 Article 56 alinéa 3 de la Constitution de 1958 ;

199 Article 89 de la Constitution. Le Président est nommé par le Prince ;

200 Sur la nomination des juges à la Cour suprême, voir David O'BRIEN, *Storm Center, Op. Cit.*, p. 38-44 ;

201 Voir David O'BRIEN, *Storm Center, Op. Cit.*, p. 129 ; J.-C. BEGUIN, *Le contrôle de la constitutionnalité des lois en République fédérale d'Allemagne, Op. Cit.* , p. 28 ; Jean-Claude ESCARRAS, Chron. Italie, A.I.J.C. 1985, p. 486 ;

202 Par exemple, article 7 du règlement intérieur de la Cour constitutionnelle fédérale allemande ;

203 David O'BRIEN, *Storm Center, Op. Cit.*, p. 152;

Il arrive que d'autres membres de la juridiction constitutionnelle exercent des fonctions de direction. Certains juges sont désignés par la Cour elle-même, ce qui constitue une forme de contrôle.

C'est le cas des vice-présidents de Cours portugaise[204], espagnole[205] et italienne[206]. Il en est de même du juge secrétaire de la Cour italienne. Mais il arrive que le vice-président soit nommé par des autorités politiques[207]. De même, il est possible qu'un juge soit chargé de suppléer le président de la juridiction parce qu'il en est le doyen d'âge[208] ou le membre le plus anciennement nommé[209].

b) Le contrôle de la juridiction sur ses commissions administratives

Existent parfois des commissions composées de membres des juridictions constitutionnelles qui sont chargées d'exercer des fonctions administratives. C'est ce que nous proposons d'appeler des *commissions administratives*. Il convient de bien les distinguer des chambres ou des sections de jugement que comprennent certaines juridictions constitutionnelles. A leur différence, les commissions administratives n'exercent pas de fonction de nature juridictionnelle. Elles ont seulement pour mission de traiter de questions administratives. De telles commissions administratives existent dans de nombreux États. Mais elles ont pris une importance particulière en Italie et en Allemagne.

En Allemagne, l'article 3 du règlement intérieur de la Cour constitutionnelle fédérale allemande institue quatre « comités permanents » : le Comité du règlement intérieur ; le comité du Protocole ; le Comité des questions budgétaires et du personnel ; le Comité de la bibliothèque. Mais il est prévu qu' « en cas de besoin, d'autres comités peuvent être institués ». Pour chaque comité, l'assemblée plénière de la Cour constitutionnelle désigne deux juges de chaque chambre. La durée du mandat des juges nommés est de deux exercices.

En outre, le Président et Vice-Président de la Cour sont membres de droit du Comité du règlement, du Comité du Protocole et du Comité des questions

---

204 Article 37 de la loi sur l'organisation, le fonctionnement et la procédure du Tribunal constitutionnel ;

205 Article 9 de la loi organique sur le Tribunal constitutionnel espagnol ;

206 Article 6 de la loi n°87 du 11 mars 1953 ;

207 C'est le cas en Autriche (article 147 de la Constitution) et en Allemagne (articles 9 et 10 de la loi sur la Cour constitutionnelle fédérale) ;

208 En France, l'intérim du Président du Conseil constitutionnel est assumé par le doyen d'âge. Cette solution a été déduite par le Conseil constitutionnel de l'article 13 de l'ordonnance du 7 novembre 1958 (Communiqué du Conseil constitutionnel du 24 mars 1999, www.conseil-constitutionnel.fr/divers/comm.htm [15/03/00]; Note technique du Secrétariat du Conseil constitutionnel du 24 mars 1999, sur le régime de l'intérim, www.conseil constitutionnel.fr/divers/interim.htm [15/03/00]) ;

209 C'est le cas aux États-Unis. Voir 28 U.S.C. 3 et 28 U.S.C. 4.

budgétaires et de personnel. Alors que le Président de la Cour est de droit président de ces trois comités, le Comité de la bibliothèque élit un président en son sein. Les autres comités permanents que créerait l'assemblée plénière auraient également la faculté de désigner leur président.

La compétence de ces comités est très clairement limitée par le règlement intérieur de la Cour constitutionnelle qui précise qu'ils « expédient leurs affaires à la place de l'assemblée plénière de la Cour, à condition que l'assemblée ne décide pas dans des cas isolés de statuer elle-même, ou que le comité ne juge pas nécessaire d'obtenir l'avis de l'assemblée plénière. Pour le traitement d'une affaire donnée, l'assemblée peut lier un comité à ses décisions.

Pour une affaire donnée, elle peut demander à un comité de préparer les délibérations et la prise de décision de l'assemblée plénière »[210]. Les comités permanents sont donc clairement soumis à l'assemblée plénière, à laquelle les présidents des comités permanents doivent rendre compte au moins une fois par mois.

Les commissions administratives de la Cour constitutionnelle italienne sont également soumises à l'assemblée plénière. Le règlement général de la Cour prévoit une Commission de la bibliothèque[211], une Commission des études et règlements[212] et un Bureau du président[213]. Ces commissions administratives sont composées de juges, mais elles exercent, évidemment, une fonction non contentieuse[214].

c) Le contrôle de la juridiction sur le fonctionnaire dirigeant son administration

Dans la plupart des juridictions constitutionnelles, un haut-fonctionnaire est chargé d'exercer un rôle de direction de l'administration. Ce « Secrétaire

---

210 Article 3 du Règlement intérieur de la Cour constitutionnelle fédérale allemande ;

211 Prévue par les articles 27 et 29 du Règlement général. Elle est composée de trois juges nommés par la Cour, pour une durée de deux ans. Elle supervise le fonctionnement de la bibliothèque ;

212 Prévue par les articles 27 et 28 du Règlement général, cette commission est composée de trois juges nommés par la Cour, pour une durée de deux ans. Il lui appartient de suivre l'application des règlements et d'en proposer les modifications. Elle présente périodiquement un rapport sur l'activité de la Cour. En pratique, son rôle est essentiel. Elle est, en quelque sorte, « l'organe par l'intermédiaire duquel la Cour assure son autonomie administrative » (Jean-Claude ESCARRAS, Chron. Italie, A.I.J.C. 1985, p. 489) ;

213 Prévu par les articles 25 et 26 du Règlement général, le Bureau de la Présidence est composé du Président, du Vice- Président, du juge secrétaire et de quatre juges élus par la Cour constitutionnelle. Le Secrétaire général de la Cour assiste aux fonctions avec voix consultative. Le Bureau de la Présidence exécute les décisions de la formation plénière de la Cour, notamment en matière budgétaire. Par sa composition et son fonctionnement, il est entièrement soumis à la formation plénière de la Cour ;

214 Jean-Claude ESCARRAS, Chron. Italie, A.I.J.C. 1985, p. 488.

général »[215], « Registraire »[216], « Directeur administratif »[217] ou « Clerk of the Court »[218] est soumis à la Cour.

La Cour a généralement la maîtrise de sa nomination. Ainsi la Cour suprême des États-Unis désigne-t-elle elle-même le *Clerk of the Court*[219], qui est à la tête de l'*Office of the Clerk*[220]. Le Secrétaire général de la Cour constitutionnelle italienne[221] est également élu par la Cour, de même que celui du Tribunal constitutionnel espagnol. Parfois, la juridiction propose la nomination de ce haut fonctionnaire à une autre autorité chargée de l'effectuer formellement. Ainsi, le Secrétaire général du Conseil constitutionnel français est nommé par décret du Président de la République, mais sa nomination est proposée par le Président du Conseil constitutionnel[222].

La juridiction constitutionnelle exerce un contrôle sur l'activité du fonctionnaire qui dirige ses services administratifs. Les textes prévoient parfois ce contrôle. L'article 100 de la loi organique sur le Tribunal constitutionnel portugais mentionne l'obligation du Secrétaire général de rendre compte de l'exercice de ses fonctions au Président[223]. Quoiqu'il en soit des dispositions textuelles, le fonctionnaire à la tête de l'administration de la juridiction constitutionnelle doit agir sous l'autorité du

Président, comme le souligne la loi sur la Cour suprême du Canada[224] et le décret sur le Secrétariat général du Conseil constitutionnel français[225]. Les textes prévoient parfois expressément la liberté de révocation.

2) La gestion des services, des bâtiments et du personnel

La plupart des juridictions constitutionnelles gèrent leurs services et leur personnel elles-mêmes.

---

215 France, Italie, Espagne ;

216 Canada ;

217 Allemagne ;

218 États-Unis ;

219 Il ne faut pas confondre le *Clerk of the Court* de la Cour suprême et les *Law Clerks*, qui sont les collaborateurs des juges ;

220 Sur le *Clerk of the Court*, voir 28 U.S.C. 671. Voir également David O'BRIEN, *Storm Center, Op. Cit.*, p. 146-147 ;

221 Jean-Claude ESCARRAS, Chron. Italie, A.I.J.C. 1985, p. 494-495 ;

222 Article 1er du décret du 13 novembre 1959 relatif à l'organisation du Secrétariat général du Conseil constitutionnel ;

223 Article 46 de la loi sur l'organisation, le fonctionnement et la procédure du Tribunal constitutionnel.

224 Articles 15, 16 et 17 de la loi sur la Cour suprême ;

225 Article 2 du décret du 13 novembre 1959 relatif à l'organisation du Secrétariat général du Conseil constitutionnel.

a) L'autonomie de gestion des services et des bâtiments

Les juridictions constitutionnelles disposent généralement de bâtiments qui leur sont propres.

C'est le cas aux États-Unis, en Allemagne, en Italie, en Autriche, en France. La question symboliquement importante. Pendant longtemps, le Tribunal constitutionnel a siégé dans les locaux du Parlement. Il n'a ses propres locaux que depuis 1995, ce qu'il est tentant de rapprocher du fait que, jusqu'à la Constitution de 1997, le Parlement pouvait passer outre ses décisions[226]. Ces locaux abritent les services administratifs, dont l'existence est parfois prévue par les textes législatifs[227].

Dans ces bâtiments, les juridictions constitutionnelles ont la possibilité d'exercer des prérogatives de police. La Cour suprême des États-Unis, exerçant un tel pouvoir, a pu adopter des règles très diverses, par exemple sur le droit de fumer dans ses locaux ou sur les visites guidées[228].

L'exercice du pouvoir de police au sein des locaux de la Cour suprême relève du *Marshal*, fonctionnaire désigné par la Cour elle-même.

La Cour constitutionnelle autrichienne peut également adopter des règlements en vue du maintien de l'ordre dans ses locaux[229]. Il appartient au Président d'assurer le respect de ces dispositions. En Italie, malgré l'absence de disposition législative précise faisant relever cette matière de sa compétence, la Cour constitutionnelle a adopté plusieurs dispositions dans son règlement général afin d'organiser l'exercice du pouvoir de police en son sein.

L'article 1er du règlement général pose le principe de l'existence d'un pouvoir de police de la Cour constitutionnelle. La Cour se confère à elle-même une véritable « immunité quant au maintien de l'ordre »[230]. L'article 2 du règlement général organise l'exercice du pouvoir de police de la Cour constitutionnelle en prévoyant la compétence de son président.[231]

226 Il y avait là, comme le souligne le professeur Pini, « l'illustration physique de sa dépendance institutionnelle » (Joseph PINI, *Recherches sur le contentieux de constitutionnalité*, *Op. Cit.*, p. 254) ;

227 L'article 46 de la loi sur le Tribunal constitutionnel portugais mentionne l'organisation du Secrétariat et l'article 16 de la loi sur la Cour suprême du Canada la Bibliothèque. L'article 15 de l'ordonnance du 7 novembre 1959 mentionne les « services administratifs » du Conseil constitutionnel. Sur cette base, plusieurs services ont été créé : service de la bibliothèque, de la documentation et de l'informatique ; service administratif et financier ; service de presse et des relations extérieurs ;

228 David O'BRIEN, *Storm Center, Op. Cit.*, p.

229 Article 14 de la loi de 1953.

230 Roland RICCI, *Le Procès constitutionnel en Italie*, *Op. Cit.*, p. 31. Cet auteur compare cette immunité à « l'inviolabilité des sièges diplomatiques reconnue par l'article 10 alinéa 1 de la Constitution ainsi qu'au traitement réservé aux immeubles du Saint-Siège à la suite des accords du Latran du 11 février 1929 » (Op. cit., p. 32).

231 « Les pouvoirs de police sont exercés par le président, qui a recours aux agents de la Cour. Il peut conclure des accords avec les autorités compétentes pour d'éventuels services de police » (Article 2 du règlement général de la Cour constitutionnelle italienne).

La reconnaissance d'un pouvoir de police au Conseil constitutionnel français ne fait l'objet d'aucune disposition précise. Tout au plus existe-t-il une compétence du président du Conseil constitutionnel, aux termes de l'arrêt *Jamart*, « de prendre les mesures nécessaires au bon fonctionnement de l'administration placée sous [son] autorité, et [...] notamment, dans la mesure où l'exige l'intérêt du service, [d'] interdire l'accès des locaux qui y sont affectés aux personnes dont la présence serait susceptible de troubler le fonctionnement régulier dudit service »[232]. Mais cette prérogative apparaît dérisoire si on la rapproche de l'immunité dont bénéficie la Cour constitutionnelle italienne ou de la compétence du président de la Cour constitutionnelle autrichienne de prononcer lui-même des sanctions pénales.

b. L'autonomie de gestion du personnel de la juridiction constitutionnelle

Bona souligné que « l'une des conditions de l'indépendance d'une juridiction constitutionnelle est qu'elle dispose d'un personnel soumis à sa seule autorité, tout comme un parlement dispose habituellement d'un personnel propre, recruté par ses soins et distinct des autres agents de l'État »[233].

La plupart des juridictions constitutionnelles bénéficient d'une telle prérogative. Elles peuvent librement recruter et révoquer leur personnel. Elles ont également la liberté de l'affecter aux taches qu'elles jugent nécessaires de lui faire réaliser. De plus, elles ont parfois le monopole de traitement du contentieux relatif à leur personnel.

La juridiction constitutionnelle pour garantir son autonomie se voit reconnaitre le droit de préparer son budget qu'elle soumettra au pouvoir exécutif qui, à son tour le soumettra au parlement qui est l'autorité budgétaire.

1. Le recrutement du personnel de la juridiction constitutionnelle

Le droit de recruter directement son personnel, sans avoir besoin d'organiser un concours est parfois reconnu aux juridictions constitutionnelles. La Cour suprême des États-Unis bénéficie d'une telle prérogative. La Cour suprême, en formation plénière, recrute son *Clerk*, des *Deputy Clerks*, son *Marshal*, le *Reporter* de ses décisions et son *Librarian*. En outre les employés placés sous l'autorité du *Marshal*, du *Reporter* et du *Librarian* peuvent être directement recrutés par ces derniers, avec l'accord du *Chief Justice*. Les membres de la Cour suprême recrutent également eux-mêmes leurs *Law Clerks* et leurs secrétaires. En France, la liberté de recrutement des rapporteurs adjoints du Conseil constitutionnel est prévue par l'article 36 de l'ordonnance du 7 novembre 1958.

---

232 CE Sect. 7 février 1936, *Jamart*, Leb., p. 172.

233 Pierre BON, in Pierre BON et al., *La justice constitutionnelle en Espagne*, Paris, Economica, 1998, p.15 ;

Aux termes de ces dispositions, il revient au Conseil constitutionnel de désigner chaque année dix rapporteurs adjoints parmi les maîtres des requêtes au Conseil d'État et les conseillers référendaires de la Cour des comptes. En outre, « dans la limite des crédits ouverts pour le fonctionnement du Conseil, le président peut recruter, soit directement, soit par voie de détachement, le personnel nécessaire »[234].

De même, la désignation des fonctionnaires du Tribunal constitutionnel du Portugal relève de la compétence du président[235].I est également possible que l'autonomie de recrutement de la juridiction se manifeste, non parle droit de recruter directement, mais par la liberté dont dispose la juridiction d'organisation d'un concours sur la base duquel le recrutement est opéré.

Ainsi, les *letrados* du Tribunal constitutionnel espagnol sont recrutés par concours, mais c'est le Tribunal lui-même qui fixe le règlement de ce concours[236]. De même, les référendaires qui assistent les juges de la Cour d'arbitrage belge sont recrutés à la suite d'un concours.

La Cour d'arbitrage détermine les conditions de ce concours et fixe la composition du jury, lequel est composé pour moitié de juges[237]. La Cour constitutionnelle italienne recrute, elle aussi, son personnel permanent par concours. Elle en fixe le règlement, et le jury est composé par la Cour[238].

2. La liberté de détermination des conditions de travail du personnel de la juridiction constitutionnelle

Les juridictions constitutionnelles ont en principe la liberté de choisir les tâches que devront effectuer les membres de son personnel. Ce principe est affirmé par divers textes. Ainsi, l'article 3 c) du règlement d'ordre intérieur du 15 décembre 1987 de la Cour d'arbitrage belge prévoit que « la Cour [...] détermine leurs fonctions et responsabilités ».

De même, il revient au secrétaire général du Tribunal constitutionnel espagnol « d'organiser, de diriger et de distribuer les services juridiques, administratifs et subalternes du Tribunal et d'en rendre compte au président, ainsi que de diriger, de coordonner et d'exercer la direction des fonctionnaires du Tribunal et d'assumer les fonctions du secrétariat général de celui-ci ». L'article 4 du règlement intérieur de la Cour constitutionnelle autrichienne pose également un principe de liberté pour le président la Cour de déterminer l'affectation du personnel.

---

234 Article 5 du décret du 13 novembre 1959 relatif à l'organisation du secrétariat général du Conseil constitutionnel.

235 Articles 39 et 47 de la loi sur l'organisation, le fonctionnement et la procédure du Tribunal constitutionnel pris « en application de la délibération du Conseil » (François LUCHAIRE, *Le Conseil constitutionnel*, tome 1, *Op. Cit.*, p. 92).

236 Article 97 de la loi organique sur le Tribunal constitutionnel espagnol.

237 Article 37 de la loi spéciale du 6 janvier 1989.

238 Jean-Claude ESCARRAS, Chron. Italie, A.I.J.C., 1985, p. 495.

Le président de la Cour constitutionnelle fédérale allemande a une compétence similaire[239]. On peut considérer que le Conseil constitutionnel a une compétence du même ordre. Il revient en effet à son secrétaire général, « sous l'autorité du président », de diriger les services administratifs[240]. Une telle compétence suppose la liberté d'affecter à chaque fonctionnaire le travail qui lui revient.

La détermination des conditions de travail du personnel revient dans une large mesure à la juridiction.

Ainsi la Cour d'arbitrage belge est compétente pour décider « des délégations, des empêchements et des remplacements, des absences, congés et vacances des membres du personnel administratif »[241] et fixer « leurs horaires [...] et autres conditions de travail »[242]. De même, l'article 4 du règlement intérieur de la Cour constitutionnelle autrichienne prévoit la compétence de son président pour accorder au personnel un congé annuel, d'une durée totale maximale de deux mois.

3. Le pouvoir disciplinaire de la juridiction constitutionnelle

Le pouvoir disciplinaire sur le personnel est souvent confié à la juridiction constitutionnelle elle-même.

Ainsi, en Belgique, le pouvoir disciplinaire à l'égard du personnel de la Cour d'arbitrage est partagé entre la Cour d'arbitrage réunie en formation plénière et son président[243]. Il revient notamment à la Cour elle-même de prononcer la suspension et la révocation d'un membre de son personnel. De même, les membres du personnel de la Cour constitutionnelle italienne sont soumis à un régime disciplinaire propre.

Se prononce d'abord une commission de discipline. En cas de recours contre la décision de la commission, la Cour constitutionnelle se prononce elle-même[244]. Au Portugal[245] et en Allemagne[246], le pouvoir disciplinaire appartient également au président de la juridiction constitutionnelle.

L'exercice du pouvoir disciplinaire à l'égard du personnel de la Cour suprême des États-Unis est plus délicat à envisager. Peuvent être destitués par la Cour suprême le *Clerk of the Court*, le *Marshal*, le *Reporter* des décisions et le *Librarian*. Les *Deputy Clerks* peuvent être révoqués par le *Clerk of the Court* avec l'accord de la Cour suprême ou du *Chief Justice*. La

---

239 Article 14 du règlement intérieur de la Cour constitutionnelle fédérale allemande.

240 Article 2 du décret du 13 novembre 1959 relatif à l'organisation du secrétariat général du Conseil constitutionnel.

241 Article 43 de la loi spéciale du 6 janvier 1989 sur la Cour d'arbitrage.

242 Article 3 c) du règlement d'ordre intérieur du 15 décembre 1987 de la Cour d'arbitrage.

243 Article 50 de la loi spéciale du 6 janvier 1989.

244 Jean-Claude ESCARRAS, Chron. Italie, A.I.J.C., 1985, p. 497.

245 Article 39 de la loi sur l'organisation, le fonctionnement et la procédure du Tribunal constitutionnel portugais.

246 Gotthard WÖHRMANN, *Introduction au contentieux constitutionnel allemand, Op. Cit.*

situation du Conseil constitutionnel français est fort complexe car il n'existe aucune disposition spécifique sur cette question.

Dès lors, il faut considérer que s'applique le droit commun de la fonction publique d'État. Conformément aux principes traditionnels du droit de la fonction publique, le pouvoir disciplinaire appartient à l'autorité investie du pouvoir de nomination[247]. Le pouvoir disciplinaire appartient donc au président du Conseil constitutionnel s'il s'agit de fonctionnaires nommés par le président du Conseil constitutionnel en application de l'article 5 du décret du 13 novembre 1959 sur l'organisation du secrétariat général du Conseil constitutionnel.

Mais, il faut considérer que celui-ci ne peut agir que dans le respect de la procédure disciplinaire de droit commun[248].

4. La résolution des conflits entre la juridiction constitutionnelle et son personnel

Au-delà du pouvoir disciplinaire, la Cour constitutionnelle italienne bénéficie d'un monopole de résolution des conflits l'opposant à son personnel.

L'article 14 de loi n°87 du 11 mars 1953 sur la Cour constitutionnelle italienne prévoit que « la Cour a seule compétence pour trancher les recours de ses agents ». La Cour constitutionnelle a adopté, afin de mettre en œuvre ces dispositions, un règlement pour les recours en matière d'emploi du personnel de la Cour constitutionnelle dès le 8 avril 1960. Ce règlement a été abrogé et remplacé par un nouveau règlement le 16 décembre 1999.

Cette « juridiction domestique »[249] ou ce « pouvoir de s'auto-juger »[250] concerne tout litige susceptible d'opposer la Cour en tant qu'employeur et son personnel[251].

Lorsque la Cour est compétente, « cette compétence [...] se substitue [...] à celle du juge judiciaire ou administratif auquel il revient de statuer sur ce type de recours en application des règles générales »[252]. Les décisions rendues par la Cour sont définitives, comme celles adoptées dans le cadre du contentieux constitutionnel.

La compétence de la Cour constitutionnelle italienne de juger des recours de son personnel est sans doute une « garantie d'indépendance ». Pourtant cette solution ne s'est pas vraiment exportée.

---

247 CE 26 juillet 1985, *Mlle Joly*, Leb., p. 344.

248 Sur la procédure disciplinaire, Voir René CHAPUS, *Droit administratif général*, tome 2, Paris, Montchrestien, 10ème éd.1997, p. 306-337

249 Jean-Claude ESCARRAS, « Les juges constitutionnels - Italie », A.I.J.C., 1988, p. 177.

250 Alessandro PIZZORUSSO, « Présentation de la Cour constitutionnelle italienne », *Les Cah. Cons. const.*, n°6, 1999, p. 26.

251 Jean-Claude ESCARRAS, Chron. Italie, A.I.J.C., 1985, p. 497.

252 Alessandro PIZZORUSSO, « Présentation de la Cour constitutionnelle italienne », *Loc. Cit.*, p. 34

Ainsi en France, en cas de litige entre le Conseil constitutionnel et un membre de son personnel, il faut considérer que le juge administratif serait compétent pour en connaître.

§3. L'autonomie financière de la juridiction constitutionnelle

Les juridictions constitutionnelles bénéficient généralement d'une autonomie financière. Cette autonomie financière a semblé si essentielle à la Cour constitutionnelle fédérale allemande que celle-ci, dans son mémorandum du 27 juin 1952, l'a rattachée à son statut d'organe constitutionnel[253]. De même, l'autonomie financière du Conseil constitutionnel français a été rapprochée de sa situation, « sur le plan organique, d'institution strictement indépendante du pouvoir législatif et du pouvoir exécutif »[254].

Parler d'autonomie financière pour qualifier la situation d'une juridiction constitutionnelle ne doit pas induire en erreur. Il ne s'agit jamais d'une autonomie financière comparable à celle dont bénéficient les assemblées parlementaires. Et cela est logique : l'établissement du budget de l'État appartient au Parlement, et non aux juridictions constitutionnelles. Donner une liberté complète en ce domaine au juge constitutionnel serait impossible. La compétence budgétaire appartient au Parlement. Si le juge constitutionnel pouvait lier le parlement en adoptant lui-même de manière définitive son propre budget, il y aurait une atteinte aux prérogatives parlementaires telles qu'elles sont entendues traditionnellement en Europe et aux États-Unis.

L'autonomie financière d'une juridiction constitutionnelle est donc, nécessairement, relative. L'autonomie financière est la « situation d'une collectivité ou d'un organisme disposant d'un pouvoir propre de gestion de ses recettes et de ses dépenses, regroupées en un budget ou un document équivalent »[255.] Il est possible de parler d'autonomie financière car les juridictions constitutionnelles répondent à cette définition. Elles bénéficient d'une large liberté qui se manifeste lors de l'élaboration de leur budget et dans l'exécution de celui-ci.

---

253 Voir Klaus SCHLAICH, « Procédures et techniques de protection des droits fondamentaux – Tribunal constitutionnel fédéral allemand », in Louis FAVOREU et al., *Cours constitutionnelles européennes et droits fondamentaux, Op. Cit.*, p. 116.

254 Vincent DUSSART, *L'autonomie financière des pouvoirs publics constitutionnels*, Th. Lille II, 1995, p. 198.

255 Raymond GUILLIEN et Jean VINCENT, *Termes juridiques*, Paris, Dalloz, 10ème éd., p. 57.

A. La maîtrise du Parlement sur les crédits alloués à la juridiction constitutionnelle

Bien que dans de nombreux États la préparation des dispositions du budget relatives à la juridiction constitutionnelle la fasse intervenir, le Parlement a toujours la maîtrise des crédits qui lui sont alloués.

1. La préparation des dispositions du budget de l'État relatives à la juridiction constitutionnelle

Il semble que dans plusieurs États, la préparation du budget se déroule selon des principes proches. En effet, « généralement, la juridiction constitutionnelle établit elle-même son budget, en évaluant librement ses dépenses et en demandant à l'État de lui fournir les ressources correspondantes »[256]. La Cour constitutionnelle fédérale allemande a considéré que sa compétence pour établir un projet de budget qui est ensuite soumis au Parlement découlait de sa qualité d'organe constitutionnelle[257]. Ainsi, l'article 1 de son règlement intérieur a confié à l'assemblée plénière de la Cour constitutionnelle la compétence d'établir le projet de budget qui est soumis aux autorités publiques.

En Italie également, il revient à un organe de la Cour constitutionnelle de préparer le projet de budget.

Cette compétence appartient au Bureau de la présidence[258]. Le projet de budget du Tribunal constitutionnel espagnol, quant à lui, est préparé par le secrétaire général[259]. Puis il est adopté par à l'assemblée plénière du Tribunal, avant d'être transmis aux *Cortes* générales[260]. De même, le Tribunal constitutionnel portugais élabore son projet de budget. La préparation en incombe à une commission administrative : le Conseil administratif, composé du président, de deux juges désignés par lui après avoir consulté préalablement l'assemblée plénière du Tribunal, ainsi que du secrétaire et du secrétaire judiciaire[261].

Le Conseil administratif soumet alors le budget à l'approbation de la formation plénière du Tribunal, compétente aux termes de l'article 36 de la loi sur l'organisation, le fonctionnement et la procédure du Tribunal

256 Louis FAVOREU et al., *Droit constitutionnel, Op. Cit.*, p. 227.

257 Dans son mémorandum du 27 juin 1952. Voir Klaus SCHLAICH, « Procédures et techniques de protection des droits fondamentaux – Tribunal constitutionnel fédéral allemand », in Louis FAVOREU et al., *Cours constitutionnelles européennes et droits fondamentaux, Op. Cit.*, p. 116.

258 Voir Jean-Claude ESCARRAS, Chron. Italie, A.I.J.C., 1985, p. 488.

259 Deuxième disposition supplémentaire à la loi organique sur le Tribunal constitutionnel espagnol.

260 Voir également, Pierre BON, « Le Tribunal constitutionnel espagnol – Présentation générale », *Les Cah. Cons. const.*, n°2, 1997, p. 42.

261 Pierre BON, « Présentation générale », in Pierre BON et al., *La justice constitutionnelle au Portugal*, Paris, Economica, p. 64.

constitutionnel. La Cour suprême des États-Unis dispose également de la compétence de préparation de son budget. En effet, celui-ci est préparé par le *Marshal* de la Cour, avant d'être transmis à l'*Office of Management and Budget*[262].

La situation du Conseil constitutionnel français est assez proche de celles des principales juridictions constitutionnelles. Il lui revient de préparer lui-même son projet de budget. Pour le Conseil constitutionnel, il s'agit même d'une exigence constitutionnelle. En effet, dans sa décision 2001-456 DC du 27 décembre 2001, le Conseil constitutionnel a affirmé que « la règle selon laquelle les pouvoirs publics constitutionnels déterminent eux-mêmes les crédits nécessaires à leur fonctionnement [...] est inhérente au principe de leur autonomie financière qui garantit la séparation des pouvoirs »[263].

En pratique, la préparation du budget ne fait pas intervenir le Conseil dans sa formation plénière.

En effet, dans sa décision 2001-456 DC du 27 décembre 2001, le Conseil constitutionnel a affirmé que « la règle selon laquelle les pouvoirs publics constitutionnels déterminent eux-mêmes les crédits nécessaires à leur fonctionnement [...] est inhérente au principe de leur autonomie financière qui garantit la séparation des pouvoirs »[264].

En pratique, la préparation du budget ne fait pas intervenir le Conseil dans sa formation plénière. Le projet de budget du Conseil constitutionnel est élaboré par son président, qui est aidé par le trésorier[265]. Il transmet ensuite au Gouvernement ce projet. Généralement au mois d'avril, le président adresse au ministère du Budget une simple lettre pour demander l'inscription des crédits nécessaires dans la loi de finances. Il est notable que la demande adressée par le président du Conseil constitutionnel « ne comporte, en aucune façon, le détail de la répartition des crédits dans les chapitres.

Elle ne contient que les titres des [...] chapitres et un chiffre devant chacun de ces chapitres ». Or les chapitres sont relativement larges.

2. L'adoption des dispositions du budget de l'État relatives à la juridiction constitutionnelle

L'adoption des dispositions du budget de l'État relatives aux juridictions constitutionnelles relève de la compétence du Parlement. Mais, les projets des juridictions sont souvent transmis par le biais du gouvernement. Dans

262 Eugenia FROEDGE TOMA, «*Congressional Influence and The Supreme Court : The Budget as A Signaling Device* », *Journal of Legal Studies*, vol. XX, janvier 1991, p. 134.

263 Décision n°2001-456 DC du 27 décembre 2001, Rec., p. 180.

264 292 Pierre AVRIL et Jean GICQUEL, *Le Conseil constitutionnel*, Paris, Montchrestien, 1992, p. 99.

265 Vincent DUSSART, *L'autonomie financière des pouvoirs publics constitutionnels*, *Op. Cit.*, p. 243.

certains États, on s'est demandé si le Parlement n'était pas tenu de respecter un seuil minimum.

3 L'intervention du Gouvernement

En général, les juridictions constitutionnelles ne peuvent pas envoyer directement leur projet de budget au Parlement. Il faut qu'elles le transmettent au préalable à une autorité de l'Exécutif. Cette situation existe notamment en France, aux États-Unis et en Espagne[266].

Aux États-Unis, le projet de budget de la Cour suprême doit être transmis à l'*Office of Management and Budget*[267]. Cet organisme, regroupant plus de cinq cents salariés est un des services relevant de l'Exécutive *Office of the President*[268]. Il lui revient de centraliser les prévisions des départements et agences indépendantes. Il prépare alors un projet de budget, sous la direction du Président[269]. En principe, le Président n'a pas le droit de modifier la demande de budget de la Cour suprême ; il est tenu de la soumettre directement au Congrès, sans pouvoir l'altérer[270].

Dans certains États, le projet de budget n'est pas expressément prévu. Il s'agit seulement d'une demande adressée au Gouvernement auquel revient la compétence de préparer le projet de loi de finances. Telle est la situation en France.

Le Gouvernement est alors en principe libre de discuter, de modifier la requête du Conseil constitutionnel. Mais, il n'existe pas, en principe, de discussion des demandes de crédits [...] du Conseil constitutionnel. Le ministère du Budget va, en fait, se contenter d'inscrire les demandes de crédits dans le projet de loi de finances.

---

266 Sur l'Espagne, Voir Pierre BON, « Le Tribunal constitutionnel espagnol – Présentation générale », *Loc. cit.*, p. 42.

267 Eugenia FROEDGE TOMA, *«Congressional Influence and the Supreme Court: The Budget as A Signaling Device », Journal of Legal Studies, Loc. cit.*, p. 134.

268 Patrick GERARD, *Le Président des États-Unis*, Paris, P.U.F., 1994, p. 72.

269 Il faut rappeler que la Constitution des États-Unis ne prévoit pas l'intervention du Président dans la procédure d'adoption du budget. La compétence revient en principe au Congrès (article 1, section 8 et 16ème Amendement). Seule revient au président l'exécution comptable du budget (article 1 section 9). Mais, le Congrès a adopté des dispositions législatives permettant au Président de présenter des propositions de budget (Patrick GERARD, *Le Président des États-Unis, Op. cit.*, 1994, p. 81).

270 Eugenia FROEDGE TOMA, *«Congressional Influence and The Supreme Court: The Budget as A Signaling Device », Journal of Legal Studies, Loc. cit.*, p. 134. Cette procédure concerne l'ensemble du budget du pouvoir judiciaire fédéral, dont le budget de la Cour suprême n'est qu'un élément. Mais, l'*Office of Management and Budget* n'a pas hésité ces dernières années à opérer de sérieuses coupes dans les projets qui lui étaient transmis. C'est pourquoi des sénateurs ont déposé en 1999 une proposition de loi visant à ce que le pouvoir judiciaire fédéral puisse adresser sa demande directement au Congrès, sans avoir à passer par l'*Office of Management and Budget* (Voir *The Third Branch*, septembre 1999, www.uscourts.gov/ttb/sep99ttb/budget_bill. html [09/02/00]).

4. L'adoption du budget par le Parlement

Il est universellement admis que les crédits alloués aux juridictions constitutionnelles doivent être votés par le Parlement. Cela découle de la compétence du Parlement en matière budgétaire.

Le principe est d'ailleurs rappelé expressément dans plusieurs textes législatifs. L'article 123 de la loi spéciale du 6 janvier 1989 sur la Cour d'arbitrage belge prévoit que « les crédits nécessaires au fonctionnement de la Cour d'arbitrage sont inscrits au budget des dotations ». Aux termes de l'article 5 de la loi sur l'organisation, le fonctionnement et la procédure du Tribunal constitutionnel portugais, celui-ci « dispose d'un budget propre inscrit au Budget de l'État dans les charges générales de la Nation ».

L'article 16 de l'ordonnance du 7 novembre 1958 sur le Conseil constitutionnel français prévoit également que « les crédits nécessaires au fonctionnement du Conseil constitutionnel sont inscrits au budget général ». De même, aux termes de la deuxième disposition supplémentaire à la loi organique sur le Tribunal constitutionnel espagnol, le budget du Tribunal « figurera en tant que section dans le budget général de l'État ». Enfin, aux termes de l'article 14 de la loi n°87 du 11 mars 1953, la Cour constitutionnelle italienne « dispose de fonds alloués par une loi du Parlement ».

Dans la plupart des États, le montant des crédits alloués à la juridiction constitutionnelle ne fait pas véritablement l'objet de débat. Les crédits du Conseil constitutionnel français, comme d'ailleurs l'ensemble du titre II du budget des charges communes, sont votés « dans la plus parfaite indifférence »[271]. Même aux États-Unis, les parlementaires hésitent à toucher au budget de la Cour suprême. Ainsi, Harold Rogers, membre de la commission de la Chambre des Représentants chargée d'examiner le projet de budget du pouvoir judiciaire, souligne qu'il semble que les parlementaires « donnent presque toujours à la Cour suprême exactement ce qu'elle demande »[272].

5 L'éventualité d'un seuil minimum de ressources

La doctrine s'est interrogée sur l'existence d'un seuil au-dessous duquel le Parlement ne pourrait pas descendre lorsqu'il fixe les crédits alloués à la juridiction constitutionnelle.

Aux États-Unis, en Irlande et en Italie, est garanti un traitement minimum aux juges constitutionnels, au-dessous duquel le Parlement ne peut descendre[273]. Mais existe-t-il, au-delà de cette garantie, une limite

271 Vincent DUSSART, *L'autonomie financière des pouvoirs publics constitutionnels*, *Op. Cit.*, p. 264.

272 Interview de Harold ROGERS, in *The Third Branch*, mai 1998, www. uscourts.gov/ttb/may98ttb/page5. html (09/02/00)

273 Voir partie 2, titre 2, chapitre 1, section 1, §1 A.

substantielle garantissant à la juridiction constitutionnelle un minimum de ressources ? La doctrine s'est interrogée.

La question a pris une importance particulière aux États-Unis. Scoffoni remarque qu' « au-delà [de la garantie contre les diminutions de traitement], les dispositions de l'article 3 n'imposent aucune autre limitation particulière au Congrès, ce qui peut soulever quelques problèmes.

Ainsi, l'éventuelle réduction par le Congrès du financement des assistants (*« law clerks »*) et secrétaires en représailles à une décision de justice ne serait inconstitutionnelle qu'à condition qu'une interprétation large de la notion de 'salaires', incluant les frais de secrétariat soit donnée. Des limites demeurent quoi qu'il en soit pour le Congrès dans la mesure où ce dernier ne pourrait totalement par ce biais (en diminuant tous les budgets par exemple) empêcher le fonctionnement du pouvoir judiciaire. La Constitution implique en effet un minimum d'effectivité dans l'exercice des fonctions judiciaires »[274].

On peut envisager ce type de problématique au sujet du Conseil constitutionnel français. Ainsi, Vincent Dussart s'est demandé ce qu'il arriverait « si le législateur budgétaire, en représailles à une décision d'inconstitutionnalité réduisait les crédits du Conseil constitutionnel de manière tellement drastique que celui-ci ne puisse plus fonctionner normalement »[275.] Aucune réponse certaine ne peut être donnée. Il faut toutefois souligner que le Conseil constitutionnel est en général saisi de l'examen des lois de finances. Il a donc, de facto, un droit de veto sur le montant de la dotation qui lui est allouée.

B. L'autonomie d'exécution du budget de la juridiction constitutionnelle

L'autonomie financière des juridictions constitutionnelles se manifeste surtout au moment de l'exécution du budget. Il semble possible de considérer qu'existe en principe une autonomie d'exécution du budget de la juridiction constitutionnelle.

1. La marge de liberté de la juridiction constitutionnelle dans la gestion des crédits alloués par le Parlement

C'est aux Parlements qu'il revient de voter les crédits qui sont octroyés aux juridictions constitutionnelles. Mais celles-ci ont une marge de liberté particulièrement appréciable, leur permettant de fixer elles-mêmes certaines recettes et certaines dépenses.

---

274 Guy SCOFFONI, « Le statut constitutionnel des juges du siège et du parquet – États-Unis », A.I.J.C., 1995, p. 210.

275 Vincent DUSSART, *L'autonomie financière des pouvoirs publics constitutionnels*, *Op. Cit.*, p. 8.

a) La maîtrise du juge constitutionnel sur certaines recettes et certaines dépenses

Il est parfois admis que la juridiction constitutionnelle ait une maîtrise sur certaines recettes.

Ainsi, la section 1911 du titre 28 du *United States Code* prévoit que « la Cour suprême peut fixer les droits qui seront perçus par son *Clerk* ». De même, la Cour constitutionnelle italienne peut fixer « les honoraires dus au greffe de la Cour pour services spéciaux »[276]. Mais il faut souligner que la compétence de fixer certaines recettes n'est que rarement reconnue aux juridictions constitutionnelles.

En outre, elle ne porte que sur une part infime des ressources nécessaires au fonctionnement de la juridiction constitutionnelle.

Par contre, la plupart des juridictions constitutionnelles bénéficient d'une marge de liberté dans la fixation de leurs dépenses. Ainsi, l'article 14 de la loi n°87 du 11 mars 1953 sur la Cour constitutionnelle italienne prévoit que celle-ci « dispose de fonds alloués par une loi du Parlement, dans les limites desquelles elle gère ses dépenses, ses services et ses fonctions ».

Ce même texte reconnaît à la Cour, dans les limites de la dotation qui lui est ainsi allouée de décider « de la rémunération des agents ».

De même, la Cour suprême des États-Unis peut, dans la limite des fonds alloués par le Congrès, déterminer les montants des traitements de son *Clerk*, de son *Marshal*, du *Reporter* de ses décisions, de son *Librarian* , des *Law Clerks* et des secrétaires des juges .En outre, le *Chief Justice* garde la maîtrise de la détermination des salaires des collaborateurs du *Clerk*, du *Marshal* , du *Reporter* et du *Librarian*. Le président du Conseil constitutionnel français a également la maîtrise d'un certain nombre de dépenses. François Luchaire souligne qu'« il dispose des crédits ouverts au Conseil [...] comme il l'entend (réserve faite évidemment des indemnités dues aux membres du Conseil). Il mandate librement les dépenses, il recrute le personnel dans la limite de ces crédits »[277].

b) Les autorités chargées de l'exécution du budget de la juridiction constitutionnelle

Dans la plupart des États, l'exécution du budget est partagée entre plusieurs autorités. Mais en France, le président du Conseil constitutionnel a une compétence exclusive.

Dans la plupart des États, les responsabilités en matière d'exécution budgétaire sont partagées entre le président et la juridiction, tandis que des fonctionnaires agissent sous leurs autorités. Aux États-Unis, plusieurs organes sont compétents. Ainsi, nous venons de le voir, la Cour suprême elle-même et le *Chief Justice* ont une compétence.

---

276 Articles 19 et 30 des Normes complémentaires du 16 mars 1956.

277 François LUCHAIRE, *Le Conseil constitutionnel*, tome 1, *Op. Cit.*, p. 92.

Il faut également souligner que la plupart des paiements sont effectués par le *Marshal*, qui a en quelque sorte un rôle de trésorier. En Italie, l'exécution du budget est de la compétence de plusieurs organes. Pour l'essentiel, il appartient au Bureau de la présidence d'engager ou d'ordonner l'engagement de la plupart des dépenses courantes. Mais au-delà d'un certain seuil, l'engagement doit en principe être autorisé par la Cour. Toutefois, en cas d'urgence, le Bureau peut engager des dépenses supérieures à ce plafond[278].

En Espagne, l'exécution du budget relève, aux termes de la seconde disposition supplémentaire à la loi organique sur le Tribunal constitutionnel espagnol, du « secrétaire général, assisté d'un personnel technique ».

Mais, le secrétaire général étant placé sous l'autorité du président et de la formation plénière du Tribunal, les autorités chargées de l'exécution du budget sont « l'assemblée plénière, [le] président, [le] secrétaire général et [...] l'intendant du Tribunal »[279].

En Belgique, une dotation est allouée chaque année à la Cour d'arbitrage en application de l'article 123 de la loi spéciale du 6 janvier 1989. La Cour d'arbitrage établit librement un budget dans les limites de la dotation ainsi fixée[280]. C'est donc la Cour elle-même qui fixe le cadre dans lequel les dépenses seront engagées. Dans ce cadre, les présidents « ont chacun la signature pour tous engagements de dépenses et tous ordres de paiements »[281]. Mais, d'autres juges peuvent les suppléer dans l'exercice de cette fonction.

En effet, le règlement d'ordre intérieur de la Cour d'arbitrage belge prévoit que les présidents « peuvent être suppléés pour la signature d'ordres de paiement, par des juges désignés à cet effet par la Cour ». Les présidents sont également assistés par un comptable[282].

Mais en France, il n'existe rien de semblable. En effet, aux termes de l'article 16 de l'ordonnance du 7 novembre 1958, le président du Conseil constitutionnel « est ordonnateur des dépenses ». L'article 4 du décret n° 59-1293 précise qu'il revient au président du Conseil constitutionnel de mandater les dépenses de fonctionnement du Conseil. Comme le souligne le professeur Luchaire, « le Conseil ne s'administre pas collectivement et, [...] ne détermine pas son budget »[283]. L'exécution des dotations allouées au

---

278 Jean-Claude ESCARRAS, Chron. Italie, A.I.J.C., 1985, p. 488-489.

279 Pierre BON, « Le Tribunal constitutionnel espagnol – Présentation générale », *Loc. cit.*, p. 42.

280 Cela découle de l'article 3 a) du règlement d'ordre intérieur du 15 décembre 1987, qui fait référence au « budget établi par la Cour ».

281 Article 3 a) du règlement d'ordre intérieur de la Cour d'arbitrage belge.

282 Anne RASSON, « Les méthodes de travail des juridictions constitutionnelles », A.I.J.C., 1992, p. 217.

283 François LUCHAIRE, *Le Conseil constitutionnel*, tome 1, *Op. Cit.*, p. 92.

Conseil constitutionnel appartient donc à son président, et non au Conseil lui-même.

Il semble que le président puisse déléguer ses fonctions d'ordonnateur au secrétaire général. En effet, en application de l'article 2 alinéa 2 du décret n°59-1293 du 13 novembre 1958, le secrétaire général « peut recevoir du président délégation pour signer tous actes et décisions d'ordre administratif ».

Vincent Dussart en déduit que « le secrétaire général du Conseil constitutionnel bénéficie [...] aux termes du décret n°59-1293 du 13 novembre 1959 d'une possibilité de délégation du pouvoir d'ordonnancer les dépenses »[284]. En outre, il existe un agent qui n'est pas un comptable public traditionnel, mais exerce des fonctions de comptable : le trésorier.

Aux termes de l'article 5 du décret n°59-1293 du 13 novembre 1959, il est nommé par le président du Conseil constitutionnel, devant lequel il est responsable.

Il lui revient de procéder aux paiements des mandats[285]. Le trésorier dirige le service administratif et financier[286]. Or, cet organe exerce aussi des fonctions d'assistance du président et du secrétaire général. Comme le souligne Vincent Dussart, « il n'y a donc pas pour la juridiction constitutionnelle de séparation organique entre les services comptables et les services de l'ordonnancement »[287]. Le rôle du président est donc prépondérant. Et les autres autorités n'agissent que par délégation (c'est le cas du secrétaire général) ou sous son autorité (c'est le cas du secrétaire général et du trésorier).

Le président a donc la maîtrise des fonds alloués par le Parlement au Conseil constitutionnel. Il peut agir sans qu'auparavant le Conseil ait délibéré sur leur affectation. Cette situation est contestable. En effet, une « grande liberté »[288]est laissée à l'autorité chargée de l'exécution du budget du Conseil constitutionnel. Il serait normal que cette marge d'appréciation appartienne au Conseil et pas seulement à son président.

2. Le contrôle sur l'exécution du budget de la juridiction constitutionnelle

Dans la plupart des États, il existe un contrôle interne de l'exécution du budget, c'est-à-dire un contrôle exercé au sein de la juridiction

---

284 Vincent DUSSART, *L'autonomie financière des pouvoirs publics constitutionnels*, *Op. Cit.*, p. 324.
285 Article 5 du décret du 13 novembre 1959 sur l'organisation du secrétariat général du Conseil constitutionnel.
286 Sur le service administratif et financier, Voir Olivier SCHRAMECK, « Le secrétariat général du Conseil constitutionnel », R.F.D.A., 1994, p. 1212-1213.
287 Vincent DUSSART, *L'autonomie financière des pouvoirs publics constitutionnels*, *Op. Cit.*, p. 327.
288 Michel VERPEAUX, « Conseil constitutionnel », *Loc. Cit.*, n°187.

constitutionnelle. En général, il n'existe pas de contrôle externe, c'est-à-dire de contrôle exercé par une autorité extérieure à la juridiction.

a. Le contrôle interne de l'exécution du budget de la juridiction constitutionnelle

Dans plusieurs États, un contrôle interne à la juridiction constitutionnelle portant sur l'exécution du budget est prévu.

Il en est ainsi en Italie, où le contrôle de l'exécution du budget appartient à la Cour constitutionnelle elle-même, siégeant en formation plénière non contentieuse[289].

En Belgique, le contrôle interne fait l'objet de dispositions très précises de l'article 3 c) du règlement d'ordre intérieur du 15 décembre 1987. La Cour d'arbitrage désigne chaque année deux de ses membres (un par groupe linguistique) aux fonctions de commissaire. Ils peuvent à tout moment faire toute vérification comptable. En outre, au plus tard le 31 mars de chaque année, les présidents soumettent à la Cour d'arbitrage les comptes de l'année précédente.

Les commissaires rendent un rapport sur ces comptes et sur la gestion comptable. Il revient à la Cour d'arbitrage de se prononcer «sur l'approbation des comptes et sur la décharge à donner aux présidents et aux commissaires »[290.]

En France, il n'existe qu'un contrôle interne restreint. En effet, l'article 4 du décret du 13 novembre 1959 relatif à l'organisation du secrétariat général du Conseil constitutionnel prévoit la responsabilité du trésorier devant le président. Ceci implique un contrôle du président sur le trésorier.

Ainsi, Vincent Dussart souligne qu' « en pratique, le président du Conseil constitutionnel est chargé de l'apurement des comptes du trésorier. Il a compétence pour lui donner l'équivalent d'un quitus pour sa gestion »[291]. De même, le secrétaire général étant, aux termes de l'article 2 du décret du 13 novembre 1959, « sous l'autorité du président », on peut considérer que le président exerce un contrôle de l'activité du secrétaire général en matière financière. Mais tout cela est très limité. Et dans une large mesure informel.

b. Le contrôle externe de l'exécution du budget de la juridiction constitutionnelle

Il existe au Portugal un contrôle externe portant sur l'exécution du budget. La gestion du Tribunal constitutionnel est soumise au contrôle du Tribunal des Comptes[292].

---

289 Jean-Claude ESCARRAS, Chron. Italie, A.I.J.C., 1985, p. 489.

290 Article 3 c) du règlement d'ordre intérieur de la Cour d'arbitrage belge.

291 Vincent DUSSART, *L'autonomie financière des pouvoirs publics constitutionnels*, *Op. Cit.*, p. 366

292 Pierre BON, « Présentation générale », in Pierre BON et al., *La justice constitutionnelle au Portugal*, *Op. Cit.*, p. 64.

Mais, dans de nombreux États, la juridiction constitutionnelle est soustraite à tout contrôle externe sur ses comptes. Il en est ainsi en Italie[293]. En France, l'exécution du budget du Conseil constitutionnel est soustraite aux contrôles de droit commun extérieur. Ni l'Inspection des Finances[294], ni la Cour des comptes[295] n'exercent le moindre contrôle sur l'exécution du budget du Conseil. Certes, le trésorier est « assisté par un conseil financier, conseiller-maître à la Cour des comptes »[296].

Mais, dans l'exercice de cette fonction, celui-ci ne représente pas la Cour des comptes[297]. Comme le note Vincent Dussart, « il apporte, en quelque sorte, une caution morale à la gestion financière du Conseil ». Les juridictions constitutionnelles ont généralement la maîtrise des règles qui les concernent et gèrent elles-mêmes leurs affaires administratives et financières. Cette autonomie administrative et financière est reconnue dans la plupart des États. Mais, il existe une notable exception : en Autriche, la compétence de principe en matière administrative et financière appartient au Chancelier fédéral.

Aux termes de l'article 13 de la loi de 1953 sur la Cour constitutionnelle fédérale « les affaires relatives au personnel administratif appartenant à la Cour constitutionnelle et aux problèmes matériels sont menées sous la responsabilité du Chancelier fédéral ». C'est au niveau budgétaire que la liberté de la Cour semble la plus restreinte.

En effet, comme le souligne Sylvie Peyrou-Pistouley, « la Cour ne bénéficie pas de l'autonomie budgétaire »[298]. Toute sa comptabilité est assurée par la Chancellerie, à laquelle il revient de régler les factures. La Cour dispose d'une marge de manœuvre plus étendue en matière administrative. Outre la compétence de son président en matière de police, il faut souligner que diverses prérogatives à l'égard de son personnel lui sont reconnues.

D'abord, aux termes de l'article 13 de la loi de 1953 sur la Cour constitutionnelle, « le collège de magistrats composé du président, du vice-président, et des rapporteurs permanents de la Cour constitutionnelle, doit être entendu avant toute nomination concernant le personnel administratif ».

---

293 Jean-Claude ESCARRAS, « Les juges constitutionnels - Italie », *Loc. Cit.*, p. 177.

294 Vincent DUSSART, *L'autonomie financière des pouvoirs publics constitutionnels*, *Op. Cit.*, p. 366.

295 Joël BOUDANT, « Le président du Conseil constitutionnel », *Loc. cit.*, p. 622 ; Vincent DUSSART, *L'autonomie financière des pouvoirs publics constitutionnels*, *Op. Cit.*, p. 366.

296 Olivier SCHRAMECK, « Le secrétariat général du Conseil constitutionnel », R.F.D.A., 1994, p. 1212.

297 Vincent DUSSART, *L'autonomie financière des pouvoirs publics constitutionnels*, *Op. Cit.*, p. 366.

298 Sylvie PEYROU-PISTOULEY, *La Cour constitutionnelle et le contrôle de la constitutionnalité des lois en Autriche*, Paris, Economica, coll. « Droit public positif », 1993, p. 102.

De plus, aux termes de l'article 4 du règlement intérieur de la Cour, l'emploi du personnel est déterminé par le Président. Sylvie Peyrou-Pistouley souligne que cela « signifie que le personnel, une fois nommé, n'est soumis qu'à l'autorité du président de la Cour ». L'autonomie institutionnelle ne constitue pas en soi un objectif à atteindre.

L'autonomie que son statut assure à la juridiction constitutionnelle a une autre finalité que la satisfaction que peuvent éprouver des juges et des fonctionnaires à gérer dans une certaine autarcie une institution étatique.

L'autonomie n'est qu'un moyen. Il s'agit avant tout d'une garantie de bonne justice, contribuant à renforcer la légitimité de l'institution : puisque la juridiction constitutionnelle a une autonomie par rapport au législateur et à l'exécutif, elle en est distincte ; elle peut donc trancher des litiges impliquant le législateur ou l'exécutif sans que son impartialité soit *a priori* suspecte. En outre, l'autonomie de l'institution semble un élément de l'indépendance de ses membres : ceux-ci peuvent effectuer leur travail sans être sous la dépendance permanente du législateur et de l'exécutif quant à leurs bureaux, leurs secrétariats, ou leurs bibliothèques. L'autonomie de l'institution apparaît alors comme un complément du statut des membres de la juridiction.

Après avoir tracé le modèle de la justice constitutionnelle dans les deux principaux systèmes juridiques occidentaux, voyons comment les pays africains du moins ceux qui ont été choisis organisent leurs justices constitutionnelles.

Chapitre 2

Le modèle africain de la justice constitutionnelle

Sous ce chapitre, il est question de passer en revue, après avoir examiné comment est organisée la justice constitutionnelle dans les deux grands systèmes juridiques qui ont inspiré les droits Africains, le modèle africain de la justice constitutionnelle en générale et le contentieux électoral en particulier. Sans prétendre analyser tous les droits des États africains, notre étude s'articule autour de quelques États choisis, soit parce qu'ils ont une histoire avancée dans la justice constitutionnelle dans le continent, soit parce qu'ils affichent une importance du point de vue de leur organisation de cette justice, soit encore, parce qu'ils présentent de rapprochement avec le droit de la République démocratique du Congo du fait, qu'ils appartiennent dans une même famille juridique.

Ce chapitre est subdivisé en deux sections dont la première traite du problème de la justice constitutionnelle en Afrique et la seconde examine la responsabilité des acteurs du processus électoral en Afrique.

Section 1: Problème de la justice constitutionnelle en Afrique

Les juges constitutionnels peuvent effectuer leur travail sans être sous la dépendance permanente du législateur et de l'exécutif quant à leurs bureaux, leurs secrétariats, ou leurs bibliothèques. L'autonomie de l'institution apparaît alors comme un complément du statut des membres de la juridiction.

§1 Genèse sur la justice constitutionnelle

Garantie juridictionnelle de la Constitution[299], la justice constitutionnelle[300] ou la juridiction constitutionnelle est née aux États-Unis

---

299 *KELSEN Hans, « La garantie juridictionnelle de la Constitution : la justice constitutionnelle », RDP, 1928, p.198-257.*

300 Il est historiquement difficile de déterminer exactement quand apparait ces notions de juge, juridiction ou justice constitutionnels dans le vocabulaire du droit positif. On notera que

d'Amérique à la fin du XVIIIe siècle sous l'empire de la Constitution du 1787, développée en Europe au début du XXe siècle[301] sous l'impulsion du Maitre de l'Ecole de Vienne Hans KELSEN[302] , elle apparait en Afrique dès les indépendances au milieu du XXe siècle[303].

Inspirés par le contact avec la modernité constitutionnelle pendant et après la colonisation, les États africains avaient en général institué des juridictions suprêmes comportant une chambre constitutionnelle chargée du contentieux constitutionnel[304].

Même si des survivances de cette architecture traditionnelle sont restées plus longtemps dans quelques États africains, la plupart d'entre eux ont, à la faveur des grandes réformes constitutionnelles, institutionnelles et politiques engagées à partir des années 1990, institué une juridiction constitutionnelle spéciale et autonome en charge du contentieux constitutionnel généralement dénommée Cour ou Conseil constitutionnel [305], désormais étoffée de toute une batterie de dispositions destinées à faire primer les droits fondamentaux et chargée de les protéger[306]. Toutefois et sans risque de se tromper, on peut souligner que d'un point de vue historique, la justice constitutionnelle a débuté aux États-Unis d'Amérique au début du 19e siècle. Mais, c'est la

---

Hans KELSEN et Charles EISENMANN l'utilisent dès 1928 avec le sens qu'on lui reconnait aujourd'hui dans la science juridique. Voir à ce propos KELSEN H., *Op.Cit.* et EISENMANN C., *La justice constitutionnelle et la Haute Cour constitutionnelle d'Autriche*, Paris, LGDJ, 1928 (rééd. Economoca et PUAM, 1986), p. 21 et s.

301 *L'une des premières apparitions emblématiques du juge constitutionnel est celle du Chief Justice Marshall à la faveur de l'arrêt de la Cour Suprême des États-Unis d'Amérique, 1 Cranch, 137, 2 L.ED. 60, 1803, Marbury vs Madison. Cf. Gerald Gunther, Constitutionnal Law, New York, The Foundation Press, University Casebook Serie, 11 éd., 1985, p. 2 et s.; ZOLLER Elisabeth, Droit constitutionnel, Paris, PUF, 2 éd. 1999, p. 105 et s.*

302 KELSEN Hans, *Théorie pure du droit*, traduction française de la 2é éd. de la « Reine Rechtslehre » par Charles EISENMANN, Paris, Dalloz, 1977, p. 300 et s.

303 HOLO Théodore, « Emergence de la justice constitutionnelle *», in Revue Pouvoirs, n° 129, 2009, p. 101-114.*

304 CONAC Gérard, « Le juge de l'Etat en Afrique francophone », MANGIN Gilbert, « Quelques points de repères dans l'histoire de la justice en Afrique francophone », in sous dir. Jean du Bois de GAUDUSSON et CONAC G., La justice en Afrique, Paris, La Documentation française, 1990, respectivement p. 13-20 ; 21-26.

305 Manifestement, depuis les années 90, le dogme de « la loi, expression de la volonté générale » (Cf. . CARRE DE MALBERG R., *La loi, expression de la volonté générale*, Sirey, 1931, rééd. Economica, 1984, préface de BURDEAU G.), qui avait acquis un caractère quasi-sacré, est détrôné au profit d'une conception de l'État de droit, fondée sur la suprématie de la constitution, grâce au rôle combien déterminant joué, ou qu'est censé jouer, la juridiction constitutionnelle. Avec cette nouvelle architecture constitutionnelle des États africains, on semble assister au triomphe du droit sur les pouvoirs autoritaires trentenaires, voire à la primauté du droit devant le pouvoir politique puisque l'idée de constitution déploie tous ses effets et entraine la soumission des trois pouvoirs (exécutif, législatif et judiciaire) aux règles et principes constitutionnels parmi lesquels figurent notamment les droits fondamentaux, l'État de droit et la démocratie.

306 *BALDE Sory, La convergence des modèles constitutionnels. Etudes des cas en Afrique subsaharienne, éd. Publibook, Paris, 2011, p. 381.*

Cour Suprême, dans sa célèbre décision de 1803 « Marbury c/Madison, rendue à l'initiative du juge John Marshall, qui allait l'établir.

C'est la naissance du système américain de contrôle de constitutionnalité des lois, ou de ce qu'il est convenu d'appeler la « judicial review ». Pour plus de détails voir : la Thèse de SY. Papa Mamour, « Le développement de la justice constitutionnelle en Afrique noire francophone : les exemples du Bénin, du Gabon et du Sénégal », pp. 11 et s., 414 pages. ; BURDEAU G., « Traité de Science politique », Tome 4. Le statut du pouvoir dans l'État. Paris LGDJ 1969 pp. 431 et s. VIALLE P. « La Cour Suprême et la représentation politique aux États-Unis d'Amérique », 1972. ; Lambert J. « Histoire constitutionnelle de l'Union américaine » vol. I p. 288. ; « Les origines du contrôle judiciaire de la constitutionnalité des lois fédérales aux États-Unis » Revue du droit, 1931, p.9 et s., CAPELLETI M. : « Nécessité et légitimité de la justice constitutionnelle » in Cours constitutionnelles européennes et droits fondamentaux ». Economica, Presses Universitaires d'Aix-Marseille 1981 pp.461-501.

C'est dans cette perspective de démocratisation que plusieurs Constitutions africaines ont décidé de mettre sur pied des juridictions constitutionnelles autonomes et spécialisées[307]. Ce qui explique que la justice constitutionnelle telle qu'elle est entendue en Europe et aux États-Unis est une idée nouvelle en Afrique[308]. Cette mutation constitutionnelle d'adaptation[309], constitue le couronnement d'un long processus largement décrit par le Professeur Xavier PHILIPPE. Selon lui, « de telles mutations s'inscrivent dans une perspective de continuité et tendent à améliorer le système.

---

307 Bénin (art. 114), Togo (art. 99), Mali (art. 85), Gabon (art. 83), Cote d'Ivoire (Loi constitutionnelle n° 94-438 du 16 aout 1996), Madagascar (art. 105), Mauritanie (art. 81), Algérie (art. 15), Congo (art. 138), République Centrafrique (art. 70).

308 C'est ce que prétend d'ailleurs le professeur et vice-président du Conseil constitutionnel sénégalais Babacar KANTE. Voir les actes de la Table ronde sur L'interprétation de la Constitution en hommage au Doyen Louis FAVOREU, à Bordeaux les 15 et 16 octobre 2004 cité par SY Mouhamadou Mounirou, La protection constitutionnelle des droits fondamentaux en Afrique. L'exemple du Sénégal, Paris, L'Harmattan, 2007, p. 37. Voir aussi BOURGI Albert, « La réalité du nouveau constitutionnalisme africain », in Lecture et relecture de la Constitution de la Vé République, Colloque du 40é anniversaire, 7-8-9 octobre 1998, p. 14.

309 C'est précisément dans ce contexte de regain constitutionnel que le constituant, dans certains États d'Afrique, va procéder à la création de nouvelles juridictions constitutionnelles autonomes et spécialisées, à la place des anciennes Chambres et Sections constitutionnelles , mettant ainsi, « un point d'honneur à organiser ou à réorganiser le contrôle de constitutionnalité ». Voir à ce propos CONAC G. « Etat de droit et démocratie » in L'Afrique en transition vers le pluralisme politique op.cit. p.49 ; SY. Papa Mamour, « Le développement de la justice constitutionnelle en Afrique noire francophone… », *Op.Cit.* , pp.27. ; DIAGNE Mayacine, « La mutation de la justice constitutionnelle en Afrique : l'exemple du Conseil constitutionnel sénégalais », *Annuaire international de justice constitutionnelle (A.I.J.C.)*, 1996, p. 100.

Ces révisions découlent généralement de la pratique constitutionnelle et du fonctionnement des institutions. En soi, elles traduisent une bonne santé du système de justice. Cette souplesse peut résulter d'une modification du texte constitutionnel originaire[310] ».

Mieux encore, au regard de l'évolution de la philosophie constitutionnelle africaine avec en filigrane les réformes constitutionnelles, institutionnelles et politiques majeures entreprises au lendemain des années 90, il est évident que l'avènement des juridictions constitutionnelles constitue un révélateur assez pertinent de la nouvelle configuration du pouvoir judiciaire dans les États africains et du rôle éminemment important qu'elles jouent dans la protection des droits fondamentaux et la consolidation de l'État de droit.

Aujourd'hui, le rôle de ces juridictions constitutionnelles ne se limite plus à un simple contrôle de constitutionnalité des normes, dans la mesure où, d'abord elles ont en charge les principaux contentieux définis par Louis FAVOREU, à savoir le contentieux des élections et des consultations populaires, le contentieux de la division horizontale des pouvoirs, le contentieux de la division verticale des pouvoirs et le contentieux des droits et libertés fondamentaux[311]. Justement, avec l'internationalisation du droit et de la justice, en tant que processus ou dynamique qui marque une ouverture des systèmes et atténue les frontières entre le dedans et le dehors[312], « la vertu même du contrôle de constitutionnalité des lois s'amenuise à proportion de la perte d'importance de la loi (...) en revanche, le problème spécifique de la protection des droits fondamentaux est devenu plus important [313]».

Plus prosaïquement dans le contexte africain, l'intensité des processus démocratiques relance le débat sur la justice constitutionnelle qui ne cesse d'agiter le landerneau politique africain. Son ampleur interpelle les sociétés africaines et souligne les difficultés d'émergence d'une véritable justice constitutionnelle. Ainsi, les convulsions postélectorales dont le champ institutionnel est le théâtre au lendemain des scrutins témoignent toujours de l'apprêté des tensions.

De plus, cette situation met à nu les limites du contentieux constitutionnel en Afrique[314]. Elle pointe du doigt les faiblesses de l'architecture constitutionnelle. Tout au plus, elle souligne les travers d'un

310 PHILIPPE Xavier, *Mutations et révisions constitutionnelles dans les pays de l'Océan indien*, A.I.J.C., X-1994, Economica-PUAM, p. 157 et s. Voir aussi FAVOREU Louis et alii, Droit constitutionnel, Paris, Dalloz, Coll. « Précis », 3e éd., 2000, p. 261.

311 FAVOREU Louis, *Droit constitutionnel*, Paris, Dalloz, 5e éd., 2002.

312 DELMAS-MARTY M., « France- États-Unis : Regards croisés sur l'internationalisation du droit », Collège de France, 10-11 avril 2006, p. 3.

313 MAULIN Eric, « Aperçu d'une histoire française de la modélisation des formes de justice constitutionnelle », in GREWE C., JOUANJAN O., MAULIN E., WACHSMANN P. (dirs.), *La notion de « justice constitutionnelle* », Paris, Dalloz, 2005, p. 138.

314 KANE Elimane Mamadou, *Les obstacles structurels et culturels à l'épanouissement de la justice constitutionnelle en Afrique* , p. 1- 6.

contentieux constitutionnel encore en gestation. Ces écueils traduisent indéniablement les dysfonctionnements d'une justice constitutionnelle encore mal intégrée par une majorité d'Africains. Sa construction se pose avec acuité.

D'où l'intérêt, à travers cette réflexion qui ne prétend guère à l'exhaustivité, de faire un diagnostic de la problématique de la justice constitutionnelle en Afrique francophone par le truchement de ses dynamiques récentes à partir des années quatre-vingt-dix.

A l'évidence, les États africains dans leur majorité ont connu à partir des années 90 des changements politiques qui ont bouleversé leurs architectures institutionnelles et politiques au point de justifier une lecture sous le paradigme de la démocratisation[315].

Ce « mouvement sismique[316]» ou vent de démocratisation qui parcourt le continent africain, sous les expressions bien abstraites de démocratie et d'État de droit, traduit en effet, les vœux pieux des populations africaines à plus de libertés, au respect de leurs droits fondamentaux, au respect effectif des pluralismes culturels, une protection efficace contre l'arbitraire, un partage plus équitable des droits à l'instruction, à l'égalité des chances et, aux acquis de la démocratie[317].

Aujourd'hui, nous assistons à un renouveau du droit constitutionnel grâce notamment aux juridictions constitutionnelles. Dans cette dynamique, l'Afrique sans verser dans le mimétisme va s'engager dans la recherche de voies adaptées pour asseoir une construction constitutionnelle originale. Ainsi, l'Afrique noire francophone, avec en tête de file le Bénin, va se particulariser en initiant la pratique des conférences nationales[318]. Ainsi, mises en place dans le sillage des processus de démocratisation marqués notamment par le pluralisme politique et un renouveau institutionnel, les cours et conseils constitutionnels africains francophones traduisent-ils véritablement une rupture avec les régimes autoritaires et totalitaires en vigueur dans la majorité de ces États dans un passé encore récent ?

Par ailleurs, il faut signaler qu'en dehors de l'Afrique francophone, les forces politiques nigérianes n'ont cessé depuis 1989 de réclamer une conférence nationale au gouvernement militaire, qui préfère pré fabriquer un bipartisme à l'américaine. Par ailleurs, le Kenya, la Guinée Bissau ont émis

---

315 ABDOURAHMANE B. Issa, *Les Cours constitutionnelles dans le processus de démocratisation en Afrique*, Thèse soutenue à Bordeaux en octobre 2002.

316 CONAC G. « Les processus de démocratisation en Afrique » in *L'Afrique en transition vers le pluralisme politique,* Economica, colloque de Paris 12-13 décembre 1990 page 11.

317 DIALLO Ibrahima, « A la recherche d'un modèle africain de justice constitutionnelle » *Essais in Annuaire International de Justice Constitutionnelle,* XX- 2004 pp.93-120.

318 Voir à ce sujet RAYNAL J.J « Le renouveau démocratique béninois : modèle ou mirage *? »* dans *Afrique contemporaine* n° 160 octobre-décembre 1991 p. 35. ; DALLOZ J.P « L'itinéraire du pionnier : sur l'évolution politique béninoise », dans *Politique africaine* n° 46 pp. 133 et s. COWRAT J.P « Le Bénin, un laboratoire de démocratie en Afrique » *in La Tribune de l'expansion du 24 décembre 1991*, pp. 18 et s.

aussi le vœu de conférences nationales. Pour une vue globale de cette pratique des conférences nationales se référer à : BOULAGA E.F « Les conférences nationales (une affaire à suivre) éd. Karthala, 1993, 229 pages; BOURGI A. et CASTERNAN E, « Le printemps de l'Afrique », Paris Hachette 1991, 186 pages; EDDY A. « La conférence nationale, est –elle une solution ? » « Parlements et francophonie ». Avril- juin 1992 pp. 47-53. ; KOMBI M. « La conférence nationale africaine. L'émergence d'un mythe politique » Afrique 2000 nov. 1991 pp. 35-40. ; KAMTO M. « Les conférences nationales africaines ou la création révolutionnaire des constitutions » colloque de Bordeaux (inédit).

Si oui comment cette évolution, voire cette « révolution juridique » se manifeste-t-elle en termes de protection des droits et libertés fondamentaux, de promotion de la démocratie et de la consolidation de l'État de droit dans ces différents États africains, en particulier ceux partageant l'usage du français ?

Au regard de la pertinence de ces interrogations, notre réflexion analyse les dynamiques récentes de la justice constitutionnelle, d'abord spatialement à l'espace subsaharienne francophone, c'est-à-dire, aux États africains ayant en partage l'usage du français, ensuite temporellement à partir des années quatre-vingt-dix marquant le début du printemps démocratique avec comme corollaire l'avènement d'un pluralisme politique et un renouveau institutionnel.

Pour les besoins de la présente communication, il apparait clairement comme nécessaire et théoriquement intéressant, au préalable, d'apporter quelques précisions terminologiques et définitoires de la notion de justice constitutionnelle telle que perçue par la doctrine. C'est ainsi que pour le Doyen Louis FAVOREU l'expression justice constitutionnelle désigne « l'ensemble des institutions et techniques grâce auxquelles est assurée sans restrictions, la suprématie de la constitution[319]».

Il s'agit là d'une première définition qui va nous servir de point de départ. Pour Charles EISENMANN, la justice constitutionnelle est comme une sorte de justice, ou mieux, de juridiction qui porte sur les lois constitutionnelles[320]. Selon ce dernier, le sens de la justice constitutionnelle est de garantir la répartition de la compétence entre législation ordinaire et législation constitutionnelle, d'assurer le respect de la compétence du système des règles ou de l'organe suprême de l'ordre étatique, de même que le contrôle juridictionnel des décisions, c'est-à-dire des règles individuelles.

Quant à Hans KELSEN, le problème de l'existence et de la suprématie de la constitution entraine la nécessité d'assurer sa garantie juridictionnelle qui,

319 FAVOREU L. et alii, *Droit constitutionnel, Dalloz, Paris, 1999, p.185.*
320 Cf. SY. Papa Mamour, *Le développement de la justice constitutionnelle en Afrique noire francophone…, Op.Cit., p. 30.*

n'est rien d'autre que la justice constitutionnelle[321]. En parfaite adéquation avec ces auteurs, M. Mauro CAPPELLETI définit la justice constitutionnelle comme le contrôle judiciaire des lois[322], et Théodore HOLO d'aller plus loin en précisant que « la justice constitutionnelle s'entend de toute fonction juridictionnelle ayant pour but d'assurer la suprématie et le respect des règles constitutionnelles essentiellement, mais non exclusivement, par les pouvoirs publics[323]».

FAVOREU et D. ROUSSEAU, pour leur part, ne contredisent point ces définitions quand ils parlent de pouvoir donné à des personnes nommées, d'apprécier, de contrôler et le cas échéant, de sanctionner la conformité à la constitution des actes pris par les pouvoirs publics, et en particulier, les lois votées par les représentants élus du peuple souverain[324]. Ce panorama doctrinal renseigne sur le fait que la justice constitutionnelle s'identifie au contentieux constitutionnel, posant le problème du contrôle de constitutionnalité des lois de façon large.

Autrement dit, le débat sur la justice constitutionnelle consacre la place du contentieux constitutionnel, voire du contrôle de la constitutionnalité des lois en Afrique. Elle restitue dans sa plénitude les litiges constitutionnels et situe invariablement son importance dans le champ partisan en mutation. La centralité de la problématique du contentieux constitutionnel, n'occulte pas pour autant les difficultés liées à son fonctionnement. Toutefois, leur complexité et les nombreuses contraintes politiques rendent difficiles son fonctionnement. En effet, sur le continent africain, elle se pose au moment où les périodes postélectorales restent toujours marquées par des tensions, des heurts entre les parties prenantes[325]. Mais, elle dépasse ce cadre du contentieux, pour non seulement impliquer les juges constitutionnels en charge de ce contrôle mais également, les juridictions au sein desquelles les juges assurent ou du moins tentent d'assurer la suprématie de la constitution et des valeurs qu'elle contient[326]. Quel que soit le système constitutionnel et politique dans lequel elle s'insère, la justice constitutionnelle est utile sinon nécessaire car elle donne la possibilité d'instituer progressivement, par la

321 KELSEN H. « La garantie juridictionnelle de la constitution (la justice constitutionnelle), *Op.Cit.* pp. 198 et s.

322 CAPPELLETTI M. « Nécessité et légitimité de la justice constitutionnelle », *Op.Cit,.,* p. 463 et s.

323 HOLO Theodore, « Emergence de la justice constitutionnelle » in *La Démocratie en Afrique*, *Op.Cit.*, p. 101.

324 *FAVOREU L. «* La modernité des vues de C. Eisenmann sur la justice constitutionnelle *» in la pensée de Charles EISENMANN sous la direction de Paul AMSELECK Economica 1986 pp.85-101.*

325 KANE Elimane Mamadou, « Les obstacles structurels et culturels à l'épanouissement de la justice constitutionnelle en Afrique », *Op.Cit.* p 28

326 SY Papa Mamour, *Op.Cit.*, p. 31.

voie du droit, un contre-pouvoir de nature à contrebalancer une majorité trop forte et elle peut faire apparaitre une séparation des pouvoirs[327].

Ce faisant, loin de tout ce décor, leur mise en place répondait à ce souci de réguler le champ partisan et faisant des instances constitutionnelles les vecteurs du contentieux constitutionnel.

En effet, sur le continent africain, elle se pose au moment où les périodes postélectorales restent toujours marquées par des tensions, des heurts entre les parties prenantes[328]. Mais, elle dépasse ce cadre du contentieux, pour non seulement impliquer les juges constitutionnels en charge de ce contrôle mais également, les juridictions au sein desquelles les juges assurent ou du moins tentent d'assurer la suprématie de la constitution et des valeurs qu'elle contient[329].

Quel que soit le système constitutionnel et politique dans lequel elle s'insère, la justice constitutionnelle est utile sinon nécessaire car elle donne la possibilité d'instituer progressivement, par la voie du droit, un contre-pouvoir de nature à contrebalancer une majorité trop forte et elle peut faire apparaitre une séparation des pouvoirs[330].

Ce faisant, loin de tout ce décor, leur mise en place répondait à ce souci de réguler le champ partisan et faisant des instances constitutionnelles les vecteurs du contentieux constitutionnel

En effet, plus de vingt ans après leurs mises en place, même si, ici et là, leur effectivité peine à se développer et traduit indéniablement des hésitations liées à la fois à des conjonctures politiques, sociales et culturelles selon les États concernés, il n'en demeure pas moins que dans l'espace africain francophone, il émerge une véritable justice constitutionnelle au regard du rôle important joué par les cours et conseils constitutionnels dans la perspective d'une meilleure protection des droits humains mais aussi dans la garantie d'un État de droit durable .

§2. L'Innovation Institutionnelle audacieuse Africaine

Les constitutions africaines de la vague de démocratisation des années 1990 accordent une place importante à la justice constitutionnelle. De fait, eu égard à l'affirmation du principe de la suprématie de la constitution, il est apparu évident de prévoir un organe juridictionnel chargé de la fonction de justice constitutionnelle, en particulier du contrôle de la constitutionnalité des lois.

---

327 FAVOREU L. « Brèves réflexions sur la justice constitutionnelle en Afrique », in *Les Cours suprêmes en Afrique II : La jurisprudence*, Paris, Economica, 1989

328 KANE Elimane Mamadou, « Les obstacles structurels et culturels à l'épanouissement de la justice constitutionnelle en Afrique », *Op.Cit.* p 28

329 SY Papa Mamour, *Op.Cit.*, p. 31.

330 FAVOREU L. « Brèves réflexions sur la justice constitutionnelle en Afrique », in *Les Cours suprêmes en Afrique II : La jurisprudence*, Paris, Economica, 1989

Et pour ce faire, un peu partout en Afrique, un organe spécialement chargé de cette fonction, détaché de l'appareil judiciaire ordinaire, a remplacé la formule généralisée d'une chambre constitutionnelle au sein d'une Cour Suprême. Cette nouvelle architecture institutionnelle, véritable innovation voire même une « révolution » dans les États d'Afrique noire francophone présente à la fois une certaine garantie d'indépendance de la juridiction constitutionnelle (A) mais aussi de ses composantes avec comme conséquence une amélioration de leur office (B).

A. Une Indépendance du juge constitutionnel garantie

L'Afrique contemporaine, du moins à s'en tenir à la lettre des textes récemment édictés, n'est pas restée en marge des évolutions néo constitutionnalistes qui donnent à l'indépendance du pouvoir judiciaire et à l'efficacité du contrôle de constitutionnalité toute leur valeur au sein des équilibres constitutionnels[331].

Ainsi parmi les caractéristiques générales et essentielles reconnues au pouvoir judiciaire, la première est évidemment l'indépendance[332].

Dans la quasi-totalité des pays africains francophones, les membres des cours et conseils constitutionnels ne font pas partie du corps judiciaire, à l'exception du Burundi, de Madagascar, de la République Démocratique du Congo et du Sénégal[333].

La juridiction constitutionnelle se présente souvent comme une juridiction à part entière, ayant sa propre organisation et dont les juges ne font pas partie du système judiciaire. Ces juges sont soumis à des règles spécifiques tenant à leur qualité de juge constitutionnel. Ainsi, le principe

331 CABANIS A. et MARTIN M.L, *Les constitutions d'Afrique francophone. Evolutions récentes*, Paris, Karthala, 1999, pp. 152 et s.

332 378 Cf. La constitution du Bénin (Art. 125 al. 1 « le pouvoir judiciaire est indépendant des pouvoirs législatif et exécutif »; Art. 126 al. 2 « les juges ne sont soumis, dans l'exercice de leurs fonctions, qu'à l'autorité de la loi. Les magistrats du siège sont inamovibles ») ; celle du Burkina Faso (Art. 129 « le pouvoir judiciaire est indépendant ») ; celle du Burundi (Art. 209 « le pouvoir judiciaire est impartial et indépendant du pouvoir législatif et du pouvoir exécutif. Dans l'exercice de ses fonctions, le juge n'est soumis qu'à la Constitution et à la loi ») ; celle du Cameroun (Art. 37 « le pouvoir judiciaire est indépendant du pouvoir exécutif et du pouvoir législatif »); celle du Congo Brazzaville (Art. 136 : le pouvoir judiciaire est indépendant du pouvoir exécutif et du pouvoir législatif. Les juges ne sont soumis, dans l'exercice de leurs fonctions, qu'à l'autorité de la loi ») ; Voir aussi les articles 68 de la constitution du Gabon, 89 de la Mauritanie, 98 du Niger, 88 du Sénégal et 113 du Togo.

333 Au Burundi, les garanties applicables au corps judiciaire sont également applicables aux juges constitutionnels. Il n'y a pas de spécificité particulière. Au Madagascar aussi les mêmes garanties leurs sont applicables mais avec une certaine spécificité car le président est justiciable devant la Haute Cour de Justice, tandis que les membres bénéficient d'une protection spéciale. Quant au Sénégal, les juges constitutionnels font partie du corps judiciaire mais leur statut est règlementé par une loi organique n° 92-22 du 30 mai 1992 sur le Conseil Constitutionnel. Pour plus de détails à ce propos voir L'indépendance des juges et des juridictions, Bulletin n°7, novembre 2006 de l'Association des Cours Constitutionnelles ayant en partage l'usage du français (ACCPUF), pp. 115 et s.

d'indépendance nouvellement garantie et qui implique un statut particulier du juge constitutionnel appelle deux observations.

La première observation est relative au mode de nomination et de désignation des membres de la juridiction constitutionnelle. En effet, dans la majorité des États africains francophones eu égard au choix des autorités de nomination des membres des juridictions constitutionnelles qui est d'une importance capitale car pouvant influer sur l'indépendance de la juridiction, on relève généralement un « partage » entre les différentes autorités publiques, c'est-à-dire que les membres de la juridiction sont désignés à parité par le président de la République, celui de l'Assemblée nationale et celui du Sénat.

C'est le cas au Burkina Faso et au Togo[334]. Il en va de même en dehors du continent noir, comme en France[335] et en Roumanie ou le même procédé de répartition est suivi.

Cette désignation peut ne pas être à parité, mais néanmoins partagée. C'est le cas, en effet, de la majorité des États africains[336]. À titre d'exemple, à Madagascar, la Haute Cour constitutionnelle compte neuf membres, dont trois nommés par le président de la République, deux par l'Assemblée nationale, deux par le Sénat et deux autres sont élus par le Conseil supérieur de la magistrature (art. 100 al. 2).Il en est de même de la République démocratique du Congo (art 158 de la constitution du 18 février 2006).

Dans la même veine, et dans la quête d'une certaine légitimité, voire d'une crédibilité des juges constitutionnels, deux constitutions s'illustrent de par leur originalité. Il s'agit de la constitution des iles des Comores qui prévoit en son article 34 un système de composition d'une Cour constitutionnelle assez pluraliste puisque toute une série de personnalités a le

334 Pour le Togo : La Cour constitutionnelle est composée de neuf membres dont : – trois désignés par le président de la République, dont au moins un en raison de ses compétences juridiques ;– trois élus par l'Assemblée nationale à la majorité des 2 /3 de ses membres, dont au moins un en raison de ses compétences juridiques ; – trois élus par le Sénat, à la majorité des 2/3 de ses membres dont au moins un, en raison de ses compétences juridiques (art. 100 al. 2).

335 381 Cf. Art. 56 de la constitution « Trois des membres sont nommés par le président de la République, trois par le président de l'Assemblée nationale, trois par le président du Sénat. Le président du Conseil est nommé parmi les membres par le président de la République ».

336 On peut citer le Bénin ou la Cour constitutionnelle est composée de sept membres dont quatre sont nommés par le bureau de l'Assemblée nationale et trois par le président de la République (Cf. art. 115 de la Constitution) ; Au Cameroun, ils sont Ils sont nommés de la façon suivante : trois par le président de la République ; trois par le président de l'Assemblée nationale ; trois par le président du Sénat et deux par le Conseil Supérieur de la Magistrature ; Dans une logique presque similaire, c'est le cas au Mali (art. 91 al. 2), au Congo Brazzaville, trois des membres sont désignés par le président de la République ; deux membres proposés par l'Assemblée nationale ; deux membres proposés par le président du Sénat et deux membres proposés par le bureau de la Cour suprême. Voir aussi les cas du Tchad (art. 161 al. 1er), de la Cote d'Ivoire (art. 89 et 90 al. 1er), en Mauritanie (art. 81 al 1er), au Maroc (art. 79 al. 1er), en République Centrafricaine (art. 74 al. 3).

droit de nommer chacun un membre de ladite Cour : le président de l'Union, ses vice-présidents, le président de l'Assemblée de l'Union et les chefs des exécutifs des iles.

A un degré inférieur d'originalité, la Cour constitutionnelle du Niger prévoit, à côté des membres classiques de désignation que sont les autorités politiques, il y a un représentant des Associations de défense des droits de l'homme (art. 104)[337].

Au Burkina, le président est nommé par le chef de l'État ; trois membres sont nommées par le chef de l'État ; et les trois autres par l'Assemblée nationale (Cf. art. 151 al 1er). Cf. également art. 158 de la République Démocratique du Congo. Voir à ce sujet, CABANIS A. et MARTIN M.L, Le constitutionnalisme de la troisième vague en Afrique francophone, Academia, Bruylant, P.U.R. 2010 pp. 142 et s.

En revanche, dans les pays comme le Sénégal et le Burundi, le président de la République reste la seule autorité compétente pour nommer les membres de la juridiction constitutionnelle, ce qui dans une certaine mesure peut remettre en question l'indépendance de cette instance ainsi que de ses membres vis-à-vis des autres autorités étatiques. Nous y reviendrons dans la seconde partie.

Quoi qu'il en soit, à la lumière du nouveau dispositif juridique en vigueur dans les États africains francophones depuis le début des années quatre-vingt-dix, il apparait, du moins dans les textes, que l'indépendance de la justice en général et, celle des juridictions constitutionnelles en particulier, est une donnée réelle difficilement niable que conforte les conditions requises pour être un juge de la Haute juridiction.

La seconde observation qui découle de la première consiste à voir dans les conditions assez strictes auxquelles est subordonné le choix des juges devant composer cette institution un gage solide de la garantie de leur indépendance. Ainsi, aux titres des conditions retenues par le nouveau constituant africain, figurent celles relatives à la compétence et à l'expérience professionnelles. Sur ce point, au Bénin, la Cour constitutionnelle est composée de magistrats, de professeurs et de praticiens du droit ayant une expérience de quinze années au moins[338]. Au Gabon, une disposition similaire prévoit des conditions d'ancienneté et de compétence[339].

Au Sénégal également, l'article 4 de la loi organique relative au Conseil constitutionnel, précise qu'il faut au moins vingt-cinq années d'expérience pour être membre du Conseil constitutionnel. Nonobstant ces différences qui

---

337 CABANIS A et MARTIN M.L., *Le constitutionnalisme de la troisième vague en Afrique francophone, Op.Cit.*, pp. 144 et s.

338 Article 115 al. 2 de la Constitution.

339 SY. Papa Mamour, « Le développement de la justice constitutionnelle en Afrique noire francophone : les exemples du Bénin, du Gabon et du Sénégal », *Op.Cit.*, p. 97.

existent d'un pays à un autre, ces conditions d'âge, de formation, de compétence et d'expérience s'avèrent importantes compte tenu du rôle délicat que doivent jouer les membres de ces juridictions en termes d'arbitre du jeu institutionnel mais aussi comme artisan de l'ambiance démocratique[340].

Ensuite, à la condition de compétence et d'expérience professionnelle, se greffe la condition d'une « bonne moralité et d'une grande probité[341] ». C'est dans ce sens qu'au Gabon, l'article 6 de la loi organique relative à la Cour Constitutionnelle parle de « l'impartialité et l'intégrité morale des intéressés ». C'est ce qui ressort aussi de la loi organique sur la cour constitutionnelle de la République Démocratique du Congo de 2013. Au Sénégal, par contre, même si pareille disposition condition n'est pas mentionnée ni dans la constitution ni dans la loi organique, il va sans dire qu'une telle condition s'avère nécessaire dans l'exercice de la fonction juridictionnelle.

Enfin, la durée du mandat des juges constitutionnels est également un élément important de leur indépendance. La règle largement admise est celle du mandat limité à un certain nombre d'années : cinq ans (Bénin) ; six ans (Burundi, Comores, Niger) ; sept ans (Gabon[342], Togo), neuf ans (Cameroun, Congo-Brazzaville, France, Maroc, Mauritanie, République démocratique du Congo).

Ce mandat est parfois renouvelable comme au Bénin, aux Comores, au Congo-Brazzaville, en Guinée- Equatoriale ; le renouvellement lui-même est limité (une fois pour certains pays). À Madagascar, le mandat est renouvelable sans limitation de durée[343]. Le mandat n'est en revanche pas renouvelable au Burkina Faso, au Sénégal, au Burundi, au Cameroun, en Mauritanie et au Togo. Le caractère non renouvelable du mandat est encore un gage d'indépendance dans la mesure où d'après D. Rousseau, les autorités nommantes sont ainsi privées d'un moyen d'échanger une « bonne » décision contre une re-nomination.

---

340 Au Niger par exemple, les membres doivent avoir une expérience professionnelle significative. Au Madagascar, les membres sont choisis en raison de leur compétence, et doivent avoir une pratique suffisante de la magistrature de l'ordre administratif ou judiciaire, du barreau, de l'enseignement supérieur du droit ou de l'administration. Aux termes de l'article 91 de la Constitution malienne, les membres de la Cour portent le titre de conseiller. Aux iles Comores également, les membres de la Cour doivent justifier d'une compétence reconnue dans le domaine juridique, administratif, économique ou social. Ils doivent justifier d'une expérience professionnelle minimale de quinze ans. Ils doivent être d'une grande moralité, et d'une grande probité. Voir L'ACCPUF, *L'indépendance des juges et des juridictions, Op.Cit.*, pp. 119 et s.

341 Cf. art. 115 de la Constitution du Bénin

342 La révision du 18 mars 1994 a ramené de « sept » à « cinq ans » le mandat initialement prévu au 2e alinéa.

343 Voir L' ACCPUF, *L'indépendance des juges et des juridictions, Op.Cit.*, pp. 122 et s.

Ainsi, les juges constitutionnels n'ont aucun intérêt à chercher les faveurs de ces autorités. Mais, il n'est pas aussi exclu que les membres qui savent que leur mandat est limité a une seule fois et qu'il y a de faveur pour garantir leur survie fassent les mêmes faveurs dans d'autres matières de leur compétence pour ainsi se voir rétribuer les avantages de l'autorité bénéficiaire.

Ailleurs, comme en France, la durée du mandat des membres du Conseil constitutionnel est de neuf ans, le mandat des membres de droit, c'est-à-dire les anciens présidents de la République étant sans limitation de durée sous réserve de ne pas être sous le coup d'une incompatibilité. En outre, l'autre innovation qui participe à la consolidation de l'indépendance des juges constitutionnels, c'est l'élection du Président de la juridiction constitutionnelle par ses pairs. Il en est ainsi au Bénin[344]. Par ailleurs, d'autres conditions particulières leur sont soumises relatives à certaines incompatibilités et autres spécificités liées à la nature de leur fonction[345]. Mais ce gage d'indépendance du juge constitutionnel énuméré ci-dessus par rapport à la désignation reste à notre avis discutable et nous pensons proposer au long de notre étude une alternative

Cet arsenal juridique spécifique à leur office et qui garantit dans une certaine mesure leur indépendance justifie l'importance de leur rôle dans l'édification et la consolidation de l'État de droit dans les pays concernés. En vertu de ce qui précède, on peut admettre que dans les États africains francophones, le statut du juge constitutionnel est marqué par un régime d'incompatibilités et d'immunités, ainsi que des garanties d'inamovibilité destinées à assurer son impartialité, son objectivité et son indépendance[346].

---

344 Cf. l'article 116 de la Constitution dispose que « le Président de la Cour Constitutionnelle est élu par ses pairs pour une durée de cinq ans, mais parmi les juristes membres de la Cour ».

345 En effet, la question des incompatibilités avec la fonction de membre d'une Cour constitutionnelle se pose avec plus d'acuité que pour les juges. Les incompatibilités avec la fonction de membre d'une juridiction constitutionnelle concernent surtout les activités politiques, notamment de membre du Gouvernement, du Parlement, ou d'une collectivité territoriale. Il leur est aussi interdit toute activité publique ou privée rémunérée ou non. Des dérogations individuelles concernant la fonction d'enseignant et les activités scientifiques peuvent néanmoins être accordées. De plus, en matière de protection, Les membres des juridictions constitutionnelles bénéficient d'une protection plus importante que celle accordée aux juges (magistrats du Parquet et du siège) de l'ordre judiciaire ordinaire. Ils ne peuvent cependant, sauf cas de flagrant délit, être poursuivis sans l'accord préalable de la Cour elle-même ; le Gabon renforce cette mesure en subordonnant une telle poursuite à l'avis conforme de la Cour statuant à la majorité des trois quarts des membres. Ainsi, au Sénégal, Sauf cas de flagrant délit, les membres du Conseil ne peuvent être poursuivis, arrêtés, détenus ou jugés en matière pénale sans l'autorisation de la cour. Quant au Niger, Les garanties conférées aux membres de la Cour sont plus importantes que celles conférées aux membres du corps judiciaire. Pour de détails, se référer à L' ACCPUF, *L'indépendance des juges et des juridictions, Op.Cit.*, pp. 127 et s.

346 La garantie de l'indépendance n'est souvent pas expresse pour le juge constitutionnel. En France, on a estimé que l'indépendance du juge constitutionnel résulte de l'esprit des dispositions constitutionnelles se rapportant à son statut. Cf. Conseil constitutionnel français,

Une indépendance statutairement garantie qui découle de l'indépendance constitutionnellement affirmée de cette juridiction et au-delà du pouvoir judiciaire par rapport aux autres pouvoirs de l'État que sont le l'Exécutif et le Législatif.

B. Une Indépendance de la Juridiction constitutionnelle Affirmée

Dans la continuité, mieux avec une rupture radicale d'avec les Cours suprêmes au sein desquelles se logeaient les juridictions constitutionnelles, la création de nouvelles juridictions constitutionnelles autonomes et spéciales traduit une volonté manifeste de la part du constituant africain francophone d'améliorer leur fonctionnement, tant au niveau de leurs structures qu'au niveau de la procédure suivie devant elles[347].

L'indépendance de la juridiction constitutionnelle en Afrique est sujette à de nombreuses questions qui parfois se justifient au regard des immixtions dont elle fait l'objet de la part des pouvoirs exécutif et législatif. Toutefois, un faisceau d'indices mettent en exergue une certaine autonomie fonctionnelle, voire même une indépendance de cette institution vis-à-vis des autres instances de l'État. Ces indices appellent deux considérations.

La première considération est que la juridiction constitutionnelle tire son indépendance des textes constitutionnels ou des lois organiques qui le règlementent. Ainsi, dans les pays comme le Togo, le Congo Brazzaville, l'Égypte et la Mauritanie, l'indépendance de la juridiction constitutionnelle est consacrée et affirmée de façon expresse par la constitution à travers par exemple l'expression « la Cour constitutionnelle est un organe indépendant et autonome[348] » ou encore « la Cour constitutionnelle est indépendante du pouvoir exécutif et du pouvoir judiciaire[349]».

Dans les autres États africains francophones, l'indépendance de cette juridiction n'est pas expressément prévue par la constitution, mais des lois ordinaires et organiques spécifiques le prévoient implicitement avec des formules presque similaires d'un pays à l'autre. À titre d'illustration, l'article 41 de la constitution malgache précise que « les institutions de l'État sont : (...) La Haute Cour constitutionnelle (...) Les trois fonctions de l'État : fonction exécutive, fonction législative et fonction juridictionnelle sont exercées par des organes distincts ».

Au Sénégal, l'indépendance de la juridiction constitutionnelle découle de l'indépendance du pouvoir judiciaire, elle-même affirmée dans le Préambule

---

décision du 9 juillet 2008, Loi organique relative aux archives du Conseil constitutionnel, considérant 6. Cité par SOMA Abdoulaye, « Le statut du juge constitutionnel africain », p. 9.

347 SY. Papa Mamour, *« Le développement de la justice constitutionnelle en Afrique noire francophone... », Op.Cit., p. 71 ;*

348 Art. 174 de la Constitution égyptienne.

349 Art. 1 al. 2 de la loi organique relative au fonctionnement de la Cour.

et dans le texte de la Constitution[350]. Plus concrètement, l'indépendance de la juridiction constitutionnelle apparait aussi à travers l'existence d'un budget autonome, c'est-à-dire si cette dernière jouit d'une autonomie de gestion financière.

La question du budget est l'une des plus importantes concernant les juridictions constitutionnelles, étant donné qu'il leur assure une indépendance ne serait-ce que financière. Cela se traduit par le fait que le président de la juridiction devient l'ordonnateur des dépenses. La Cour constitutionnelle gabonaise définit, d'ailleurs cette notion d'autonomie financière dans sa décision n°01/CC du 28 février 1992 en ces termes « Elle consiste en la possibilité pour un organisme de générer des ressources propres, d'établir des dépenses et d'effectuer souverainement les mouvements financiers[351]. C'est ainsi qu'au Togo, au Gabon, au Madagascar, en Égypte, la Cour constitutionnelle dispose d'un budget autonome.

Dans les autres États africains francophones, le budget reste intégré au budget de l'État (Bénin, Burkina Faso, Congo Brazzaville, Mali, Niger, Sénégal).

En revanche, en France, l'autonomie financière du Conseil constitutionnel n'est expressément mentionnée dans aucun texte ; il bénéficie cependant, d'une autonomie financière similaire à celle du Parlement ou de la présidence de la République, en tant que pouvoir constitutionnel de l'État[352]. Le droit comparé enseigne, d'ailleurs, que c'est une triple autonomie, réglementaire, administrative et financière, qui est nécessaire pour que soit assurée l'indépendance de la juridiction constitutionnelle[353].

---

350 Cf. Préambule et article 88 de la constitution du Sénégal du 22 janvier 2001. Au Mali, Cependant, il est précisé que la Cour constitutionnelle est une institution de l'État comme la Cour suprême et l'Assemblée nationale. La Cour suprême est indépendante du législatif et de l'exécutif. Il en est de même pour la Cour constitutionnelle qui est chargée de réguler le bon fonctionnement des institutions de l'État. Bien que l'indépendance de la Cour constitutionnelle ne soit pas prévue *in terminis*, elle résulte de plusieurs éléments. D'abord, la force obligatoire de ses décisions et l'autonomie de son budget. Ensuite, l'inviolabilité du siège et le fait que la Cour doive donner son avis sur toute loi et sur tout règlement qui la concernent. En revanche, en France, cette indépendance a valeur constitutionnelle en tant que corollaire du principe de séparation des pouvoirs. Il en résulte la détention d'un pouvoir normatif d'autorégulation. Voir L' ACCPUF, « L'indépendance des juges et des juridictions », *Op.Cit.*, pp. 150 et s.

351 Voir La Lumière P. « Les Finances publiques » Collec « U » Série droit public interne pour la direction de Vedel G. 1978 p.53 et s.

352 Le projet de budget est élaboré par le service financier et administratif du Conseil. Les crédits sont inscrits au budget général. Ils figurent au titre II du budget de charges communes, au titre des « pouvoirs publics ». Le montant du budget n'est pas discuté devant le Parlement lors de l'adoption de la loi des finances. L'insertion du budget dans la loi des finances ne constitue qu'une mesure d'enregistrement, non susceptible de modification. V. L'ACCPUF, « L'indépendance des juges et des juridictions », *Op.Cit.*, pp. 154 et s.

353 THOMAS Julien, *L'indépendance du Conseil constitutionnel,* Paris, LGDJ, 2010, p. 88 et s.

Pour l'heure dans la majorité des États africains francophone, les garanties d'indépendance du juge constitutionnel revêtent une valeur symbolique et manifestent, du moins en théorie, leur attachement aux principes du libéralisme et du constitutionnalisme[354].

La seconde considération est que le pouvoir judiciaire en général et, la juridiction constitutionnelle en particulier sont indépendants vis-à-vis des pouvoirs exécutif et législatif. En effet, la séparation et l'équilibre des différents pouvoirs constituant la base de l'État de droit, les différents pouvoirs doivent ainsi être indépendants les uns des autres, s'autoréguler entre eux. Ce faisant, dans la majorité des États africains, l'indépendance de la juridiction constitutionnelle est réelle même s'il arrive parfois que les pouvoirs exécutif et législatif exercent des pressions ou empiètent sur celle-ci, compte tenu du rôle qu'elle a et de son pouvoir d'annuler des actes provenant des deux autres pouvoirs.

Par ailleurs, l'autorité et les effets des décisions de la juridiction constitutionnelle vis-à-vis des autorités administratives, juridictionnelles et des citoyens constituent une marque de leur indépendance. C'est ce qui ressort, du moins, de cette formule empruntée au constituant français et repris par les États africains francophones[355] selon laquelle « les décisions du Conseil constitutionnel ne sont susceptibles d'aucun recours, elles s'imposent aux pouvoirs publics et à toutes les autorités administratives et juridictionnelles[356]».

Mieux encore, les juridictions constitutionnelles africaines ont acquis depuis le début des années 1990 une indépendance institutionnelle de plus en plus importante par rapport aux autres instances étatiques. Cette évolution non moins négligeable a permis dans une large mesure à la Haute juridiction d'améliorer ses structures et ses procédures[357] mais aussi de démocratiser l'accès à son prétoire en l'ouvrant désormais aux citoyens et à d'autres organes publics[358] différents des pouvoirs classiques traditionnels que sont

---

354 SOMA Abdoulaye, « Le statut du juge constitutionnel africain », 25 pages.

355 Art. 124 al. 3 de la Constitution béninoise « Les décisions de la Cour constitutionnelle s'imposent aux pouvoirs publics et à toutes les autorités civiles, militaires et juridictionnelles. ». V. aussi Art. 150 de la *Constitution du Congo Brazzavill*e ; Art. 81 du Maroc ; art. 115 du Niger ; Art. 92 al. 2 du Sénégal.

356 Art. 62 de la Constitution française.

357 Les nouvelles juridictions constitutionnelles instituées en Afrique noire francophone, bien que formaliste, la procédure essaie de garantir une bonne justice. Outre son caractère peu formaliste, la procédure dans ces juridictions constitutionnelles est aussi contradictoire. Le principe du contradictoire se présente comme la possibilité pour un requérant de présenter ses arguments et pour le défendeur, s'il existe, de répliquer à ces arguments. Voir à ce sujet FAVOREU L. « Le principe du contradictoire dans le procès constitutionnel» rapport du Congrès de l'institution d'études judiciaires de Louvain 1980 ; SY. Papa Mamour, « Le développement de la justice constitutionnelle en Afrique noire francophone... », *Op.Cit.*, p. 85 et s.

358 Au Bénin, au Gabon comme au Sénégal, le constituant permet à la juridiction constitutionnelle de « se prononcer d'office » sur les violations de la Constitution non

l'Exécutif[359] et le Législatif[360]. C'est dans ce sens que les constitutions africaines ont pour l'essentiel reconnu aux organes consultatifs en matière économique et sociale[361], en matière d'information et de communication[362] et aux partis politiques, le droit de saisir les juridictions constitutionnelles[363]. Incontestablement, une nouvelle ère s'ouvre, avec la possibilité offerte aux citoyens de saisir la juridiction constitutionnelle.

Il s'agit là, sans nul doute, d'un fait marquant du constitutionnalisme en Afrique francophone au lendemain des transitions ou processus démocratiques des années quatre-vingt-dix. En effet, la justice étant un service public dont la raison d'être est l'usager, son accès est une condition essentielle d'une bonne justice[364].

Ainsi, en donnant la possibilité pour l'auteur d'une prétention d'être entendu sur le fond de celle-ci afin que le juge la dise bien ou mal fondée[365], les nouvelles juridictions constitutionnelles par le biais du contrôle *a posteriori*[366] manifestent leur volonté de conforter l'État de droit, de garantir les libertés publiques et d'asseoir la démocratie.

---

invoquées par le requérant (v. art. 121 al. 2 de la Constitution du Bénin ; art. 15 al. 3 de la loi organique relatif au Conseil constitutionnel et art. 40 de la loi organique relative à la Cour constitutionnelle). Au Gabon (art. 62 al. 2 de la loi organique) et au Mali (art. 88 de la Constitution), le Président de la Cour Suprême peut déférer à la Cour constitutionnelle les lois ordinaires. A côté du Président de la Cour Suprême, les autres cours et tribunaux peuvent avoir le droit de saisir la juridiction constitutionnelle.

359 Au Bénin par exemple, le Président de la République est seul compétent comme autorité du pouvoir exécutif, à saisir la Cour constitutionnelle dans les domaines précisés à l'article 19 de la loi organique relative à la Cour constitutionnelle (la constitutionnalité des lois organiques déjà adoptés par l'Assemblée Nationale), à l'article 20 (la constitutionnalité des lois ordinaires avant leur promulgation), à l'article 22 (la constitutionnalité des lois et actes réglementaires censés porter atteinte aux droits fondamentaux de la personne humaine et aux libertés publiques en général, sur la violation des droits de la personne).

360 407 Au Sénégal, cf. les articles 63, 65 et 78 de la Constitution du Sénégal et article 21 de la loi organique relative au Conseil constitutionnel). De même au Gabon (v. l'article 28 de la loi organique relative à la Cour constitutionnelle). Pour ce qui est du pouvoir législatif, ici le droit de saisine est à la fois dévolu aux Présidents de ces institutions et aux parlementaires. (v. art. 121 al. 1er de la Constitution béninoise ; Art. 62 de loi organique au Bénin.

361 Voir art. 21 de loi relative à la cour constitutionnelle du Bénin.

362 Voir l'article 84, alinéa 2 de la Constitution gabonaise, repris par l'article 67

363 *RIVERO J. « Sanction juridictionnelle et règle de droit », Mélanges Julliot De la MORANDIERE,* Dalloz, 1964, *p.457, cité par SY* 411 *Papa Mamour Op.Cit pp. 144*

364 CASSIN R., *Dualité de juridictions, la justice,* PUF, 72 p

365 SAWADOGO F.M, « L'accès à la justice en Afrique francophone », Communication au Colloque international organisé par l'AUPELF/UREF, sur le thème « l'effectivité des droits fondamentaux dans les pays de la communauté francophone », 29 et 30 septembre Port-Louis 1er octobre 1993, article de 20 pages

366 Ce contrôle prévu par la plupart des Constitutions africaines comporte deux aspects que sont, d'une part, la voie directe ou l'action populaire qui revêt aussi un caractère objectif et abstrait, d'autre part, l'exception d'inconstitutionnalité qui relève du contrôle subjectif et concret. L'action directe permet à tout citoyen peut saisir directement la Cour constitutionnelle sur la constitutionnalité des lois (voir par exemple les art. 3 et 122 de la constitution du Bénin). L'exception d'inconstitutionnalité relève quant à elle d'un contrôle

Concrètement à travers ce mécanisme préjudiciel inspiré du système anglo-saxon dérivé des pratiques de la Cour suprême américaine et fonctionnant par la voie d'exception[367], opportunité est offerte à tout citoyen qui se voit imposé un texte législatif qu'il estime contraire aux principes fondamentaux en vigueur dans le pays, de s'opposer, à une telle prétention et d'en faire juge l'organe chargé de vérifier la constitutionnalité des lois[368].

Autrement dit, il suffit au plaideur d'invoquer, lors du procès dans lequel il est impliqué, l'inconstitutionnalité pour que le juge de droit commun doive surseoir à statuer pour saisir, dans un délai rapide, l'organe de contrôle de constitutionnalité et le laisser déterminer si telle ou telle disposition de la loi est conforme au texte fondamental ou porte atteinte à des droits fondamentaux. Ou telle disposition de la loi est conforme au texte fondamental ou porte atteinte à des droits fondamentaux.

---

subjectif et concret de la constitutionnalité d'une loi dans la mesure où le justiciable qui la soulève entend écarter l'application à un litige pendant devant le juge ordinaire d'une loi supposée inconstitutionnelle. Il s'agit donc d'une question préjudicielle dont la solution ressort de la compétence exclusive du juge constitutionnel. Voir à ce propos HOLO Theodore, « Emergence de la justice constitutionnelle », *Op.Cit.*, p. 106-107.

367 Le modèle américain tel que incarné par la Cour suprême des États-Unis se présente comme un système de contrôle diffus de constitutionnalité au sein de l'ensemble de l'appareil juridictionnel. La compétence de contrôle de constitutionnalité, qui n'a pas été explicitement donnée à la Cour suprême, est assurée par les juridictions ordinaires. La cohérence de la jurisprudence est assurée par la Cour suprême qui a le pouvoir de trancher *in fine* toute contradiction de jurisprudence, constitutionnelle ou non, dès lors que la question remonte jusqu'à elle. En définitive, le modèle américain de justice constitutionnelle conduit ainsi à l'exercice d'un contrôle de constitutionnalité présentant un caractère diffus et décentralisé, concret et a posteriori.

L'autre modèle, présenté comme le modèle autrichien, « kelsenien » ou européen, se présente comme un système centralisé ou le contrôle de constitutionnalité est exercé par une cour constitutionnelle unique créée spécifiquement à cette fin. Cette cour, placée en dehors de la hiérarchie des juridictions ordinaires, au niveau central, a le monopole de l'exercice du contrôle de constitutionnalité des lois. Ce système évite les interprétations divergentes qui peuvent apparaitre entre les tribunaux aux différents moments d'un procès et permet de donner immédiatement la « vérité constitutionnelle », en assurant l'unité jurisprudentielle. Le modèle européen de justice constitutionnelle met en place un contrôle de type centralisé, exercé sur un mode abstrait, souvent exercé par voie d'action. A ce sujet voir, MAUGUE C. et STAHL J-H., *La question prioritaire de constitutionnalité*, Paris, Dalloz, 2011, p. 8. ; FAVOREU L., « Modèle américain et modèle européen de justice constitutionnelle », *A.I.J.C.*, vol. IV, 1988, p. 51. ; du même auteur, *Droit constitutionnel*, Paris, Dalloz, 2012, p. 235 et s. ; Luis Aguiar de LUQUE, « Le contrôle de constitutionnalité des normes dans le « modèle européen de justice constitutionnelle » , dans *La Constitution et les valeurs, Mélanges* en l'honneur de Dimitri LAVROFF, Paris, Dalloz, 2005, p. 3-28. ; ROUSSEAU D., *La justice constitutionnelle en Europe*, Paris Montchrestien, 1998, p. 45 et s. KELSEN H., « Le contrôle de constitutionnalité des lois. Une étude comparative des constitutions autrichienne et américaine », in *RFDC*, n° 1, 1990, p. 17-30. ; FROMONT M., *La justice constitutionnelle dans le monde,* Dalloz, 1996.

368 CABANIS A. et MARTIN M.L, *Le constitutionnalisme de la troisième vague en Afrique francophone…* , *Op.Cit.*, pp. 145 et s.

Ainsi, au Bénin, en République centrafricaine, au Congo et au Gabon, le citoyen a le choix, pour saisir la Cour constitutionnelle, entre la voie directe, proche de l'*Amparo*[369] et la voie d'exception invoquée dans une affaire qui le concerne devant une juridiction[370].

En revanche, au Sénégal, au Togo, à Madagascar et à Djibouti, c'est seulement en tant que justiciable que le citoyen peut faire valoir son argument d'inconstitutionnalité à l'encontre d'une loi que l'on voudrait lui faire appliquer[371]. Toutefois, à l'exception du Sénégal qui organise l'exception d'inconstitutionnalité que devant la Cour de cassation et le Conseil[372], les États africains francophones, pour la plupart, se sont démarqué du modèle américain puisqu'il n'est pas nécessaire pour le justiciable de remonter par la voie de l'appel, et degré après degré, jusqu'à la plus haute juridiction mais plutôt d'un schéma de renvoi direct devant cette dernière avec obligation de statuer dans un délai d'un mois[373].

Un parallèle, somme toute logique, peut, en effet, être fait à ce niveau avec la question prioritaire de constitutionnalité instaurée en France avec la réforme constitutionnelle du 23 juillet 2008 et entrée en vigueur 1er mars 2010.

Même si elle ne permet pas au justiciable de saisir directement le Conseil constitutionnel[374], la question prioritaire de constitutionnalité permet à ce

---

369 Recours en protection d'un droit constitutionnellement protégé contre tout acte public, loi, acte administratif, jugement. Ainsi, par l'action directe, tout citoyen in abstracto, c'est-à-dire en dehors de tout litige concret, est habilité à saisir le juge constitutionnel de tout acte susceptible de produire des effets juridiques mais contraires à la Constitution. Relèvent indubitablement de cette catégorie les lois promulguées et les actes administratifs. Le juge est réticent à y inclure les décisions de justice, sauf lorsqu'elles sont devenues définitives et violent les libertés fondamentales dont la Cour est le gardien privilégié. Cf. HOLO Theodore, « Emergence de la justice constitutionnelle », *Op.Cit.*, pp. 106 et s. ; V. les articles d'Otto PFERSMANN, « Le recours direct entre protection juridique et constitutionnalité objective » et Louis FAVOREU, « Sur l'introduction hypothétique du recours individuel direct devant le Conseil constitutionnel », dans *Cahiers du Conseil constitutionnel*, n° 10, 2001, p.65-71 et p. 96-99. Cité par CABANIS A. et MARTIN M.L. 2010, *Op.Cit.* p. 148.

370 Voir les articles 122 béninois, art. 70 al. 3 centrafricain, art. 148 al. 1er congolais et art. 85 et 86 gabonais.

371 Cf. art. 80 djiboutien qui réserve cette possibilité pour des dispositions législatives concernant les droits fondamentaux de la personne ; voir aussi les articles 2 al. 1er sénégalais, art. 113 malgache, art. 104 al. 5 et 6 togolais et art. 171 al. 1er tchadien. Se référer à CABANIS A. et MARTIN M.L. 2010, op.cit. p. 160.

372 Art. 92 de la Constitution sénégalaise de 2001.

373 CABANIS A. et MARTIN M.L. 2010, *Op.Cit.*, pp. 160-161.

374 En effet, la question prioritaire de constitutionnalité doit être posée au cours d'une instance. C'est la juridiction saisie de l'instance qui procède sans délai à un premier examen. La juridiction examine si la question est recevable et les critères fixés par la loi organique sont remplis. Si ces conditions sont réunies, la juridiction saisie transmet la question prioritaire de constitutionnalité au Conseil d'État ou à la Cour de cassation. Le Conseil d'État ou la Cour de cassation procède à un examen plus approfondi de la question prioritaire de constitutionnalité et décide de saisir ou non le Conseil constitutionnel. Voir ROUSSEAU D. et BONNET J., *L'essentiel de la QPC*, 2012 Gualino, 2e éd., p. 9 et s ; CARCASSONNE Guy ; DUHAMEL

dernier de contester, en provoquant la saisine du Conseil constitutionnel, la constitutionnalité des lois qu'on leur applique. En d'autres termes, à travers ce mécanisme, le droit est reconnu à toute personne qui est partie à un procès ou une instance de soutenir qu'une disposition législative porte atteinte aux droits et libertés que la Constitution garantit[375].

A ce titre, à l'instar de l'exception d'inconstitutionnalité soulevée par le justiciable africain devant la Haute juridiction, la question prioritaire de constitutionnalité est destinée à garantir le respect effectif des droits constitutionnels substantiels, susceptible de conduire à l'approfondissement de la démocratie et au renouvellement de l'État de droit. Ce premier canal de notre réflexion plus descriptif qu'analytique, se devait de montrer les garanties statutaires d'indépendance formelles du juge constitutionnel africain francophone qui en réalité est placé dans un rapport de dépendance et de subordination statutaires à l'égard du pouvoir politique[376].

§3 Justice constitutionnelle à développement fonctionnel fragile

L'apparition dans les années 1990 des juridictions constitutionnelles en Afrique coïncide avec une vague de contestation sans précédent. En effet, « les populations revendiquaient un respect effectif du pluralisme culturel, une protection efficace contre l'arbitraire, et une participation aux processus des décisions les concernant le plus directement[377]». C'est logiquement que, l'irruption du juge dans les équilibres constitutionnels et dans le débat politique africain fait figure d'heureuse nouveauté à mettre en rapport avec

---

Olivier, QPC. *La question prioritaire de constitutionnalité*, Paris, Dalloz, 2011, 148 p. ; BELLOIR, Philippe, *La question prioritaire de constitutionnalité*, Paris : L'Harmattan, 2012, 106 p. ; STIRN, Bernard, *Premières réflexions sur la question prioritaire de constitutionnalité* 2011 Bien public, bien commun. *Mélanges* en l'honneur Étienne FATOME, p. 429–434

375 Désormais en France, les justiciables jouissent de ce droit nouveau en application de l'article 61-1 de la Constitution qui dispose « « Lorsque, à l'occasion d'une instance en cours devant une juridiction, il est soutenu qu'une disposition législative porte atteinte aux droits et libertés que la Constitution garantit, le Conseil constitutionnel peut être saisi de cette question sur le renvoi du Conseil d'État ou de la Cour de cassation qui se prononce dans un délai déterminé . ». Cette réforme, selon M. Guillaume, a un triple objectif : d'abord donner un droit nouveau au justiciable en lui permettant de faire valoir les droits qu'il tire de la Constitution ; ensuite purger l'ordre juridique des dispositions inconstitutionnelles ; enfin assurer la prééminence de la Constitution dans l'ordre interne. V. M. GUILLAUME, « La question prioritaire de constitutionnalité », In *Justice et cassation, revue annuelle des avocats au Conseil d'État et à la Cour de cassation,* 2010 ; DEBRÉ Jean-Louis, *La QPC, une question pour la démocratie* , 5 avril 2013, Colloque organisé par Lexis Nexis à l'initiative du président de l'Assemblée Nationale, Claude Bartolone

376 GONIDEC P-F., « La place des juridictions dans l'appareil d'État », in sous dir. P-F. GONIDEC, *Encyclopédie juridique de l'Afrique*, T.1, L'État et le droit, Abidjan, Dakar, Lomé, Les Nouvelles éd. Africaines, 1982, p. 21-52 ;

377 CONAC G., « Les processus de démocratisation en Afrique », IIIe Congrès mondial de l'Association International de Droit constitutionnel, Varsovie, 25 septembre 1991, p. 14.

la volonté de promouvoir l'État de droit et la démocratie et de protéger efficacement les droits de l'homme. Toutefois, comme un Janus, le juge constitutionnel africain suscite parfois moult admirations et moult frustrations et est sujet de fascination et parfois de consternation eu égard à l'ambiance démocratique ou non démocratique à laquelle il est confronté[378].

Ainsi, institué libre et indépendant, du moins textuellement, il se meut, en réalité partout dans les fers. En effet, arbitre juridictionnel et contre-pouvoir institutionnel, le juge constitutionnel africain francophone présente une personnalité à double visage selon le contexte juridico-politique en vigueur mais aussi selon l'État considéré.

A cet égard, pris entre le marteau de la politique et l'enclume du droit, le juge constitutionnel se présente parfois comme un instrument à la solde du pouvoir en place. Certains même allant jusqu'à le considérer comme « un valet politique et technique[379]»du pouvoir politique, ce dernier correspondant à la plus hégémonique des autorités politiques au double sens du Chef de l'État ou du pouvoir exécutif (A).

Toutefois en raison de circonstances politiques et sociales exceptionnelles et particulièrement graves, il peut devenir un acteur décisif, voire même un véritable artisan de la stabilité politique et du jeu démocratique[380](B).

A. Un Juge Constitutionnel sous influence du pouvoir politique

Tel un apophtegme qui pourrait prendre la forme de loi sinon de théorème dans tous les systèmes juridiques : « C'est la nécessité qui engendre les constitutions mais c'est le hasard qui les fait vivre[381] », dans le contexte africain, c'est dans une large mesure par le truchement des processus démocratiques des années quatre-vingt-dix, avec l'instauration de juridictions constitutionnelles indépendantes, que la quête d'un État de droit et d'une démocratie pluraliste ne paraissent plus comme une utopie mais des

---

378 Pour se rendre compte de cette actualité permanente et brulante, causes à la fois de moult admirations et frustrations, il suffit de se rappeler des conséquences et des retentissements des récentes décisions du Conseil constitutionnel burkinabé invalidant la très discutée loi de prorogation du mandat des députés (Cf. Décision n° 2012-008/CC du 26 mars 2012) ainsi que du Conseil constitutionnel sénégalais validant la très controversée candidature de Abdoulaye Wade aux élections présidentielles (Décision n° 1/E 2012 du 27 janvier 2012 à propos de la liste des candidats à l'élection présidentielle du 26 février 2012). Voir SOMA A., *Op.Cit.,* p. 6.

379 Pour l'auteur, « le valet, c'est le serviteur d'une autorité, un subalterne agissant avec un dévouement servile. En Afrique, le juge constitutionnel fait parfois figure de valet du pouvoir politique, de par son mode de désignation, il est aussi un valet technique, car étant une institution technique à la disposition du pouvoir politique ». Voir SOMA Abdoulaye, « Le statut du juge constitutionnel africain », *Op.Cit.,* p. 7.

380 FALL Alioune Badara, « Le juge constitutionnel, artisan de la démocratie en Afrique ? », Communication au Colloque de l'Association Française de Droit Constitutionnel (juin 2005, Montpellier).

381 VEDEL Georges, « Le hasard et la nécessité », dans *Pouvoirs,* 1989, n° 50, p. 15.

objectifs réalisables à condition d'être accompagnés d'une ferme et réelle volonté politique.

Malheureusement, des résistances traditionnelles au principe constitutionnel de la séparation des pouvoirs persistent dans les États africains, à savoir la problématique de l'indépendance de la justice[382], et donc par ricochet celle des juges constitutionnels africains dans leur rôle de régulation institutionnelle mais aussi de protection des droits et libertés fondamentaux. Ainsi la question de l'indépendance du juge constitutionnel africain se pose avec acuité eu égard à l'ambiance politique et démocratique assez instable dans un certain nombre de pays africains francophones. Ainsi, par rapport à la dépendance institutionnelle, autrement dit, cette situation qui présente le juge constitutionnel africain francophone, comme un valet, voire un serviteur d'une autorité politique, deux aspects retiennent notre attention et l'attestent dans une certaine mesure.

Le premier aspect a trait à la domination fonctionnelle et organique du juge constitutionnel africain francophone par le pouvoir politique. En effet, comme il a été mentionné plus haut, les membres de la juridiction constitutionnelle sont nommés parfois par une seule autorité politique, en l'occurrence le président de la République, c'est le cas au Sénégal[383], ou par une conjonction d'autorités politiques du pouvoir exécutif et du pouvoir législatif comme en République démocratique du Congo[384].

Même si, selon Charles EISENMANN, la nomination n'est pas en soi une compromission de l'indépendance[385], il demeure qu'en Afrique, ce mode

---

382 Selon le professeur Yédoh S. LATH, « il y a une certaine utopie dans l'affirmation de l'indépendance de la justice constitutionnelle. Cette utopique indépendance organique tient au lien organique entre le service public de la justice constitutionnelle et les rouages de l'État ». Voir à ce propos LATH Yédoh Sébastien, « Utopie et vraisemblance de l'indépendance du service public de la justice constitutionnelle en Afrique francophone », in *Quel service public de la justice en Afrique francophone ?* Sous la dir. de Fabrice HOURQUEBIE, Bruylant, Bruxelles, 2013, p. 27-52. ; BIGO D., « Justice et pouvoir politique Pouvoir politique et appareil judiciaire en Afrique au Sud du Sahara », in *La justice en Afrique, Afrique contemporaine*, n° spécial, Documentation française, 1990, pp. 166 et s.

383 Cf. art. 89 de la Constitution du 22 janvier 2001. Au Sénégal, l'autorité exclusivement compétente pour nommer les membres de droit du Conseil constitutionnel est et demeure le Président de la République. Si dans beaucoup de pays d'Afrique dotés d'une juridiction constitutionnelle l'histoire atteste du rôle malaisé dévolu au juge dans l'insatisfaction presque générale, c'est parce que la manière dont les membres sont désignés est continuellement décriée. V. également pour plus de détails Mouhamadou Mounirou SY, *La protection constitutionnelle des droits fondamentaux en Afrique. L'exemple du Sénégal, Op.Cit.*, p. 75. Il en est de même à l'article 119 de la Constitution angolaise.

384 Art. 158 de la Constitution du 18 février 2006 ; voir aussi les articles Art. 89 de la Constitution du 26 mars 1991 du Gabon ; art. 89 de la constitution ivoirienne du 1er aout 2000. C'est le cas aussi au Bénin, au Burkina, au Cameroun, au Congo Brazzaville, à Madagascar, au Mali, au Gabon, au Niger et au Togo.

385 L'auteur soutiens, en effet, qu'on ne pourra probablement jamais éviter cette nomination et que ce qui importe, c'est plutôt le statut du juge une fois nommé. V. EISENMANN

de désignation est un point critique du statut du juge constitutionnel, du fait de l'insuffisante institutionnalisation des fonctions nominatives. En vérité, dans ses relations avec le pouvoir politique, le juge constitutionnel doit bénéficier d'un régime particulier lui permettant de réaliser effectivement son indépendance[386].

Or, cette indépendance étant entendue de façon relative comme une prérogative acceptée par le pouvoir politique lui-même. C'est justement à cet égard que l'indépendance du juge constitutionnel africain francophone est véritablement en cause. A l'évidence, l'indépendance des juges n'est pas conquise ni acquise de manière parfaite. Proclamer l'indépendance des juges dans les textes ou discours est une étape importante mais cela ne saurait suffire pour mettre les juges à l'abri des pressions ou de l'autocensure.

C'est justement à cet égard que Jean du Bois de GAUDUSSON affirme que la caractéristique du statut du juge, constitutionnel soit-il, en Afrique découle de l'écart existant entre les principes juridiques et leur application[387]. En effet, on peut bien constater qu'en dépit des garanties statutaires d'indépendance formelles, le juge constitutionnel, dans certains pays ouest-africains, est en réalité placé dans un rapport de dépendance et de subordination statutaires à l'égard du pouvoir politique[388]. Par ailleurs, l'inamovibilité, dans le contexte africain ne constitue guère une garantie suffisante d'indépendance du juge constitutionnel. A cet égard, la dissolution de la Cour constitutionnelle du Niger le 29 juin 2009, par le Président de la République pour avoir donné un avis contre le projet présidentiel de révision de la Constitution de la Ve République[389], puis pour avoir déclaré l'adoption de dudit projet contraire à la Constitution[390], en est l'illustration parfaite[391]. Au regard de ces insuffisances organique et fonctionnelle, on conviendra

---

Charles, *La justice constitutionnelle et la Haute Cour constitutionnelle d'Autriche,* Paris, LDGJ, 1928 (rééd. Economica et PUAM, 1986), p. 175 et s.

386 BAUMET Renaud, *La découverte du juge constitutionnel, entre science et politique*, Paris, LGDJ, p. 379 et s. ; KELSEN Hans, *Qui doit être le gardien de la constitution ?* Paris, M. Houliard, 2006 (1931), p. 98 et s.

387 (Sous) GAUDUSSON Jean du Bois, *Le statut de la justice dans les États d'Afrique francophone*, et CONAC Gérard, *La justice en Afrique, La Documentation française*, 1990, p. 6-12. Voir aussi FALL Alioune Badara, « Le juge, le justiciable et les pouvoirs publics : pour une appréciation concrète de la place du juge dans les systèmes politiques en Afrique », in *Le statut du juge en Afrique*, p. 3- 40.

388 GONIDEC P.F., « La place des juridictions dans l'appareil d'État », in sous dir. P.F. GONIDEC, *Encyclopédie juridique de l'Afrique*, T.1, p. 232-238.

389 Cour constitutionnelle du Niger, Avis n° 02/CC du 25 mai 2009.

390 Cour constitutionnelle du Niger, Arrêt n°4/CC/ME du 12 juin 2009

391 Le 29 juin 2009, le Président de la République notifie à la présidente de la Cour constitutionnelle la suspension par décrets des articles 104 et 105 de la Constitution sur les modalités de nomination des sept membres de la Cour et surtout leur inamovibilité durant leur mandat de six ans. Il a également abrogé trois décrets de 2004, 2006 et 2008 sur les nominations de ces juges constitutionnels. Voir SOMA Abdoulaye « Le statut du juge constitutionnel africain », *Op.Cit.,* p. 11.

avec Frédéric Joël AIVO qu'une meilleure protection du juge constitutionnel africain à l'égard du pouvoir politique résulterait d'une garantie d'irrévocabilité doublant la garantie d'inamovibilité. Ainsi, l'irrévocabilité de la juridiction constitutionnelle dans son ensemble comme dans ses composantes individuelles serait opposable aux pouvoirs publics, en l'occurrence aux autorités de nomination[392].

Le second aspect qui présente le juge constitutionnel africain comme un valet du pouvoir politique résulte de l'utilisation dont il fait l'objet aux fins de stratégie politique, voire politicienne. A cet égard, il est clairement tout aussi politisé qu'instrumentalisé.

En effet, dans les États africains francophones, le juge constitutionnel n'échappe que très rarement à la logique de politisation structurelle[393]. D'emblée, dans la nomination, le pouvoir politique a une forte propension à désigner, du moins en apparence, des personnalités sensibles à ses obédiences politiques. Cette dernière étant souvent sujette à connotation politique et parfois objet de coloration partisane[394].

En France, avant que s'acclimate la problématique de la justice constitutionnelle, il était habituel de voir affirmer que la désignation des membres du Conseil constitutionnel par des autorités politiques faisait obstacle à la qualification de juridiction[395] amenant ainsi certains professeurs comme P. JAN et J-P. ROY, à parler de « composition suspecte » sous prétexte que « l'article 56 de la Constitution française donne un pouvoir discrétionnaire au Président de la République et aux assemblées pour

---

392 La force et la pertinence de cette argumentation réside dans la différence conceptuelle entre l'irrévocabilité et l'inamovibilité. La première signifie que le juge constitutionnel ne peut faire l'objet d'une interruption de ses fonctions en cours de mandat, et la seconde signifie qu'il ne peut faire l'objet d'une mutation à d'autres fonctions ou responsabilités en cours de mandat. Ces deux notions se recoupent, mais ne se confondent pas. Voir AIVO Joël, *Le juge constitutionnel et l'État de droit en Afrique. L'exemple du modèle béninois,* Paris, l'Harmattan, 2006, p. 143 et s. Pour un aperçu plus global sur la question de l'inamovibilité du juge en Afrique, se référer à l'article de Demba SY, *La condition de juge en Afrique : l'exemple du Sénégal*

393 « Chaque nouvelle nomination constitue bien un enjeu politique et analysé au regard de ses implications politiques potentielles » voir CHEVALLIER Jacques, « Le juge constitutionnel et l'effet Becket », in *Renouveau du droit constitutionnel, Mélange* en l'honneur de Louis FAVOREU, Paris, Dalloz, 2007, p. 83-94.

394 SOMA Abdoulaye, « Le statut du juge constitutionnel africain », *Op.Cit.*, p. 14.

395 CHENOT B., ancien ministre du général DE GAULLE et ancien membre du Conseil, confessait lors d'un colloque tenu à Aix-en-Provence le 2 décembre 1977 : « Je n'ai jamais pensé une seconde que le Conseil constitutionnel est un organe juridictionnel ; c'est un corps politique par son recrutement et par les fonctions qu'il remplit », in CHENOT B., *Le domaine de la loi et du règlement*, P.U.A.M, 1978, p. 178.

CHENOT B., ancien ministre du général DE GAULLE et ancien membre du Conseil, confessait lors d'un colloque tenu à Aix-en-Provence le 2 décembre 1977 : « Je n'ai jamais pensé une seconde que le Conseil constitutionnel est un organe juridictionnel ; c'est un corps politique par son recrutement et par les fonctions qu'il remplit », in CHENOT B., *Le domaine de la loi et du règlement*, P.U.A.M, 1978, p. 178.

désigner les membres nommés du Conseil constitutionnel, puisqu'il ne définit aucune condition, notamment de compétence et de qualification juridique[396].

Ensuite, une fois nommée, l'autorité politique attend, dans une certaine mesure, du juge constitutionnel qu'il délibère dans le sens de ses options politiques[397], le cas échéant, le pouvoir politique peut aller même jusqu'à remettre en cause la valeur de la décision de la Haute juridiction et faire plier ce dernier à sa volonté. Il en est ainsi du juge constitutionnel burkinabé qui a dû rendre une seconde décision de conformité d'un accord de financement entre l'État burkinabé et la Banque islamique de développement[398], alors que dans une première décision il avait estimé que la soumission dudit accord au principe de la Charia contrevenait au principe constitutionnel de la laïcité de l'État[399].

Dans la même veine, appréciant de façon concrète la place du juge dans les systèmes politiques africains, à travers le triptyque : le juge, le justiciable et les pouvoirs publics, le professeur Alioune Badara FALL affirme, à juste titre, que « le premier sentiment que donne le juge aux populations serait qu'il n'est pas autre chose que le « bras droit » du pouvoir politique en place ou un instrument corrompu et manipulé par des hommes du milieu des affaires ou autres personnalités influentes. Un juge qui, pour des raisons diverses, serait à la solde de la classe dirigeante au détriment des droits et libertés. Une vision incontestablement confirmée, en grande partie, par la réalité[400]». Incontestablement, l'exigence formelle d'un juge constitutionnel « apolitique » échoue d'ailleurs, et la politisation demeure[401].

---

396 Ils peuvent donc y nommer des amis politiques, et comme ces trois autorités peuvent appartenir pendant une longue période à la même famille politique, cela peut permettre au pouvoir en place de s'assurer une certaine allégeance de la part du Conseil constitutionnel ». Voir JAN P. et ROY J-P., (sous la dir. de), *Le Conseil constitutionnel vu du Parlement*, Paris, Ellipses, 1999, p. 170.

397 BASTIEN François, « Le juge, le droit et la politique : éléments d'une analyse politiste », in *RFDC*, n°1, 1990, p. 49-69.

398 Conseil constitutionnel du Burkina Faso, Avis du 20 avril 2007.

399 Conseil constitutionnel du Burkina Faso, Avis du 20 juillet 2007. Il en est de même de la promulgation de la loi organique sur la Cour des Comptes, malgré la décision du Conseil la jugeant inconstitutionnelle. L'autorité politique en Afrique n'attend surtout pas de la nomination d'un juge constitutionnel par elle ce « devoir d'ingratitude » qu'est l' « effet Becket ». Elle nomme le juge constitutionnel et celui-ci est supposé ou réputé bien la lui rendre. Voir à ce propos SOMA Abdoulaye, « Le statut du juge constitutionnel africain », *Op.Cit.* p. 10.

400 FALL Alioune Badara, « Le juge, le justiciable et les pouvoirs publics : pour une appréciation concrète de la place du juge dans les systèmes politiques en Afrique », *Op.Cit.*, p. 313-314.

401 Récemment dans le cas ivoirien, certains observateurs ont vu une certaine politisation de la Haute juridiction dans la succession entre les professeurs Paul Yao N'DRE et Francis WODIE à la présidence du Conseil constitutionnel ivoirien le remplacement d'un proche du président de la République sortant, Laurent Gbagbo, par un proche du président de la République entrant, Alassane Daman Ouattara. Voir à ce sujet SOMA A., *Op.Cit.,* p. 14-15. ;

De même que « le statut ne fait pas le juge[402] », l'instrumentalisation du juge constitutionnel africain par le pouvoir politique est une réalité difficilement niable. Les exemples d'instrumentalisation du juge constitutionnel par l'autorité politique en Afrique sont légion. Elle se présente d'une part sous la forme d'une stratégie d'anticipation politique et se traduit par le choix d'une personnalité, « fidèle ami » des autorités politiques en place, à la tête de la juridiction constitutionnelle, aux fins de garantir la continuité du régime politique en place[403].

D'autre part, l'instrumentalisation du juge constitutionnel par le pouvoir politique apparait dans cette fonction circonstancielle et patente en Afrique qui voit au gré de l'ambiance politique favorable ou non au régime en place de voir le premier donner au second la bénédiction, voire l'onction nécessaire pour un nouveau mandat dont la légitimité démocratique est problématique[404]. Ce rôle de légitimation démocratique[405], désormais reconnu au juge constitutionnel, dans certains États africains francophones est source de crises profondes remettant ainsi en cause l'État de droit et la démocratie.

Il en a été ainsi en Côte d'Ivoire, lorsque le juge constitutionnel dans une deuxième décision valide le mandat présidentiel de Alassane Dramane Ouattara à l'issue des élections ivoiriennes du 28 novembre 2010[406],

---

AIVO Joël, Le juge constitutionnel et l'État de droit en Afrique. L'exemple du modèle béninois, op.cit., p. 151 et s.

402 WIEDERKEHR Georges, « Qu'est-ce qu'un juge ? », in *Nouveaux juges, nouveaux pouvoirs, Mélanges* en l'honneur de Roger PERROT, 1996, Paris, Dalloz, p. 575-586.

403 C'est ce qui est perçu du moins par certains observateurs en Algérie après que le Président de la République Abdelaziz Bouteflika ait pris le 29 mars 2012, un décret portant nomination de Taleb Bêlai, en qualité de Président du Conseil constitutionnel en remplacement de Bou alem Baissai. Ces derniers estiment que les Président de la République a « imposé un fidèle parmi les fidèles » à ce poste stratégique » de l'institution qui devra valider les résultats de l'élection présidentielle de 2014, pour éviter le « syndrome ivoirien ». Voir à ce propos les avis, critiques et analyses sous http://www.tsa-algerie.com/politique/, consulté le 20 juin 2012 cité par SOMA Abdoulaye, *Op.Cit.,* p. 15.

404 Certains aspects de cette instrumentalisation politique et partisane des mécanismes constitutionnels en Afrique sont finement examinés par Jean du Bois de GAUDUSSON, « Défense et illustration du constitutionnalisme en Afrique après quinze ans de pratique du pouvoir », in Renouveau du droit constitutionnel, Mélange en l'honneur de Louis FAVOREU, *Op.Cit.*, p. 609-627.

405 CARTIER Emmanuel, « Les transitions constitutionnelles : continuité et discontinuité de la légitimité en droit », in sous dir. Lauré line FONTAINE, *Droit et légitimité*, Bruxelles, Bruylant, 2011, p. 233-253.

406 Conseil constitutionnel ivoirien, Décision n° CI-2011-EP-036/04-05/CC/SG portant proclamation de Monsieur Alassane Ouattara en qualité de Président de la République de Côte d'Ivoire, 4 mai 2011.

contrairement à la première décision[407], après la victoire militaire des forces pro-Ouattara sur celles de Laurent Gbagbo.

Par ailleurs, de façon un peu plus ostensible, l'instrumentalisation apparait également dans la décision du Conseil constitutionnel sénégalais, validant la candidature d'Abdoulaye Wade à l'élection présidentielle du 26 février 2012.

Toutefois, elle n'est pas non plus absente dans l'appréciation faite de la décision du Conseil constitutionnel burkinabé interprétant la loi de révision constitutionnelle du 11 avril 2000 dans le sens d'une réinitialisation du compteur des mandats présidentiels en faveur du président Blaise Compaoré[408].

La liste est loin d'être exhaustive par conséquent les exemples de politisation et d'instrumentalisation du juge constitutionnel africain par le pouvoir politique peuvent être répétés à l'envi.

Malgré tout de ce qui précède, il y a lieu d'insister sur le fait que le juge constitutionnel africain gagne progressivement en légitimité et en crédibilité eu égard à la force du droit qui découle depuis récemment de ses décisions et par conséquent le place comme un acteur décisif et incontournable du jeu politique et démocratique africain[409].

B. Le juge constitutionnel de fois artisan de la construction démocratique

L'État de droit suppose que le pouvoir dans l'État est limité, parce qu'assujetti à des normes juridiques. La justice constitutionnelle, en ce qu'elle permet une séparation réelle des pouvoirs et une garantie juridictionnelle des droits et libertés fondamentaux accordés aux citoyens et

---

407 Conseil constitutionnel ivoirien, Décision n° CI-2010-EP-34/03-12/CC/SG portant proclamation des résultats définitifs de l'élection présidentielle du 28 novembre 2010, 3 décembre 2010.

408 Conseil constitutionnel du Burkina Faso, Décision du 14 octobre 2005, Contestation de la candidature de Blaise Compaoré à l'élection présidentielle du 13 novembre 2005. Pour une analyse approfondie, consulter Augustin LOADA, Abdoulaye SOMA et autres, « Avis et décisions commentée de la justice constitutionnelle burkinabé de 1960 à nos jours », Ouagadougou, CGD, 2009.

409 La question de sa légitimité est parfois évoquée, essentiellement par les acteurs politiques, lorsque certaines de ses décisions leur déplaisent, en lui opposant leur légitimité populaire. D'aucuns agitent même parfois l'épouvantail du gouvernement des juges. Il faut bien admettre que le juge constitutionnel exerce des prérogatives qui lui sont définies et attribuées par le peuple souverain à travers la Constitution. Cette légitimité fonctionnelle lui impose d'exercer sa liberté d'interprétation de la Constitution en harmonie avec les finalités et évolutions de l'ordre social, voire de l'idée de droit dominante dans l'État car les constitutions qui ne sont ni figées ni immuables ne sont pas, selon Royer-Collard, des « tentes dressées pour le sommeil ». Quant au sort des décisions, le droit à l'exécution des décisions de justice participe de l'État de droit. Voir à ce propos HOLO Théodore, « Emergence de la justice constitutionnelle », *Op.Cit.*, pp. 112-113.

inscrits dans la constitution, constitue l'un des éléments essentiels à l'avènement de l'État de droit et à l'effectivité de la démocratie.

A cet égard, le juge constitutionnel africain peut effectivement, dans des cas certes limités, être qualifié d'acteur ou d'artisan de la démocratie dans la mesure où il contribue à donner réalité et contenu à l'État de droit[410].

A ce titre, en tant que acteur du jeu démocratique, le juge constitutionnel africain peut être examiné sous deux angles. Sous un premier angle, le juge constitutionnel africain francophone est garant du respect de l'agencement institutionnel de l'État. Autrement dit, il assure une séparation réelle des pouvoirs en assurant une répartition des compétences entre les différents pouvoirs publics.

En effet, dans une formulation presque identique, les Constitutions africaines francophones font du juge constitutionnel le « régulateur du fonctionnement des institutions et de l'activité des pouvoirs publics[411] ». Désormais, les juges constitutionnels africains sont investis du pouvoir de juger de la constitutionnalité des lois, dimension, d'ailleurs, la plus prolifique de son activité juridictionnelle[412], de recevoir et de trancher les « recours pour excès de pouvoir législatif » selon la formule du Doyen VEDEL[413]. Dans cette optique, il contrôle la constitutionnalité des actes règlementaires du Président de la République[414], ainsi que des règlements et actes parlementaires[415]. Il a aussi compétence pour contrôler la constitutionnalité des normes internationales[416], des lois organiques[417], des décisions juridictionnelles ainsi que des décisions administratives[418].

---

410 PENOUIL Marc, « La démocratie. Le mythe idéologique et les réalités dans le monde contemporain », in la Constitution et les valeurs. Mélanges en l'honneur de Dimitri LAVROFF, *Op.Cit.*, pp. 343-358.

411 A titre illustratif, on se référera aux dispositions constitutionnelles suivantes : art. 114 pour le Bénin, 85 pour le Mali, 83 pour le Gabon, art. 142 du Congo, art. 99 du Togo et art. 75 de la Djibouti.

412 SINDJOUN Luc, *Les grandes décisions de la justice constitutionnelle africaine. Droit constitutionnel jurisprudentiel et politiques constitutionnelles au prisme des systèmes politiques africains*, Bruxelles, Bruylant, 2009, p. 345 et s. ; MEDE Nicaise, *Les grandes décisions de la Cour constitutionnelle du Bénin,* Paris, éd. universitaires européennes, 2012. ; LOADA Augustin, SOMA Abdoulaye et autres, « Avis et décisions commentées de la justice constitutionnelle burkinabé de 1960 à nos jours », Ouagadougou, CGD, 2009, p. 81 et s. ; FALL Ismail a Madior, (sous dir.), *Les décisions et avis du Conseil constitutionnel du Sénégal*, Dakar, CREDILA, 2008.

413 Georges, « Excès de pouvoir législatif et excès de pouvoir administratif », in *Cahiers du Conseil constitutionnel*, n° 1/1996.

414 Cour constitutionnelle du Bénin, arrêt du 26 mai 2008. ; Cour constitutionnelle de l'Ouganda, Jugement n° 6, 2005, Tumukunde c/ Attorney General and Another, cité par SOMA Abdoulaye précité, p. 23.

415 Cour constitutionnelle d'Italie, arrêt du 9 mars 1959

416 Conseil constitutionnel de Cote d'Ivoire, Décision du 6 décembre 2006 ; Conseil constitutionnel du Burkina Faso, Avis du 17 juillet 1997, Statut de la Cour pénale internationale ; Conseil constitutionnel du Sénégal, décision du 16 décembre 1993 relative au Traité OHADA.

Lorsque les circonstances le justifiaient, il n'a pas manqué d'étendre sa propre compétence, en tant qu'il a seule l'autorité juridictionnelle sur « toute question intéressant la Constitution », suivant la lecture du Conseil constitutionnel ivoirien[419]. En outre, dans leur fonction de régulation institutionnelle[420], le juge constitutionnel[421] veille à ce qu'aucun pouvoir ne puisse dessaisir un autre de ses fonctions et par conséquent sans pour autant verser dans ce qu'il est communément appelé le « gouvernement des juges[422]», il apparait comme un véritable tour de contrôle du jeu des pouvoirs publics constitutionnels.

À titre d'illustration, la Cour constitutionnelle du Bénin a assumé cet office en confirmant les domaines respectifs de compétence du pouvoir exécutif et du pouvoir judiciaire et en indiquant que l'un ne doit pas influer négativement sur l'autorité de l'autre[423]. Incontestablement, le juge constitutionnel, en tant qu'acteur indispensable de l'approfondissement de la démocratie et du renouvellement de l'État de droit, fait l'objet d'un large consensus aussi bien en Europe[424] qu'en Afrique[425] de par son rôle d'arbitre

---

417 Conseil constitutionnel du Sénégal, Décision du 29 aout 2003.

418 Cour constitutionnelle fédérale d'Allemagne, arrêts du 10 juin 1964 et du 17 juillet 1984 cité par A. SOMA, op.cit. p. 23.

419 Conseil constitutionnel de Cote d'Ivoire, Avis n° 003/CC/SG du 17 décembre 2003, considérant 5

420 La régulation des compétences constitutionnelles est une des fonctions essentielles du juge constitutionnel. L'existence d'organes différents, chargés d'assurer des fonctions également différentes, est garante d'un bon fonctionnement de l'État. Voir à ce propos FALL Alioune Badara, « Le juge constitutionnel, artisan de la démocratie en Afrique ? », *Op.Cit.* ; DONFACK SOKENG L., « L'État de droit en Afrique, Afrique juridique et politique », Revue du CERDIP n°2, juillet-décembre 2002 ; DIALLO I., *Op.Cit*, pp. 14 et s.

421 Voir Arrêt n° 42/2005 du 12 novembre 2005 de la Cour constitutionnelle de la Hongrie cité par SOMA Abdoulaye, op.cit., p. 23.

422 Voir Arrêt n° 42/2005 du 12 novembre 2005 de la Cour constitutionnelle de la Hongrie cité par SOMA Abdoulaye, *Op.Cit.*, p. 23.

423 En référence à la Cour suprême américaine qui a conquis un vaste champ de compétences, non pas dans la Constitution qui évoque de façon générale ses attributions, mais à partir du large pouvoir d'interprétation de la Constitution qu'elle s'est octroyée. Le Chief Justice HUGUES déclarait à ce propos en 1898 que « la Constitution des Etats6unis d'Amérique est aujourd'hui ce que la Cour suprême dit qu'elle est ». Ce qui lui a valu d'être, par moments, accusé d'instaurer ce qu'Edouard LAMBERT a appelé un « gouvernement des juges » aux États-Unis. Voir à ce sujet, DELPEREE F., « L'interprétation constitutionnelle ou la leçon de musique », L'interprétation constitutionnelle cité par FALL Ismaila Madior, *Evolution constitutionnelle du Sénégal, de la veille de l'indépendance aux élections de 2007*, CREDILA, p. 78 ; Sous dir. BON Pierre et MAUS Didier, *Les grandes décisions des cours constitutionnelles européennes*, Paris, Dalloz, 2008, p. 36.

424 ROUSSEAU D., *La justice constitutionnelle en Europe*, *Op.Cit.*, p. 45 et s.

425 Les nouvelles juridictions constitutionnelles africaines sont devenues de « véritables contre-pouvoirs institutionnels ». Face aux larges compétences du pouvoir exécutif, avec souvent la tendance à vouloir tout régir, et surtout à s'immiscer dans la sphère de compétence du pouvoir législatif, les juges constitutionnels demeurent vigilants et n'hésitent pas, à chaque fois que de besoin, à sanctionner le pouvoir exécutif. Voir BOUBOUTT Ahmed S.O., « Les juridictions constitutionnelles en Afrique : évolutions et enjeux », in A.I.J.C., XIII-1997. ;

entre le pouvoir exécutif et le pouvoir législatif, et surtout qu'il cantonne chacun des pouvoirs dans son champ de compétence.

Célestin Keutcha TCHAPNGA le définit comme étant le juge de la régulation de l'organisation et du fonctionnement des organes de l'État[426]. Marie Madeleine MBORANTSUO pour sa part considère que la fonction de régulation des cours constitutionnelles « va au-delà de leur mission première, celle de contrôle de constitutionnalité[427]».

Cette fonction, poursuit-elle, est une prérogative additionnelle, un étage supplémentaire de l'architecture de superposition des compétences des cours constitutionnelles africaines francophones[428].

Elles ont, en effet, « reçu mission ou se sont données la vocation de garantes des droits et libertés, dessinant ainsi le contenu du droit constitutionnel substantiel[429] ». Sous un deuxième angle, le juge constitutionnel africain francophone se présente comme un véritable défenseur et protecteur des droits fondamentaux.

Toutefois, une réserve est à émettre car si en matière de protection des droits humains et des libertés fondamentales, des progrès remarquables ont été réalisés, en revanche en matière électorale, le bilan reste mitigé eu égard aux nombreuses crises électorales que connaissent les États sous étude[430].

MASSISA J.P., « La justice constitutionnelle dans la transition démocratique du postcommunisme », in MILACIC Slobodan (dir*), La démocratie constitutionnelle en Europe centrale et orientale, Bilan et perspectives*, p. 139 cité par BALDE S. « Juge constitutionnel et transition démocratique. Etude de cas en Afrique subsaharienne francophone », p. 9

426 TCHAPNGA C.K., « Le juge constitutionnel, juge administratif au Bénin et au Gabon », in *RFDC*, n° 75, 2008, pp. 551-583.

427 MBORANTSUO M-M., *La contribution des cours constitutionnelles à l'État de droit en Afrique*, Paris, Economica, 2007

428 MEDE NICAISE, « La fonction de régulation des juridictions constitutionnelles en Afrique francophone », *A.I.J.C.*, 2007, Economica, Presses Universitaire d'Aix-en-Provence, p. 45-66.

429 FAVOREU L., « Le droit constitutionnel, droit de la constitution et constitution du droit », *RFDC*, 1990, p. 76.

430 Voir KHOUMA Ousmane, « La sincérité du scrutin présidentiel devant les juridictions constitutionnelles africaines (Les exemples du Bénin, de la Côte d'Ivoire, du Mali et du Sénégal) », 44 pages. ; également « L'enjeu de l'élection présidentielle en Afrique », in *Droit sénégalais*, n° 10, Presses de l'Université Toulouse I Capitole, 2011-2012, p. 251-263. ; LAVROFF D.G. (dir.), *Aux urnes l'Afrique ! Elections et pouvoirs en Afrique noire*, C.E.A.N, Bordeaux, Paris, Pedone, 1978. ; CONAC G., Démocratie et élections », in VETTOVAGLIA J.P., (dir.), *Démocratie et élections dans l'espace francophone, Op. Cit.*, p. 26 et s. ; FALL I.M. , HOUNKPE M., JINADU A.L., KAMBALE P., *Organes de gestion des élections en Afrique de l'Ouest, une étude comparative de la contribution des commissions électorales au renforcement de la démocratie*, AfriMAP, OSIWA, 2011. ; KOKOROKO D., « Les élections disputées : réussite et échecs », in *Pouvoirs,* n° 129, p. 116 ; BOLLE S., « Vices et vertus du contentieux des élections en Afrique », in *Démocratie et élections dans l'espace francophone*, p. 532 et s. ; MELEDGE D.F., « Fraudes électorales et constitutionnalisme en Afrique », in *Démocratie et élections dans l'espace francophone,*, p. 785 et s. ; J. du BOIS de GAUDUSSON, « Les élections entre démocratie et crises : l'enjeu stratégique des opérations électorales », in *Démocratie et élection dans l'espace francophone*, p. 176 et s.

Ainsi, la protection des droits et des libertés fondamentaux est devenue une réalité avec la consécration de la justice constitutionnelle même si leur introduction dans les lois fondamentales date avant le début des processus démocratiques avec l'adoption de la Charte africaine des droits de l'homme en 1981.

En effet, l'indépendance acquise par les cours constitutionnelles africaines au lendemain des transitions démocratiques va relancer le concept de protection juridictionnelle des droits des citoyens. A l'instar des cours constitutionnelles des nouveaux États indépendants postsoviétiques, elles « sont et restent encore aujourd'hui des acteurs fondamentaux de la construction démocratique », grâce « à leur jurisprudence qui atteste qu'elles participent - à des degrés, il est vrai, variables – à la consolidation du système politique et à la stabilisation du système social[431]».

A la faveur des processus démocratiques, il émerge un véritable « patchwork jurisprudentiel[432]» puisque désormais le juge constitutionnel africain statue sur la constitutionnalité des actes normatifs qui sont attentatoires aux droits fondamentaux, de même que sur la constitutionnalité des décisions individuelles faisant grief au regard des droits fondamentaux garantis. De plus, il est saisi par les particuliers, titulaires des droits et libertés constitutionnels, pour arbitrer dans le conflit qui peut les opposer aux autorités publiques sur le respect desdits droits et libertés.

À titre d'exemple, le cas du Bénin est assez révélateur de cette évolution juridique et jurisprudentielle en matière de protection des droits et libertés fondamentaux[433]. C'est dans ce sens que le juge constitutionnel tranche les litiges relatifs à la constitutionnalité des actes règlementaires censés portés atteinte aux droits fondamentaux de la personne humaine et aux libertés

431 BAUDOIN Marie-Elisabeth, *Justice constitutionnelle et État post-soviétique*, Clermont Ferrand, Presses Universitaire de Clermont Ferrand, 2005, 556 pages.

432 SINDJOUN L., *Les grandes décisions de la justice constitutionnelle africaine. Droit constitutionnel jurisprudentiel et Politiques constitutionnelles au prisme des systèmes politiques africains* , Bruylant, Bruxelles, 2009, p.9, 598 pages.

433 De juin 1993 à décembre 2008, la Cour constitutionnelle du Bénin a rendu 2400 décisions dont 1728 en contrôle de constitutionnalité. En 2008, à la date du 11 décembre, la Cour a rendu 117 décisions relatives à la violation des droits fondamentaux et des libertés publiques. Voir à ce propos, HOLO T., « Emergence de la justice constitutionnelle », *Op.Cit.*, p. 108. Antérieurement, en 1999, la Cour constitutionnelle du Bénin a rejeté la demande du Président de la République d'examiner en procédure d'urgence la loi portant régime électoral communal et municipal, en considérant, entre autres, que la loi en question n'entrait pas dans la catégorie des textes censés, selon l'article 120 de la Constitution, porter atteinte aux droits de la personne humaine et des libertés publiques (DCC 99-036). En 1994 également, cette même Cour a censuré la violation de la liberté d'association en se fondant sur la Charte africaine des droits de l'homme et des peuples (DC 94-16). Elle a aussi sanctionné l'atteinte à l'égalité d'accès à la fonction publique (DCC 18-94) ou réaffirmé l'égalité des citoyens devant la loi (DC 96-26). Voir à ce sujet Les grandes décisions de la Cour constitutionnelle du Bénin cité par DIALLO Ibrahima, « A la recherche d'un modèle africain de justice constitutionnelle », *Op.Cit.*

publiques et, en général, sur la violation des droits de la personne humaine. En outre, en disposant à l'article 3 alinéa 3 de la Constitution que « tout citoyen a le droit de se pourvoir devant la Cour constitutionnelle contre les lois, textes et actes présumés inconstitutionnels », le constituant béninois se place comme un précurseur et un progressiste en matière de protection des droits fondamentaux[434].

A l'échelle continentale, le juge constitutionnel a bien assumé son statut et son rôle dans le contentieux des droits fondamentaux. Il en est ainsi quand il s'est montré maitre du contentieux et de l'ancrage des droits de la première et de la deuxième génération, pour paraphraser le professeur Abdoulaye SOMA, tels que le droit à la vie[435], la liberté d'association[436], la liberté religieuse[437], le droit de propriété[438], le droit au logement, [439] le droit à la santé[440], le droit à l'alimentation[441].

En revanche, en matière de contentieux électoral, partie intégrante des droits fondamentaux civils et politiques, le rôle du juge constitutionnel en tant qu'arbitre du jeu politique reste particulièrement ample et délicat en raison des nombreux processus de consolidation démocratique en cours sur le continent africain[442].

En effet, comme l'affirme, fort justement Stéphane BOLLE, « à chaque élection, une démocratie émergente d'Afrique francophone a rendez-vous avec elle-même ; et sa Cour ou son Conseil constitutionnel passe une

---

434 SOMA Abdoulaye, « Modélisation d'un système de justice constitutionnelle pour une meilleure protection des droits de l'homme : trans-constitutionnalisme et droit constitutionnel comparé », in *RTDH,* n° 78, 2009, p.437-466.

435 Cour constitutionnelle du Niger, Arrêt du 30 juin 2011, ayants droit d'Ibrahim Baré Mainassara ; Cour constitutionnelle d'Afrique du Sud, Arrêt du 6 juin 1995, inconstitutionnalité de la peine de mort.

436 Cour constitutionnelle du Bénin, Arrêt du 4 avril 2006, AGROP.

437 Cour constitutionnelle du Bénin, Arrêts des 29 avril et 6 mai 1997, URHC.

438 487 Conseil constitutionnel du Burkina Faso, Décision du 29 aout 2007, Société EROH ; Cour constitutionnelle du Bénin, Arrêt du 27 décembre 2007, décision en matière domaniale.

439 488 Cour constitutionnelle d'Afrique du Sud, Arrêt du 4 octobre 2000, Grootboom

440 Cour constitutionnelle d'Afrique du Sud, Arrêt 1998 (1) SA 765, 1997 (12) BCLR 1696 (CC) Soobramoney.

441 Voir SOMA Abdoulaye, *Droit à l'alimentation et sécurité alimentaire en Afrique*, Zurich, Bruxelles, Schulthess, Bruylant, 2010, p. 194 et s

442 Au fond, même si les obstacles matériels, techniques et juridiques sont nombreux et universels qui se dressent devant le juge, dans son office de garant de la sincérité du scrutin présidentiel, l'obstacle le plus important est « politique » : l'indépendance du juge constitutionnel, préalable à tout espoir de garantie d' « élections sincères ». Néanmoins, s'agissant de la difficulté politique, autrement plus redoutable, car tenant à l'indépendance du juge constitutionnel face au pouvoir politique, les pressions internes (les électeurs réclament que leur suffrage soit respecté) et externes (la supervision internationale des élections) ont donné ici et là quelques résultats probants, mais encore trop rares sur le continent. Voir KHOUMA Ousmane, « La sincérité du scrutin présidentiel devant les juridictions constitutionnelles africaines (Les exemples du Bénin, de la Côte d'Ivoire, du Mali et du Sénégal), *Op.Cit.,* p. 43-44.

redoutable épreuve de vérité [443]». Ravelona RAJAONA, pour sa part, considère que « la mission des juridictions constitutionnelles africaines constitue une vraie gageure, voire devient impossible, lorsqu'elle est rapportée à la problématique des crises électorales[444] ».

Ceci étant, partout dans le monde, « *cette mission des Cours est importante dans la mesure où la régularité et la sincérité des élections politiques sont une des conditions du maintien de la croyance en la vertu du processus de désignation des représentants du peuple et, en conséquence, de l'élection comme fondement démocratique de la légitimité. Mais elle est aussi délicate en ce que le contrôle porte sur une matière sensible, pour les élus comme les électeurs, impliquant pour le juge d'entrer dans une appréciation des influences possibles des différents faits de campagne électorale sur le vote des citoyens*[445] ».

Malheureusement, dans les Etats d'Afrique francophone, cette mission s'avère particulièrement ingrate : en période d'apprentissage des rites démocratiques, dire le droit électoral, ce singulier et ésotérique « droit du pouvoir [446]», c'est toujours s'exposer à l'accusation de partialité et d'inféodation aux autorités[447]; c'est souvent cristalliser les maux de tout un processus électoral ; c'est parfois prendre des risques pour sa sécurité[448], voire pour sa vie[449] ; c'est toujours déplaire aux détenteurs du pouvoir, aux candidats au pouvoir et/ou à une frange de l'électorat[450].

443 Voir BOLLE Stéphane, « Les juridictions constitutionnelles africaines et les crises électorales » ; Gérard CONAC, *L'Afrique en transition vers le pluralisme politique*, (dir.), Paris, Economica, 1993. ; Jean DU BOIS DE GAUDUSSON, « Les élections à l'épreuve de l'Afrique », *Cahiers du Conseil constitutionnel*, n° 13/2002, p. 139 et s. ; BOURGI Albert, « Ombres et lumières des processus de démocratisation en Afrique sub-saharienne », in *Bilan des Conférences nationales et autres processus de transition démocratique. Cotonou (Bénin),* 19-23 février 2000, Paris, Organisation Internationale de la Francophonie, 2000, p. 335

444 Pour une monographie nationale, voir Andrianaivo Ravelona RAJAONA, « Le juge, les urnes et la rue. Figures judiciaires et variations juridiques autour de la crise politique malgache (janvier-juin 2002) », *Revue Juridique et Politique* – 2003 – n° 4. p. 391 et s

445 ROUSSEAU Dominique, *La justice constitutionnelle en Europe*, *Op.Cit.*, p. 122-123.

446 IKOGHOU-MENSAH David, *Le droit des élections au Gabon*, Libreville, Raponda-Walker, 2005, p. 90.

447 Le soupçon n'est pas toujours dénué de fondement. Voir BOURGI Albert, « Ombres et lumières des processus de démocratisation en Afrique sub-saharienne », *Op.Cit.* cité par BOLLE S., *Op.Cit.*, p. 2 et s.

448 Au Bénin, en 1996, alors que Nicéphore Soglo, le Président sortant, refusait d'admettre sa défaite, les membres de la Cour constitutionnelle ont reçu des menaces de mort et le domicile de l'un d'entre eux, Maurice Ahanhanzo Glélé, a été mitraillé. Voir BOLLE S., *Op.Cit.*

449 Le vice-président du Conseil constitutionnel du Sénégal, Me Babacar Sèye, a été ainsi assassiné le 15 mai 1993, dans un climat politique très tendu, après la totalisation officielle des résultats d'élections législatives controversées. Le fi lm des événements a été rapporté par Abdou Latif COULIBALY, *Sénégal. Affaire Me Sèye : un meurtre sur commande,* Paris, L'Harmattan, 2006.

450 BOLLE Stéphane, « Les juridictions constitutionnelles africaines et les crises électorales », *Op.Cit.*, p. 3-4.

Contingente, perfectible mais en progrès[451], la fonction du juge constitutionnel africain reste déterminante dans la prévention et la résolution des crises électorales. C'est ainsi qu'il voit sa compétence en la matière plus ou moins étendue selon les Etats[452], mais de façon général, il est le juge du contentieux des élections présidentielles et parlementaires mais aussi du contentieux des opérations référendaires[453]. Concrètement, son arbitrage est sollicité dans tout le processus électoral[454], du contentieux de l'éligibilité[455] au contentieux de l'élection proprement dite, c'est-à-dire, dans la proclamation des résultats provisoires[456]

451 D'après, l'Organisation Internationale de la Francophonie, Rapport sur l'état des pratiques de la démocratie, des droits et des libertés dans l'espace francophone 2008, Délégation à la paix, à la démocratie et aux droits de l'homme, p.64

452 DJEDJRO Francisco Meledje, « Le contentieux électoral en Afrique », dans *Pouvoirs*, n° 129, 2009, p. 139-155. ; SOW Abdoul Aziz. « La contribution du juge des élections dans la construction de l'État de droit au Sénégal », in *Librairie d'Etudes Juridiques Africaines*, vol. 12, septembre 2012 pp. 7-18 ; KOKOROKO Dodzi, « L'apport de la jurisprudence constitutionnelle africaine à la consolidation des acquis démocratiques. Les cas du Bénin, du Mali, du Sénégal et du Togo », *Revue Béninoise des Sciences Juridiques et Administratives*, n° 18, 2007, p.98.

453 Voir les dispositions constitutionnelles suivantes : 48 pour le Cameroun, 84 pour le Gabon, 104 pour le Togo, 161 pour le Tchad, 86 pour le Mali et 29, 30, 32, 33, 34, 35, 37, 41 de la constitution du Sénégal.

454 SINDJOUN L., « Les grandes décisions de la justice constitutionnelle africaine. Droit constitutionnel jurisprudentiel et Politiques constitutionnelles au prisme des systèmes politiques africains », *Op.Cit.*, p. 495 et s.

455 Voir la Cour constitutionnelle du Bénin, Décision DCC 96-002 du 5 janvier 1996 ; Cour constitutionnelle du Bénin, Décision DCC 05-069 des 26 et 27 juillet 2005. En l'espèce, en 2005, c'est un texte durcissant la condition de résidence au moment des élections et susceptible d'éliminer de la compétition Yayi Boni, fonctionnaire international, élu triomphalement l'année suivante, qui a été invalidé ; Conseil constitutionnel du Burkina Faso, Décision du 14 octobre 2005, contestation de la candidature de Blaise Compaoré ; et Décision du 9 octobre 2010, invalidation de la candidature de Dicko. Voir aussi Conseil constitutionnel du Sénégal, Décision du 30 janvier 2012, validation de la candidature de Abdoulaye Wade ; Cour constitutionnelle du Niger, Arrêt du 19 mai 2011, validation de la liste PNDS ; Cour constitutionnelle de transition de Centrafrique, Décision du 30 décembre 2004. Cour Suprême de Côte d'Ivoire, Chambre constitutionnelle, Arrêt n° E 0001-2000 du 6 octobre 2000. Dans cette affaire, après le remaniement de sa chambre constitutionnelle : elle y a jugé inaptes à concourir 13 des 18 postulants à l'élection présidentielle, en particulier pour « ivoirité » douteuse ou pour des soupçons pesant sur leur moralité et leur grande probité. Voir à ce propos Voir Epiphane ZORO-BI, *Juge en Côte d'Ivoire. Désarmer la violence*, Paris, Karthala, 2004, p. 117 et s. cité par BOLLE S., *Op.Cit.*, p. 10.

456 Voir le Conseil Constitutionnel du Sénégal, dans sa décision n° 5/93 du 2 mars 1993, a eu à régler une « situation non prévue par la législation en vigueur », à savoir l'absence de proclamation provisoire des résultats de l'élection présidentielle du 21 février, du fait du blocage des travaux de la Commission nationale de recensement des votes. De même les décisions suivantes : Cour Suprême du Cameroun, Arrêt n° 1/PR/92/93 du 23 octobre 1992 ; Cour constitutionnelle du Gabon, Décision n° 001/94/CC du 21 janvier 1994 ; Cour constitutionnelle du Gabon, Décision n° 023/93/CC du 3 décembre 1993

et définitifs de l'élection[457] en passant éventuellement au contentieux de la préparation des opérations électorales458 et nécessairement à celui du déroulement même des opérations électorales[459].A l'évidence, les juridictions constitutionnelles africaines rencontrent bien des difficultés à obtenir quitus pour leur contrôle juste, sain et impartial de la régularité des élections. Les succès sont remarquables mais assez souvent l'échec est au rendez-vous[460]. Quoi qu'il en soit elles constituent un maillon central dans l'approfondissement de la démocratie et le renouvellement de l'État de droit dans les États africains francophones.

C. Interrogations sur les nouvelles critiques des élections en Afrique

Consacré tant par les textes constitutionnels que par les prescriptions de la communauté internationale, le recours aux élections n'est pourtant pas aujourd'hui sans rencontrer des *réserves* et susciter *des appréhensions*. Les difficultés semblent parfois empirer si l'on en juge par la gravité des crises liées à l'organisation de récents scrutins (Côte-d'Ivoire depuis 1999, Madagascar en 2001-2002, République démocratique du Congo en 2006 et 2011).

---

457 Conseil constitutionnel de Cote d'Ivoire, Décision du 3 décembre 2010, proclamation des résultats définitifs de l'élection du 28 novembre 2010 ; Cour constitutionnelle du Gabon, Arrêt du 24 mars 2007, annulation de l'élection d'un député ; Conseil constitutionnel du Sénégal, Décision du 10 mars 2007, résultats de l'élection présidentielle du 25 février 2007.

458 Sur le choix des couleurs des bulletins de vote, la juridiction constitutionnelle intervient : exemple décision du 23 mai 1998 au Togo ; décision du 8 mars 1995 et 20 février 1996 au Bénin ; Cour constitutionnelle du Bénin, Arrêt du 7 octobre 2005, inconstitutionnalité du bureau de la Commission Électorale Nationale Autonome (CENA) mais dans une décision antérieure DCC 34-94 du 23 décembre 1994, cette même Cour a donné l'exemple. Elle a jugé que la CENA « s'analyse comme une autorité administrative, autonome et indépendante du pouvoir législatif et du pouvoir exécutif ; que la création de la CENA, en tant qu'autorité administrative et indépendante, est liée à la recherche d'une formule permettant d'isoler, dans l'Administration de l'État, un organe et au parlement, pour l'exercice d'attributions concernant le domaine sensible des libertés publiques en particulier des élections honnêtes, régulières, libres et transparentes » ; Cour constitutionnelle du Mali, Arrêt CC 96-003 du 25 octobre 1996.

459 Cour constitutionnelle du Mali, Arrêt du 15 septembre 2006 ? demande d'annulation de l'élection des membres du bureau de l'Assemblée nationale pour violation du Règlement intérieur cité par SOMA Abdoulaye, « Le statut du juge constitutionnel africain », *Op.Cit.*, p. 26 ; Cour constitutionnelle du Togo, Décision du 9 avril 2009. En l'espèce, la Cour a partiellement invalidé la loi modificative du code électoral adoptée par le seul parti présidentiel, malgré la logique consensualiste de l'Accord politique global de 2006. Voir BOLLE S., *Op.Cit.*, p. 8.

460 Cour constitutionnelle du Mali, Arrêt du 15 septembre 2006 ? demande d'annulation de l'élection des membres du bureau de l'Assemblée nationale pour violation du Règlement intérieur cité par SOMA Abdoulaye, « Le statut du juge constitutionnel africain », *Op.Cit.*, p. 26 ; Cour constitutionnelle du Togo, Décision du 9 avril 2009. En l'espèce, la Cour a partiellement invalidé la loi modificative du code électoral adoptée par le seul parti présidentiel, malgré la logique consensualiste de l'Accord politique global de 2006. Voir BOLLE S., *Op.Cit.*, p. 8.

Les critiques des élections africaines se multiplient et, souvent exprimées en termes vifs sinon virulents, instruisent des procès sans appel. N'a-t-on pu voir dans les consultations électorales de véritables " impostures " se réduisant à de " simples formalités administratives " (Albert Bourgi) dominées par des acteurs politiques se livrant " à un banditisme électoral plutôt qu'à une compétition loyale " (K. Tapo, ancien président de la Commission électorale nationale indépendante du Mali)? Par un curieux retournement, les élections qui avaient été considérées comme une voie privilégiée de sortie de crises et d'expression du pluralisme retrouvé se voient attribuer la responsabilité des tensions voire des ruptures de consensus qui affectent la vie politique en Afrique.

C'est, plus radicalement, le principe de l'existence d'élections qui est en cause et qui est condamné; celles-ci ne permettraient pas de satisfaire aux exigences de la démocratie et de la participation populaire. Le propos, qui peut paraître paradoxal... désigne les risques de " récupération " des suffrages populaires par des réseaux clientélistes ou par des notabilités, citadines, économiques[461]. On a pu écrire que les élections pluralistes seraient à leur tour devenues un instrument de renforcement de pouvoirs autoritaires et même de domination inventé par les impérialistes pour retarder l'Afrique[462]. Et certains d'en tirer les conséquences en assurant que " les formes les plus efficaces de la participation populaire ne sont pas nécessairement celles qui sont organisées démocratiquement[463].

Ces appréciations sont alimentées à la fois par la multitude et la persistance des dysfonctionnements et des pratiques frauduleuses dont tous s'accordent à dénoncer l'ampleur et la fréquence. Elles prennent aussi appui sur les difficultés de réception et de compréhension des mécanismes électoraux par les populations. Ne s'est-on pas interrogé, pour ne prendre qu'un exemple, sur les effets pervers que pouvait engendrer la règle du secret du vote dans un contexte où " les populations de l'Afrique profonde ont désigné et continuent de désigner leurs leaders publiquement sous l'arbre à palabre et sur la place publique[454.]

Quels que soient leur intérêt et leur part de vérité, ces analyses et jugements, qui sont plus nombreux aujourd'hui après l'euphorie démocratique des années quatre-vingt-dix, doivent *être sérieusement nuancés.*

---

461 Ch. Nach Mback, " La décentralisation en Afrique: enjeux et perspectives ", in *L'État en Afrique: entre le global et le local,* sous la dir. de J. du Bois de Gaudusson et J.-F. Médard, *Afrique contemporaine*, n° 199, 2001

462 Atstute Agboli, cité par K.J. Koffigoh, *Le processus démocratique en Afrique et l'observation internationale* ***des*** *élections*, Libreville, 1998, AIPLF

463 Émile Le Bris, " La laborieuse construction d'un nouvel espace public ", *Politique africaine*, n° 74, juin 1999

464 Sadebou Ajo Alao, *Urnes et gouvernabilité en Afrique*, GERDES, 1998, p. 25

D'une part ils minimisent les vertus de l'élection et du droit de vote, " ce droit politique fondamental parce que conservateur de tous les autres ", pour reprendre la formule de la Cour suprême des États-Unis de 1886, dans la construction démocratique et d'autre part, ils entretiennent l'idée trop souvent diffusée d'une incompatibilité de nature, non démontrée, entre l'Afrique et la démocratie libérale et pluraliste.

Ils ont aussi pour conséquences de laisser accroire que les violences, les fraudes et les altérations à la sincérité sont l'apanage des élections africaines alors que l'histoire et l'actualité montrent que les élections dans les démocraties libérales établies ne sont pas toujours conformes à l'idéal démocratique. Il reste que les difficultés rencontrées revêtent en Afrique une ampleur ignorée ailleurs et les problèmes s'y posent en des termes largement tributaires de leur environnement.

Le processus des élections pluralistes et disputées s'est engagé dans des pays où la culture du parti unique et des régimes militaires a longtemps prévalu; il se développe dans un contexte tumultueux marqué par la jeunesse des institutions, l'insuffisante préparation des acteurs, des conditions socio-économiques difficiles, des mentalités parfois réfractaires au changement et une assistance ou une coopération internationale qui ne s'est adaptée que progressivement aux exigences de la démocratisation pour une étude approfondie[465].

Quoi qu'il en soit, il est un fait nouveau en Afrique, celui de *l'acceptation généralisée du principe d'élections libres et transparentes*; effectuée, avec certes plus ou moins d'enthousiasme et de spontanéité de la part des gouvernements et encouragée par les organisations internationales et les bailleurs de fonds, la reconnaissance de ce principe s'impose désormais, et sa mise en œuvre n'est pas sans conséquences sur la vie politique en Afrique, quels qu'en soient la portée et l'impact.

On peut même penser que les dysfonctionnements des élections africaines participent à l'enracinement de la modernité politique[466]. Des efforts considérables sont mis en œuvre pour assurer un déroulement honnête, régulier et impartial des élections par les pouvoirs publics appuyés par la communauté internationale; en témoignent les réformes des codes électoraux, les multiples missions d'observation des élections envoyées par les États partenaires et les organisations internationales ainsi que plus prosaïquement les sommes qui y sont consacrées, importantes en valeur absolue mais plus encore quand elles sont rapportées au budget des États (il n'est pas rare que le coût de l'organisation des élections atteigne et dépasse

465 *Francophonie et démocratie*, Symposium international sur le bilan des pratiques de la démocratie, des droits et des libertés dans l'espace francophone, Bamako, 1er-3 nov. 2000, 947 p., éd. Bruylant et Pédone

466R. Otayek, " Les élections en Afrique sont-elles un objet scientifique pertinent ", in *Politique Africaine*, n° 69, mars 1998

les 100 millions de francs français comme ce fut le cas en Côte-d'Ivoire en 1995 ou au Mali en 1997).

Il reste qu'en dépit de progrès significatifs, mais variables selon les États, *l'organisation et la gestion du processus électoral* rencontrent de sérieuses difficultés qui affaiblissent sa transparence et qui font obstacle à la réalisation de ce qui est un objectif essentiel dans la période d'ancrage de la démocratie dans laquelle se trouvent les pays en transition : *l'acceptation des résultats électoraux par les acteurs du scrutin.* Trois d'entre elles méritent une attention particulière.

1. La recherche de structures impartiales de gestion des opérations électorales.

1.1. L'une des premières tâches des pays nouvellement entrés en démocratie a été de mettre sur pied *des structures de gestion des opérations électorales* pouvant assurer et garantir le déroulement libre et transparent des scrutins. Cette question a été évoquée lors de certaines conférences nationales mais elle l'a été de façon plus aiguë, quelques années plus tard, après qu'aient été installées par élection les nouvelles équipes politiques, au moment de leur renouvellement ; elle se pose systématiquement, depuis, à la veille de chaque échéance électorale. La raison en est la suspicion qui pèse sur le mode d'organisation électorale traditionnellement en vigueur.

Dans la plupart des États africains francophones, les élections relèvent de la seule compétence de l'administration d'État, plus spécialement du ministère de l'Intérieur et de ses agents territoriaux; même s'il avait permis lors des premières élections pluralistes du Bénin et du Mali le changement des responsables politiques, sans doute en raison de circonstances exceptionnelles et de la nature consensuelle de l'administration territoriale de la transition, on considère que du fait de sa trop grande proximité avec le pouvoir et de l'inféodation de l'administration avec le parti unique ou le parti majoritaire, il est inapte à garantir la sincérité du scrutin.

Sous l'effet conjugué de la disqualification d'un type de structure et de l'influence d'autres modèles tels ceux en usage au Canada et au Québec, de nouvelles formes de gestion des élections sont élaborées à partir de 1994 et sont adoptées dans la quasi-totalité des États africains francophones : *les commissions électorales nationales* pour une présentation détaillée de ces institutions en Afrique francophone.

Qualifiées d'autonomes, d'indépendantes ou de mixtes selon les cas, et au-delà de leur diversité, elles présentent la caractéristique commune d'être des organismes distincts de l'administration d'État, chargés de la totalité ou d'une partie, variable selon les États et les époques de l'organisation, du déroulement, de la supervision et du contrôle des opérations électorales.

La philosophie générale de ces nouvelles institutions en qui on voit une manifestation de l'imagination africaine en matière d'ingénierie juridique, est bien résumée par la décision du 23 décembre 1994 de la Cour constitutionnelle du Bénin aux termes de laquelle: " la création de la commission électorale nationale autonome (CENA), en tant qu'autorité administrative indépendante, est liée à la recherche d'une formule permettant d'isoler, dans l'administration de l'État, un organe disposant d'une réelle autonomie par rapport au gouvernement, aux départements ministériels et au parlement, pour l'exercice d'attributions concernant le domaine sensible des libertés publiques, en particulier des élections honnêtes, libres et transparentes " et de poursuivre "la création d'une commission électorale indépendante est une étape importante de renforcement et de garantie des libertés publiques et des droits de la personne; qu'elle permet, d'une part d'instaurer une tradition d'indépendance et d'impartialité en vue d'assurer la transparence des élections, et d'autre part de gagner la confiance des électeurs et des partis et mouvements politiques ".

Conçues à l'origine comme une solution à une situation de crise politique, ces commissions sont devenues à la fois un mythe constituant un des thèmes mobilisateurs du discours politique en Afrique et un dogme démocratique : on les a considérées comme le passage obligé de la consolidation démocratique[467].

À l'expérience, il apparaît que ces institutions ont contribué à instaurer la confiance entre les acteurs et protagonistes des élections; mais les expériences malheureuses des élections présidentielles du Togo en juin 1998 ou du Niger en 1996 pour ne prendre que ces exemples montrent qu'elles ne sauraient être à elles seules un gage de la sincérité des élections; pas plus, en sens inverse qu'on ne peut imputer au seul Observatoire national des élections (ONEL) la responsabilité du bon déroulement des élections présidentielles du Sénégal d'avril 2000...

La question est d'ailleurs posée aujourd'hui de savoir si ces commissions, du moins dans leur forme initiale, ne créent pas d'autres difficultés et ne sont pas devenues un obstacle, la phase de démarrage de la transition passée, à la poursuite de la démocratisation. En République démocratique du Congo, les pétitions circulent pour obtenir le départ président de la commission électorale nationale indépendante.

1.2. Parmi les *critiques* auxquelles elles n'échappent plus, figurent celles visant l'étendue des *compétences* qui leur sont imparties et leur capacité à les exercer: N'est-il pas excessif de leur reconnaître, comme c'est le cas de beaucoup d'entre elles, la responsabilité première et directe de l'ensemble des opérations électorales depuis le stade préliminaire de l'établissement des listes électorales jusqu'au contentieux? Et, quelle que soit la réponse dont aucune ne s'impose avec la force de l'évidence tant les expériences et l'histoire de chaque État jouent une influence en la matière, ces attributions

467 Le rapport de MM. P. Favre et M. Sawadogo à la XXIe session de l'AIPLF, 10-12 juill. 1995, Québec

très étendues ne dépassent-elles pas les moyens très faibles d'institutions présentant la caractéristique de ne pas être permanentes, étant créées à chaque échéance électorale (à l'exception du Togo, depuis la loi du 5 avril 2000)?

Quelques États (Sénégal avec la loi du 8 septembre 1997, instituant l'Observatoire national des élections - ONEL -, Madagascar...) tirant les conséquences de leur propre sous-équipement électoral ont opté pour une autre configuration, intermédiaire, qui nous paraît, au vu de la pratique, plus réaliste: les commissions sont investies d'une mission de " supervision et de contrôle " de la gestion électorale qui, elle, est confiée à l'administration d'État forte de sa capacité technique et de la logistique dont elle dispose.

Une autre série de difficultés est d'*ordre juridique* qui n'est pas sans conséquences sur l'effectivité du rôle de ces institutions: pour la plupart, les textes législatifs et réglementaires définissent les attributions des commissions en des termes juridiquement imprécis, dont la traduction concrète est incertaine, du fait du silence des textes. La législation ne détermine que rarement le contenu de ces compétences et leurs modalités d'application. Quels pouvoirs peuvent-ils ainsi être exercés concrètement par les commissions lorsqu'elles sont chargées de " superviser " le déroulement des élections et de les contrôler?

Les réponses sont d'autant plus délicates à donner que la nature juridique et les modalités d'articulation des Commissions électorales nationales, autonomes ou indépendantes, avec les autres institutions ayant des compétences en matière électorale (administration d'État, hautes autorités audiovisuelles, juridictions ordinaires et Cour constitutionnelle...) ne sont pas définies ou ne le sont que très vaguement. Il y a là des incertitudes peu propices au bon exercice de leur mission par les commissions et des occasions de tensions et de crises politiques. Quelles que soient les orientations retenues, les pouvoirs publics ne pourront pas ne pas procéder, comme s'y est livré le Sénégal avec l'ONEL, à une clarification des textes et à une meilleure définition des compétences des institutions concourant aux opérations électorales ni laisser ce soin aux seules juridictions.

1.3. La *composition* des Commissions électorales suscite aussi de nombreux commentaires et des critiques. Pour beaucoup, les objectifs recherchés d'impartialité et d'établissement d'un climat de confiance avec la population n'ont pas été atteints en raison soit d'une absence de neutralité, soit d'un excès d'affrontements politiques au sein des commissions.

1.4. Le principal point de discussion relatif à la composition des commissions est aujourd'hui la place à réserver aux partis politiques : considérée à l'origine comme une condition du contrôle du processus électoral par les forces politiques en compétition, la participation des partis apparaît au vu d'un certain nombre d'expériences vécues comme contre-performance. Ont été ainsi soulignés les difficultés d'organisation liées au nombre des partis, à la faible formation de leurs représentants, ainsi que le risque de conférer aux formations la double qualité de juge et partie...

Malgré ces inconvénients, et après quelques hésitations, la quasi-totalité des codes électoraux consacre toujours le rôle des partis politiques, sans doute soucieux que sont ceux-ci de conserver une instance susceptible de favoriser la réalisation du consensus politique dont dépendent le bon déroulement des élections et l'acceptation de leurs résultats.

On ne saurait se prononcer sur l'avenir des commissions électorales nationales, surtout de façon générale ; pour l'heure, créées dans un contexte particulier pour suppléer aux carences de l'État en matière de crédibilité électorale, elles perdurent et elles sont devenues un acteur des opérations électorales. À ce titre les législateurs nationaux se doivent d'en tirer toutes les conséquences tant en ce qui concerne leur composition que leurs attributions ; les choix sont ouverts et susceptibles de changer en fonction des évolutions politiques.

Simplement, il y a des éléments qui facilitent la réalisation de ses fonctions par la structure et la confiance des acteurs et des électeurs dont on sait qu'elle est une condition indispensable du bon déroulement des opérations électorales. Leur succès dépend en toute hypothèse de la capacité et de la détermination des partis politiques et des autres acteurs électoraux de la société d'exercer leurs responsabilités on y reviendra.

2. La difficile maîtrise du déroulement des opérations électorales

Toutes les étapes du processus électoral, depuis l'établissement trop souvent tardif du chronogramme, la constitution des listes électorales et la distribution des cartes d'électeurs jusqu'à la centralisation et à la proclamation des résultats ainsi qu'à leur contentieux soulèvent de nombreuses difficultés (pour un aperçu détaillé et concret de ces difficultés et sur les propositions d'amélioration technique, se reporter notamment à *Francophonie et démocratie*, préc.).

Sans prétendre à l'exhaustivité, on en retiendra deux séries.

a) Certaines sont d'ordre normatif et concernent le *dispositif juridique et institutionnel* encadrant les élections. Les réexamens dont celui-ci fait l'objet n'ont pas éliminé les dispositions qui en raison de leurs incertitudes, incohérences ou inadaptations aux réalités du pays sont inapplicables ou sources de blocages et de crises. Trop de mécanismes et de règles, souvent repris sans évaluation critique du droit français, entraînent des complications inextricables.

On se souvient de l'impasse dans laquelle s'est trouvé le Mali pour organiser des élections législatives de 1997 aux dates fixées par la constitution; celles-ci nécessitaient, pour être sincères, une révision des listes électorales qui ne pouvait s'effectuer que dans des délais excédant largement ceux prévus par la constitution; la seule issue légale, la modification de la constitution par voie de référendum, se trouvant exclue en l'absence de listes fiables...

On citera aussi le contentieux des élections qui se caractérise dans la plupart des États par une complexité décourageante pour les populations provoquée par le partage des compétences entre plusieurs juges et ordres de juridictions ainsi que par les conflits qui ne manquent pas de surgir dans l'application de lois électorales rédigées en des termes propices aux divergences d'interprétations...

b). À ces insuffisances d'ordre législatif et réglementaire, s'en ajoutent d'autres de *nature matérielle*. Tout au long de la décennie qui vient de s'écouler, les pouvoirs publics en Afrique se sont trouvés en permanence confrontés à une insuffisance des moyens, en personnel et surtout financiers pour organiser, matériellement, des élections; cette contrainte qui peut être allégée par l'assistance internationale - encore que certains États manifestent des réticences à confier à des bailleurs extérieurs le financement d'opérations liées à la souveraineté - ne surprend pas dans des pays aux économies démunies; mais elle doit être rappelée en raison des dysfonctionnements qu'elle entraîne dans le déroulement des opérations et du risque, à en faire abstraction, de rendre inopérant nombre de dispositions normatives.

Il est un domaine où ce manque de moyens a des conséquences particulièrement dommageables, c'est celui d'une opération-clé des élections: *l'établissement des listes électorales*. Tous les responsables et observateurs s'accordent pour considérer qu'elles ne sont pas complètes ni entièrement fiables.

Ainsi aux dires d'un ancien président de la CENI du Mali, le travail de saisie des listes informatiques n'était pas terminé à 50 % dans la plupart des régions le jour des élections, en dépit des moyens considérables engagés. On sait aussi que les imperfections des listes sont sources de nombreux contentieux et d'un certain nombre de blocages des processus électoraux (cf. récemment l'élection présidentielle du Bénin, en 2001).

Diverses formules sont envisagées pour résoudre les questions relatives à l'établissement du fichier électoral, des listes et des cartes d'électeur, mais toutes demeurent tributaires de la fiabilité de l'état civil qu'il reste en de nombreux États à construire; là encore, l'ampleur de la tâche nécessite la mobilisation de ressources dont l'origine ne saurait être seulement nationale.

Section 2. La responsabilité des acteurs du processus électoral

Le sort des élections ne dépend pas seulement quelle que soit leur portée des améliorations techniques et réglementaires et des moyens alloués ni même des institutions mais aussi des *acteurs du jeu électoral* et de leur comportement.

§.1.La responsabilité du juge

Une responsabilité d'importance, qu'il faut au moins évoquer, pèse sur *les juges* chargés de la gestion du contentieux, ce lieu stratégique où se croisent élections et démocratie. La question est posée de savoir si les juges des élections ne se trouvent pas investis de compétences et de pouvoirs disproportionnés à leurs moyens et à leur statut mais aussi aux conséquences politiques que peuvent engendrer leurs jugements dans un contexte démocratique encore fragile. L'office du juge électoral comme d'ailleurs celui du juge constitutionnel est un exercice délicat en soi; il l'est particulièrement lorsque en dépend le cours d'une évolution politique ou l'issue d'un conflit que les acteurs politiques n'ont pu ou n'ont voulu régler[468].

§.2. La responsabilité des partis politiques

Une autre responsabilité particulière incombe évidemment aux *partis politiques.* Une des origines des tensions et des échecs se situe dans les défaillances des formations partisanes. On s'accorde à constater la faible efficacité de systèmes de partis politiques disposant le plus souvent d'un monopole électoral (prohibition des candidatures indépendantes) mais insuffisamment structurés pour animer et donner substance à la compétition démocratique.

Souvent encore les partis portent les marques psychologiques et idéologiques des régimes monolithiques anciens qui continuent de se prolonger. Le système de partis est fondamentalement affaibli à la fois par le nomadisme politique, l'absence de permanence dans les options, l'anémie de nombreuses formations politiques, l'inflation de partis nominaux aux fonctions principalement personnelles et financières, ou encore les tentations et les dérives ethniques... On ne saurait attendre de transformations rapides : le renforcement d'un système de partis passe par des évolutions lentes de la pratique ; elles sont en cours ; mais elles peuvent être favorisées par l'adoption de mesures relatives au mode de scrutin, au découpage électoral ou encore au financement de la vie politique et à la formation des membres et agents des partis politiques.

En toute hypothèse, et pour *conclure*, il revient aux acteurs politiques de parvenir à cette dédramatisation de l'élection gage d'un bon déroulement du processus électoral ; celle-ci dépend de nombre de facteurs comme la

468 *Aspects du contentieux électoral en Afrique*, Organisation internationale de la francophonie, 1998; Alioune Fall, " Le juge, le justiciable et les pouvoirs publics: pour une appréciation concrète de la place du juge dans les systèmes politiques en Afrique ", in *Les défis des droits fondamentaux*, sous la dir. de J.-Y. Morin et G. Otis AUF, éd. Bruylant, Bruxelles, 2000

diffusion d'une culture démocratique dont l'un des moyens est l'organisation périodique d'élections ; il en est un autre qui concerne les règles électorales.

Un regard rétrospectif sur l'histoire politique récente de l'Afrique enseigne que le succès des élections passe à la fois par la fixation de règles du jeu politique ouvertes et capables d'éviter l'exclusion (ou ce qui est ressenti comme tel) des perdants et des minorités et par des modalités d'élaboration consensuelles: le Mali et le Sénégal offrent de bons exemples de cette corrélation entre d'une part le déroulement non contesté des élections et à tout le moins l'acceptation de leurs résultats et d'autre part l'utilisation de procédures de concertation visant à l'obtention d'un consensus tant en ce qui concerne l'élaboration du Code électoral que l'organisation des opérations du scrutin.

C'est le défi que lancent les élections aux nouvelles démocraties d'Afrique et à leurs dirigeants politiques dont, on l'oublie parfois, que c'est d'abord à ceux-ci qu'il revient de le relever. Après avoir examiné le modèle africain de la justice constitutionnelle, voyons maintenant comment le contentieux électoral africain est tenu, du moins dans les États dont nous avons justifié leur choix ci-dessus.

Chapitre 3

Le Contentieux électoral en Afrique

Sur un plan général, on remarque que le continent africain est pluriel et que les formes de la compétition politique ne sont pas linéaires. Il reste qu'il est aujourd'hui possible de dire que l'Afrique s'exerce depuis quelques années, et sans doute péniblement, à la pratique du contentieux électoral. L'intérêt accordé à cette opération varie en fonction des phases du processus électoral, les acteurs de la régulation des élections sont en général pluriels, et ce qui est appel contentieux électoral comporte plusieurs figures. Ce chapitre trace le paysage de manière générale des élections, surtout présidentielles et législatives et brosse les avancées ou innovations et les défis à relever du continent africain.

La démocratisation des systèmes politiques en Afrique reste relativement lente ; l'élection, qui constitue aujourd'hui l'instrument de la compétition pour le pouvoir, permet en même temps de mesurer l'évolution de la société démocratique. Dans ce contexte, le contentieux électoral connaît une gestation difficile et son implantation est variable selon les pays.

Section 1. L'Etat de lieu général sur les élections en Afrique

Dans certains pays africains, les conditions d'éligibilité à l'élection présidentielle (mais aussi aux législatives) comprennent, entre autres, des prescriptions relatives notamment à la nationalité des ascendants du candidat, à la résidence continue sur le territoire national, à la moralité du candidat et à son investiture par un parti politique; dans le traitement de ces questions, qui sont parfois sources de graves conflits et qui traduisent les difficultés de construction des nations, la position du juge électoral est extrêmement délicate : comment appliquer le code électoral sans se faire par la même occasion le porte-voix d'une prétendue injustice électorale ?

§1 Contexte organisationnel des élections en Afrique

En plus des problèmes ci-dessus énumérés, plusieurs difficultés caractérisent l'organisation des élections en Afrique. Il s'agit de question liée à l'enregistrement des candidatures mais visiblement en rapport avec la campagne et qui fait l'objet d'un contentieux électoral abondant est le choix des couleurs, des emblèmes ou des symboles ainsi que des couleurs des partis politiques.

Vu des pays occidentaux, ce contentieux peut paraître archaïque, dérisoire et peu intéressant ; mais l'analphabétisme des électeurs et la nécessité d'éviter toute confusion dans l'esprit des citoyens donnent à ce point une dimension importante.

La campagne électorale constitue l'un des points sensibles des opérations électorales. Elle fait évidemment partout en Afrique l'objet de fréquentes contestations, le plus souvent en raison de la rupture d'égalité entre les candidats ou les partis. Et les principes du suffrage, notamment ceux relatifs à l'égalité entre les candidats et, dans une mesure moindre, la liberté de campagne, sont souvent au centre des contestations, la neutralité de l'administration étant généralement en cause.

C'est surtout l'utilisation des moyens de l'État par le personnel politique au pouvoir qui est décriée par les candidats de l'opposition ; sur ce point, la question récurrente est celle de l'accès aux organes officiels de presse. Les codes électoraux prévoient en règle générale une réglementation de la propagande électorale, en rapport avec le fonctionnement des structures de régulation de la presse ; mais on voit bien qu'en pratique la tentation est toujours forte de faire une place avantageuse aux partis politiques au pouvoir.

Les opérations du vote, du dépouillement des votes et de proclamation des résultats donnent fréquemment lieu à de vives contestations en Afrique. Ce sont là les opérations ultimes et, l'on pourrait dire, décisives du processus électoral, celles à l'occasion desquelles se cristallisent toutes les récriminations réelles ou fantaisistes des acteurs de la compétition politique ; c'est très régulièrement que les partis politiques, y compris ceux qui ont remporté l'élection, se plaignent d'irrégularités.

Le moment du dépouillement des résultats est, du moins dans certains pays africains, une occasion pour les candidats ou leurs représentants de présenter des observations et réclamations éventuelles au moment où ils signent le procès-verbal des résultats. Ce document constitue de ce fait une pièce importante du contentieux dans sa phase juridictionnelle puisqu'il est versé au dossier pour être transmis aux juridictions compétentes.

Il s'agit là d'une importante évolution, si l'on en juge par les pratiques en vigueur dans le passé qui consistaient à attribuer au ministère à titre exclusif le pouvoir de traiter de ces opérations. Les risques de fraudes et autres formes d'irrégularités peuvent être réduits du fait de la présence des représentants des candidats pendant le décompte des voix.

Au Bénin, ces risques sont davantage minimisés parce que l'article 97 du code électoral a mis en place une procédure très minutieuse et même tatillonne qui permet non seulement aux candidats mais aussi à tous les électeurs, en fait au public, d'avoir accès de façon visible à tous les bulletins de vote et de participer ainsi directement au décompte ; les irrégularités éventuelles peuvent être ainsi constatées par tous.

Le procédé paraît folklorique, mais il a l'avantage d'instaurer un contrôle ouvert à tous et permet ainsi de prévenir certains conflits.

Dans les pays de longue tradition démocratique tout comme dans les pays africains, les contestations électorales, lorsqu'elles empruntent la voie juridictionnelle, doivent présenter un motif sérieux d'annulation. Mais on doit tout de même noter qu'en règle générale le juge dans les pays africains n'est pas très exigeant dans la vérification des allégations à l'encontre de ceux qui sont présentés comme élus. Cette attitude est à la base d'une frustration pour certaines catégories d'acteurs, il faut le noter, car elle frise la partialité du juge pour certains.

Du moins, la presque totalité des juridictions adopte une attitude prudente et réservée à l'égard des éléments de preuve fournis par les parties au procès électoral. Qui plus est, la jurisprudence constitutionnelle est devenue (nous semble-t-il en raison des efforts de transparence du processus électoral) de plus en plus exigeante vis-à-vis des requérants, qu'il s'agisse de faire la preuve de leur qualité ou de justifier leurs allégations. Le sachant, certains requérants sollicitent avec plus ou moins de succès le concours d'auxiliaires de justice (notamment les huissiers) et autres experts pour donner du relief à leur action devant la Cour.

Ainsi, dans tous les pays, et de plus en plus, les candidats ont quelquefois recours non seulement aux informations publiées par les journaux, mais aussi à des huissiers de justice pour trouver des motifs de demande d'annulation des élections.

Peut-on interpréter cela comme une adhésion des acteurs politiques au phénomène de juridicisation de la vie politique ? Certaines réponses données par le juge à la suite des réclamations démontrent bien la difficulté de la tâche en la matière : par exemple, lorsque devant les allégations de corruption des électeurs par l'un des candidats, le juge (gabonais) estime que « le requérant ne donne pas les noms et le nombre des électeurs qui ont reçu des sommes d'argent du candidat proclamé élu ; que le défaut de ces indications ne permet pas à la Cour d'apprécier le bien-fondé du grief et surtout l'incidence de la corruption sur les résultats dont l'annulation est demandée ; que ce moyen n'est pas fondé[469] ».

---

469 http//www.googl.cd,le 30/4/2014

La question que l'on peut se poser est de savoir si le contentieux peut-il bouleverser les résultats d'une élection contestée ?

Les irrégularités doivent être jugées comme étant d'une ampleur telle qu'elles puissent bouleverser les résultats ; en clair, elles doivent avoir – selon le langage universel applicable en la matière – une influence déterminante.

§2 La notion de l'influence déterminante, spécificité en matière de contentieux électorale

Cette notion commence à prendre une interprétation balbutiante par le juge des élections qui, encore une fois, préfère adopter une attitude de réserve pour les élections, surtout celle présidentielle dans les États africains, comme s'il est devenu un leitmotiv jurisprudentiel électoral ou une formule stéréotypée.

Et lorsque la requête est bien soutenue par des moyens conséquents, le juge électoral applique une jurisprudence constante en la matière, en vérifiant si les voix contestées ne modifient pas le résultat d'ensemble. Dans le traitement des contestations, il arrive même que le juge, afin de réduire la gravité des allégations, fasse le reproche aux requérants pour leurs propres attitudes blâmables pendant le déroulement du scrutin. Cette attitude n'est pas processuelle, il faut le signaler.

Sur la portée même du recours et s'agissant de l'élection présidentielle, il n'y a jamais eu d'annulation ; ceci n'est pas une spécificité africaine. Le juge électoral peut être quelquefois amené à regretter simplement les violations des règles du jeu électoral, comme cela a été le cas pour l'intervention d'un directoire de campagne composé des membres du gouvernement à l'occasion d'une élection présidentielle au Sénégal (1999) en RDC en novembre 2011.

Pour ce qui est des élections législatives, il existe des cas d'annulation par le juge des résultats d'un scrutin ; dans certaines situations, le juge est allé jusqu'à invalider l'élection de candidats du parti au pouvoir, par exemple au Cameroun en 2002[470] , au Gabon en 1996[471] et en République démocratique du Congo en 2011 dans ces cas extrêmement rares et, en réalité, sans incidence sur l'équilibre politique national, c'est aussi une façon pour le juge de montrer les signes de son indépendance et de son impartialité. En somme, le juge électoral, comme partout ailleurs, n'a pas pour souci de sanctionner les irrégularités en termes d'invalidation partielle ou totale des élections.

En ce qui concerne le contentieux répressif, celui qui se développe parallèlement au contentieux de l'élection et qui vise à sanctionner

470 Claude MOMO, « De la justice électorale au Cameroun », Janus. *Revue Camerounaise de Droit et de Science Politique,* juin 2005.

471 Cour constitutionnelle, décision 030/97/CC du 18 mars 1997 (élection à l'Assemblée nationale, Boumi-Louetsi, 3e siège).

pénalement les auteurs des fraudes électorales[472], il n'est pas possible de dire qu'en dehors de quelques faits divers dont la presse se fait l'écho, et qui viennent alimenter l'ambiance des élections, la répression pénale des fraudes électorales soit sérieusement organisée, alors même que la plupart des législations électorales renvoie à ce type de sanctions. Un contentieux impliquant une pluralité d'acteurs contrairement aux régimes de parti unique qui ont caractérisé l'Afrique il y a sous peu, où une structure unique, l'administration territoriale, qui était en charge de l'organisation des élections ; le contentieux électoral reflétait l'emprise du parti sur le système électoral, remettant en cause l'idée même d'un contentieux viable.

Aujourd'hui, il existe diverses structures qui participent à la régulation électorale, et même au contentieux.

Cette pluralité d'acteurs est significative de la recherche d'une certaine performance dans la régulation mais, elle est en même temps porteuse d'un risque de conflit entre les organes de cette régulation.

L'efficacité du contentieux électoral en Afrique semble dépendre de la multiplication des structures devant intervenir dans la régulation du contentieux. Notons d'emblée qu'à l'image de ce qui a lieu en France la plupart des pays francophones organisent une répartition du règlement juridictionnel du contentieux électoral en distinguant entre le contentieux des élections politiques (élections présidentielle et législatives), attribué au juge constitutionnel, et celui des élections locales, relevant du juge administratif.

Au-delà de cette distinction qui concerne le scrutin proprement dit et accessoirement la campagne électorale, le contentieux des actes préparatoires relève de la juridiction civile ou administrative.

Dans les deux types d'élection, le contentieux répressif est du ressort du juge pénal.

Cela étant, le manque de confiance dans l'administration étatique a conduit, presque partout, non seulement à multiplier les organes nationaux compétents, mais encore à faire intervenir les organismes intergouvernementaux.

Le contentieux électoral peut, à première vue, s'entendre comme ne faisant intervenir que les organes juridictionnels au sens strict, c'est-à-dire les cours et tribunaux. Tel n'est pas le cas en Afrique, du moins pour ce qui est de la plupart des pays francophones.

À côté des juridictions constitutionnelles qui sont également juges électoraux dans les scrutins présidentiels et législatifs, sont créés des organes non juridictionnels qui concourent à régler les conflits électoraux, mieux, à assurer, avec les juridictions, la régulation du jeu électoral ; ces organes ont en général pour dénomination « observatoire national des élections » (Cameroun, Sénégal), ou alors, et pour la plupart des États, « commissions

472 Jean-Claude MASCLET, *Droit électoral*, *op. cit.*, p. 379 *sq.* ; et « Rapport introductif à la séance sur "L'organisation générale des contentieux en matière électorale" », *Op. Cit.*

nationales autonomes électorales » ou « commissions nationales indépendantes électorales ».

Les compétences de ces commissions, très variables d'un pays à l'autre, consistent dans le règlement amiable préalable, le cas échéant, dans un recours juridictionnel devant la juridiction constitutionnelle (Togo), dans la supervision des scrutins ou l'organisation de ces scrutins. Quoi qu'il en soit, la compétence peut être très étendue, comprenant non seulement l'organisation des élections mais aussi le règlement des contentieux électoraux.

Par ailleurs, les commissions apparaissent partout comme des lieux de lutte pour le pouvoir politique : alors même qu'elles sont destinées à apaiser les conflits électoraux, elles sont l'objet de convoitise des forces politiques.

Des entraves de fait sont dressées dans le fonctionnement des commissions électorales dans les pays africains, y compris francophones.

Ainsi en Côte d'Ivoire, en 2000, la commission électorale, dissoute par le général Robert Gueï, a été empêchée d'agir de façon indépendante et honnête au règlement du contentieux électoral à l'occasion de l'élection présidentielle ; finalement, c'est la rue qui a dénoué le contentieux. Au Niger, en 1996, la commission électorale, jugée trop indépendante, a été mise à l'écart par le général Ibrahima Baré Maïnassara, qui a créé en lieu et place une commission aux ordres qui n'a évidemment eu aucune peine à déclarer élu le général candidat.

La pluralité ne vaut pas qu'entre organes internes. Aujourd'hui, l'élection est devenue, dans les pays en transition démocratique ou tout simplement en crise, une affaire internationale, ne serait-ce qu'à travers les opérations de supervision et d'observation des processus électoraux ; elle n'est plus la seule affaire de l'État.

Les actions qui sont menées dans ce cadre par les acteurs internationaux visent à améliorer l'organisation des scrutins, soit par l'allocation de ressources nécessaires à la bonne organisation pratique de l'élection ou à l'indication des principes directeurs du suffrage, soit par la dénonciation des irrégularités, soit enfin par leur implication dans le règlement des contentieux.

Dans le cas de la Côte d'Ivoire, plusieurs organisations intergouvernementales dont le pays est membre ont un regard sur le processus électoral et entendent prendre part activement au contentieux (l'Organisation des Nations unies, l'Union africaine, la Communauté économique des États de l'Afrique de l'ouest, l'Organisation internationale de la francophonie) ; à celles-ci s'ajoutent, aujourd'hui, le Facilitateur de l'Accord dit de Ouagadougou (le président Blaise Compaoré du Burkina Faso), ainsi que l'Union européenne et, bien entendu, l'ancienne puissance coloniale qui continue d'avoir une influence discrète mais réelle.

S'agissant des Nations unies, elles ont confié une nouvelle mission en Côte d'Ivoire à leur Secrétaire général dans le cadre du règlement de la crise et en vue de donner une crédibilité à l'élection ; celle-ci vise, entre autres, à « vérifier, au nom de la communauté internationale, que toutes les étapes du processus électoral, y compris celles ayant trait à l'établissement des listes électorales et à la délivrance des cartes d'électeurs, présentent toutes les garanties nécessaires pour la tenue d'élections présidentielles et législatives ouvertes à tous, libres, justes et transparentes »[473].

Une résolution du Conseil de sécurité est encore plus précise et plus interventionniste puisqu'elle confie au représentant du Secrétaire général la mission de « certifier que tous les stades du processus électoral fourniront toutes les garanties nécessaires pour la tenue d'élections présidentielles et législatives ouvertes, libres, justes et transparentes, conformément aux normes internationales »[474]. Ainsi qu'on peut l'observer, on est passé progressivement de l'assistance électorale à une action dite de certification du processus électoral qui, manifestement, attribue l'entièreté du contentieux aux organes de la communauté internationale. La certification, qui n'est d'ailleurs pas définie avec précision, est perçue comme une opération qui est au-dessus des opérateurs du contentieux ; en d'autres termes, elle assure le règlement du contentieux des contentieux.

Par ailleurs, les interférences possibles et même inévitables entre organes en charge du contentieux expliquent en partie l'inefficacité observée.

En prenant l'exemple du schéma français du contentieux électoral reconnu aux seules juridictions strictement entendues, on note avec Jean-Claude Masclet que « la diversité des juridictions n'affecte pas l'unité du droit, en ce sens que les solutions apportées s'inspirent généralement des mêmes principes. Mais cela ne se vérifie pas toujours. Et l'on ne peut éviter que subsistent des divergences de jurisprudence, ou, plus grave encore, des dénis de justice »[475].

De manière générale, dans les pays africains, il y a, en matière électorale, et très souvent, des conflits entre l'administration étatique jusqu'alors en charge des élections et les organismes sur lesquels l'État (l'administration centrale) a peu d'emprise. Par ailleurs, lorsque des compétences d'origines diverses tendent à s'exercer sur une matière, il est très fréquent que l'on assiste à des interférences qui se manifestent soit en conflits positifs, soit en conflits négatifs.

Et il est évident que plus les « juridictions » sont multiples, plus les interférences sont nombreuses et même quelquefois dangereuses.

Il y a quelques années déjà, ont été signalés les problèmes de chevauchement de compétences dans la gestion des élections dans les États francophones, entre les hautes juridictions et les commissions chargées des élections. Et l'on peut constater avec Jean du Bois de Gaudisson que « le

473 Résolution 1603 du Conseil de sécurité, 3 juin 2005.
474 Résolution 1765 du Conseil de sécurité, 16 juillet 2007.
475 Jean-Claude Masclet, *Droit électoral*, *Op. Cit.*, p. 313.

contentieux des élections se caractérise dans la plupart des États africains par une complexité décourageante pour les populations provoquée par le partage des compétences entre plusieurs juges et ordres de juridictions ainsi que les conflits qui ne manquent pas de surgir dans l'application de lois électorales rédigées en des termes propices aux divergences d'interprétations[476].

Il est probable qu'avec l'expérience des élections organisées à temps » réguliers dans certains pays du continent les choses soient en train de se construire durablement. Par ailleurs, là où l'ordre juridique interne d'un État rencontre des éléments du système international, il y a nécessairement des risques d'interférences.

Ces risques sont accrus lorsque l'on passe de l'observation internationale des élections à l'exigence de certification de l'élection.

L'exemple de la Côte d'Ivoire montre que, dans le cadre précis des élections, ces risques sont perceptibles à plusieurs niveaux. Le concept de certification des élections aujourd'hui en vigueur dans ce pays ajoute une nouvelle exigence institutionnelle et fonctionnelle au processus électoral.

Le contrôle de la régularité des élections reconnu au Conseil constitutionnel n'est plus l'ultime opération en la matière. En clair, avec la certification, le juge électoral ivoirien n'a plus « le pouvoir du dernier mot », ce qui peut contribuer à affaiblir son autorité. Tout compte fait, cette situation n'est pas catastrophique puisque le contentieux électoral est réglé par des voies juridiques mais également par des procédés politiques dans le cas d'espèce en Côte d'Ivoire.

Les conflits électoraux sont avant tout des conflits politiques que le droit tente de saisir. Le recours au contentieux électoral est visiblement la manifestation d'une adhésion aux procédures juridiques de règlement des conflits électoraux ; la lutte pour le pouvoir politique est ainsi entreprise de façon prioritaire par le moyen du droit, même si par ailleurs la violence n'est pas entièrement exclue.

Lorsque le désaccord entre les acteurs politiques relatif au contenu du droit électoral est profond ou que les contestations sur la gestion du contentieux ne peuvent plus être maîtrisées par les procédures juridictionnelles, la lutte pour le pouvoir en Afrique emprunte soit les voies de la violence des armes – antithèse des procédures démocratiques actuelles de la compétition politique –, soit celles des solutions politiques. Dans le cadre de ces dernières, et lorsque le principe de majorité est insusceptible d'être appliqué, on recourt au partage – quelquefois déséquilibré – du pouvoir, comme au Kenya et au Zimbabwe.

En dehors de ces solutions qui n'intéressent pas le contentieux électoral, les expériences (récentes ou encore en cours) de la République démocratique du Congo et de la Côte d'Ivoire, de la République Centrafricaine (accord de

476 Jean du Bois de Gaudusson, *Op. Cit.*, p. 103.

Libreville du 22 janvier 2005), du Togo (accord politique inter-togolais du 20 août 2006) montrent que le règlement des désaccords électoraux procède de solutions politiques négociées.

En Côte d'Ivoire, les divers arrangements politiques (accords politiques et résolutions du Conseil de sécurité des Nations unies) ont, sur plusieurs points relatifs au processus électoral, posé de nouveaux critères et formulé des procédures nouvelles : détermination du collège électoral, conditions d'éligibilité à la présidence de la République et présentation des candidatures, composition et pouvoirs de la commission électorale indépendante, organisation de la propagande électorale, règlement du contentieux électoral.

Il faut même préciser que la Table ronde de Linas Marcoussis, en janvier 2003, et l'accord de Pretoria du 6 avril 2005 ont réussi à imposer de nouvelles conditions d'éligibilité à la présidence de la République et à les rendre immédiatement applicables aux prochaines élections, alors même que celles en vigueur en application de l'article 35 de la Constitution d'août 2000 n'ont pas été formellement révisées.

Plusieurs autres expériences d'accords politiques ailleurs en Afrique ont permis de surmonter les obstacles liés à la présentation de certaines candidatures aux élections présidentielles et législatives auxquelles n'auraient pu prendre part certaines personnalités si l'on s'en était tenu au code électoral précédemment en vigueur.

De plus, beaucoup moins contraignants que les arrangements politiques, les codes de bonne conduite conclus entre les acteurs politiques, quelquefois à l'instigation des acteurs internationaux, viennent compléter l'arsenal normatif dans le droit constitutionnel électoral en Afrique.

Section 2 Les obligations statutaires des juges constitutionnels

Les juges constitutionnels sont soumis à des obligations statutaires. Il leur est interdit d'exercer certaines fonctions et activités. En outre, ils sont tenus de respecter certaines obligations de conduite.

§1. Les incompatibilités imposées aux juges constitutionnels

Les juges constitutionnels ne peuvent exercer certains emplois publics, mandats et activités politiques ainsi que diverses activités privées. Par incompatibilité, il faut entendre une interdiction de cumuler une fonction avec une autre fonction[477].

---

477 Voir la définition des incompatibilités parlementaires in Charles DEBBASCH et al., *Lexique de politique*, Paris, Dalloz, 6ème éd., 1992 et in Raymond GUILLIEN et Jean VINCENT, *Termes juridiques*, *Op. cit.*, p. 296

Si un juge constitutionnel exerce des fonctions incompatibles, il doit être mis fin à cette incompatibilité. Il doit soit abandonner les fonctions incompatibles avec l'état de juge constitutionnel, soit quitter cet état. S'il se refuse à mettre de lui-même un terme à cette situation, il peut être destitué de son mandat.

Ce schéma est quasi-universellement adopté. Il n'existe qu'une exception.

En France, Les anciens Présidents de la République ne pouvant ni démissionner[478] ni être destitués, sont suspendus de leurs fonctions au Conseil constitutionnel automatiquement en cas de survenance d'une incompatibilité. Le Conseil constitutionnel l'a rappelé dans sa décision 94-354 DC du 11 janvier 1995 : « dès lors qu'un ancien Président de la République exerce un mandat ou une fonction incompatible avec ses fonctions de membre de droit du Conseil constitutionnel [il est fait] obstacle à ce qu'il y siège »[479].

En principe, c'est par sa nature même qu'une activité est incompatible avec la fonction de juge constitutionnel. Toutefois, il existe quelques exceptions. Ainsi, l'article 35 §3 de la Constitution irlandaise dispose : « aucun juge ne sera éligible aux chambres du Parlement et ne pourra occuper d'autres postes ou exercer d'autres fonctions rétribuées ». La doctrine en déduit généralement que les fonctions non rétribuées, à l'exception des fonctions parlementaires, sont autorisées[480]. C'est-à-dire que les seules fonctions interdites par nature sont les fonctions de parlementaires. Sous cette réserve, la seule interdiction est donc la prohibition de la rémunération d'autres activités.

Il faut interpréter dans le même sens les dispositions de l'article 7 de la Loi sur la Cour suprême du Canada, aux termes desquels « les juges ne peuvent remplir d'autres fonctions rétribuées par l'administration fédérale ou par celle d'une province ». Diverses incompatibilités peuvent s'opposer à ce que des juges constitutionnels exercent des fonctions publiques, des mandats et activités politiques et des fonctions privées. Certaines activités sont interdites aux juges constitutionnels.

Ainsi, dans plusieurs États, il existe une incompatibilité générale entre les fonctions de juge constitutionnel et les emplois d'agent public. Il en est ainsi en Allemagne[481], en Italie[482] et au Portugal[483].

---

478 Dominique ROSENBERG, « Les anciens Présidents de la République, membres de droit du Conseil constitutionnel : l'impossible retraite », *Loc. Cit.*, p. 1279-83.

479 Décision n°94-354 DC du 11 janvier 1995, R.J.C. I-617.

480 James CASEY, *Constitutional law in Ireland*, *Op. cit.*, p. 245 ; Dominique BRECHIGNAC, *La justice constitutionnelle en République d'Irlande*, *Op. Cit.*, p. 25

481 L'article 3 §4 de la loi sur la Cour constitutionnelle fédérale allemande dispose : « l'activité de juge est incompatible avec toute autre activité professionnelle ». Ceci interdit le cumul entre la fonction de juge constitutionnel et un emploi de fonctionnaire.

A. Les fonctions publiques interdites aux juges constitutionnels

Les membres du Tribunal suprême de Monaco sont également soumis à une telle incompatibilité. De même, est interdit aux membres du Conseil constitutionnel « l'exercice des fonctions publiques non électives »[484]. En Belgique, est prohibé le cumul des fonctions de juge constitutionnel et de « toute fonction ou charge publique d'ordre politique ou administratif »[485].

En Espagne également, l'article 159 de la Constitution espagnole prévoit l'incompatibilité entre les fonctions de juge constitutionnel et « l'exercice de toute fonction [...] administrative »[486]. Les textes fixant les incompatibilités imposées aux juges constitutionnels peuvent prohiber certaines activités de manière expresse.

Ainsi l'article 19 de la loi organique relative au Tribunal constitutionnel espagnol interdit le cumul des fonctions de *Defensor del Pueblo*. L'article 44 de la loi spéciale du 6 janvier 1989 interdit également aux membres de la Cour d'arbitrage belge de cumuler leurs fonctions avec l'état militaire. De même, les membres du Conseil constitutionnels français ne peuvent exercer « des fonctions conférées par

Un État étranger ou une organisation internationale et rémunérés sur leurs fonds »[487]. En outre, sont incompatibles avec la qualité de membre du Conseil constitutionnel « les fonctions de président et de membre de conseil d'administration ainsi que celles de directeur général adjoint exercés dans les entreprises nationales et établissements publics nationaux »[488]. Il arrive aussi que des dispositions prévoient de manière expresse l'incompatibilité avec les

---

L'article 3 §4 de la loi sur la Cour constitutionnelle fédérale allemande dispose : « l'activité de juge est incompatible avec toute autre activité professionnelle ». Ceci interdit le cumul entre la fonction de juge constitutionnel et un emploi de fonctionnaire.

482 L'article 7 de la loi n°87 du 11 mars 1953 sur l'organisation de la Cour constitutionnelle dispose : « les membres de la Cour constitutionnelle ne peuvent accepter ni garder d'autre poste ou emploi public ». Voir aussi Jean-Claude ESCARRAS, Chron. Italie, A.I.J.C., 1985, p. 483.

483 L'article 3 de l'ordonnance souveraine du 16 avril 1963 dispose : « ne peuvent faire partie du Tribunal suprême [...] les fonctionnaires ».

484 Rapprochement de l'article 4 alinéa 4 de l'ordonnance du 7 novembre 1958 et de l'article LO 142 du Code électoral ; Voir VERPEAUX, « Conseil constitutionnel », *Loc. Cit.*, n°140.

485 Article 44 de la loi spéciale du 6 janvier 1989 sur la Cour d'arbitrage.

486 Article 19 de la loi organique relative au Tribunal constitutionnel espagnol a précisé ces dispositions.

487 Rapprochement de l'article 4 alinéa 4 de l'ordonnance du 7 novembre 1958 et de l'article LO 143 du Code électoral.

488 Rapprochement de l'article 4 alinéa 4 de l'ordonnance du 7 novembre 1958 et de l'article LO 145 du Code électoral ; Voir François LUCHAIRE, *Le Conseil constitutionnel*, tome 1, *Op. Cit.*, p. 79.

fonctions de magistrat. Il en est ainsi en Belgique[489], à Monaco[490], en Espagne[491] et en Italie[492].

Il existe certaines exceptions aux incompatibilités ainsi posées. Ainsi, l'article 3 §4 de la loi sur la Cour constitutionnelle fédérale autorise le cumul des fonctions de juge à la Cour constitutionnelle et de celle de « professeur de droit d'une institution d'enseignement supérieur allemande ».

De même, l'article 27 de la loi sur l'organisation et le fonctionnement du Tribunal constitutionnel portugais autorise « l'exercice non rémunéré de fonctions d'enseignement ou de recherche scientifique de nature juridique ». En France, les fonctions de membre du Conseil constitutionnel sont compatibles avec celles de professeur d'université[493].

La loi spéciale du 6 janvier 1986 sur la Cour d'arbitrage belge ne prévoit pas la compatibilité entre les fonctions de juge constitutionnel et les fonctions d'enseignement, mais le Roi peut autoriser un juge à cumuler ces fonctions[494].

En Italie, les membres de la Cour constitutionnelle ne peuvent exercer de fonction d'enseignement[495].

Mais « la poursuite d'une activité scientifique en cours de mandat n'est pas considérée comme incompatible avec la fonction de Juge constitutionnel. Les membres de la Cour peuvent donc collaborer à des revues scientifiques, les diriger, participer à des colloques.

Ils peuvent aussi publier des ouvrages scientifiques, y compris de droit et de contentieux constitutionnel ». Les membres du Conseil constitutionnel français peuvent également occuper des emplois de ministres des Cultes et de délégués du gouvernement dans l'administration des cultes dans les départements du Haut-Rhin, du Bas-Rhin et de la Moselle. Mais il n'en est pas de même des membres de la Cour d'arbitrage belge. Aux termes de l'article 44 de la loi spéciale du 6 janvier 1989 les fonctions de juge constitutionnel sont incompatibles avec celles de « ministre d'un culte reconnu ».

---

489 Article 44 de la loi spéciale du 6 janvier 1989.

490 Article 3 de l'ordonnance souveraine du 16 avril 1963.

491 Article 159 §4 de la Constitution espagnole et article 19 de la loi organique sur le Tribunal constitutionnel.

492 Article 7 de la loi n°87 du 11 mars 1953.

493 Rapprochement de l'article 4 alinéa 4 de l'ordonnance du 7 novembre 1958 et de l'article LO 142 du Code électoral ; Voir Michel VERPEAUX, « Conseil constitutionnel », *Loc. Cit.*, n°140.

494 Article 44 de la loi spéciale du 6 janvier 1989 sur la Cour d'arbitrage : « il peut être dérogé par le Roi, sur avis favorable et motivé de la Cour [aux règles d'incompatibilité] : 1° lorsqu'il s'agit de l'exercice de fonctions de professeur, chargé de cours, maître de conférence, ou assistant dans les établissement d'enseignement supérieur, pour autant que ces fonctions ne s'exercent pas pendant plus de cinq heures par semaine ni en plus de deux demi-jours par semaine ; 2° lorsqu'il s'agit de fonctions de membre d'un jury d'examen ».

495 Article 7 de la loi n°87 du 11 mars 1953.

B. Les mandats et activités politiques interdits aux juges constitutionnels

Dans certains États, il existe une disposition prévoyant l'incompatibilité des fonctions de la juridiction constitutionnelle et de toute fonction politique. Ainsi, l'article 159 §4 de la Constitution espagnole interdit aux juges constitutionnels « l'exercice de fonctions politiques ». De même les membres de la Cour d'arbitrage belge ne peuvent exercer une « fonction ou charge publique d'ordre politique »[496]. Les membres de la Cour constitutionnelle portugaise sont également soumis à une interdiction d' « exercice de fonctions dans les organes de souveraineté ».

Il est fréquemment interdit aux juges constitutionnels d'exercer des mandats électifs[497]. L'incompatibilité concerne en général les fonctions parlementaires.

Il en est ainsi en France[498], en Allemagne[499], en Italie[500], en Autriche[501], au Portugal[502]et à Monaco[503].

Elle s'étend également aux fonctions de chef de l'État lorsque celui-ci est élu. Il en est ainsi, par exemple, au Portugal[504] et en France[505]. Les fonctions de juges constitutionnels sont en principe incompatibles avec l'appartenance au Gouvernement. Il en est ainsi notamment en France[506], en Allemagne[507] en Autriche[508] et au Portugal[509].

---

496 Article 44 de la loi spéciale du 6 janvier 1986 sur la Cour d'arbitrage.
497 Article 4 alinéa 1 de l'ordonnance du 7 novembre 1958.
498 Article 57 de la Constitution. Il est également interdit à un membre du Conseil constitutionnel d'être membre du Parlement européen. CE 20 octobre 1989, *Sitbon* : « les fonctions de membre du Conseil constitutionnel sont [...] incompatibles avec celles de représentant au Parlement européen, dès lors qu'en vertu de l'article 6 de la loi du 7 juillet 1977, relative à l'élection des représentants à l'Assemblée des communautés européennes, l'article L.O. 152 du Code électoral est applicable auxdits représentants » (Leb., p. 206).
499 Article 94 §2 de la loi fondamentale.
500 Article 135 §4 de la Constitution de 1947.
501 Article 147 §4 de la Constitution fédérale.
502 Cette interdiction découle de l'article 27 de la loi sur l'organisation et le fonctionnement du Tribunal constitutionnel (Pierre BON, « Présentation générale », in Pierre BON et al., *La justice constitutionnelle au Portugal, Op. Cit.*, p. 57).
503 Article 3 de l'ordonnance souveraine du 16 avril 1963.
504 Cette interdiction découle de l'article 27 de la loi sur l'organisation et le fonctionnement du Tribunal constitutionnel (Pierre BON, « Présentation générale », in Pierre BON et al., *La justice constitutionnelle au Portugal, Op. Cit.*, p. 57).
505 Cette interdiction découle clairement de l'article 4 alinéa 1 de l'ordonnance du 7 novembre 1958, dans sa rédaction découlant de la loi organique du 19 janvier 1995. Celui-ci dispose en effet : « les fonctions de membre du Conseil constitutionnel sont incompatibles [....] avec l'exercice de tout mandat électoral ».
Cette interdiction découle clairement de l'article 4 alinéa 1 de l'ordonnance du 7 novembre 1958, dans sa rédaction découlant de la loi organique du 19 janvier 1995. Celui-ci dispose en effet : « les fonctions de membre du Conseil constitutionnel sont incompatibles [....] avec l'exercice de tout mandat électoral ».
506 Article 57 de la Constitution.
507 Article 94 §1 de la Loi fondamentale.
508 Article 147 §4 de la Constitution.

En France, il convient de rapprocher de ces incompatibilités l'interdiction de cumuler les fonctions de membre du Conseil constitutionnel et celles de membre du Conseil économique et social[510].

Parfois, il est également interdit aux juges constitutionnels d'exercer un mandat d'élu local.

Ainsi, l'article 135 de la Constitution italienne de 1947 interdit aux membres de la Cour constitutionnelle d'être membres d'un Conseil général. Il est également interdit aux membres de la Cour constitutionnelle portugaise d'exercer des fonctions au sein des organes « des régions autonomes et du pouvoir local »[511].

Les membres du Conseil constitutionnel français ayant l'interdiction d'exercer un mandat électif, ne peuvent être membres d'un Conseil municipal, d'un Conseil régional ni d'un Conseil général. Dans les États fédéraux, il est en général interdit aux juges constitutionnels d'être membres du Parlement ou du Gouvernement d'une collectivité fédérée. Il en est ainsi en Allemagne et en Autriche.

Les incompatibilités s'étendent parfois à l'exercice de fonctions au sein des partis et associations politiques.

Ainsi, l'article 159 §4 de la Constitution espagnole interdit que les membres du Tribunal constitutionnel puissent exercer « une charge de direction dans un parti politique ». Les constitutionnels italiens « ne peuvent prendre part à l'activité de partis politiques[512] ». De même, l'article 2 du décret du 13 novembre 1959 sur les obligations des membres du Conseil constitutionnel, interdit à ceux-ci d' « occuper au sein d'un parti ou groupement politique tout poste de responsabilité ou de direction ». Mais il n'existe aucune incompatibilité de cette nature en Allemagne588 et en Autriche[513].

En outre, il faut signaler que les membres du Conseil constitutionnel français sont soumis à l'obligation de ne donner aucune consultation sur les questions relevant de la compétence du Conseil constitutionnel[514]. Cette obligation est aujourd'hui plutôt bien respectée par les membres du Conseil.

Mais il n'en a pas toujours été ainsi. Le président Léon Noël était amené fréquemment à conseiller le général De Gaulle sur des questions diverses,

509 Cette interdiction découle de l'article 27 de la loi sur l'organisation et le fonctionnement du Tribunal constitutionnel (Pierre BON, « Présentation générale », in Pierre BON et al., *La justice constitutionnelle au Portugal*, *Op. Cit.*, p. 57).

510 Article 4 alinéa 2 de l'ordonnance du 7 novembre 1958.

511 Article 27 de la loi sur l'organisation et le fonctionnement du Tribunal constitutionnel.

512 Michel FROMONT, « Les juges constitutionnels - Allemagne fédérale », *Loc. Cit.*, p. 85.

513 Sylvie PEYROU-PISTOULEY, *La Cour constitutionnelle et le contrôle de constitutionnalité des lois en Autriche*, *Op. Cit.*, 1993, p. 95.

514 Cette obligation résulte des articles 3 et 7 de l'ordonnance du 7 novembre 1958 et de l'article 2 du décret du 13 novembre 1958 sur les obligations des membres du Conseil constitutionnel.

parfois susceptibles de relever de la compétence du Conseil constitutionnel[515].

De telles pratiques ont heureusement disparu. Le droit des États-Unis ne contient pas de liste des incompatibilités applicables aux membres de la Cour suprême. Mais il est admis qu' « en vertu du principe de séparation des pouvoirs, un juge ne peut être membre d'une 'Législature' ou de l'Exécutif, au niveau fédéral ou d'un État.

Par ailleurs les juges doivent limiter leur engagement politique : ils ne peuvent ainsi pas prendre part à une activité politique inappropriée à l'exercice de leur fonction judiciaire »[516]. Mais les membres de la Cour suprême continuent souvent à avoir une activité de nature politique.

David O'Brien remarque que « la réalité est que les juges sont des acteurs politiques et trouvent plus ou moins difficile de s'abstenir d'activités politiques. Les activités en dehors de la Cour sont la règle. Plus de soixante-dix membres de la Cour ont conseillé des présidents ou des membres du Congrès au sujet d'affaires intérieures, de politique étrangère, [...] et de législation affectant la magistrature ».

L'exemple du juge Abe Fortas est particulièrement révélateur. Celui-ci a été l'un des conseillers les plus proches du président Johnson. Ses conseils portaient sur la politique étrangère, mais aussi la politique intérieure notamment la politique fiscale et le droit du travail. Il a aidé Johnson à rédiger ses messages au Congrès et ses discours sur les droits civils et la réforme de la justice criminelle. Il lui arrivait souvent de donner son opinion au Président sur des affaires qui auraient pu éventuellement être soumises à des tribunaux.

C. Les activités privées interdites aux juges constitutionnels

Les incompatibilités qui s'imposent aux juges constitutionnels portent également sur diverses activités privées. Ainsi, un juge constitutionnel italien ne peut exercer « aucun emploi [...] privé ni [...] d'activité professionnelle, ni d'activité dans le commerce ou l'industrie ». De même, les juges constitutionnels espagnols n'ont le droit d'exercer aucune « activité professionnelle ou commerciale ».

L'article 8 de la loi n°87 du 11 mars 1953 interdit aussi aux juges constitutionnels italiens de « prendre part à l'activité [...] d'association ». Les juges constitutionnels espagnols n'ont pas le droit d'exercer des « fonctions de direction » dans les associations et les syndicats[517]. Dans de nombreux États, les activités de dirigeant d'une entreprise privée sont interdites aux juges constitutionnels.

---

515 Joël BOUDANT, « Le président du Conseil constitutionnel », *Loc. Cit.*, p. 625-633.

516 Guy SCOFFONI, « Le statut constitutionnel des juges du siège et du parquet – États-Unis », *Loc. Cit.*, p. 209.

517 Article 19 §1 de la loi organique relative au Tribunal constitutionnel

Ainsi, l'article 7 de la loi n°87 du 11 mars 1953 interdit aux membres de la Cour constitutionnelle italienne d'être « administrateur [...] dans une société à but lucratif ». De même, les membres du Conseil constitutionnel français ne peuvent exercer de fonctions de direction dans des entreprises recevant certains avantages de l'Etat ou dont l'activité constitue principalement dans la réalisation de travaux publics ; cette prohibition s'étend également aux entreprises ayant un objet exclusivement financier et faisant publiquement appel à l'épargne, ainsi qu'à celles exerçant une activité d'achat et de vente de terrains à bâtir ou de promotion immobilière[518].

L'exercice de certaines activités libérales est parfois interdit aux juges constitutionnels. Les membres de la Cour constitutionnelle italienne ne peuvent exercer les fonctions d'avocat[519]. De même, les membres du Conseil constitutionnel français ne peuvent exercer d'activité de conseil dans certaines entreprises[520].

Par contre, les membres de la Cour suprême des États-Unis ne semblent pas être soumis à de telles incompatibilités. Il est arrivé que certains membres de la Cour suprême exercent des fonctions de conseil. Ainsi, le juge Abe Fortas exerça de telles fonctions rémunérées pour le compte d'une fondation privée[521].

§2. Les obligations de comportement des juges constitutionnels

Les membres de la juridiction constitutionnelle sont tenus à diverses obligations de comportement. La plupart de ces obligations, substantiellement identiques dans les principaux États européens, ont pour objet d'assurer la confiance dans les juges constitutionnels.

Il convient d'accorder une place particulière au secret des délibérés, qui est entendu de manière différente selon les États, certains d'entre eux acceptant l'existence d'opinions dissidentes et d'opinions individuelles.

A. Un ensemble d'obligations de comportement dont la finalité est d'assurer la confiance dans les juges constitutionnels

Il est nécessaire que les citoyens aient confiance dans les juges. Faute d'une telle confiance, la juridiction constitutionnelle sera décriée, et sa légitimité mise en cause.

Le législateur allemand a exprimé une telle idée. Ainsi, l'article 39 de la loi sur les juges, applicable aux membres de la Cour constitutionnelle

---

518 Rapprochement de l'article 4 alinéa 4 de l'ordonnance du 7 novembre 1958 et de l'article L.O. 146 du Code électoral.

519 Article 135 § 6 de la Constitution de 1947.

520 Rapprochement de l'article 4 alinéa 4 de l'ordonnance du 7 novembre 1958 et des articles L.O. 146-1 et L.O. 147 du Code électoral.

521 David O'BRIEN, *Storm center*, *Op. Cit.*, p. 94.

fédérale, dispose : « dans l'exercice de ses fonctions et en dehors de l'exercice de ses fonctions, le juge doit se comporter, même dans ses activités politiques, de façon telle que la confiance dans son indépendance n'en soit pas menacée »[522].

De même, un juge constitutionnel autrichien peut être destitué s'il « s'est montré indigne [...] de la confiance que sa charge exige »[523]. Les obligations qui s'imposent aux juges constitutionnels ont surtout pour finalité d'assurer une telle confiance à leur égard.

Les juges constitutionnels sont généralement soumis à une obligation de réserve. En Allemagne, une telle obligation existe[524]. Mais elle est entendue de manière assez souple. Michel Fromont souligne que « les juges allemands ne se sentent pas liés par une obligation aussi stricte de réserve qu'en France et n'hésitent pas non seulement à écrire sur des thèmes de droit constitutionnel ou à commenter les décisions de leur propre cour, mais encore à prendre part à la vie politique et même à celle des partis politiques »[525].

Les membres de la Cour suprême des États-Unis se sentent tenus à une certaine obligation de réserve, même si celle-ci ne trouve pas sa source dans une disposition normative particulière. Ainsi, lors d'une table ronde qui s'est tenue à Aix-en-Provence en 1989, le *Chief Justice* Rehnquist, interrogé sur la jurisprudence de la Cour, rappela qu'il ne pouvait pas « donner son opinion » sur des décisions spécifiques. Les membres du Conseil constitutionnel français sont également soumis à une obligation de réserve[526]. Celle-ci découle de plusieurs textes.

L'ordonnance du 7 novembre 1958 prévoit ainsi en son article 3 que les membres du Conseil constitutionnel doivent prêter serment « de ne donner aucune consultation sur les questions relevant de la compétence du Conseil ». L'article 7 dispose que le décret relatif aux obligations des membres du Conseil constitutionnel doit prévoir « l'interdiction pour les membres du Conseil constitutionnel, pendant la durée de leurs fonctions, de ne prendre aucune position publique sur les questions ayant fait, ou susceptibles de faire l'objet de décisions de la part du Conseil ».

L'article 2 du décret du 13 novembre1959 relatif aux obligations du Conseil constitutionnel prévoit que « les membres du Conseil constitutionnel s'interdisent en particulier pendant la durée de leurs fonctions [...] de

522 Cité par Michel FROMONT, « Les juges constitutionnels - Allemagne fédérale », *Loc. Cit.*, p. 87

523 Article 10 de loi de 1953 sur la Cour constitutionnelle.

524 Michel FROMONT, « Les juges constitutionnels - Allemagne fédérale », *Loc. Cit.*, p. 87.

525 Michel FROMONT, « Les méthodes de travail des juridictions constitutionnelles – Allemagne », *Loc. Cit.*, p. 173

526 Sur cette question Voir Joël BOUDANT, « Le Président du Conseil constitutionnel », *Loc. Cit.*, p. 600-609.

prendre aucune position publique ou de consulter sur des questions ayant fait ou étant susceptibles de faire l'objet de décisions de la part du Conseil ».

Le professeur Verpeaux a souligné que ces dispositions créent « un devoir de réserve quasi total, du moins si doit être appliquée à la lettre l'interdiction posée par l'ordonnance et par le décret d'application »[527]. Il est généralement admis que ces dispositions n'interdisent pas à un professeur de droit, membre du Conseil constitutionnel de donner un enseignement[528].

A priori ces dispositions sont applicables aux membres de droit du Conseil constitutionnel puisque ceux-ci sont, « sous la seule réserve de la dispense de serment [...], soumis aux mêmes obligations que les autres membres du Conseil constitutionnel »[529]. Mais, il est difficile d'imposer cette obligation à un ancien Président de la République, comme l'a souligné le professeur Luchaire[530].

Les juges constitutionnels ont l'obligation de participer aux travaux de la juridiction. Ainsi, les juges constitutionnels italiens « sont tenus de participer aux audiences sauf empêchement légitime ».

De même les juges constitutionnels autrichiens sont soumis à une obligation de présence[531], découlant de l'article 147 alinéa 7 aux termes duquel « lorsqu'un membre de la Cour ou un suppléant n'a pas répondu à trois convocations consécutives à une audience de la Cour constitutionnelle sans fournir une excuse suffisante, la Cour constate ce fait après audition du juge en question ». Une telle obligation s'impose aux membres du Conseil constitutionnel.

En effet, aux termes de l'article 3 de l'ordonnance du 7 novembre 1958, ils doivent jurer « de bien et fidèlement remplir leurs fonctions ». L'obligation de garder une attitude de « dignité » est parfois prévue par les textes. Ainsi, en cas de manquement « à la dignité de leur charge », l'article 49 de la loi spéciale du 6 janvier 1989 autorise la destitution des juges constitutionnels belges. En Espagne, l'article 22 de la loi organique sur le Tribunal constitutionnel impose aux juges constitutionnels une obligation d'exercer leurs fonctions en respectant le principe « de dignité ».

De même, les membres du Conseil constitutionnel français doivent conserver une certaine dignité dans le cadre de l'exercice de leurs fonctions. En effet, l'article 7 l'ordonnance du 7 novembre 1958 prévoyait un décret définissant « les obligations imposées aux membres du Conseil, afin de garantir leur indépendance et la dignité de leurs fonctions ». Parmi ces

527 Michel VERPEAUX, « Conseil constitutionnel », *Loc. Cit.*, n°150.

528 François LUCHAIRE, *Le Conseil constitutionnel*, tome 1, *Op. Cit.*, p. 81 ; Pierre AVRIL et Jean GICQUEL, *Le Conseil constitutionnel*, *Op. Cit.*, p. 86.

529 Décision du Conseil constitutionnel du 7 novembre 1984, *Allain*, note Martine CLIQUENNOIS, A.J.D.A., 1985, p. 93.

530 François LUCHAIRE, *Le Conseil constitutionnel*, tome 1, *Op. Cit.*, p. 88.

531 Théo ÖHLINGER, « Les juges constitutionnels autrichiens depuis 1945 », *Loc. Cit.*, p. 97.

obligations, aux termes de l'article 1er du décret du 13 novembre 1959, se trouve celle de « s'abstenir de tout ce qui pourrait compromettre l'indépendance et la dignité » des fonctions de membre du Conseil constitutionnel.

Une obligation d'« impartialité » est prévue dans plusieurs États. En Espagne, l'obligation de se conformer à un principe d'« impartialité » découle de l'article 22 de la loi organique sur le Tribunal constitutionnel. En France, les membres du Conseil constitutionnel sont également soumis à une obligation d'impartialité. En effet, aux termes de l'article 3 de l'ordonnance du 7 novembre 1958, ils doivent jurer d'exercer leurs fonctions « en toute impartialité ».

Les juges constitutionnels ont parfois une obligation de résidence. Ainsi, l'article 2 §2 de la loi de 1953 sur la Cour constitutionnelle autrichienne impose à certains membres de la Cour une obligation de résidence : « le Président ou le vice-président, au moins deux des rapporteurs permanents et au moins deux des membres suppléants doivent avoir leur domicile à Vienne ».

L'article 8 de la loi sur la Cour suprême du Canada impose également aux juges une obligation de résidence : « les juges doivent résider dans la région de la Capitale nationale [...] ou dans une zone périphérique de quarante kilomètres ».

Mais ces obligations sont quelquefois plus anecdotiques, comme celles imposées au juge constitutionnel allemand s'il souhaite prendre des vacances. Aux termes de l'article 11 §1 du règlement intérieur de la Cour constitutionnelle fédérale, « les juges communiquent à l'avance et en temps voulu les dates de leurs vacances au Président de la Cour et au Président de leur chambre. Ils laissent leur adresse au conseiller du Président de la chambre ». Ils doivent également signaler leurs congés de maladie et « leurs absences de plus d'une semaine ».

1. Le secret des délibérés et le droit de rendre publique une opinion séparée

Les juges constitutionnels doivent respecter le secret des délibérations. Mais cette obligation est parfois tempérée par le droit de rendre publique une opinion séparée.

Le secret des délibérés est une obligation quasi-universelle. L'obligation de conserver le secret des délibérations s'impose notamment aux juges constitutionnels allemands[532], belges[533], autrichiens[534] et espagnols[535]. Aux

---

532 Article 30 de la loi sur la Cour constitutionnelle fédérale ; Michel FROMONT, « Les méthodes de travail des juridictions constitutionnelles – Allemagne », *Loc. Cit.*, p. 169.

533 Article 108 de la loi spéciale du 6 janvier 1989 : « les délibérations de la Cour sont secrètes ».

534 Article 30 §1 de la loi sur la Cour constitutionnelle de 1953 ; Sylvie PEYROU-PISTOULEY, *La Cour constitutionnelle et le contrôle de constitutionnalité des lois en*

États-Unis, le secret des délibérés est une règle non-écrite particulièrement importante[536]. Les juges veillent à ce que cette règle soit respectée, même par les anciens membres de la Cour suprême[537].

Ce secret est renforcé par celui qui s'impose au personnel de la Cour. Comme le souligne David O'Brien, « la Cour préserve ses secrets avec soin ». Les membres nommés du Conseil constitutionnel français sont soumis également à l'obligation de secret. Celle-ci découle du serment prononcé par les membres du Conseil constitutionnel : ils jurent « de garder le secret des délibérations et des votes ».

Mais les membres de droit du Conseil constitutionnel ne sont pas tenus de prêter serment. Il est donc fréquemment admis qu'ils ne sont pas liés par l'obligation de garder secrètes les délibérations du Conseil constitutionnel[538]. Toutefois, le professeur Luchaire semble penser que celle-ci s'impose aux membres de droit.

Il reconnaît que « c'est, seul, le serment qui oblige un membre du Conseil constitutionnel à garder le secret des délibérations et du vote ; les membres de droit peuvent donc considérer que cette obligation ne les concerne pas »[539]. Mais il ajoute : « le délibéré est nécessairement secret ; trahir ce dernier c'est [...] se rendre coupable de l'infraction réprimée par l'article 226-13 du code pénal. Évidemment, il n'y a là qu'une hypothèse d'école car on voit mal un procureur de la République poursuivre en correctionnelle un ancien Président de la République pour avoir trahi le secret des délibérations du Conseil constitutionnel »[540].

Néanmoins, de nombreux États admettent que les juges constitutionnels puissent rendre publique une opinion séparée, c'est-à-dire une « opinion alternative à celle de la majorité de la Cour, rédigée par un ou plusieurs juges constitutionnels, soit parce qu'elle propose une solution différente, soit parce qu'elle offre un fondement différent pour une solution identique »[541]. Il peut s'agir d'une opinion dissidente[542] (par laquelle un juge indique son

---

Autriche, *Op. Cit.*, 1993, p. 106 ; Otto PFERSMANN, « Les méthodes de travail des juridictions constitutionnelles – Autriche », A.I.J.C., 1992, p. 209.

535 Pierre BON, « La Tribunal constitutionnel espagnol- Présentation du Tribunal », *Loc. Cit.*, n°2, 1997, p. 43 ;

536 David O'BRIEN, *Storm center*, *Op. Cit.*, p. 261.

537 Voir par exemple, David O'BRIEN, *Storm center*, *Op. Cit.*, p. 122-123.

538 Voir en ce sens Dominique ROSENBERG, « Les anciens Présidents de la République, membres de droit du Conseil constitutionnel : l'impossible retraite », *Loc. Cit.*, p. 1278-1279.

539 François LUCHAIRE, *Le Conseil constitutionnel*, tome 1, *Op. Cit.*, p. 87.

540 *Ibid.*, p. 88. L'article 226-13 du Code pénal dispose : « la révélation d'une information à caractère secret par une personne en est dépositaire soit par état soit par profession, soit en raison d'une fonction ou d'une mission temporaire, est punie d'un an d'emprisonnement et de 15000 euros d'amende ».

541 Wanda MASTOR, *Contribution à l'étude des opinions séparées des juges constitutionnels*, th., Droit public, Aix-Marseille III, 2001, p. 14.

542 David O'BRIEN, *Storm center*, *Op. Cit.*, p. 423.

opposition au dispositif et au motif de l'arrêt), ou d'une opinion concordante[543](par laquelle un juge indique qu'il accepte le motif mais rejette le dispositif)[544].

L'existence d'opinions dissidentes ou concurrentes produit des effets sur la pratique judiciaire. Comme le souligne le professeur Pini au sujet de la Cour suprême des États-Unis, la possibilité de rendre publique une opinion dissidente « induit à la fois des spéculations des observateurs et un intérêt déterminant des parties pour la stratégie judiciaire »[545]. Il n'est pas possible de détailler les justifications théoriques et les conséquences de l'acceptation ou du refus des opinions dissidentes et des opinions concurrentes[546].

Il s'agit seulement ici de rappeler quelles sont les juridictions constitutionnelles dont les membres peuvent exercer cette faculté. Ainsi, les États-Unis connaissent la pratique des opinions dissidentes et des opinions concurrentes. Ce système trouve son fondement et sa force dans la tradition[547]. Il faut toutefois prendre en compte une donnée d'ordre factuelle.

Durant le premier siècle d'existence de la Cour suprême, les opinions dissidentes et les opinions concurrentes étaient très rares. Cette habitude trouvait son origine dans l'attitude du *Chief Justice* Marshall, qui tentait toujours de décourager la publication d'opinions dissidentes au sein de la Cour suprême[548] car il pensait que des décisions unanimes affirmeraient le prestige de la Cour et sa légitimité.

Mais cette habitude a pris fin au cours de la première moitié du 20ème siècle. La règle du consensus a été remplacée par la règle de « l'expression individuelle ».

---

543 La langue juridique anglaise parle de *concurring opinions* (*Ibid.*, p. 424). Mais il est préférable, comme le propose Wanda Mastor, d'employer la formule *opinions concordantes* (Wanda MASTOR, *Contribution à l'étude des opinions séparées des juges constitutionnels*, *Op. Cit.*, 2001, p. 15).

544 Elisabeth Zoller souligne que « les opinions individuelles sont elles-mêmes de deux types et l'individualisme très marqué des juges oblige à pratiquer de subtiles distinctions. L'opinion peut être une *concurring opinion* tout court. C'est l'opinion individuelle pure et simple, celle dans laquelle son auteur, sans désavouer les motifs de la majorité, explique les autres motifs qui à son avis auraient pu conduire au même résultat. L'opinion peut être aussi *concurring in part* et *dissenting in part*. On peut traduire cette expression par opinion individuelle avec réserves. Il ne s'agit nullement d'une opinion dissidente dans la mesure où son auteur est d'accord avec la position prise par la majorité sur le jugement de la juridiction inférieure (qui est confirmé ou renversé). En revanche, il n'est pas d'accord avec tous les motifs retenus par la cour ; il partage certains ;

545 Joseph PINI, *Recherches sur le contentieux de constitutionnalité*, *Op. Cit.*, p. 182.

546 Sur ces questions, voir, outre la thèse de Wanda Mastor (Wanda MASTOR, *Contribution à l'étude des opinions séparées des juges constitutionnels*, th., Droit public, Aix-Marseille III, 2001, 447 pages), Joseph PINI, *Recherches sur le contentieux de constitutionnalité*, *Op. Cit.*, p. 277-280 ; Claire L'HEUREUX-DUBE, « Contribution au débat sur les opinions dissidentes dans les juridictions constitutionnelles – Canada », *Les Cah. Cons. const*, n°8, 2000, p. 85-94.

547 Voir par exemple, Ruth GINSBURG, in Noëlle LENOIR, « Entretien avec Mmes Sandra Day O'CONNOR et Ruth GINSBURG », *Les Cah. Cons. const.*, n°3, 1998, p. 49.

548 David O'BRIEN, *Storm center*, *Op. Cit.*, p. 112.

Aujourd'hui, les opinions dissidentes et les opinions concurrentes sont parfois fort nombreuses, et les motifs pour lesquels les juges y ont recours peuvent être fort divers.

Ils peuvent rédiger des opinions concurrentes afin de présenter un autre raisonnement que celui auquel s'est ralliée la majorité de la Cour, ou bien afin d'« envoyer des signaux aux juges inférieurs pour leur expliquer la direction » de la politique jurisprudentielle de la Cour. Parfois, il s'agit de motifs politiques, voire d'égocentrisme.

Aujourd'hui, les opinions dissidentes et concurrentes sont parfois tellement nombreuses dans une même affaire qu'il est impossible de définir précisément la position de la Cour[549]. Pourtant les membres de la Cour suprême tiennent à pouvoir conserver leur liberté de publier une opinion dissidente. Le juge Scalia affirme ainsi que « les opinions dissidentes augmentent le prestige de la Cour plus qu'elles ne le diminuent »[550].

De même, les juges de la Cour suprême du Canada bénéficient de la faculté de publier une opinion dissidente ou une opinion concurrente. Il s'agit là d'un élément de la tradition britannique, modifié par un siècle de pratique[551]. Les juges canadiens y recourent fréquemment : 30% des décisions de la Cour suprême font l'objet d'une opinion dissidente ou concurrente.

Après un débat au sein de la doctrine et parmi les hommes politiques qui a duré plusieurs années, le législateur allemand a modifié le 21 décembre 1970 la loi sur la Cour constitutionnelle afin d'y introduire la possibilité de rendre publique une opinion dissidente[552]. L'article 30 §2 de la loi sur la Cour constitutionnelle prévoit aujourd'hui qu'« un juge peut déposer dans un vote spécial son opinion divergente, qu'il a défendu au cours de la délibération, par rapport à une décision ou à sa motivation ; le vote spécial doit être annexé à la décision.

Les chambres peuvent communiquer le rapport des voix dans leur décision ». Les modalités de mise en œuvre de ces dispositions ont été précisées par l'article 56 du règlement intérieur de la Cour constitutionnelle.

Ces dispositions imposent aux juges constitutionnels désireux de rendre une opinion dissidente ou concurrente de « la communiquer à la chambre dès que l'état des délibérations le permet »[553] . Est également prévu un délai de trois semaines après l'achèvement de la décision pour faire parvenir le texte

549 Voir en ce sens William REHNQUIST, cité par David O'BRIEN , *Storm center*, *Op. Cit.*, p. 318.

550 Antonin SCALIA, cité par par David O'BRIEN , *Storm center*, *Op. Cit.*, p. 313.

551 Claire L'HEUREUX-DUBE, « Contribution au débat sur les opinions dissidentes dans les juridictions constitutionnelles – Canada », *Les Cah. Cons. const*, n°8, 2000, p. 86-88.

552 Sur ce débat, Voir Christian WALTER, « Contribution au débat sur les opinions dissidentes dans les juridictions constitutionnelles – Allemagne », *Les Cah. Cons. const*, n°8, 2000, p. 82-83.

553 Article 56 §2 du règlement intérieur de la Cour constitutionnelle fédérale.

de l'opinion dissidente ou concurrente ; la chambre à laquelle le juge appartient peut prolonger ce délai[554].

Il semble qu'aujourd'hui les juges constitutionnels utilisent la faculté de publier une opinion dissidente ou concurrente seulement dans 6% des affaires[555].La faculté pour les juges constitutionnels espagnols de rendre publique une opinion dissidente ou divergente découle de la Constitution. Son article 164 §1 prévoit en effet la possibilité d' « opinions particulières », c'est-à-dire d'opinions dissidentes et d'opinions concurrentes[556]. Certains juges constitutionnels ont recours très fréquemment aux opinions dissidentes et aux opinions concurrentes.

Au cours de ses neuf ans de mandat, le juge Gimeno Sandra y a eu recours 76 fois. Par contre, d'autres juges n'utilisent jamais cette faculté.

Il convient de remarquer que, dans les États où cela est possible, la faculté de rendre publique une opinion dissidente ou concurrente est souvent présentée comme liée à un renforcement de l'indépendance des juges constitutionnels[557]. C'est alors un élément essentiel de leur statut. Pourtant de nombreux États refusent de l'accorder aux juges constitutionnels. Les opinions dissidentes et les opinions concurrentes sont ainsi impossibles en Autriche[558], en Belgique[559], en France[560] et en Italie[561].

---

554 Article 56 §1 du règlement intérieur de la Cour constitutionnelle fédérale.

555 Christian WALTER, « Contribution au débat sur les opinions dissidentes dans les juridictions constitutionnelles – Allemagne », *Les Cah. Cons. const*, n°8, 2000, p. 83.

556 Teresa FREIXES, « Contribution au débat sur les opinions dissidentes dans les juridictions constitutionnelles – Canada », *Les Cah. Cons. const*, n°8, 2000, p. 94. L'auteur utilise l'expression « opinions concordante » pour désigner les opinions concurrentes.

557 Sur cette question, Voir Teresa FREIXES, « Contribution au débat sur les opinions dissidentes dans les juridictions constitutionnelles – Canada », *Les Cah. Cons. const*, n°8, 2000, p. 96-97 ; Claire L'HEUREUX-DUBE, « Contribution au débat sur les opinions dissidentes dans les juridictions constitutionnelles – Canada », *Les Cah. Cons. const*, n°8, 2000, p. 92.

558 Sylvie PEYROU-PISTOULEY, *La Cour constitutionnelle et le contrôle de constitutionnalité des lois en Autriche*, *Op. cit.*, 1993, p. 106 ; Otto PFERSMANN, « Les méthodes de travail des juridictions constitutionnelles – Autriche », A.I.J.C., 1992, p. 209 ; sur le débat contemporain au sujet de l'introduction des opinions dissidentes, Ludwig ADAMOVICH in Otto PFERSMANN, « Entretien avec M. Ludwig ADAMOVICH », *Les Cah. Cons const*, n°7, 1999, p. 106.

559 Anne RASSON, « Les méthodes de travail des juridictions constitutionnelles – Belgique », *Loc. Cit.*, p. 222.

560 Au sujet de l'autorisation des opinions dissidentes en France : Georges Vedel, in Dominique ROUSSEAU, *Droit du contentieux constitutionnel*, Paris, Montchrestien, 1995, 4ème éd., p. 9 ; Dominique ROUSSEAU « « Pour », une opinion dissidente en faveur des opinions dissidentes », *Les Cah. Cons. const.*, n°8, 2000, p. 113-114 ; François LUCHAIRE, *Les Cah. Cons. const.*, n°8, 2000, p. 111-112.

561 Alessandro PIZZORUSSO, « Contribution au débat sur les opinions dissidentes dans les juridictions constitutionnelles – Italie », *Les Cah. Cons. const.*, n°8, 2000, p. 107-109 ; Alessandro PIZZORUSSO, « Présentation de la Cour constitutionnelle italienne », *Loc. Cit.*, p. 27. Sur l'existence d'une opinion dissidente officieuse, Voir Jean-Claude ESCARRAS, « Les méthodes de travail des juridictions constitutionnelles – Italie », A.I.J.C., 1992, p. 280.

B. Les autorités garantes des privilèges et obligations des juges constitutionnels

L'effectivité des privilèges et obligations des juges constitutionnels est garantie par l'intervention de diverses autorités. Il convient de souligner que le rôle essentiel dans le contrôle du respect des privilèges et obligations des juges constitutionnels est joué par les juridictions constitutionnelles elles-mêmes, le rôle des autres institutions restant mineur.

1) Le rôle majeur des juridictions constitutionnelles dans le contrôle du respect des droits et obligations des juges constitutionnels

Les juridictions constitutionnelles ont un rôle essentiel dans le contrôle du respect des privilèges et obligations de leurs membres. La doctrine a parfois exprimé cette idée. Ainsi, Jean-Claude Escarras a-t-il souligné au sujet des juges constitutionnels italiens que dans certains domaines « les juges sont garants de leur propre indépendance »[562].

a) Les moyens de faire respecter les privilèges des juges constitutionnels

Les juridictions constitutionnelles disposent de plusieurs moyens pour faire respecter les privilèges dont bénéficient leurs membres. Elles peuvent entreprendre des poursuites pénales ou les prononcer elles-mêmes. Elles ont aussi la possibilité de décider que la mesure violant un de leur droit ou privilège est inapplicable ou de rendre publique la violation en faisant appel aux pouvoirs publics et à l'opinion publique

1. La possibilité pour les juges constitutionnels d'engager des poursuites ou de prononcer eux-mêmes des sanctions.

Les juridictions constitutionnelles disposent parfois de la possibilité d'engager des poursuites pénales ou de prononcer elles-mêmes des sanctions pénales.

Ainsi, en Italie, la Cour constitutionnelle s'est reconnue dans son arrêt n°15 du 17 février 1969 le droit d'engager des poursuites en cas de délit d'outrage à la Cour[563]. Le Code pénal avait conféré ce droit au ministre de la Justice. Mais cet arrêt « manipulatif-substitutif [...] a transféré à la Cour elle-même le pouvoir d'autoriser les poursuites en cas de délit commis contre la Cour elle-même »[564]. On peut imaginer que cette faculté permette à la Cour constitutionnelle de faire respecter les privilèges de ses membres, si une atteinte y était portée.

562 Jean-Claude ESCARRAS, Chron. Italie, A.I.J.C., 1985, p. 484.

563 Rapport italien à la 7ème conférence des Cours constitutionnelles européennes, traduction de Bruno GENEVOIS, *Loc. Cit.*, p. 177-178.

564 Alessandro PIZZORUSSO, « Présentation de la Cour constitutionnelle italienne », *Loc. Cit.*, p. 26.

La juridiction constitutionnelle peut parfois prononcer elle-même une sanction pénale. Ainsi, conformément aux traditions juridiques des pays de *common law*, la Cour suprême des États-Unis peut prononcer une peine pour *contempt of court* contre ceux qui troublent le cours de la justice ou font preuve de mauvaise volonté pour exécuter ses décisions[565]. On peut imaginer que cette prérogative soit utilisée afin de sanctionner une personne portant atteinte aux droits des juges constitutionnels.

Les possibilités d'engager des poursuites pénales ou de prononcer elles-mêmes des sanctions pénales sont des moyens dont disposent virtuellement certaines juridictions constitutionnelles pour faire respecter les droits de leurs membres. Mais cette prérogative n'existe que dans un nombre restreint d'États et sa mise en œuvre est seulement envisageable en cas d'atteinte particulièrement grave.

2. La possibilité d'annuler une disposition législative ou réglementaire portant atteinte aux privilèges des juges constitutionnels

Les juridictions constitutionnelles sont compétentes pour connaître des violations de la Constitution qui résultent des textes législatifs, et parfois de celles qui résultent de textes réglementaires. Si une disposition législative, ou le cas échéant réglementaire, porte atteinte à des privilèges statutaires de ses membres, la juridiction constitutionnelle a le pouvoir de la priver d'effet, soit en la déclarant contraire à la Constitution, dans le cadre du modèle américain, soit en l'invalidant, dans le cadre du modèle européen.

La Cour suprême des États-Unis a eu l'occasion de défendre ainsi les privilèges de ses membres. Par exemple, dans son arrêt *United States v. Will* de1980, elle a protégé le droit des juges fédéraux des cours à statut constitutionnel, parmi lesquels les membres de la Cour suprême, de ne pas subir de diminution de leurs traitements pendant la durée de leur mandat.

3. La possibilité de rendre publique une violation des privilèges des juges constitutionnels

La juridiction constitutionnelle peut décider de rendre publique la violation des privilèges des juges constitutionnels. Plusieurs moyens sont envisageables.

Il est possible d'utiliser un rapport officiel émanant de la juridiction ou de son président. Ainsi, le *Chief Justice* des États-Unis publie-t-il chaque année un rapport sur la magistrature fédérale. Dans ce rapport, le *Chief Justice* pourrait éventuellement faire part au public des violations des privilèges des

565 *Constitution of the United States of America : Analysis and interpretation*, annotations de jurisprudence décidées par la Cour suprême des États-Unis, préparées par le Congressional Research Service, 1992, www.access.gpo/congress/senate/constitution (28/12/1999), p. 623-635

membres de la Cour suprême[566]. Cette faculté d'utiliser un rapport officiel existe également en Autriche[567].

De même, les juges constitutionnels peuvent rendre publique une telle violation lors d'une conférence de presse ou en publiant une lettre ouverte. Une telle éventualité est loin d'être hypothétique.

Ainsi, le *Chief Justice* a rendu public en 1999 un courrier adressé au leader de la majorité sénatoriale, dans lequel il demandait d'augmenter le budget de la justice pour l'année 2000, alors que le projet de budget prévoyait son gel pendant une année de plus[568].

b) Les moyens de respecter les obligations des juges constitutionnels

Le respect de leurs obligations incombe en premier lieu aux juges constitutionnels.

Afin d'obtenir le respect de leurs obligations par les juges constitutionnels, il est nécessaire qu'existent des possibilités de récusation, d'autorécusation, de suspension et de démission.

1. La récusation des juges constitutionnels

Les juges constitutionnels disposent généralement d'une faculté de récusation. Le terme *récusation* présente deux sens distincts. Dans un premier sens, que nous appellerons sens strict, *récusation* renvoie à l'action de récuser, c'est-à-dire de « refuser un juge »[569] dont on soupçonne soit qu'il a manqué à ses obligations, soit que sa participation au jugement de l'affaire le conduirait à manquer à ses obligations. La récusation, entendue dans ce sens, est toujours décidée par la juridiction constitutionnelle elle-même. Dans un second sens, le terme récusation revoie à l'action de se récuser, c'est-à-dire pour un juge « de déclarer [qu'il] n'est pas compétent pour juger une cause, trancher un litige ». C'est le juge lui-même qui décide de ne pas siéger lors de l'examen d'une affaire. Nous désignerons cette faculté offerte au juge par le terme *auto-récusation*[570].

La récusation d'un membre d'une juridiction constitutionnelle par celle-ci est admise dans de nombreux États. Il convient de préciser quels sont les

566 Ce rapport est publié et commenté dans la presse.

567 Article 14 §3 de la loi de 1953 sur la Cour constitutionnelle autrichienne.

568 Lettre du 9 août 1999 de William REHNQUIST, publiée sur le site internet de l'*Administrative Office of the United States Courts*, www.uscourts.gov/press_releases/chief1.htm (09/02/00).

569 Paul-Emile LITTRE, *Dictionnaire de la langue française*, *Op. Cit.*, tome 4, p. 5311.

570 Il ne faut pas confondre ce que nous nommons auto-récusation au sens strict et ce que les Allemands désignent par *Selbstablehnung*, terme que la doctrine traduit parfois par « auto-récusation ». En effet, dans le cas d'une auto-récusation, il revient au juge qui se récuse de prendre la décision. Dans le cas de la *Selbstablehnung* , il y a seulement saisine de la Cour constitutionnelle par le juge d'une demande tendant à sa propre récusation. Et c'est la Cour constitutionnelle qui prend la décision, non le juge. La *Selbstablehnung* relève donc de la récusation au sens strict et non de l'auto-récusation

motifs justifiant la récusation d'un juge et quelle est la procédure de récusation.

Il faut souligner qu'en Allemagne, la récusation peut résulter de deux procédures. Ainsi, existe la *Richterausschluss* découlant de l'article 18 de la loi sur la Cour constitutionnelle fédérale. On traduit généralement ce terme par l'expression *mise à l'écart*. La récusation peut également être fondée sur l'article 19 de la même loi. On parle alors de *Richterablehnung*. Ce terme est fréquemment traduit par l'expression *récusation de juge.*

La récusation peut être demandée par une partie. Ainsi la récusation de juge prévue par l'article 19 de la loi sur la Cour constitutionnelle fédérale allemande (*Richterablehnung*) peut être demandée par l'une des parties[571]. De même, une partie peut demander à la Cour constitutionnelle la mise à l'écart (*Richterausschluss*) en application de l'article 18 de la loi sur la Cour constitutionnelle fédérale[572]. L'initiative de la récusation peut émaner du juge constitutionnel lui-même.

Ainsi la récusation de juge prévue par l'article 19 §3 de la loi sur la Cour constitutionnelle fédérale allemande peut être demandée par un membre de la Cour. On parle de *Selbstablehnung*. La Cour constitutionnelle fédérale allemande a eu à juger de plusieurs demandes de récusation. Elle a accepté plusieurs requêtes[573], mais il arrive également que la Cour rejette une demande de *Selbstablehnung*[574].

Dans tous les cas, la décision d'accorder la récusation appartient exclusivement à la juridiction constitutionnelle elle-même. Parfois la décision relève de la compétence de la formation plénière de la juridiction constitutionnelle[575].

Mais généralement, la juridiction statue sur cette question dans sa formation ordinaire de jugement[576].

Le juge sera récusé s'il est lui-même partie à l'affaire. Ainsi, en Allemagne fédérale, la récusation fondée sur l'article 18 de la loi sur le Cour

571 Voir par exemple, la décision du 15 septembre 1998 rejetant la demande de récusation du juge JENTSCH, B.V.G.E. 99, 49.

572 Pour une demande de mise à l'écart (d'ailleurs rejetée), Voir décision du 5 avril 1990, B.V.G.E. 82, 30.

573 Quelques exemples de décisions accordant la récusation : décision du 5 avril 1990 accordant la récusation du juge KIRCHHOF, B.V.G.E. 82, 30 ; décision du 12 octobre 1994 accordant la récusation de la présidente LIMBACH, B.V.G.E. 91, 226 ; décision du 16 février 1995, accordant la récusation de la présidente LIMBACH ; B.V.G.E. 92, 138 ; décision du 7 février
1997 accordant la récusation du juge STEINER, B.V.G.E. 95, 189.

574 Décision du 27 janvier 1994 refusant la demande de récusation du president HERZOG, B.V.G.E. 89, 359.

575 Voir, par exemple, l'article 10 de la loi organique relative au Tribunal constitutionnel espagnol.

576 Ainsi, en Allemagne, il revient à la chambre à laquelle appartient le juge de statuer sur la récusation

constitutionnelle fédérale (*Richterausschluss)* peut être demandée si un juge « est partie à l'affaire ».

L'article 18 §2 précise que « n'est pas considéré comme partie celui qui est intéressé à l'issue de la procédure en raison de sa situation familiale, de sa profession, de son origine, de son appartenance à un parti politique ou de toute autre considération générale du même type ». En Belgique également, est prévue la récusation du juge qui est partie à l'affaire[577] ou qui, plus largement, a un intérêt personnel à celle-ci[578]. En R.F.A., l'article 18 §1 de la loi sur la loi constitutionnelle fédérale prévoit la récusation des juges qui sont apparentés ou alliés à une partie[579].

De même, en Belgique l'existence d'un lien de famille entre le juge et l'une des parties doit entraîner sa récusation[580]. En Belgique, il en est de même si l'un des membres de sa famille a « un différend sur une question pareille à celle dont il s'agit » dans l'affaire[581], ou a eu un procès « devant un tribunal où l'une des parties est juge »[582], ou bien encore est créancier ou débiteur de l'une des parties. Les mauvaises relations entre le juge et l'une des parties donnent lieu à récusation. Un juge à la Cour d'arbitrage est récusé « s'il y a inimitié capitale entre lui et l'une des parties »[583].

En général, un juge qui a connu de l'affaire au cours de ses activités antérieures est récusé.

Ainsi, en Allemagne fédérale, la mise à l'écart d'un juge dans le cadre de l'article 18 de la loi sur la Cour constitutionnelle fédérale est prévue si celui-ci « a participé à l'affaire, au titre de ses fonctions ou de sa profession »[584].

---

577 Article 828 1° du Code judiciaire, rendu applicable à la récusation des membres de la Cour d'arbitrage belge par l'article 101 de la loi spéciale du 6 janvier 1989.

578 Article 828 1°, 3°, 4°, 5°, 6°et 7° du Code judiciaire rendu applicable aux juges de la Cour d'arbitrage par l'article 101 de la loi spéciale du 6 janvier 1989.

579 Le motif de mise à l'écart concerne également un juge « lorsqu'il est ou a été marié avec une partie, lorsqu'il est apparenté ou allié en ligne directe à une partie ou lorsqu'il est apparenté en ligne collatérale jusqu'au deuxième degré » (article 18 §1 de la loi sur la Cour constitutionnelle fédérale).

580 Article 828 2° du Code judiciaire rendu applicable aux juges de la Cour d'arbitrage par l'article 101 de la loi spéciale du 6 janvier 1989.

581 Article 828 3° du Code judiciaire rendu applicable aux juges de la Cour d'arbitrage par l'article 101 de la loi spéciale du 6 janvier 1989.

582 Article 828 4° du Code judiciaire rendu applicable aux juges de la Cour d'arbitrage par l'article 101 de la loi spéciale du 6 janvier 1989.

583 Article 828 11° du Code judiciaire rendu applicable aux juges de la Cour d'arbitrage par l'article 101 de la loi spéciale du 6 janvier 1989.

584 La Cour constitutionnelle fédérale allemande a mis en œuvre ces dispositions. Dans sa décision du 14 mai 1986, elle a considéré qu'un juge devait être écarté lors de l'examen de la constitutionnalité d'une décision qu'il avait prise comme ministre, quelques années auparavant (Michel FROMONT, « Les juges constitutionnels - Allemagne fédérale », *Loc. Cit.*,
p. 87). Mais le fait qu'un juge ait participé à l'adoption d'une décision de la Cour administrative fédérale relative à la constitutionnalité de la loi d'un Land, intervenue au cours d'une autre procédure, ne suffit pas à justifier sa mise à l'écart lors du contrôle de la

De même, en Belgique, un juge qui a connu de l'affaire en tant que conseil, juge ou arbitre doit en principe être révoqué[585].

Mais, l'article 101 alinéa 2 de la loi spéciale du 6 janvier 1989 sur la Cour d'arbitrage prévoit que « le fait qu'un juge de la Cour a participé à l'élaboration de la loi, du décret ou de la règle visée à l'article 26bis de la Constitution qui fait l'objet du recours en annulation ou de la décision de renvoi ne constitue pas en soi une cause de récusation »[586]. De même, l'article 18 §3 de la loi sur la Cour constitutionnelle fédérale allemande précise qu'il n'y a pas lieu à mise à l'écart d'un juge (*Richterausschluss)* dans le cas d'une « participation à une procédure législative ».

Toutefois, la jurisprudence de la Cour constitutionnelle semble admettre dans certains cas une *Richterablehnung* pour suspicion légitime contre un juge qui a participé à la procédure législative[587].

En revanche, en Autriche, la récusation des juges ayant participé au processus législatif est prévue[588].

Une prise de position publique d'un juge constitutionnel peut être un motif de récusation. Il en est ainsi en Allemagne fédérale. En effet, aux termes de l'article 19 de la loi sur la Cour constitutionnelle fédérale, la récusation d'un juge constitutionnel est possible en cas de suspicion légitime. La Cour constitutionnelle fédérale a précisé cette notion. Il y a

---

constitutionnalité de la même loi; toutefois serait prononcée la mise à l'écart si le juge avait participé à l'adoption d'une décision dans le cadre de la même procédure (Michel FROMONT, Chron. R.F.A., A.I.J.C., 1988, p. 232).

585 Article 828 8° et 9° du Code judiciaire rendu applicable aux juges de la Cour d'arbitrage par l'article 101 de la loi spéciale du 6 janvier 1989.

586 La Cour d'arbitrage belge a mis en œuvre cette disposition dans son arrêt du 10 mai 1994. Elle a considéré que ne devait pas être récusé un ancien sénateur dont le rôle s'était borné à émettre avec la majorité un vote positif en ce qui concerne la loi, et un vote négatif à l'égard des amendements proposés par l'opposition (Arrêt du 10 mai 1994, n° 3594, disponible sur le site www.cass.be).

587 Décision de la Cour constitutionnelle fédérale allemande du 5 avril 1990 accordant la récusation du juge KIRCHHOF, B.V.G.E. 82, 30. Dans cette affaire, la Cour a considéré que le juge KIRCHHOF, en donnant une consultation sur un projet de loi à la demande du gouvernement du Bade-Wurtemberg avait participé à la procédure législative. Dès lors, l'article 18§3 de la loi sur la Cour constitutionnelle fédérale interdisait qu'il puisse faire l'objet d'une mesure de mise à l'écart. Mais la Cour a prononcé sa récusation pour suspicion légitime, sur le fondement de l'article 19.

588 Article 12 §4 de la loi de 1953 sur la Cour constitutionnelle autrichienne : « Lors du contrôle de la légalité d'un règlement, sont exclus les membres qui, au moment de l'émission de ce règlement, ont appartenu au Gouvernement fédéral ou au Gouvernement de Land intéressé. Lors du contrôle de la constitutionnalité des lois, sont exclus les membres qui, au moment de l'adoption de la loi, ont appartenu à l'organe législatif qui a adopté la loi concernée. De même, lors du contrôle de la constitutionnalité des lois de la Fédération, sont également exclus les membres qui, au moment de l'adoption de la loi, ont appartenu au Conseil fédéral ».

suspicion légitime si l'une des parties, examinant raisonnablement toutes les circonstances de l'espèce, a un motif de douter de l'impartialité du juge[589].

2. L'auto-récusation d'un juge constitutionnel

Les membres de la Cour suprême des États-Unis sont, comme tous les juges fédéraux, soumis à la section 455 du titre 28 du United States Code[590]. Ils sont donc en principe tenus de s'auto-récuser lorsqu'ils se trouvent dans une certaine situation. Il en est ainsi dès lors que leur impartialité peut être raisonnablement mise en cause.

En outre, ils doivent se récuser s'ils ont un préjugé sur une partie ou si cela ne justifie pas la récusation d'un juge, le fait que ce juge ait rédigé, avant d'être nommé à la Cour constitutionnelle fédérale, une consultation pour le ministère des affaires sociales à propos du projet de loi dont la constitutionnalité est contestée (décision de la Cour constitutionnelle fédérale du 18 décembre 2001, cité par Michel Fromont, Chron. Allemagne, A.I.J.C., 2001, p. 423).

Il en est de même du fait que l'affaire mettait en cause un associé du cabinet auquel appartenait le juge qui forme une demande d'auto récusation (Cour constitutionnelle fédérale, 12 juillet 2000, cité par Michel Fromont, Chron. Allemagne, A.I.J.C., 2000, p. 515-516). Voir également, le commentaire (critique) de la décision du 6 juillet 1999 de Michel Fromont (Michel Fromont, Chron. Allemagne, A.I.J.C., 1999, p. 380).

Une connaissance personnelle des faits, s'ils ont exercé en tant qu'avocat dans l'affaire ou été associés de l'avocat de l'une des parties ou s'ils ont un intérêt financier dans la matière en cause. Ils doivent également se récuser si leur conjoint a un intérêt dans l'affaire. En général, les juges n'expliquent pas les motifs de leur récusation, et lorsqu'ils le font, leurs explications restent sommaires[591].

---

589 Voir décision de la Cour constitutionnelle fédérale allemande du 16 février 1995, relative à la demande de récusation du président LIMBACH, B.V.G.E. 92, 138 (139). La Cour a prononcé la récusation d'un juge ayant pris position en faveur de la répression des infractions commises par les autorités publiques dans l'ex-R.D.A. lors d'une affaire relative à la constitutionnalité d'une loi ayant servi de fondement à la condamnation des membres de l'ancien Conseil de défense de la R.D.A. (décision du 12 octobre 1994, relative à la demande de récusation du président LIMBACH, B.V.G.E. 91, 226). La récusation du même juge a été prononcée dans une affaire relative à la condamnation d'un ancien membre des troupes frontalières de la R.D.A. (décision du 16 février 1995 relative à la demande de récusation du président LIMBACH, B.V.G.E. 92, 138). Mais pour la Cour, le fait qu'un juge soit candidat à la présidence fédérale ne suffit pas à constituer une cause de suspicion légitime justifiant sa récusation (décision du 27 janvier 1994 relative à la demande de récusation du président HERZOG, B.V.G.E. 89, 359).

590 Voir, rappelant le principe de l'application de ces dispositions aux membres de la Cour suprême, *United States v. Will*, 449 US 200 (1980).

591 David O'BRIEN, *Storm center*, *Op. Cit.*, p. 188-189.

En France, aucune disposition ne prévoit de manière expresse la possibilité pour les membres du Conseil constitutionnel de se récuser. Pourtant dès le 25 mai 1967, le président Palewski a décidé de ne pas siéger lorsque le Conseil constitutionnel a statué sur l'élection de son frère[592].

De même, le 27 juin 1967, François Luchaire s'est abstenu de délibérer sur une élection à laquelle sa fille s'était présentée. Le président Badinter s'est également abstenu de siéger lors de l'examen de la « loi Sapin » en raison de ses liens familiaux avec le dirigeant d'un groupe publicitaire[593].

Lors de l'examen par le Conseil constitutionnel de la loi de 1998 sur l'entrée et le séjour des étrangers en France, Pierre Mazeaud « n'a participé ni à la délibération ni au vote sur la partie de la décision relative à l'article 29 de la loi déférée », car il était encore député lorsque l'Assemblée nationale avait examiné ces dispositions[594].

De même, le président Giscard d'Estaing n'a pas siégé lors de l'examen par le Conseil constitutionnel du traité établissant une Constitution pour l'Europe[595].

Dès lors qu'ils sont liés aux parties ou intéressés à l'affaire ou à la solution de l'affaire, les juges constitutionnels doivent se récuser ou être récusés.

La faculté de récusation des juges constitutionnels semble un moyen de respecter l'obligation d'impartialité inhérente à leurs fonctions. Pourtant, il existe des États dans lesquels la récusation des juges constitutionnels est impossible. Il en est ainsi en Italie[596].

3. La suspension des juges constitutionnels

Par *suspension,* on désigne une « mesure essentiellement provisoire pouvant être prise par l'autorité investie du pouvoir disciplinaire [...] qui a pour effet d'écarter temporairement l'intéressé du service ; la suspension peut s'accompagner de la privation d'une partie du traitement »[597]. La suspension des juges constitutionnels n'existe que dans certains États. Ainsi, les juges de la Cour suprême des États-Unis ne peuvent faire l'objet d'une telle mesure.

L'une des finalités de la suspension des juges constitutionnels est le respect de leurs obligations. En effet, la suspension peut permettre que le

592 François LUCHAIRE, *Le Conseil constitutionnel*, tome 1, *Op. Cit.*, p. 92

593 Joseph PINI, *Recherches sur le contentieux de constitutionnalité*, *Op. Cit.*, p. 182.

594 Décision n°98-399 DC du 5 mai 1998, Rec., p. 245

595 Décision n°2004-505 DC du 19 novembre 2004, J.O. éd. L.D., 24 novembre 2004, p. 19885.

596 Joseph PINI, *Recherches sur le contentieux de constitutionnalité*, *Op. Cit.*, p. 182 ; le professeur PINI souligne que « cela n'a pas empêché certains juges de s'abstenir de venir siéger dans certains cas où leur situation se trouvait particulièrement concernée ». Cette pratique s'apparente à une forme d'auto- récusation.

597 Gérard CORNU, *Vocabulaire juridique*, *Op. Cit.*, p. 814.

juge cesse d'exercer temporairement ses fonctions afin de ne pas risquer de se trouver dans une situation incompatible avec ses obligations de juge constitutionnel. En outre, la faculté de suspension apparaît comme une mesure de sanction dans de nombreux États. Elle a alors un rôle de prévention de la violation de leurs obligations par les juges constitutionnels. Il existe plusieurs types de mesures de suspension. La suspension peut être décidée par la juridiction constitutionnelle elle-même. Mais il est possible qu'elle soit volontaire ou automatique.

Dans certains États la mesure de suspension d'un juge constitutionnel est décidée par la juridiction constitutionnelle elle-même. Ainsi, aux termes de l'article 105 §5 de la loi sur la Cour constitutionnelle fédérale allemande, l'assemblée plénière de la Cour constitutionnelle peut décider de la suspension provisoire de l'un de ses membres à la majorité des deux tiers. Les motifs de suspension sont strictement définis.

D'abord, la suspension est possible si « une instance au fond est ouverte contre un juge pour un acte pénalement répréhensible ». La suspension est également possible si la Cour constitutionnelle fédérale a entrepris une procédure visant à autoriser le président fédéral à procéder à la révocation de l'un de ses membres. De même, les juges constitutionnels italiens sont susceptibles d'être suspendus de leurs fonctions. L'article 3 de loi constitutionnelle n°1 du 9 février 1948 envisage ainsi une suspension en cas « d'incapacité physique ou civile ou pour manquement grave dans l'exercice de leurs fonctions ».

La suspension ne peut être décidée que « par une décision de la Cour », qui doit être adoptée « à la majorité des deux tiers des juges présents ». Les membres de la Cour d'arbitrage belge peuvent également être suspendus de leurs fonctions s'ils ont « manqué à la dignité de leurs fonctions ou aux devoirs de leur état ».

La suspension doit être décidée par un « arrêt rendu par la Cour d'arbitrage ». Le Tribunal constitutionnel espagnol peut aussi prononcer la suspension de l'un de ses membres. La suspension d'un juge constitutionnel intervient en cas de « mise en accusation » ou si est entrepris contre lui une procédure de destitution.

Mais dans ce dernier cas, la suspension ne peut se prolonger que pendant « le temps indispensable afin d'établir si une des causes » de destitution existe. En Autriche, la suspension d'un membre de la Cour constitutionnel est envisageable. Elle peut intervenir au cours de la procédure de destitution d'un juge constitutionnel, en tant que mesure provisoire. Il revient à la Cour constitutionnelle elle-même de la prononcer. La suspension d'un membre d'une juridiction constitutionnelle peut être automatique.

Le juge constitutionnel est alors suspendu du seul fait de la survenance d'une situation. Mais une telle solution est rarement retenue. Ce système existe en France, et concerne les membres de droit du Conseil constitutionnel. En effet, la jurisprudence du Conseil constitutionnel et du

Conseil d'État leur interdit de siéger dès lors qu'ils exercent une activité ou un mandat incompatible avec les fonctions de membre du Conseil constitutionnel. Dans sa décision *Allain* du 7 novembre 1984, le Conseil constitutionnel a ainsi affirmé que « l'élection au Parlement d'un membre de droit du Conseil constitutionnel fait obstacle à ce que celui-ci siège au sein de ce Conseil ».

De même, dans son arrêt Sitbon du 20 octobre 1989, le Conseil d'Etat a souligné que « l'élection au Parlement européen d'un membre de droit du Conseil constitutionnel fait obstacle à ce que celui-ci siège au sein de ce Conseil ». Il semble que cette solution doive être appliquée à tout mandat ou toute activité incompatible avec les fonctions de membre du Conseil constitutionnel. En effet, dans sa décision 94- 354 DC du 11 janvier 1995, le Conseil constitutionnel a souligné « que, dès lors qu'un ancien Président de la République exerce un mandat ou une fonction incompatible avec ses fonctions de membre de droit du Conseil constitutionnel, les dispositions sus analysées doivent être regardées comme faisant [...] obstacle à ce qu'il y siège »[598].

Cette interdiction de siéger peut être analysée comme une suspension du membre de droit concerné, suspension qui ne nécessite pas l'intervention du Conseil constitutionnel. L'ancien Président de la République est ainsi suspendu tant que dure l'incompatibilité[599]. D'ailleurs, depuis avril 2004, M. Giscard d'Estaing, qui n'est plus concerné par aucune incompatibilité, siège au sein du Conseil constitutionnel.

Il existe, en France, un autre cas de suspension automatique. En effet, aux termes de l'article 4 du décret du 13 novembre 1959, relatif aux obligations des membres du Conseil constitutionnel, un membre du Conseil constitutionnel qui souhaite « solliciter un mandat électif doit demander sa mise en congé pour la durée de la campagne électorale. La mise en congé est de droit ». Le juge constitutionnel « doit demander » : il ne s'agit pas d'une suspension volontaire puisque le membre du Conseil constitutionnel est tenu de demander sa mise en congé s'il souhaite entreprendre une campagne.

De plus, « la mise en congé est de droit » : c'est-à-dire que le Conseil constitutionnel est tenu de l'accorder ; il ne dispose d'aucune marge d'appréciation, comme dans le cas où la suspension est décidée par la juridiction constitutionnelle. Il semble qu'il faille analyser la mise en congé comme une suspension automatique car elle se produit dans tous les cas où le juge constitutionnel sera en campagne électorale. Mais cette suspension

598 Décision n° 94-354 DC du 11 janvier 1995, R.J.C. I-617.

599 En Italie s'est posé un problème comparable. Un ancien Président de la République, sénateur à vie, a été nommé membre de la Cour constitutionnelle. Or, la fonction de parlementaire est incompatible avec celle de membre de la Cour constitutionnelle. Il fut décidé que pendant la durée du mandat à la Cour constitutionnelle d'un ancien Président de la République, il y a « suspension de l'exercice [de ses] fonctions de membre du Parlement » (Jean-Claude ESCARRAS, « Les juges constitutionnels - Italie », *Loc. Cit.*, p. 180).

automatique est encadrée, de manière à faire intervenir le Conseil constitutionnel et le membre concerné. Cette intervention est purement formelle, puisque ni le juge constitutionnel ni la juridiction ne dispose de la moindre marge d'appréciation.

La suspension volontaire est celle qui est décidée par le juge concerné. Elle n'est généralement pas prévue dans les juridictions constitutionnelles. Aucune disposition ne la prévoit pour les membres du Conseil constitutionnel français. Pourtant, le président Dumas a décidé de suspendre volontairement l'exercice de ses fonctions au Conseil constitutionnel. Dans un communiqué du 23 mars 1999, Roland Dumas annonça sa décision « pour un temps de ne pas exercer [sa] fonction de Président du Conseil constitutionnel »[600]. Le Conseil constitutionnel a constaté cette situation[601]. Il s'agit d'un cas de suspension volontaire car le président Dumas a agi librement, sans être contraint de suspendre l'exercice de ses fonctions.

Le Conseil constitutionnel a seulement pris « acte de la situation ». Aucune disposition constitutionnelle, législative ou réglementaire ne peut servir de fondement à la suspension volontaire d'un membre du Conseil constitutionnel. Mais aucune disposition n'interdit de manière expresse une telle suspension. D'ailleurs, l' « empêchement » du président est envisagé par l'article 13 de l'ordonnance du 7 novembre 1958. Ces dispositions ont été utilisées par le Conseil constitutionnel afin de déterminer le régime de l'intérim du président du Conseil constitutionnel[602].

4. La démission des juges constitutionnels

La démission est « l'acte par lequel on renonce à une fonction »[603]. Il est nécessaire de permettre au juge constitutionnel de démissionner lorsqu'il estime ne plus être en mesure de respecter les obligations auxquelles son statut l'astreint. Le droit de démissionner est généralement reconnu aux juges constitutionnels. En principe, la démission n'est soumise à aucune

600 Communiqué de Roland Dumas du 23 mars 1999, www.conseil-constitutionnel.fr/images/comm.gif (15/03/00).
Communiqué de Roland Dumas du 23 mars 1999, www.conseil-constitutionnel.fr/images/comm.gif (15/03/00).
601 « Le Président Roland Dumas a décidé de suspendre l'exercice de ses fonctions au Conseil constitutionnel à compter du 24 mars 1999 et jusqu'à ce que les procédures judiciaires dont il est l'objet soient terminées » (Communiqué du Conseil constitutionnel du 24 mars 1999, www.conseil-constitutionnel.fr/divers/comm.htm [15/03/00]). Voir également, Sophie de CACQUERAY, in Sophie de CACQUERAY, Marthe FATIN-ROUGE et Joseph PINI, Chron. France, A.I.J.C. 1999, p. 576).
602 Note technique du secrétaire général du Conseil constitutionnel du 24 mars 1999, sur le régime de l'intérim, www.conseilconstitutionnel. fr/divers/interim.htm (15/03/00) ; Voir l'opinion, plutôt critique, de Didier MAUSS, Chron., R.F.D.C., 1999, p. 581-582.
603 Raymond GUILLIEN et Jean VINCENT, *Termes juridiques*, *Op. Cit.*, p. 194. La *démission d'office*, que peut éventuellement prononcer le Conseil constitutionnel contre l'un de ses membres n'est évidemment pas une démission. Il s'agit d'une mesure de destitution.

condition de fond. Il en est ainsi en Allemagne, aux États-Unis[604] et au Portugal.

Il en est de même des membres nommés du Conseil constitutionnel français. Mais il arrive que la démission soit être acceptée par la juridiction constitutionnelle avant de prendre effet, comme c'est le cas en Italie[605]. En Espagne la démission doit être « acceptée par le Président du Tribunal »[606]. En revanche, cas unique semble-t-il, les anciens Présidents de la République, qui sont membres de droit du Conseil constitutionnel français ne peuvent démissionner[607]. Ainsi, le Président Auriol, qui voulait quitter le Conseil constitutionnel, a seulement pu cesser de participer à ses travaux[608].

Section 3. De la difficile gestation du contentieux électoral en Afrique

En faisant une appréciation rétrospective du contentieux électoral en Afrique, on est saisi par une impression de vide et un fort sentiment de déception. Le vide, parce que le numéro de cette revue consacré, il y a un quart de siècle, au thème des « Pouvoirs africains » ne faisait guère allusion à cette notion, ce qui est symptomatique du type d'élection –élections sans choix et donc sans risques qui était alors pratiqué sur le continent.

La déception, parce que le contentieux électoral a souvent, pour ne pas dire toujours, fait problème sous le régime du parti unique en Afrique pour les élections municipales, les scrutins législatifs et, pire encore, pour ce qui est de l'élection présidentielle à propos de laquelle le doyen Francis Wodié faisait remarquer que tout contentieux est considéré comme préalablement et définitivement tari ou vidé ; à raison du filtrage et du contrôle opéré avec les partis dominants, on présente même le contentieux comme étant pratiquement sans issue[609]. La démocratie pluraliste constitue aujourd'hui, partout ailleurs comme en Afrique, une expression à la mode ; pour ce faire, l'élection est présentée comme étant le mode normal de manifestation du droit des peuples à disposer d'eux-mêmes.

Un juge constitutionnel marocain fait remarquer à juste titre que le droit électoral duquel émerge le contentieux électoral connaît à l'heure actuelle une extension aussi large que la démocratie puisqu'il se trouve inscrit aussi bien dans les actes juridiques des pays développés que dans celui des États

---

604 Alain LEVASSEUR, in Alain LEVASSEUR (sous la dir.), *Droit des États-Unis*, Paris, Dalloz, 2ème éd., 1994, p. 35.

605 Article 17 du règlement général de la Cour constitutionnelle.

606 Article 23 §1 de la loi organique relative au Tribunal constitutionnel espagnol.

607 Michel VERPEAUX, « Conseil constitutionnel », *Loc. Cit.*, n°114 ;
Dominique ROSENBERG, « Les anciens Présidents de la République, membres de droit du Conseil constitutionnel : l'impossible retraite », *Loc. cit.*, p. 1279-83 ; François LUCHAIRE, *Le Conseil constitutionnel*, tome 1, *Op. Cit.*, p. 85.

608 Pierre AVRIL et Jean GICQUEL, *Le Conseil constitutionnel*, *Op. Cit.*, p. 90

609 Francis Wodié, *Institutions politiques et Droit constitutionnel en Côte d'Ivoire*, Abidjan, Presses universitaires de Côte d'Ivoire, 1996. p. 116 *sq.*

nouveaux[610]. En effet, dès que la concurrence politique est réapparue, ne serait-ce que dans le cadre du parti unique, à l'occasion des consultations électorales dans certains pays africains qui ont adopté des systèmes politiques semi-fermés, la fraude électorale et les autres formes d'irrégularités sont devenues des préoccupations pour les acteurs politiques et les observateurs de la vie politique en Afrique[611].

L'idée même d'un contentieux électoral en Afrique est rendue de ce fait irrésistible, du moins si l'on accepte le principe d'élections transparentes.

Nombre de failles demeurent quant à la fiabilité du contentieux électoral en Afrique, du moins dans la plupart des États du continent. Alors que, dans les démocraties pluralistes en Occident, l'action du juge constitutionnel et du juge pénal a largement contribué à moraliser les consultations électorales, en Afrique, le contentieux électoral en est encore au stade des balbutiements.

On a même quelquefois le sentiment d'assister au déroulement de procédures que l'on peut qualifier tout simplement d'« exotiques », comme par exemple le fait pour le juge électoral au Nigeria de ne s'être prononcé que plus d'une année et demie après l'élection présidentielle d'avril 2007 sur la régularité de ce scrutin. Dans ces conditions et raisonnablement, Umaru Musa Yar'Adua, donné comme élu et exerçant depuis un temps déjà très long les fonctions de chef de l'État, ne peut plus voir son élection invalidée.

La faible implantation du contentieux électoral s'explique de diverses façons. Il y a, avant tout, une raison institutionnelle qui tient au fait qu'en Afrique les pouvoirs publics, c'est-à-dire le personnel politique et l'administration publique, sont parties prenantes dans la fraude électorale ; il y a, par ailleurs, les défaillances dues à l'insuffisance ou l'inadéquation des moyens matériels.

Tout ceci concourt à retarder ou à empêcher la mise en place des conditions du renouvellement régulier des élites au pouvoir. Dans ce cas, il est évident que les manœuvres électorales prennent une ampleur significative, l'égalité entre les candidats reste théorique. On aurait dû s'attendre, comme le souligne Jean-Claude Masclet, que le contentieux se trouve au premier plan de l'actualité[612] en d'autres termes, que ces manœuvres soient plus sévèrement sanctionnées ; mais il n'en est pas ainsi.

Il y a environ un quart de siècle, on faisait remarquer que, dans certaines législations électorales en Afrique, telles que celles de la Tunisie, la fraude

---

610 Abdeltif Menouni, « Constitution et contentieux électoral », *in* Académie internationale de droit constitutionnel, *Recueil des cours*, vol. 10, « Constitution et élection », 2002, p. 298.

611 Jean du Bois de Gaudusson, « Les élections à l'épreuve de l'Afrique », *Les Cahiers du Conseil constitutionnel*, n° 13, « Études et doctrine. La sincérité du scrutin », Dalloz, 2002, p. 100 *sq*.

612 Jean-Claude Masclet, « R apport introductif à la séance sur "L'organisation générale des contentieux en matière électoral" », *in* Organisation internationale de la francophonie, *Aspect du contentieux électoral en Afrique. Actes du séminaire de Cotonou*, 11-12 novembre 1998, p. 33 *sq*.

n'était pas sanctionnée dans le code électoral[613] ; ce qui était probablement dû au fait que la Constitution tunisienne ne fait aucune mention du contentieux électoral. Pour en rester à cet exemple, on indique aujourd'hui qu'« un contentieux électoral est [tout de même] organisé même si la Constitution ne fait aucune mention de cette possibilité.

Il n'en demeure pas moins que la Constitution par les principes qu'elle pose : de représentation politique, d'universalité du suffrage, d'égalité des candidats, de sincérité du vote, oriente le cours du contentieux électoral, le soumet à un certain nombre de contraintes et le légitime tout en lui donnant une signification démocratique.

En d'autres termes, la mise en place d'une réglementation du contentieux électoral est un signe, au moins formel, de la régulation d'élections disputées.

On sait à l'évidence que les élections en Afrique sont, en elles-mêmes, sources de difficultés de toutes sortes et surtout de conflits constatables par les irrégularités nombreuses, les violences postélectorales[614] (récemment encore, en novembre 2008, des élections locales à Jos au Nigeria ont provoqué près de quatre cents morts à la suite d'affrontements entre musulmans et chrétiens).

Les règles relatives au contentieux sont en principe destinées à prévenir ou à régler de telles situations. On peut à ce jour encore émettre quelque doute quant à la croyance des populations et même d'une partie de la classe politique en Afrique en la vertu des procédures contentieuses en matière électorale.

L'élection n'est plus un facteur de cohésion sociale ; bien plus, elle est source de conflits : non seulement la sécurité des juges est menacée (en 1993 au cours des élections générales, le vice-président du Conseil constitutionnel sénégalais a été assassiné), mais la stabilité du pays est compromise par l'élection.

Au-delà de cette perception plutôt pessimiste, il est clair que cette ère de la transition ou (selon les interprétations) de la post transition comporte des signes de l'émergence d'une démocratie électorale sur le continent : existence d'une pluralité de partis politiques, élections plus ou moins concurrentielles et transparentes, mise en œuvre d'un contentieux électoral. Ce tableau n'est évidemment pas identique dans tous les États.

---

613 N eji Baccouche, « Contentieux électoral et suffrage universel », *in* Abdelfattah Amor, Philippe Ardant et Henry Roussillon (dir.), *Le Suffrage universel*, PUSS, 2007 p. 215 ; et « Le problème des délits électoraux en Tunisie », *Revue tunisienne de droit*, 1982.

614 R. Otayek, " Les élections en Afrique sont-elles un objet scientifique pertinent ", in *Politique Africaine*, n° 69, mars 1998

§1. L'importance variable du contentieux selon les pays africains

Selon les pays, le contentieux électoral ne bénéficie pas de la même considération ; dans certains États comme le Bénin, la République sud-africaine et le Ghana, les règles de la compétition électorale s'enracinent progressivement ; les contestations se résolvent devant le juge des élections et dans une atmosphère qui est, tout compte fait, celle d'élections démocratiques. Le fait est que certains pays africains sont au contraire restés dans un état d'instabilité chronique et de crise permanente. Dans un autre registre se trouvent les pays qui restent en marge des procédés démocratiques de conquête du pouvoir, soit parce qu'on a (encore) recours au coup d'État militaire ou à la rébellion armée (Côte d'Ivoire, Mauritanie, République démocratique du Congo), soit parce que le contentieux est tout simplement dévoyé en raison du détournement pur et simple du suffrage au profit d'un candidat – en général le sortant.

Dans ce cas, ce qui fait office de contentieux électoral n'est en réalité qu'un mécanisme qui a montré son incapacité à fonctionner ou alors qui vise à entériner les irrégularités électorales ; les exemples de contestations électorales de ces dernières années, au Cameroun (2004), en Côte d'Ivoire (1995, 2000), au Togo (2005), au Kenya et au Nigeria (2007), au Zimbabwe (2002 et 2008) l'attestent.

Comment peut-on voir se dérouler un contentieux électoral viable et fiable dans un contexte d'instabilité permanente ?

Entre ces deux situations extrêmes, les États s'efforcent d'organiser un contentieux électoral bien souvent contesté par les candidats ou les partis qui perdent les élections.

La démocratisation des systèmes politiques africains avait été perçue comme devant être mise en route et consolidée par les constitutions et par les élections ; les dynamiques sociales et le pluralisme devant servir de ferment à la construction de la démocratie.

Les textes constitutionnels étant (à nouveau) soumis à une instrumentalisation à travers des révisions que l'on peut dire fréquentes et qui risquent de compromettre l'alternance au pouvoir, c'est peut-être par l'élection, dont la crédibilité est jugée à l'épreuve du contentieux, que va être recherché le fondement de la démocratie en Afrique.

Cette variabilité de l'évolution du contentieux est également vécue dans le processus même de ce contentieux.

A. Un contentieux à amplitude variable

Le contentieux électoral dans les États africains se développe à des degrés variables, non seulement selon le type d'élection mais aussi en fonction de l'opération électorale en jeu. Au-delà des variations, une question demeure récurrente, la gestion des irrégularités électorales.

Selon le type d'élection, la mobilisation des acteurs politiques et de l'opinion pour le contentieux électoral n'a pas la même ampleur. Bien évidemment, ailleurs comme en Afrique, le contentieux de l'élection présidentielle est celui qui captive le plus la classe politique et la nation entière.

Il y a une dizaine d'années, on notait que le contentieux, relatif à l'élection présidentielle, demeurait en général très évasif dans les pays africains francophones, mais aussi dans les autres pays (anglophones, arabes et lusophones).

Or, dans nos régimes politiques à orientation présidentialiste, c'est précisément de cette élection, quoi qu'on en dise la plus importante et déterminante pour les autres institutions, que partent la plupart des crises politiques.

Et le contentieux qui s'y rapporte est bien souvent problématique, la contestation de la décision rendue par le juge étant à la mesure du niveau de conflictualité. Sous d'autres aspects, on peut noter que le contentieux des élections législatives mérite plus de considération. Le Parlement n'est plus juge de la sincérité de sa propre élection ; ce qui peut conférer un semblant d'objectivité au contrôle de la régularité de l'élection des parlementaires ; les décisions prises à l'occasion de ce contentieux paraissent en effet moins marquées par l'impartialité, du moins si on en juge par le fait qu'on assiste quelquefois à l'invalidation de l'élection d'un candidat du parti au pouvoir.

Par ailleurs, le contentieux des élections législatives est, à l'évidence, le plus important quantitativement ; il est donc plus aisé de dégager la politique jurisprudentielle des organes en charge de la régulation des élections.

Dans les pays où la décentralisation est en expérimentation depuis peu – ou même depuis bien longtemps, les élections locales constituent également des occasions pour les partis politiques de reporter les enjeux nationaux sur le terrain local ; celui-ci est le plus souvent le reflet des luttes politiques nationales. De plus, le contentieux électoral dans ce domaine est abondant et riche s'agissant de certains pays.

B. Un développement à la mesure de l'importance accordée aux opérations électorales

Les opérations électorales constituent – on le sait −un ensemble d'actes se rapportant à une élection ; à l'occasion de chacune de ces différentes phases, un contentieux peut s'ouvrir. On ne constate cependant que certaines opérations, telles que celles des actes préparatoires du scrutin et celles du découpage des circonscriptions électorales dans lesquelles le contentieux est fort développé en France, sont en général très peu pratiquées dans les pays africains.

Les actes juridiques préparatoires semblent pratiquement s'inscrire dans le registre des actes de gouvernement, tant les recours sont peu opératoires. S'agissant du découpage électoral, quoique extrêmement sensible dans les élections en Afrique comme ailleurs, il est l'objet d'un contentieux pratiquement inexistant ; en général, les leaders politiques de l'opposition se plaignent, à l'occasion des élections législatives, des découpages électoraux fantaisistes, sans que cela ne donne lieu à un contentieux proprement dit.

En réalité, le découpage fait problème lorsqu'il est effectué de façon unilatérale par les hommes au pouvoir qui peuvent, ne serait-ce que par un simple décret, modifier la représentation nationale à leur avantage. Toutefois, dans certains pays africains, des procédés concertés de découpage électoral sont expérimentés aux fins de mettre un terme à l'emprise des partis au pouvoir sur tout le paysage politique.

Une opération électorale est d'abord et surtout le face-à-face entre les électeurs et des personnes qui se portent candidates à l'exercice d'une fonction politique. La sélection de ces deux catégories d'acteurs fait l'objet d'un contentieux préélectoral abondant. Il s'agit, d'une part, d'inscrire sur la liste électorale les personnes qui ont le statut de citoyen et qui sont disposées à exercer les droits politiques qui s'y attachent (les électeurs) et, d'autre part, d'enregistrer la candidature de celles qui peuvent prétendre à l'exercice d'une fonction politique. Le contentieux de l'éligibilité est visiblement celui pour lequel le juge des élections est le plus souvent saisi dans la phase de préparation du scrutin proprement dit.

Dans certains pays africains, les conditions d'éligibilité à l'élection présidentielle mais aussi à l'élection législative comprennent, entre autres, des prescriptions relatives notamment à la nationalité des ascendants du candidat, à la résidence continue sur le territoire national, à la moralité du candidat et à son investiture par un parti politique ; dans le traitement de ces questions, qui sont parfois sources de graves conflits et qui traduisent les difficultés de construction des nations, la position du juge électoral est extrêmement délicate : comment appliquer le code électoral sans se faire par la même occasion le porte-voix d'une prétendue injustice électorale ?

Un autre problème lié à l'enregistrement des candidatures mais visiblement en rapport avec la campagne et qui fait l'objet d'un contentieux électoral abondant est le choix des couleurs, des emblèmes ou des symboles ainsi que des couleurs des partis politiques. Vu des pays occidentaux, ce contentieux peut paraître archaïque, dérisoire et peu intéressant ; mais l'analphabétisme des électeurs et la nécessité d'éviter toute confusion dans l'esprit des citoyens donnent à ce point une dimension importante. La campagne électorale constitue l'un des points sensibles des opérations électorales.

Elle fait évidemment partout en Afrique l'objet de fréquentes contestations, le plus souvent en raison de la rupture d'égalité entre les candidats ou les partis. Et les principes du suffrage, notamment ceux relatifs à l'égalité entre les candidats et, dans une mesure moindre, la liberté de campagne, sont souvent au centre des contestations, la neutralité de l'administration étant généralement en cause.

C'est surtout l'utilisation des moyens de l'État par le personnel politique au pouvoir qui est décriée par les candidats de l'opposition ; sur ce point, la question récurrente est celle de l'accès aux organes officiels de presse. Les codes électoraux prévoient en règle générale une réglementation de la propagande électorale, en rapport avec le fonctionnement des structures de régulation de la presse ; mais on voit bien qu'en pratique la tentation est toujours forte de faire une place avantageuse aux partis politiques au pouvoir.

Les opérations du vote, du dépouillement des votes et de proclamation des résultats donnent fréquemment lieu à de vives contestations en Afrique.

Ce sont là les opérations ultimes et, l'on pourrait dire, décisives du processus électoral, celles à l'occasion desquelles se cristallisent toutes les récriminations réelles ou fantaisistes des acteurs de la compétition politique ; c'est très régulièrement que les partis politiques, y compris ceux qui ont remporté l'élection, se plaignent d'irrégularités.

Le moment du dépouillement des résultats est, du moins dans certains pays africains, une occasion pour les candidats ou leurs représentants de présenter des observations et réclamations éventuelles au moment où ils signent le procès-verbal des résultats. Ce document constitue de ce fait une pièce importante du contentieux dans sa phase juridictionnelle puisqu'il est versé au dossier pour être transmis aux juridictions compétentes.

Il s'agit là d'une importante évolution, si l'on en juge par les pratiques en vigueur dans le passé qui consistaient à attribuer au ministère à titre exclusif le pouvoir de traiter de ces opérations. Les risques de fraudes et autres formes d'irrégularités peuvent être réduits du fait de la présence des représentants des candidats pendant le décompte des voix.

Au Bénin, ces risques sont davantage minimisés parce que l'article 97 du code électoral a mis en place une procédure très minutieuse et même tatillonne qui permet non seulement aux candidats mais aussi à tous les électeurs, en fait au public, d'avoir accès de façon visible à tous les bulletins de vote et de participer ainsi directement au décompte ; les irrégularités éventuelles peuvent être ainsi constatées par tous. Le procédé paraît folklorique, mais il a l'avantage d'instaurer un contrôle ouvert à tous et permet ainsi de prévenir certains conflits.

§2. Le traitement des irrégularités électorales

Dans les pays de longue tradition démocratique comme dans les pays africains, les contestations électorales, lorsqu'elles empruntent la voie juridictionnelle, doivent présenter un motif sérieux d'annulation. Mais on doit tout de même noter qu'en règle générale le juge dans les pays africains n'est pas très exigeant dans la vérification des allégations à l'encontre de ceux qui sont présentés comme élus. Du moins, la presque totalité des juridictions adopte une attitude prudente et réservée à l'égard des éléments de preuve fournis par les parties au procès électoral.

Qui plus est, la jurisprudence constitutionnelle est devenue (nous semble-t-il en raison des efforts de transparence du processus électoral) de plus en plus exigeante vis-à-vis des requérants, qu'il s'agisse de faire la preuve de leur qualité ou de justifier leurs allégations. Le sachant, certains requérants sollicitent avec plus ou moins de succès le concours d'auxiliaires de justice (notamment les huissiers) et autres experts pour donner du relief à leur action devant la Cour.

Ainsi, dans tous les pays, et de plus en plus, les candidats ont quelquefois recours non seulement aux informations publiées par les journaux, mais aussi à des huissiers de justice pour trouver des motifs de demande d'annulation des élections.

Peut-on interpréter cela comme une adhésion des acteurs politiques au phénomène de juridicisation de la vie politique ?

Certaines réponses données par le juge à la suite des réclamations démontrent bien la difficulté de la tâche en la matière : par exemple, lorsque devant les allégations de corruption des électeurs par l'un des candidats, le juge (gabonais) estime que « le requérant ne donne pas les noms et le nombre des électeurs qui ont reçu des sommes d'argent du candidat proclamé élu ; que le défaut de ces indications ne permet pas à la Cour d'apprécier le bien-fondé du grief et surtout l'incidence de la corruption sur les résultats dont l'annulation est demandée ; que ce moyen n'est pas fondé ».

Le contentieux peut-il bouleverser les résultats d'une élection contestée ? Les irrégularités doivent être jugées comme étant d'une ampleur telle qu'elles puissent bouleverser les résultats ; en clair, elles doivent avoir selon le langage universel applicable en la matière – une influence déterminante. Et lorsque la requête est bien soutenue par des moyens conséquents, le juge électoral applique une jurisprudence constante en la matière, en vérifiant si les voix contestées ne modifient pas le résultat d'ensemble.

Dans le traitement des contestations, il arrive même que le juge, afin de réduire la gravité des allégations, fasse le reproche aux requérants pour leurs propres attitudes blâmables pendant le déroulement du scrutin. Sur la portée même du recours et s'agissant de l'élection présidentielle, il n'y a jamais eu d'annulation ; ceci n'est pas une spécificité africaine.

Le juge électoral peut être quelquefois amené à regretter simplement les violations des règles du jeu électoral, comme cela a été le cas pour l'intervention d'un directoire de campagne composé des membres du gouvernement à l'occasion d'une élection présidentielle au Sénégal (1999). Cette attitude est peu recommandable à notre avis, surtout lorsqu'il s'agit de l'élection d'une autorité dont la légitimité ne doit souffrir de doute.

Pour ce qui est des élections législatives, il existe des cas d'annulation par le juge des résultats d'un scrutin ; dans certaines situations, le juge est allé jusqu'à invalider l'élection de candidats du parti au pouvoir, par exemple au Cameroun en 2002 et au Gabon en 1996[615] ; dans ces cas extrêmement rares et, en réalité, sans incidence sur l'équilibre politique national, c'est aussi une façon pour le juge de montrer les signes de son indépendance et de son impartialité. En somme, le juge électoral, comme partout ailleurs, n'a pas pour souci de sanctionner les irrégularités en termes d'invalidation partielle ou totale des élections.

En ce qui concerne le contentieux répressif, celui qui se développe parallèlement au contentieux de l'élection et qui vise à sanctionner pénalement les auteurs des fraudes électorales[616], il n'est pas possible de dire qu'en dehors de quelques faits divers dont la presse se fait l'écho, et qui viennent alimenter l'ambiance des élections, la répression pénale des fraudes électorales soit sérieusement organisée, alors même que la plupart des législations électorales renvoie à ce type de sanctions.

Un contentieux impliquant une pluralité d'acteurs Sous les régimes de parti unique en Afrique, c'est une structure unique, l'administration territoriale, qui était en charge de l'organisation des élections ; le contentieux électoral reflétait l'emprise du parti sur le système électoral, remettant en cause l'idée même d'un contentieux viable.

Aujourd'hui, il existe diverses structures qui participent à la régulation électorale, et même au contentieux. Cette pluralité d'acteurs est significative de la recherche d'une certaine performance dans la régulation de la compétition électorale, mais elle est en même temps porteuse d'un risque de conflit entre les organes de cette régulation.

A. La pluralité comme indice de la recherche d'une efficacité

L'efficacité du contentieux électoral en Afrique semble dépendre de la multiplication des structures devant intervenir dans la régulation du contentieux. Notons d'emblée qu'à l'image de ce qui a lieu en France la plupart des pays francophones organisent une répartition du règlement juridictionnel du contentieux électoral en distinguant entre le contentieux des élections politiques (élections présidentielle et législatives), attribué au juge constitutionnel, et celui des élections locales, relevant du juge administratif. Au-delà de cette distinction qui concerne le scrutin proprement dit et accessoirement la campagne électorale, le contentieux des actes préparatoires relève de la juridiction civile ou administrative.

Dans les deux types d'élection, le contentieux répressif est du ressort du juge pénal. Cela étant, le manque de confiance dans l'administration étatique a conduit, presque partout, non seulement à multiplier les organes nationaux

---

615 Claude Momo, « *De la justice électorale au Cameroun* », Janus. Revue Camerounaise de Droit et de Science Politique, juin 2005

616 Jean-Claude Masclet, *Droit électoral*, *Op. Cit.*, p. 379 sq. ; et « Rapport introductif à la séance sur "L'organisation générale des contentieux en matière électoral" », *Op. Cit.*

compétents, mais encore à faire intervenir les organismes intergouvernementaux.

Le contentieux électoral peut, à première vue, s'entendre comme ne faisant intervenir que les organes juridictionnels au sens strict, c'est-à-dire les tribunaux et les cours. Tel n'est pas le cas en Afrique, du moins pour ce qui est de la plupart des pays francophones.

À côté des juridictions constitutionnelles qui sont également juges électoraux dans les scrutins présidentiels et législatifs, sont créés des organes non juridictionnels qui concourent à régler les conflits électoraux, mieux, à assurer, avec les juridictions, la régulation du jeu électoral ; ces organes ont en général pour dénomination « observatoire national des élections » (Cameroun, Sénégal), ou alors, et pour la plupart des États, « commissions nationales autonomes électorales » ou « commissions nationales indépendantes électorales ».

Les compétences de ces commissions, très variables d'un pays à l'autre, consistent dans le règlement amiable préalable, le cas échéant, dans un recours juridictionnel devant la juridiction constitutionnelle (Togo), dans la supervision des scrutins ou l'organisation de ces scrutins. Quoi qu'il en soit, la compétence peut être très étendue, comprenant non seulement l'organisation des élections mais aussi le règlement des contentieux électoraux.

Par ailleurs, les commissions apparaissent partout comme des lieux de lutte pour le pouvoir politique : alors même qu'elles sont destinées à apaiser les conflits électoraux, elles sont l'objet de convoitise des forces politiques.

Des entraves de fait sont dressées dans le fonctionnement des commissions électorales dans les pays africains, y compris francophones.

Ainsi en Côte d'Ivoire, en 2000, la commission électorale, dissoute par le général Robert Gueï, a été empêchée d'agir de façon indépendante et honnête au règlement du contentieux électoral à l'occasion de l'élection présidentielle ; finalement, c'est la rue qui a dénoué le contentieux. Au Niger, en 1996, la commission électorale, jugée trop indépendante, a été mise à l'écart par le général Ibrahima Baré Maïnassara, qui a créé en lieu et place une commission aux ordres qui n'a évidemment eu aucune peine à déclarer élu le général candidat.

La pluralité ne vaut pas qu'entre organes internes. Aujourd'hui, l'élection est devenue, dans les pays en transition démocratique ou tout simplement en crise, une affaire internationale, ne serait-ce qu'à travers les opérations de supervision et d'observation des processus électoraux ; elle n'est plus la seule affaire de l'État. Les actions qui sont menées dans ce cadre par les acteurs internationaux visent à améliorer l'organisation des scrutins, soit par l'allocation de ressources nécessaires à la bonne organisation pratique de l'élection ou à l'indication des principes directeurs du suffrage, soit par la dénonciation des irrégularités, soit enfin par leur implication dans le règlement des contentieux.

Dans le cas de la Côte d'Ivoire, plusieurs organisations intergouvernementales dont le pays est membre ont eu un regard sur le processus électoral et ont pris part activement au contentieux (l'Organisation des Nations unies, l'Union africaine, la Communauté économique des États de l'Afrique de l'ouest, l'Organisation internationale de la francophonie) ; à celles-ci s' est ajouté, le Facilitateur de l'Accord dit de Ouagadougou (le président Blaise Compaoré du Burkina Faso), ainsi que l'Union européenne et, bien entendu, l'ancienne puissance Coloniale qui a continué d'avoir une influence discrète mais réelle.

S'agissant des Nations unies, elles ont confié une nouvelle mission en Côte d'Ivoire à leur Secrétaire général dans le cadre du règlement de la crise et en vue de donner une crédibilité à l'élection ; celle-ci visait entre autres, à « vérifier, au nom de la communauté internationale, que toutes les étapes du processus électoral, y compris celles ayant trait à l'établissement des listes électorales et à la délivrance des cartes d'électeurs, présentent toutes les garanties nécessaires pour la tenue d'élections présidentielle et législatives ouvertes à tous, libres, justes et transparentes[617] ».

Une résolution du Conseil de sécurité est encore plus précise et plus interventionniste puisqu'elle confie au représentant du Secrétaire général la mission de « certifier que tous les stades du processus électoral fourniront toutes les garanties nécessaires pour la tenue d'élections présidentielle et législatives ouvertes, libres, justes et transparentes, conformément aux normes internationales[618] ».

Ainsi qu'on peut l'observer, on est passé progressivement de l'assistance électorale à une action dite de certification du processus électoral qui, manifestement, attribue l'entièreté du contentieux aux organes de la communauté internationale. La certification, qui n'est d'ailleurs pas définie avec précision, est perçue comme une opération qui est au-dessus des opérateurs du contentieux ; en d'autres termes, elle assure le règlement du contentieux des contentieux.

B. Une pluralité préjudiciable à l'efficacité du contentieux électoral

Les interférences possibles et même inévitables entre organes en charge du contentieux expliquent en partie l'inefficacité observée. En prenant l'exemple du schéma français du contentieux électoral reconnu aux seules juridictions strictement entendues, on note avec Jean-Claude Masclet que « la diversité des juridictions n'affecte pas l'unité du droit, en ce sens que les solutions apportées s'inspirent généralement des mêmes principes.

Mais cela ne se vérifie pas toujours. Et l'on ne peut éviter que subsistent des divergences de jurisprudence, ou, plus grave encore, des dénis de

617 Résolution 1603 du Conseil de sécurité, 3 juin 2005.
618 Résolution 1765 du Conseil de sécurité, 16 juillet 2007.

justice[619] ». De manière générale, dans les pays africains, il y a, en matière électorale, et très souvent, des conflits entre l'administration étatique jusqu'alors en charge des élections et les organismes sur lesquels l'État (l'administration centrale) a peu d'emprise.

Par ailleurs, lorsque des compétences d'origines diverses tendent à s'exercer sur une matière, il est très fréquent que l'on assiste à des interférences qui se manifestent soit en conflits positifs, soit en conflits négatifs. Et il est évident que plus les « juridictions » sont multiples, plus les interférences sont nombreuses et même quelquefois dangereuses. Il y a quelques années déjà, ont été signalés les problèmes de chevauchement de compétences dans la gestion des élections dans les États francophones, entre les hautes juridictions et les commissions chargées des élections.

Et l'on peut constater avec Jean du Bois de Gaudisson que « le contentieux des élections est caractérisé dans la plupart des États africains par une complexité décourageante pour les populations provoquée par le partage des compétences entre plusieurs juges et ordres de juridictions ainsi que les conflits qui ne manquent pas de surgir dans l'application de lois électorales rédigées en des termes propices aux divergences d'interprétations[620]... ». Il est probable qu'avec l'expérience des élections organisées à temps réguliers dans certains pays du continent les choses soient en train de se construire durablement.

Par ailleurs, là où l'ordre juridique interne d'un État rencontre des éléments du système international, il y a nécessairement des risques d'interférences[621]

Ces risques sont accrus lorsque l'on passe de l'observation internationale des élections à l'exigence de certification de l'élection. L'exemple de la Côte d'Ivoire montre que, dans le cadre précis des élections, ces risques sont perceptibles à plusieurs niveaux.

Le concept de certification des élections aujourd'hui en vigueur dans ce pays ajoute une nouvelle exigence institutionnelle et fonctionnelle au processus électoral.

Le contrôle de la régularité des élections reconnu au Conseil constitutionnel n'est plus l'ultime opération en la matière. En clair, avec la certification, le juge électoral ivoirien n'a plus « le pouvoir du dernier mot », ce qui peut contribuer à affaiblir son autorité. Tout compte fait, cette situation n'est pas catastrophique puisque le contentieux électoral est réglé par des voies juridiques mais également par des procédés politiques[622].

---

619 Jean-Claude Masclet, *Droit électoral*, *Op. Cit.*, p. 313.

620 Jean du Bois de Gaudusson, *Op. Cit.*, p. 103.

621 Thierry Debard et François Robbe (dir.), *Le Caractère équitable de la représentation politique*, L'Harmattan, 2004.

622 Jean-Claude Masclet, *Le Droit des élections politiques*, PUF, coll. « Que sais-je ? »,1992.

Entre règlement juridictionnel et règlement politique les conflits électoraux sont avant tout des conflits politiques que le droit tente de saisir. Le recours au contentieux électoral est visiblement la manifestation d'une adhésion aux procédures juridiques de règlement des conflits électoraux ; la lutte pour le pouvoir politique est ainsi entreprise de façon prioritaire par le moyen du droit, même si par ailleurs violence n'est pas entièrement exclue.

Lorsque le désaccord entre les acteurs politiques relatif au contenu du droit électoral est profond ou que les contestations sur la gestion du contentieux ne peuvent plus être maîtrisées par les procédures juridictionnelles[623], la lutte pour le pouvoir en Afrique emprunte soit les voies de la violence des armes –antithèse des procédures démocratiques actuelles de la compétition politique –, soit celles des solutions politiques[624].

Dans le cadre de ces dernières, et lorsque le principe de majorité est insusceptible d'être appliqué, on recourt au partage quelquefois déséquilibré du pouvoir, comme au Kenya et au Zimbabwe. En dehors de ces solutions qui n'intéressent pas le contentieux électoral, les expériences (récentes ou encore en cours) de la République démocratique du Congo et de la Côte d'Ivoire, de la République Centrafricaine (accord de Libreville du 22 janvier 2005), du Togo (accord politique inter-togolais du 20 août 2006) montrent que le règlement des désaccords électoraux procède de solutions politiques négociées.

En Côte d'Ivoire, les divers arrangements politiques (accords politiques et résolutions du Conseil de sécurité des Nations unies) ont, sur plusieurs points relatifs au processus électoral, posé de nouveaux critères et formulé des procédures nouvelles : détermination du collège électoral, conditions d'éligibilité à la présidence de la République et présentation des candidatures, composition et pouvoirs de la commission électorale indépendante, organisation de la propagande électorale, règlement du contentieux électoral[625].

Il faut même préciser que la Table ronde de Linas Marcoussis, en janvier 2003, et l'accord de Pretoria du 6 avril 2005 ont réussi à imposer de nouvelles conditions d'éligibilité à la présidence de la République et à les rendre immédiatement applicables aux prochaines élections, alors même que celles en vigueur en application de l'article 35 de la Constitution d'août 2000 n'ont pas été formellement révisées.

Plusieurs autres expériences d'accords politiques ailleurs en Afrique ont permis de surmonter les obstacles liés à la présentation de certaines candidatures aux élections présidentielle et législatives auxquelles n'auraient

623 Politique africaine, n° 69, « Des élections pas "comme les autres" », mars 1998

624Centre d'études d'Afrique noire/Centre d'études et de recherches internationales, *Aux urnes l'Afrique ! Élections et pouvoirs en Afrique noire*, Pedone, 1978

625 *Les Cahiers du Conseil constitutionnel*, n° 13, « Études et doctrine. La sincérité du scrutin », Dalloz, 2002.

pu prendre part certaines personnalités si l'on s'en était tenu au code électoral précédemment en vigueur.

Beaucoup moins contraignants que les arrangements politiques, les codes de bonne conduite conclus entre les acteurs politiques, quelquefois à l'instigation des acteurs internationaux, viennent compléter l'arsenal normatif dans le droit constitutionnel électoral en Afrique. On a, par moments, le sentiment qu'une question aussi explosive que la lutte pour le pouvoir s'accommode mieux en Afrique avec le droit « mou ».

Les systèmes politiques africains sont en quête (et pour longtemps encore) de fondements démocratiques solides ; l'application des procédures électorales permettra de mesurer leur adhésion au principe de légitimité démocratique. En résumé, les formes de la compétition politique en Afrique ne sont pas linéaires, mais les pays d'Afrique s'exercent, sans doute péniblement, à la pratique du contentieux électoral. L'importance de ce contentieux est variable selon les pays africains pour des raisons diverses, notamment la mobilisation différenciée des acteurs politiques et de l'opinion pour le contentieux électoral ainsi que le développement du contentieux en raison du type d'opération électorale.

La question des irrégularités et des fraudes reste récurrente. Ce contentieux implique une pluralité d'acteurs nationaux et emprunte tantôt les voies du droit, tantôt celles du politique.

Section 3. Le Juge constitutionnel, passage obligé pour la Démocratie en Afrique

Les constituants d'Afrique noire francophone se sont toujours inspirés du modèle français de justice constitutionnelle, mais ils ne l'ont jamais dupliqué.

Au lendemain des indépendances, le Conseil constitutionnel, très récemment créé en France, n'a pas été transposé tel quel. Certes, les lois fondamentales africaines des années 1960 ont peu innové sur le plan fonctionnel : pour l'essentiel, elles ont reproduit les attributions limitées de la haute instance française.

Mais, la formule presque généralisée d'une chambre constitutionnelle, composante parmi d'autres de la Cour Suprême, témoignait d'une adaptation structurelle dictée par la nécessité d'intégrer des contraintes indigènes (en termes de ressources humaines et financières) inconnues dans l'ancienne métropole.

L'existence de cette juridiction constitutionnelle qui traduisait un véritable progrès, rentrait dans la logique d'un mimétisme presque incontournable aux premières années de l'indépendance : le principe de la suprématie de la Constitution, tel qu'il est affirmé dans les pays occidentaux, avait également été reconnu dans les pays nouvellement indépendants qui voulaient, eux aussi, s'afficher comme des États de droit en construction.

Pour cette raison, il était indispensable qu'ils se dotent d'un organe juridictionnel chargé de contrôler le pouvoir législatif par rapport aux normes constitutionnelles, et être juge, entre autres, des élections et du référendum[626].

Divers textes, généralement identiques d'un pays à un autre, ont été adoptés à cet effet pour organiser cette juridiction constitutionnelle, tant dans ses compétences que dans ses rapports avec les autres pouvoirs publics. Les résultats étaient décevants, mais prévisibles.

Comment en effet, une justice constitutionnelle pouvait-elle être effective, voire efficace, dans un système marqué par l'existence d'un pouvoir fort et surtout un chef d'État omnipotent ? Cette situation paradoxale rendait la justice constitutionnelle en Afrique plus symbolique que réelle.

Depuis le début des années 1990, le processus de démocratisation engagé en Afrique noire francophone a entraîné une refondation de la justice constitutionnelle[627] : dans la plupart des pays, les nouveaux Cours ou Conseils, détachés de l'appareil juridictionnel ordinaire, ont été dotés d'attributions non seulement plus concrètes, mais plus larges parfois que celles du Conseil français. Quelle place occupe cette justice constitutionnelle refondée dans la marche contemporaine à la démocratie ?

Telle est la question qu'il faut se poser aujourd'hui depuis que le juge constitutionnel africain prend de plus en plus de réalité dans son action en faveur des règles de droit qu'il s'agit d'appliquer ou protéger, et depuis qu'il lui arrive de trancher des conflits politiques, contribuant ainsi à l'affirmation et la consolidation d'une démocratie naissante (I). Il n'en demeure pas moins qu'il reste un « juge » et non « une troisième chambre législative » ou un faiseur de système, contrairement à ce que la doctrine actuelle semble induire. Il doit au contraire être remis à sa place et à sa fonction qui est celle de juger et de dire le droit (II).

Les solutions adoptées ici et là étaient variées. Si par exemple en Côte d'Ivoire c'est une chambre constitutionnelle qui a été créée au sein de la Cour suprême, au Sénégal, c'est celle-ci qui, en matière constitutionnelle, statue toutes sections réunies, c'est-à-dire dans sa formation plénière.

§1. L'affirmation décisive d'une justice constitutionnelle

La part de plus en plus importante que prennent les juridictions constitutionnelles dans le système des pays africains est telle que l'on a pu parler de leur « résurrection », comme si elles avaient été éclipsées un temps, après avoir fonctionné dès leur apparition de manière sinon satisfaisante, du moins convenable. En réalité, de telles juridictions, englouties dans des

---

626 Jean-Claude Masclet, *Droit électoral*, PUF, coll. « Droit politique et théorique »,1989.
627 Francis Delpérée, *Le Contentieux électoral*, PUF, coll. « Que sais-je ? », nº 3334,1998.

systèmes de partis uniques et de concentration de pouvoir, n'ont jamais joué le rôle que l'on était en droit d'attendre d'elles au point que leur suppression a été ironiquement suggérée par une partie de la doctrine africaine elle-même.

Plus d'une trentaine d'années après leur première installation, l'analyse de leur action a révélé des acquis insignifiants. Elles n'ont pas assuré un véritable contrôle de constitutionnalité des lois là où les nombreuses violations du texte suprême appelaient des sanctions exemplaires et sans équivoques de leur part. De même, le rôle protecteur des libertés qui leur revenait n'avait aucune réalité ; les atteintes quotidiennes aux droits et libertés des individus étaient légitimées ou ignorées et rarement sanctionnées.

Pour toutes ces raisons, les décisions rendues depuis quelques années par ces juridictions remaniées apparaissent-elles à l'heure de la démocratisation, aux yeux des populations comme de la doctrine, comme salutaires, tant elles correspondent de plus en plus à ce que l'on peut attendre d'une véritable juridiction constitutionnelle, à l'instar de celles connues ailleurs.

Cette production récente de la jurisprudence constitutionnelle en Afrique francophone est heureuse et mérite aujourd'hui d'être analysée car elle est révélatrice d'un changement important dans la marche vers l'affirmation de l'État de droit. Force est de constater en effet, qu'en pratique, les gardiens des constitutions africaines, pour la plupart, remplissent enfin leurs fonctions essentielles jadis anémiées :

- La vie politique démocratique obéit davantage aux prescriptions de la norme suprême.
- Le contrôle de la constitutionnalité des lois se fait de manière de plus en plus satisfaisante. Qu'il s'agisse de la saisine ou du champ de compétence du juge constitutionnel, on assiste dans certains de ces pays à des bouleversements aussi intéressants que positifs.
- Les droits et libertés des personnes sont davantage respectés. On s'éloigne en effet de plus en plus aujourd'hui de l'époque où les chambres constitutionnelles, affiliées au pouvoir en place ou intimidées par ce dernier, rendaient des décisions plus que contestables.
- Les Cours n'hésitent plus, ou peu, et la jurisprudence est assez significative à ce sujet - à annuler des dispositions constitutionnelles, ou encore des élections nationales ou locales lorsqu'elles sont contraires aux garanties constitutionnelles, c'est-à-dire quand elles portent atteinte aux principes de la séparation des pouvoirs, de l'indépendance des magistrats ou aux libertés individuelles. Une jurisprudence hardie qui participe indiscutablement à la construction de l'État de droit dans les pays africains.

- Les Cours ou les Conseils en Afrique, plus qu'ailleurs, sont souvent conduits, en cette période d'apprentissage du jeu démocratique, à assurer une fonction souvent peu analysée dans les démocraties actuelles y compris en occident : celle de trancher, plus directement que leur homologue français par exemple, des conflits politiques. Les exemples béninois, nigérien ou malgache sont assez éloquents à ce sujet[628]. Compte tenu des pesanteurs liées à la construction démocratique, de tels précédents ne seront certainement pas isolés sur le continent, les juges devant être plus souvent que par le passé, appelés à ajuster le système, notamment dans l'hypothèse fort plausible, de blocage du fonctionnement des institutions. De la sagesse de leur jurisprudence dépend souvent la consolidation des jeunes démocraties africaines.

Mais aussi « révolutionnaire » soit-il, ce changement d'attitude du juge constitutionnel ne doit pas tromper sur sa réelle fonction.

§2. La normalisation de la justice constitutionnelle

Cette volte-face des juridictions constitutionnelles africaines apparues comme une irruption devant les régimes politiques africains, a créé une sorte d'euphorie dans la recherche sur le développement institutionnel en Afrique et tendant à sacraliser le juge constitutionnel. D'une part en effet, la distanciation du modèle français et l'importance acquise par la justice constitutionnelle africaine inspirent une tendance doctrinale consistant à assimiler le juge constitutionnel à un acteur politique à part entière en capacité de modifier substantiellement l'exercice du pouvoir et de se substituer aux gouvernants pour défendre et accélérer la démocratisation.

D'autre part, compte tenu du phénomène de « contre pouvoir » que constituent ces juridictions par le seul fait – inédit dans la plupart de ces pays – de pouvoir enfin annuler des textes élaborés par les pouvoirs publics, le rôle du juge constitutionnel se trouve subitement particularisé, privilégié voire accentué : il serait devenu pour cette raison, le promoteur de la démocratie, voire la seule issue face au déficit des autres organes – parlement et exécutif – ou autres acteurs du système politique.

Mais peut-on dire, quelle que soit l'action positive de ce nouveau juge constitutionnel africain, que la réussite du processus démocratique repose sur ses seules épaules ? En quoi celui-ci serait-il devenu plus qu'ailleurs, « l'acteur » qui amènerait enfin les pays africains dans le cercle des pays démocratiques ? Quelles que soit les particularités africaines, la réponse est négative.

---

628 Organisation internationale de la francophonie, *Aspects du contentieux électoral en Afrique. Actes du séminaire de Cotonou*, 11-12 novembre 1998.

Si les Cours constitutionnelles sont appelées à contribuer à l'instauration de la démocratie et à sa consolidation, il ne saurait en être le seul bâtisseur. Cette survalorisation du rôle du juge constitutionnel fait l'impasse sur l'environnement dans lequel il officie, sur les multiples facteurs politiques qui conditionnent l'amplitude et l'effectivité de sa contribution aux progrès de la démocratie.

C'est pourquoi il faut jeter un regard critique sur cette mode consistant depuis quelques années, à magnifier le rôle du juge constitutionnel et à rendre sa jurisprudence comptable des succès ou des vicissitudes de la démocratisation en Afrique. Il importe de remettre le juge constitutionnel « à sa place », d'appréhender sa mission essentielle, sinon exclusive qui est celle de « dire » le droit et de rendre la justice, en toute indépendance et dans le cadre d'une réelle séparation des pouvoirs.

Cette mission est aujourd'hui, par ailleurs, loin d'être remplie quels que soient les progrès réalisés ici et là.

Dans beaucoup d'États, nombreux sont encore les domaines où le juge constitutionnel est appelé à intervenir. Que ce soit dans l'aménagement des pouvoirs publics et des rapports entre eux, ou encore au sujet des droits et libertés et du contentieux électoral, la justice constitutionnelle ressemble, à bien des égards, à celle qui caractérisait la période précédant la démocratisation, même si quelques décisions audacieuses constituent une amorce vers une certaine émancipation.

Les libertés de réunion, de pensée, d'opinion, la liberté religieuse ou celle d'aller et venir sont encore des domaines qui restent à conquérir dans ces pays.

Et même si le procès de démocratisation impose au juge constitutionnel de sortir du rôle plus limité qu'il exerce ailleurs, il ne saurait pour autant s'approprier la fonction de construire seul la démocratie en Afrique. La contribution du juge est nécessaire et attendue. Seulement, elle doit s'insérer dans une *démarche globale* où tous les acteurs agissent *« de concert »* pour la réalisation d'un tel objectif, lequel ne sera atteint que si un *équilibre entre les organes* est assuré.

En définitive, cette analyse permettra de voir si, pour toutes ces raisons, la justice Constitutionnelle en Afrique, tant par son statut que par sa fonction, apparaît comme un modèle à la fois crédible et différent de celui des pays occidentaux.

§ 3 Notion sur la régularité et Crédibilité

La régularité est la qualité de ce qui est conforme au droit, spécialement aux exigences de forme mais aussi sur le respect de temps prévus pour l'organisation de chaque type d'élection, c'est-à-dire présidentielle, législative, provinciale, municipale et locale. L'élection législative est le choix par le peuple de ses représentants au sin de la nation par l'intermédiaire d'un vote ou d'un suffrage. Le lexique politique la définit comme le mode de désignation par le citoyen de leurs représentants ou de leurs délégués, à l'échelon national. C'est également le mode de participation des citoyens au gouvernement dans le cadre de la démocratie représentative. Jean GICQUEL quant à lui analyse l'élection comme le processus de droit commun de désignation et de révocation des gouvernants ; et c'est le processus de légitimation du pouvoir par excellence[629].

Le contrôle de la régularité des élections est par ce fait, l'ensemble des mécanismes pour protéger le vote de l'électeur et se faisant, contribuer à la sincérité et à la transparente du scrutin. Il suppose la garantie d'une consultation aléatoire entre candidats dont l'issue ne peut être prévue à l'avance, et MOLOTOV, ministre des Affaires étrangères de STALINE de dire a un dirigeant britannique « l'inconvénient de vos élections libres, c'est qu'on ne peut jamais être sûr de leur résultat »[630].

Autrement dit assurer le contrôle de la régularité des élections exige un certain nombre des mesures techniques et juridiques destinées à protéger efficacement le processus électoral contre le parti pris, la fraude et la manipulation.

Il s'agit notamment des dispositions visant à établir les structures administratives objectives, à proscrire et réprimer les pratiques de corruption, à assurer la présence d'observateurs et à permettre un accès équitable au media à tous les partis et à tous les candidats. Les élections régulières doivent donc être régies essentiellement par le principe du droit et non soumise à l'arbitraire du gouvernement en place ou d'un parti. Ce qui détermine en dernier ressort si une élection est libre, c'est la mesure dans laquelle elle facilite la pleine expression de la volonté politique du peuple, le bulletin de vote apparaissant comme « l'arme suprême de l'électeur en démocratie »[631].

La nécessité pour les élections d'être régulière entraine des effets sur le double plan nation et international.

Sur le plan national, les élections régulières précédent de la logique de légitimation du pouvoir en place, elles visent à faire participer le peuple aux affaires politiques du pays ; c'est dans cette logique que LACOUTURE J, affirme : " un people qui ne se sent pas concerne qu'en tant qu'auditeur ne peut se transformer"[632]

Sur le plan international, l'on note que la nécessaire régularité des élections est une exigence internationale. En effet, toute mesure susceptible de limiter ou de contrecarrer la volonté du peuple constitue une violation des

629 Jean GICQUEL, *Droit constitutionnel et institutions politiques*, Paris, Montchrestien, 2008, p.176.
630 *Ibid.*, p.177.
631 *Ibid.*, p.179.
632 *Ibid.* p. 181

droits de l'homme et des citoyens. En outre le nouveau contexte international exige désormais des gouvernants une certaine honorabilité internationale qui dépend de leur audience et de leur aptitude à gérer les affaires de leur propre pays de manière transparente et efficace et dans le respect des droits de l'homme et du citoyen. L'article 25 du pacte international de l'organisation des Nations Unies relative aux droits civils et politiques fait à New York le 19 octobre 1966 dispose à cet effet que: "tout citoyen a le droit et la possibilité (...) de voter et d'être élu, au cours des élections périodiques, honnêtes au suffrage universel et égal et au scrutin secret, assurant l'expression libre de la volonté des électeurs (...).

L'article 3 du protocole additionnel à la convention européenne de sauvegarde des droits de l'homme et de libertés fondamentales, signée à Paris le 20 mars 1952 ajoute en énonçant que: "Les Hautes parties contractantes s'engagent à organiser, à des intervalles raisonnables, des élections libres au scrutin secret, dans les conditions qui assurent la libre expression de l'opinion du peuple sur le choix du corps législatif".

Conclusion partielle

Au terme de cette analyse non exhaustive sur les dynamiques récentes de la justice constitutionnelle en Afrique francophone, il apparaît nettement que les démocraties africaines émergentes sont plus inventives que les précédentes[633]. La nouvelle génération de juridictions constitutionnelles développe, en effet, « une jurisprudence démontrant à la fois leur capacité d'imagination et leur indépendance d'esprit » marquant ainsi le passage du « formalisme à l'effectivité[634] » d'un constitutionnalisme orienté vers la démocratie et l'État de droit[635].

La justice constitutionnelle est consubstantielle au constitutionnalisme dont la finalité est d'encadrer le pouvoir des gouvernants et de garantir et de protéger les droits et libertés fondamentaux des citoyens. Cette mission est relativement assurée par le juge constitutionnel africain francophone même si- à des degrés, il est vrai, variables- les justifications essentielles de l'existence d'une justice constitutionnelle telles que définies par Louis FAVOREU à savoir : « apaisement des conflits politiques, facilitation et authentification des alternances et des changements de majorité, protection des minorités contre les abus des majorités, adaptation progressive de la Constitution aux changements sociaux[636], ne sont pas encore totalement effectives.

Le constat ainsi établi n'est pas en soi comminatoire, car les incontestables avancées jurisprudentielles de la justice constitutionnelle en Afrique francophone qui justifient, désormais, le statut du juge constitutionnel comme un censeur et un pédagogue[637] de la chose politico-

633 Pour paraphraser Gérard CONAC lorsqu'il affirme que « les démocraties nouvelles sont parfois plus inventives que les démocraties anciennes » Cf. CONAC G., « Succès et échecs des transitions démocratiques en Afrique subsaharienne », in *Mélanges Jean WALINE*, Paris, Dalloz, 2002.

634 BOURGI Albert, « L'évolution du constitutionnalisme en Afrique : du formalisme à l'effectivité », *RFDC*, n° 52/2002, p. 721.

635 GAUDUSSON Jean du Bois, « Défense et illustration du constitutionnalisme en Afrique après quinze ans de pratique du pouvoir », *Op.Cit.*, p. 613.

636 Voir FAVOREU L. « Brèves réflexions sur la justice constitutionnelle en Afrique », *Op.Cit.*, p. 43.

637 Pour reprendre le questionnement de Gérard CONAC, « Le juge constitutionnel en Afrique censeur ou pédagogue ? », in *Les Cours Suprêmes en Afrique. II. La jurisprudence :*

constitutionnelle africaine, ne sauraient occulter les nombreux obstacles juridiques, structurels et culturels[638] à l'épanouissement de la justice constitutionnelle en Afrique. Dès lors, il n'est pas superfétatoire, ni incongru, ni a priori inefficace d'entourer l'organisation et le fonctionnement des juridictions constitutionnelles de la dose d'imagination utile pour faire la jonction entre la volonté et l'environnement sociétal, entre le projet démocratique et son contexte humain et culturel[639]. Gageons qu'elles sauront, dans le contexte de l'internationalisation actuelle du droit et de la justice par le biais des échanges d'expériences et de capitalisation des jurisprudences positives, œuvrer effectivement pour le renouvellement de la démocratie et l'approfondissement de l'État de droit sur l'ensemble du continent africain[640].

---

droit constitutionnel, droit social, droit international, droit financier, CONAC Gérard (dir.) Paris, Economica, 1988, p. XII.

638 Voir KANE Elimane Mamadou, « Les obstacles structurels et culturels à l'épanouissement de la justice constitutionnelle en Afrique », *Op.Cit.*

639 MEDE NICAISE, « La fonction de régulation des juridictions constitutionnelles en Afrique francophone », *Op.Cit.*, p. 45-66. ; MBORANTSUO M-M., *La contribution des cours constitutionnelles à l'État de droit en Afrique, Op.Cit.*

640 Voir article 3 du Statut de la Conférence des Juridictions Constitutionnelles Africaines (CJCA) et art. 3 du Statut de l'ACCPUF.

Deuxième Partie

Le juge électoral congolais face à l'impératif de vérité, sincérité, régularité et crédibilité des résultats des élections présidentielles et législatives de 2006 et 2011

Cette partie veut présenter le tableau de ces deux élections, dresser la grande responsabilité et le comportement qui incombent et que doit afficher un juge des élections pour assurer la quiétude, tant dans la régularité, dans le respect du cycle électoral, postélectorale que sur l'instauration de la démocratie et de l'État de droit.

Nous présentons les paysages qui ont prévalu en République Démocratique du Congo au cours de ces deux cycles électoraux, le traitement par le juge du contentieux électoral, c'est-à-dire présidentiel et législatif avec ses prouesses et ses ratés, par rapport aux principes fondamentaux régissant les élections sur le plan tant international qu'interne.

En clair, cette partie comporte trois chapitres dont le premier traite des élections de 2006 et 2011 ainsi que du juge desdites élections en République Démocratique du Congo, le deuxième chapitre examine la notion de la sincérité du scrutin tandis que le troisième aborde la question du traitement du contentieux électoral présidentiel et législatif de 2006 et 2011 par la Cour Suprême de Justice en République Démocratique du Congo. Une conclusion partielle va clôturer cette partie.

Chapitre 1

Les élections de 2006 et de 2011 et le juge des élections en République Démocratique du Congo

Dans ce chapitre, il est question de présenter l'organisation et le déroulement des élections présidentielles et législatives de 2006 et de 2011 en République démocratique du Congo. Quelques événements jugés majeurs pour ce processus vont être présentés en vue de permettre leur analyse.

Durant les années 2006 et 2011, l'organisation d'élections libres et transparentes a été, non sans raison, la préoccupation majeure de l'ensemble des acteurs de la vie politique en République Démocratique du Congo.

Si l'actualité et la pertinence du thème " *le Juge constitutionnel face à la problématique de vérité, sincérité, régularité et crédibilité au contentieux électoral. Cas des élections présidentielles et législatives de 2006 et de 2011 République démocratique du Congo* " tombent sous le coup de l'évidence, il reste que l'organisation des élections résulte d'un processus complexe dans lequel chaque acteur a un rôle déterminant à jouer.

Dans cette chaine de responsabilités multiples, l'institution judiciaire assure un rôle important de régulateur du processus électoral Sa présence avant, pendant et après le déroulement des opérations électorales atteste de l'importance de la place du juge électoral mais aussi de la délicatesse de sa mission qu'il doit assumer.

Le droit électoral est dense en ce qu'il se situe au carrefour de plusieurs disciplines (droit civil, droit pénal, droit administratif, droit constitutionnel…) et complexe parce que plusieurs acteurs participent à sa dynamique marquée par une procédure spécifique avec souvent des principes dérogatoires au droit commun.

Cette situation explique peut-être, en partie, l'incompréhension du juge électoral par les justiciables qui, souvent, peinent à se reconnaître à travers les décisions rendues.

La sensibilité du droit électoral tient au fait que la matière électorale suscite à la fois passions, espoirs, intérêts et souvent un sentiment d'injustice.

En réalité, le droit électoral n'est pas un droit sentimental devant répondre aux multiples interrogations provenant de la conscience humaine. C'est un droit éthique dans lequel la sincérité, la crédibilité, la fiabilité et la transparence du scrutin constituent les fondamentaux. Il repose sur une base légale de laquelle le juge ne peut se soustraire sous peine de violer son propre serment.

En plus de la Constitution, le cadre juridique et institutionnel de la matière électorale a été défini par le législateur à travers une multitude de textes régissant le référendum, les élections présidentielles, législatives, provinciales et locales.

Une multitude d'acteurs institutionnels et non institutionnels participent à l'organisation de ces élections en assumant des attributions et des pouvoirs bien déterminés.

Ainsi, la première section est axée essentiellement sur les attributions et les pouvoirs du juge électoral, la deuxième section sur les conditions indispensables pour une réussite du processus électoral, la troisième section va dégager la responsabilité du juge dans le processus électoral. La matière est délicate, sensible et souvent passionnelle. Elle exige un ensemble de comportements et de valeurs que le juge doit incarner et cultiver en permanence. Elle conditionne fondamentalement la réussite du processus électoral.

Section I : Des Compétences étendues assorties de Pouvoirs importants du juge du contentieux électoral

Il est question dans cette section d'examiner les compétences du juge électoral en fonction du type de contentieux électoral et des pouvoirs que lui confère la loi en vue d'accomplir cette délicate mission.

Cette phase concerne l'élaboration aussi bien des textes juridiques constituant le droit électoral et d'autres matières que l'exercice de ce pouvoir par le juge. Une fois élaborés, ces textes doivent être soumis à la Chambre de législation conformément aux prescrits des articles 115 à 123 et 131 à 135 de l'ordonnance-loi no 82-017 du 31 mars 1982 relative à la procédure devant la Cour Suprême de Justice pour avis qui, en principe avec la nouvelle loi organique sur le fonctionnement et l'organisation de la Cour constitutionnelle sont abrogés et les articles 158 à 160 de l'ordonnance-loi no 82-020 du 31 mars 1982 portant ancien code d'organisation et de la compétence judiciaire, actuellement appelée loi-organique N0 13/011-B du 11 avril 2013 portant organisation, fonctionnement et compétences des juridictions de l'ordre judiciaires modifié et complété par l'ordonnance-loi no 83-009 du 29 mars 1983[641].

Cette phase consultative permet au juge constitutionnel, actuellement le juge de la Cour suprême de justice d'émettre des avis sur les projets de textes soumis, en vue d'améliorer leur contenu. Ces avis non contraignants sont formulés en termes de recommandations et de suggestions

A cette étape, la Chambre Consultative de la Section de législation de la Cour Suprême donne des avis aux pouvoirs publics (le Gouvernement notamment) afin de corriger les insuffisances constatées ou irrégularités relevées. Cette expertise ne lie pas l'autorité en charge de l'élaboration des textes.

La contribution de la Cour Suprême a été déterminante dans l'élaboration et l'adoption du dispositif législatif régissant les élections.

§1. Un Juge exerçant de multiples fonctions

En matière électorale, le juge exerce en phase pré contentieuse des fonctions consultative et de contrôle d'une part et en phase contentieuse, des fonctions juridictionnelle et normative d'autre part.

A.1. L'exercice de la fonction consultative pendant la phase pré contentieuse

Cette fonction relève de juridictions distinctes : la Cour Suprême de justice qui exerce, du moins jusqu'au moment de l'élaboration de cette recherche les fonctions de la Cour constitutionnelle avant l'installation de cette dernière et ce, toutes Sections réunies (judiciaire, administrative et de législation) et, à son installation effective ; la Cour Constitutionnelle. Elles ont le mérite d'améliorer qualitativement les projets de textes. La fonction consultative tire son fondement juridique des articles 115 à 123 de l'ordonnance – loi n°82-017 du 31 mars 1982 relative à la procédure devant la Cour Suprême de Justice pour avis et les articles 158 à 160 de l'ordonnance-loi n°82-020 du 31 mars 1982 portant code d'organisation et de la compétence judiciaire modifiée et complétée par l'ordonnance-loi n°83-009 du 29 mars comme citée ci-dessus.

La chambre consultative de la Section Administrative de la Cour Suprême de Justice participe à la confection des lois, ordonnances et règlements. Elle propose les modifications de rédaction qu'elle juge nécessaire aux projets de textes transmis. Elle prépare et rédige les textes qui lui sont demandés (article 158 code d'organisation et de la compétence judiciaire).

---

641 In J.O. no 7 du 1 avril 1982 p 11-27 et J.O no 7 du 1 avril 1983 p 9 et Ordonnance-loi no 91-009 du 30 mars 1991,J.O no 23 du 1 novembre 1996 p 5-6 ,39 à 53

A la demande des membres du Gouvernement, elle les assiste dans l'élaboration des projets de textes législatifs ou réglementaires (article 159 et 160 du code d'organisation et de la compétence judiciaire) et 115 à 123 et 131 à 135 de l'ordonnance-loi n°82è 017 du 31 mars 1982 relative à la procédure devant la Cour Suprême de Justice.

Elle donne son avis sur tous les projets de lois et décrets et en général sur toutes questions pour lesquelles son intervention est prévue par les dispositions législatives et réglementaires. Elle peut également être consultée par les ministres sur les difficultés qui s'élèvent en matière administrative (article 159 cité).

Elle peut, de sa propre initiative, attirer l'attention des pouvoirs publics sur les réformes d'ordre législatif, réglementaire ou administratif qui lui paraissent conformes à l'intérêt général.

La Cour Constitutionnelle joue aussi un rôle consultatif en matière de lois référendaires défini par les articles 160 et 161 de la constitution du 18 février 2006 qui doit être complétée par une loi portant loi organique déterminant les règles d'organisation et de fonctionnement de la Cour Constitutionnelle ainsi que la procédure suivie devant elle.

Une autre forme d'examen des lois est celle exercée par le juge constitutionnel à travers le contrôle de constitutionnalité, obligatoire pour les lois organiques et facultatif sur les autres catégories de lois conformément à l'article 162 de la constitution du 18 février 2006.

Au regard de cette dernière disposition, l'occasion parait opportune de mettre en exergue la contribution de l'institution judiciaire à l'amélioration du dispositif juridique et institutionnel régissant les élections.

Dans son arrêt n°96-003 du 25 Octobre 1996, la Cour Constitutionnelle du Mali en tant que juge du contrôle de la constitutionnalité des lois, a annulé la loi électorale adoptée par l'Assemblée Nationale le 27 septembre 1996. A la suite de cette annulation fut promulguée une nouvelle loi, la loi n° 97-008 du 14 janvier 1997 abrogée par la loi n°00-058 du 30 Août 2000 portant loi électorale[642].

L'intervention de ces deux institutions dans le processus de préparation des projets de lois, améliore qualitativement le contenu des textes régissant la matière électorale.

Il importe des souligner que les lois organiques adoptées par l'Assemblée Nationale sont obligatoirement transmises avant leur promulgation à la Cour Constitutionnelle. C'est ce qui ressort de prescrit de la constitution du 18 février 2006.

Ici le juge constitutionnel assure un véritable pouvoir de contrôle de constitutionnalité qui l'autorise à censurer partiellement ou totalement l'ensemble des dispositions objet du contrôle. Cette censure consacre

642 Discours prononcé par Oumar Senou, Rapporteur général lors de la Rentrée judiciaire au Mali à Bamako de 2009

l'extirpation de l'ordonnancement juridique des dispositions juridiques jugées illégales. En l'espèce, le Gouvernement ne dispose d'aucun pouvoir d'appréciation. Il est tenu de tirer les conséquences juridiques des différentes censures prononcées par le juge constitutionnel.

Si la Cour Constitutionnelle déclare que la loi dont elle est saisie contient une disposition contraire à la Constitution inséparable de l'ensemble de cette loi, le Président de la République peut, soit promulguer la loi à l'exception de cette disposition, soit demander une nouvelle lecture.

En tout état de cause, le filtre juridique préalable constitué par les deux Cours (Cour Suprême et à la suite la Cour Constitutionnelle) confère une légalité quasi certaine aux textes de lois adoptés.

A la différence de la phase consultative, la phase de contrôle de constitutionnalité des lois constitue une étape très importante dans l'examen des textes soumis.

Il est opportun de préciser que ces deux Cours dans cette matière ne pouvaient être saisies que par des acteurs institutionnels : membre du Gouvernement pour ce qui concerne la Section Administrative de la Cour Suprême ; le Président de la l'Assemblé Nationale...

Le combat pour le triomphe du droit doit descendre de cet édifice institutionnel et concerner au premier chef le citoyen qui entend être le bâtisseur de l'État de droit. C'est ce qui ressort de la constitution qui reconnait désormais au citoyen, ce pouvoir de saisir la Cour constitutionnelle.

Le dispositif juridique électoral existant comporte certes des acquis (liberté de vote, égalité des électeurs et égalité entre acteurs en compétition, structures de contrôle et de supervision du scrutin…) mais aussi certaines insuffisances.

En phase précontentieuse, le débat d'actualité relatif au choix du type de fichier électoral pour les prochaines compétitions électorales ne concerne nullement le juge électoral. Il s'agit là d'une question d'opportunité dont l'appréciation lui échappe au regard de notre dispositif juridique.

Cependant, quel que soit le type de fichier choisi, le juge électoral a compétence, en phase préélectorale, pour apprécier les documents électoraux élaborés et produits sur la base du fichier retenu. Il s'agit là non d'un contrôle d'opportunité, mais un contrôle de légalité portant sur la fiabilité et la régularité des documents électoraux établis.

Sous cet angle, le juge peut être amené à apprécier la régularité de l'établissement des listes électorales.

Ces listes (listes électorales et listes de candidatures) peuvent en principe être contestées devant le juge de l'élection auquel incombe l'obligation d'analyser le bien fondé des moyens présentés[643]. La conséquence logique de cette appréciation est qu'elle peut entraîner la confirmation ou l'annulation

643 Article 74 de la loi électorale de 2006 de la RDC

des listes querellées. Dans l'un ou l'autre cas, les effets de droit qui en découlent ne sont pas identiques.

En principe, l'infirmation des listes électorales d'une circonscription peut entraîner l'annulation de l'ensemble des résultats de cette circonscription.

A contrario, la confirmation de la liste électorale ne signifie pas nécessairement la délivrance d'un blanc-seing du juge de l'élection. Elle signifie seulement qu'en phase précontentieuse, la régularité de la liste électorale est établie.

A.2. L'exercice des fonctions juridictionnelle et normative en phase contentieuse

Les pouvoirs et les domaines de compétences du juge constitutionnel en matière électorale sont définis dans la Constitution du 18 février 2006.

Aux termes de l'article 161 du texte fondamental, la Cour Constitutionnelle « est juge du contentieux des élections présidentielles et législatives ainsi que du referendum ».

En principe, en matière de contestations relatives au référendum, la Cour apprécie la gravité des irrégularités et s'il y a lieu, elle peut soit maintenir les opérations, soit prononcer leur annulation totale ou partielle. La loi organique déterminant les règles d'organisation et de fonctionnement de la Cour Constitutionnelle ainsi que la procédure suivie devant elle doit normalement prévoir.

S'agissant du contentieux des élections présidentielles et législatives, lorsqu'elle fait droit à une requête, la Cour peut selon les cas, annuler l'élection contestée ou réformer les résultats et proclamer le candidat qui a été régulièrement élu aux termes de l'article 40 de la loi régissant la Cour Constitutionnelle française[644].

En cas de contestation de la validité d'une élection, la Cour Constitutionnelle peut être saisie par tout candidat, tout parti politique dans les conditions prévues par une loi organique[645].

Cela ne peut pas prêter confusion étant entendu que la constitution a précisé qu'en attendant l'installation de la Cour constitutionnelle, la Cour suprême de justice continue à siéger comme Cour constitutionnelle. Cependant notre souhait est de voir s'installer très vite la Cour constitutionnelle qui, a déjà sa loi organique ; pour matérialiser le souhait du constituant.

---

644 Loi organique sur la procédure devant la cour constitutionnelle Française. Les décisions de la Cour sont insusceptibles de recours et s'imposent aux pouvoirs publics, à toutes les autorités administratives et juridictionnelles et à toutes les personnes physiques et morales.
Les articles 136 de l'ordonnance-loi no 82-017 du 31 mars 1982 relative à la procédure devant la Cour suprême de justice et l'article 74 de la loi électorale désignent la Cour suprême de justice comme juridiction de contentieux sus évoqués.

645 L'ord-loi sur la procédure devant la Cour suprême de justice

Conformément à la loi électorale à son article 74, la Cour d'appel, le tribunal de grande instance et le tribunal de paix sont compétents respectivement pour les contentieux des élections provinciales, urbaines, municipales et locales.

Soulignons que sous d'autres cieux comme au Mali, le tribunal administratif est juge de droit commun des contestations relatives aux élections communales, l'appréciation de la légalité du décret de convocation du collège électoral ainsi que le contentieux de l'élection des Conseillers Nationaux relèvent de la compétence de la Section Administrative de la Cour Suprême.

Le juge judiciaire est en charge du contentieux des listes électorales (juge civil) et des infractions en matière électorale (juge pénal).

La densité et la complexité du droit électoral justifient l'existence de principes souvent dérogatoires au droit commun.

Outre l'ultra petita qui réserve de nombreuses surprises aux requérants, le moyen tiré de l'inéligibilité est en droit électoral un moyen d'ordre public pouvant être soulevé à toutes les phases de la procédure contentieuse.

Ainsi, dans le contentieux des élections communales par exemple, une liste de candidats qui n'a pas été contestée pendant l'élection, peut, après proclamation des résultats, être soumise à l'examen du juge de l'élection sur le fondement du moyen tiré de l'inéligibilité.

Lorsqu'à l'analyse, ce moyen est fondé, la liste de candidats est annulée et le juge de l'élection procède à la soustraction des voix obtenues par cette liste. En reprenant l'ensemble des décomptes, il peut être amené à proclamer élus, des candidats préalablement vaincus.

La fonction normative du juge en général et du juge électoral en particulier reste méconnue du grand public pour lequel seul le législateur est « créateur de normes ».

Ce rôle normatif du juge découle de la jurisprudence de la Cour Constitutionnelle, de la Cour Suprême, des autres Cours et tribunaux.

En vérité, l'activité contentieuse se trouve confrontée souvent à des questions de droit pour lesquelles les réponses juridiques n'ont pas été prévues par le législateur.

Le juge électoral ne peut, sous peine de déni de justice, s'abstenir de trancher le litige à lui soumis. Il doit alors apporter des réponses aux pertinentes interrogations posées pour lesquelles, souvent, le dispositif législatif et règlementaire est quasiment muet.

Avec l'élargissement des espaces d'expression et de liberté intervenu au lendemain des évènements de 1990, la tendance de la jurisprudence électorale a été sensiblement modifiée. Les craintes et suspicions du parti unique ont cédé le pas à la volonté d'un corps électoral de plus en plus exigeant en matière de transparence, de sincérité et de lutte contre la fraude. C'est dans ce sens, qu'en République Démocratique du Congo, alors Zaïre, les élections ont été organisées en 1991.

Cette nouvelle perception de la signification et de la portée de l'élection s'est traduite par un changement d'attitude du juge qui doit dire le droit en apportant des réponses adaptées aux protestations des citoyens.

L'approche jurisprudentielle et la technique de motivation du juge électoral vont progressivement dépasser le simple cadre de l'appréciation des moyens de légalité pour se préoccuper davantage de la sincérité du scrutin.

Désormais, les moyens relatifs à la morale électorale, à la transparence et à l'égalité entre les partis ou les candidats feront l'objet d'un examen minutieux du juge électoral.

Pour ce faire, il s'appuiera sur l'appréciation des moyens de fait à travers l'analyse des comportements et attitudes des acteurs politiques pour atteindre l'objectif de transparence et de sincérité que réclame un électorat de plus en plus exigeant.

Dans ce cadre, il sera un observateur de proximité des élections présidentielles et législatives à travers la présence sur le terrain de délégués chargés de l'enregistrement dans leurs rapports de tout fait et tout acte susceptible d'être contraire à la loi électorale.

Les documents électoraux et les rapports de la Commission Electorale Nationale Indépendante (CENI) qui constituent aujourd'hui les outils de travail du juge électoral permettent d'éclairer davantage sa décision.

La jurisprudence comporte des arrêts de principe qui constituent en fait des éléments de réponses apportés par le juge électoral pour corriger les lacunes et insuffisances juridiques constatées.

C'est dans ce sens qu'il convient de comprendre toute la signification et toute la portée juridique de l'arrêt n° 96-003 du 25 Octobre 1996 consacrant la liberté de candidature par la Cour Constitutionnelle Malienne avec l'annulation de la loi électorale de septembre 1996 interdisant la dite liberté.

Le juge constitutionnel dans cette dynamique d'élargissement du champ politique aux candidatures indépendantes dont l'approche a été diversement interprétée, a permis aux candidatures individuelles de s'exprimer et de se faire valoir dans un système jusqu'alors caractérisé par la suprématie des partis politiques.

Dans le même ordre, le juge constitutionnel a estimé que la règle de l'égal accès aux médias d'État n'est pas mathématique. Elle doit nécessairement permettre aux partis minoritaires de disposer d'un temps d'antenne suffisant pour mieux se faire comprendre dans une société multi-linguiste. C'est le sens de sa décision prise dans son arrêt n°97-040 du 11 avril 1997[646].

Quant au juge de la Cour Suprême (Section Administrative) du Mali, il n'est pas resté en marge du processus de consolidation des acquis démocratiques.

---

646 http//afrilex.u-bordeaux4.fr dans la décision de la Cour constitutionnelle no EP-97-047 du 8 mai 1997.

Dans son arrêt n° 34 du 13 mai 1999 relatif aux élections communales, il a précisé que si l'inéligibilité est un moyen d'ordre public pouvant être soulevé devant le juge judiciaire (contentieux des listes électorales) et devant le juge administratif (contentieux de l'annulation de candidature), les effets des décisions rendues ne sont pas identiques.

Dans le premier cas, c'est une invalidation pure et simple de l'ensemble de la liste.

Dans le second cas, c'est uniquement la personne concernée qui ne pourra pas exercer son mandat et elle sera, de ce fait, remplacée par le suivant de la liste.

Lorsque le moyen tiré de l'inéligibilité concerne certains délits et crimes, le juge électoral doit chercher à savoir si la condamnation antérieure qui résulte du casier judiciaire tombe sous le coup des infractions pénales non susceptibles d'interprétation extensive.

L'incompétence de la Section Administrative de la Cour Suprême à examiner les contestations d'ordre politique d'une part et celles relatives aux emblèmes des partis politiques de l'autre, a été rappelée respectivement dans les arrêts n° 03 du 12 janvier 1981 et n° 27 du 18 Mars 1997.

Cette Cour a aussi insisté sur la stabilité de la fonction de maire dans son arrêt n° 004 du 2 février 2006 en soulignant que le changement de majorité intervenu dans la composition du conseil communal n'est pas un moyen constitutif d'une remise en cause du mandat du maire en fonction.il en est de en République Démocratique du Congo ou le juge administratif s'est interdit de connaitre les contestations d'ordre politique. En effet, dans son arrêt rendu en 1973 dans l'affaire Congo Motors enrôlé sous le R.A.5 et 33 du 14 juin 1973 a son point 6,la Cour suprême ,section administrative statuant en matière d'annulation dit qu'elle n'a pas le pouvoir d'apprécier l'opportunité politique des lois. A elle de dire : considérant que la Cour suprême, section administrative applique les lois sans en apprécier l'opportunité politique[647].

L'égalité, la liberté et le caractère secret du vote constituent des référentiels dont disposent ces deux Cours pour mieux apprécier la sincérité et la morale du scrutin.

Le juge électoral ne peut exercer de façon efficace et crédible les multiples fonctions conférées par la loi que lorsque son indépendance organique et fonctionnelle est établie dans le cadre de l'État de droit.

---

647 Ruffin MUSHIGO-A-GAZANGA GINGOMBE, *Le contentieux administratif dans le système juridique de la République Démocratique du Congo,* Academia Bruylant S.A, Louvain- la- Neuve, 2003,p. 150

§2. Un juge doté de pouvoirs importants

Le juge civil, juge du contentieux des listes électorales au Mali est en réalité le juge du contentieux préélectoral. Il a la redoutable mission de statuer sur les contestations relatives à la régularité des listes électorales établies par les Commissions administratives. En République démocratique du Congo, il est clair que c'est le juge désigné pour telle catégorie d'élection qui reste compétent pour les contestations des listes électorales.

Les moyens soulevés portent généralement sur l'état des personnes, leur domicile, leur nationalité, leur inéligibilité…

La particularité de ce contentieux tient à la célérité de la procédure caractérisée par des délais impératifs. Le juge civil doit statuer dans un délai de dix jours à compter de sa saisine avec possibilité d'appel. Saisie en appel dans un délai de 10 jours après notification de la décision intervenue, la Cour d'Appel dispose de quinze jours pour vider sa saisine.

La décision du juge civil doit intervenir dans un délai légalement prescrit quelle que soit la complexité des moyens soulevés dans la contestation des listes électorales.

Il convient de souligner que le pouvoir d'appréciation des listes électorales ne concerne pas uniquement le juge civil.

Dans le contentieux des élections législatives et présidentielles, le juge constitutionnel a établi une jurisprudence l'investissant du pouvoir d'apprécier la régularité des listes électorales.

Si le juge de l'appréciation de la régularité des listes électorales est investi d'un pouvoir important, celui en charge du contentieux des opérations électorales proprement dit assume un rôle déterminant.

Appelé souvent juge de l'élection, il dispose de pouvoirs étendus. Il peut confirmer, modifier ou annuler les résultats du scrutin.

Généralement, il confirme l'élection s'il estime que les faits allégués ne sont pas établis ou qu'ils ne sont pas de nature à modifier le résultat nonobstant l'existence d'une illégalité dans le déroulement de la campagne électorale ou des opérations électorales.

Cette approche diffère lorsqu'il s'agit d'une modification ou d'une annulation des résultats.

B.1. Un pouvoir de reformation des résultats

Ce pouvoir est mis en mouvement dans les cas où des erreurs ou des illégalités ont affecté le décompte des voix. La modification des résultats arithmétiques du suffrage entraine naturellement des conséquences pour les candidats. Elle peut conduire à proclamer un candidat élu à la place d'un autre ou à modifier l'ordre de classement. Cependant, il n'est fait usage de ce pouvoir de modification que lorsque le dossier permet de reconstituer avec exactitude le nombre de voix obtenues par les candidats.

Dans son arrêt n° 02-143/CC-EL du 23 juillet 2002 portant proclamation des résultats définitifs de l'élection des députés à l'Assemblée Nationale, scrutin du 14 juillet 2002, le juge constitutionnel Malien a recensé certaines irrégularités pouvant affecter lesdits résultats :

- la composition irrégulière des bureaux de vote;
- la distribution des cartes d'électeurs le jour du vote dans et hors les bureaux de vote sans en avoir fait mention au procès-verbal des opérations électorales ou par des personnes étrangères aux bureaux de vote ;
- la non-conformité et la non sécurisation de l'urne;
- l'inadéquation de l'isoloir;
- l'absence d'isoloir au niveau de certains bureaux de vote itinérants ;
- l'absence d'indication des résultats du vote sur le procès-verbal des opérations électorales ;
- l'établissement des feuilles de dépouillement avec ratures ou surcharges ;
- la manipulation frauduleuse des résultats chiffrés du vote ;
- l'absence de procès-verbal, l'envoi de procès-verbal non rempli ou mal rempli;
- l'influence sur le vote;
- la fermeture du bureau de vote avant l'heure légale de clôture du scrutin ;
- le vote sans utilisation de l'encre indélébile;
- le vote avec témoignages douteux ;
- le fonctionnement irrégulier des bureaux de vote itinérants;
- la campagne le jour du scrutin par le port d'uniforme, de tee shorts aux couleurs de partis politiques, manifestations folkloriques sur les lieux de vote etc.

Le juge électoral apprécie souverainement les faits et preuves. Il apprécie les éléments de preuve pour asseoir sa conviction. Il lui appartient d'apprécier la force probante des divers documents portés à sa connaissance.

Souvent la simple reformation du résultat est insuffisante, le juge procède alors à l'annulation du scrutin.

B.2. Un pouvoir d'annulation des résultats :

En règle générale, le juge recherche et évalue les incidences de l'irrégularité sur les résultats du scrutin. Il se demande si les résultats auraient été différents dans l'hypothèse où cette irrégularité n'aurait pas été commise.

En réalité, il est plus juge de l'exactitude du résultat de l'élection que juge de la légalité des opérations électorales.

Des agissements qui ne constituent pas une irrégularité mais une atteinte à la morale électorale, même si aucun texte ne les prohibe expressément, peuvent justifier l'annulation, lorsque le juge estime qu'ils ont altéré la sincérité du scrutin. L'annulation intervient lorsque les faits constatés ont eu sur le résultat une incidence telle que celui-ci ne traduit plus avec exactitude la volonté du corps électoral.

Lorsque que les irrégularités sont déterminantes au point d'altérer la sincérité du scrutin, les élections concernées encourent l'annulation totale. C'est la raison pour laquelle le juge constitutionnel du Mali a décidé de l'annulation du 1er tour des résultats des élections législatives du 13 avril 1997 dans son arrêt n° 97-046 du 25 avril 1997[648].

En plus, il importe de rappeler que l'inéligibilité est un moyen d'ordre public pouvant être soulevé par le juge à toutes les étapes de la procédure contentieuse.

En définitive, le juge électoral dispose de compétences et de pouvoirs importants. Son objectif est de consolider la démocratie et l'État de droit.

Cet objectif ne peut être atteint que par un réarmement intellectuel et moral du juge à travers son engagement citoyen.

Il doit incarner et cultiver un certain nombre de valeurs éthiques et déontologiques pour assumer dignement son sacerdoce dans la réussite du processus électoral.

Section II : Conditions indispensables pour une réussite du processus électoral

Comment réussir des élections présidentielles et législatives ? Que faire pour que le processus électoral soit transparent ? Que faire pour que la régularité des opérations électorales, la fiabilité des documents électoraux et la crédibilité des résultats obtenus soient les moins contestables ?

Comment s'y prendre pour que le corps électoral se reconnaisse à travers les décisions de justice sanctionnant les résultats des scrutins électoraux ?

Les réponses à ces multiples interrogations ne se trouvent pas seulement dans le prétoire du juge.

La réussite d'une élection quelle qu'elle soit, dépend fondamentalement de la volonté des acteurs et des responsables qui sont au cœur du système électoral.

Il faut que ces acteurs aient confiance en l'institution judiciaire chargée de dire le droit. Cette confiance ne procède pas d'une génération spontanée. Elle se cultive quotidiennement, minutieusement et constamment par le juge électoral. Cette confiance repose fondamentalement sur l'observation rigoureuse de l'éthique et de la déontologie du juge.

---

648 http//afrilex.u-bordeaux4.fr dans la décision de la cour constitutionnelle no EP-97-047 du 8 mai 1997.

Indépendance, neutralité, impartialité, intégrité, loyauté, objectivité, obligation de réserve et responsabilité constituent les principes de base de la profession de juge.

L'application de ces principes doit être de mise dans la gestion du contentieux électoral plus qu'ailleurs.

Les responsabilités qui incombent au juge électoral sont lourdes et délicates. Aussi, il se doit d'observer certains principes et normes de comportements pour donner à l'institution judiciaire, toute sa crédibilité et obtenir la légitime confiance d'un électoral de plus en plus exigeant.

§1. Des Responsabilités lourdes et délicates

Selon le Professeur Djedjro Francisco Meledjé, « Il vaut mieux organiser le contentieux que d'avoir recours aux violences postélectorales. De plus, il y a lieu de s'inquiéter lorsqu'il n'y a pas de contentieux réglé selon les voies du droit".

Cette pensée illustre la délicatesse de la matière électorale mais également le poids des responsabilités du juge dans la gestion de ce contentieux[649]. Ici devrait –on dire, le droit à l'erreur n'est pas permis. Tout moyen, toute motivation et toute conclusion doivent être minutieusement examinés pour ne pas créer des frustrations susceptibles de faire naître un sentiment d'injustice ou de justice à géométrie variable.

Statuer en matière électorale exige la prise de conscience par le juge de l'exercice d'une grande responsabilité. Il est difficile voire impossible de mesurer les conséquences politiques, économiques et sociales découlant d'une décision de justice partisane intervenue pour sanctionner des résultats électoraux. Le juge se doit d'éviter les conditions propices à une implosion sociale.

Une erreur judiciaire en matière électorale est susceptible d'entraîner une situation aux conséquences imprévisibles. Le juge doit prendre toute la mesure des enjeux en incarnant et cultivant des valeurs et comportements positifs. C'est dire que l'engagement citoyen du juge électoral revêt une importance capitale.

Les expériences calamiteuses de gestion du processus électoral par le juge dans certains États doivent nous donner à réfléchir et à nous interroger sur nos propres faiblesses. Toute société a soif de justice et de vérité.

Si le corps électoral a le sentiment que les élections ont été tronquées dans le prétoire par l'altération les résultats, il peut, mû par le sentiment d'injustice utiliser l'arme de la violence pour se faire entendre, avec tous les excès qu'elle comporte.

C'est là que se situe la responsabilité du juge.

---

649 Meledjé DJEDJRo, « La révision des constitutions dans les États africains francophones : Esquisse de bilan », in *RDP,* 1999,No1.p112

Il doit à tout prix, rendre des décisions lisibles et empreintes de la plus grande objectivité. En tant qu'élément du corps social, il doit pouvoir anticiper ces violences en faisant montre d'intégrité et de loyauté. Ce faisant, il contribuera à rétablir la confiance en l'institution judiciaire et à préserver sa propre indépendance.

A.1. Rétablir la confiance du justiciable en l'institution judiciaire à travers la sécurité juridique :

Aujourd'hui dans le paysage politique malien, la question porte moins sur la méfiance entre les acteurs du processus électoral que sur leur confiance en l'institution judiciaire. En portant les contestations électorales devant le juge, ils entendent se soumettre à la règle de droit appliqué de façon neutre, objective et non partisane. S'il existe le moindre doute entre le juge - arbitre et les protestataires, la décision à intervenir, quelle qu'elle soit, serait contestée. Cette situation est pareille au Congo. En effet, en 2011, le candidat Tshisekedi qui pense avoir gagné les élections se refuse de saisir la Cour pour invalider le résultat de la commission électorale nationale indépendante qui proclame son rival selon l'ordre d'arriver, au motif que les membres de cette cour sont de l'obédience de son rival. Il s'agit pour lui, d'un procès perdu d'avance, étant donné que ceux qui sont là, ont remplacés ceux qui étaient juste à la veille d'un autre cycle électoral, donc pour le besoin de la cause.

La marge d'appréciation du juge est réduite, périlleuse et souvent dangereuse. Il se trouve souvent écartelé entre les exigences du droit et les préoccupations d'un électorat pour lequel la vérité légale doit nécessairement correspondre à la vérité sociale. Il s'agira pour lui de marcher sur des œufs sans en casser. L'exercice n'est pas facile.

La confiance ne se décrète pas. Elle s'acquiert au fil du temps à l'aune du comportement et attitude du juge électoral. Son fondement repose substantiellement sur l'indépendance et la neutralité du juge électoral[650].

A.2. Indépendance et la neutralité du juge : garant de la confiance :

L'indépendance du juge est consacrée par la Constitution du 18 février 2006 en ses articles 149 à 151.

L'article 149 dispose que « le pouvoir judiciaire est indépendant du pouvoir législatif et du pouvoir exécutif. Il est dévolu aux Cours et Tribunaux qui sont : la Cour constitutionnelle, la cour de cassation, le conseil d'État. La Haute cour militaire, les Cours et tribunaux civils et militaires… ». L'article 150 alinéa 2 souligne que « les juges ne sont soumis, dans l'exercice de leurs fonctions, qu'à l'autorité de la loi ».

Cette indépendance constitutionnellement consacrée a été reprise par l'article 14 de la loi organique n° 06/20 du 10 octobre 2006 portant statut des magistrats[651].

650 Badinter(R), « Le Conseil Constitutionnel et le pouvoir constituant »in *Mélanges ROBERT(J)*, Montchrestien, 1998, p 217

Si l'expression « indépendance de la magistrature » est sujette à de nombreuses interprétations, le rapport général du forum sur la justice de 1999 l'a définie comme étant « le devoir de se prononcer à l'abri de toute intervention dissimulée ou apparente. La justice est le dernier recours du citoyen en ce sens qu'elle doit être indépendante tant à l'égard des parties au procès qu'à celui des pouvoirs publics ».

Certains juges ne perçoivent leur indépendance que dans les relations avec les responsables politiques et administratifs, et font l'impasse sur les devoirs et les charges qui en découlent.

D'un point de vue objectif, l'indépendance du juge électoral signifie qu'il ne peut recevoir d'ordre ou d'instructions de quelque autorité que ce soit pour la solution du contentieux qui lui est soumis. Contrairement à une idée reçue, cette indépendance ne signifie pas que le juge peut agir arbitrairement.

Il s'agit pour lui de prendre sa décision en l'absence de pressions tant des pouvoirs exécutif et législatif mais également des autres autorités judiciaires et des justiciables. Il ne doit subir aucune influence financière, sociétale ou confessionnelle.

Quant à l'incidence du principe de l'indépendance sur la distribution de la justice en République Démocratique du Congo, certaines personnes estiment que ce principe fait du juge électoral un homme trop puissant aux pouvoirs illimités ; d'autres soutiennent qu'il lui permet d'assouvir des desseins inavoués.

En tout état de cause, qu'elles soient fondées ou pas, ces critiques ne sauraient occulter les avantages que l'indépendance du juge peut apporter aux justiciables électeurs ou élus. L'indépendance est d'abord et avant tout une garantie du justiciable contre l'arbitraire.

Le juge en général et le juge électoral en particulier doit être indépendant d'abord pour la dignité de sa fonction et ensuite pour la paix de sa conscience.

Il doit surtout l'être pour la sécurité et la tranquillité du corps électoral, gage de la paix sociale.

Rappelons que l'indépendance n'est pas une faveur instituée au profit du juge. Elle n'est pas un avantage concédé à titre personnel. Elle doit s'exercer au moment de la prise de décision par le juge électoral.

Sous cet angle, elle apparaît plutôt comme une garantie donnée au requérant dont la protestation sera examinée par le juge électoral en toute sérénité sans interférence ni du prince du jour ni des autres pouvoirs.

En définitive, l'indépendance met le juge à l'abri des pressions. Elle est indispensable à l'exercice d'une justice impartiale. Elle en est même une condition sine qua non.

---

651 La loi organique n° 06/20 du 10 octobre 2006 portant statut des magistrats in *J.O 47 No spécial du 25 OctObre 2006*

Si l'indépendance du juge représente un vecteur cardinal et incontournable dans une bonne distribution de la justice, elle se conjugue corrélativement avec la neutralité du juge à laquelle le justiciable accorde un grand prix.

La neutralité est l'attitude d'impartialité du juge qui, exempt de toute idée préconçue, examine avec la même attention les éléments favorables et défavorables à chacune des parties au procès électoral. Elle est un gage de crédibilité. Elle signifie que le juge est en dehors de la cause électorale.

L'impartialité est, en d'autres termes, la traduction juridique de la neutralité. Elle s'entend de l'interdiction de préjuger.

Le juge électoral doit éviter de fonder sa décision sur des éléments et informations reçus en dehors du prétoire. Cette impartialité doit se manifester tant dans le processus décisionnel que dans la décision elle-même.

L'opinion du juge doit être neutre à l'égard des partis politiques, des électeurs, des élus et des faits qu'il est appelé à connaître.

Il ne peut entretenir une affinité avec un parti politique ni en donner l'impression.

Il doit garder une attitude neutralité qui crée par elle-même, les conditions de son impartialité. Il ne peut s'engager dans le débat politique comme partie intéressée. Au contraire, le juge impartial est désintéressé par l'issue de la cause.

Cependant, la neutralité ne se confond pas avec l'indifférence. Seuls importent la justice et le rappel de la règle de droit.

La notion de neutralité est parfois réduite à l'absence de préjugés. Le juge neutre serait alors celui qui parvient à se soustraire des contraintes plus ou moins diffuses de son milieu social et de ses engagements personnels. Il s'agit là de la neutralité du juge par rapport à lui-même.

L'indépendance et la neutralité du juge électoral sont déterminantes. Pour autant, elles ne sont pas suffisantes. Le juge électoral doit incarner des qualités morales et intellectuelles irréprochables.

§2. Des Attitudes et comportement à cultiver

Dans la revue juridique « the Canadian légal system », le Professeur Gérard Gall soutient à juste titre que : «*la population attend des juges qu'ils fassent preuve d'une sagesse, d'une rectitude, d'une dignité et d'une sensibilité presque surhumaine... Probablement aucun autre groupe de la société n'est soumis à des critères aussi élevés* ».

Cette exigence morale et professionnelle impose au juge électoral l'observance d'obligations et de devoirs qui constituent les règles fondamentales de son éthique et de sa déontologie. A cette armature de probité doit se greffer un esprit d'anticipation et de pondération pour réussir dans la sérénité, des élections crédibles et transparentes.

Le juge électoral doit inspirer la confiance des acteurs sans se compromettre et ceci dans la plus grande objectivité. Il s'agit pour lui de se tenir à *équidistance* des acteurs politiques. Son rôle central et majeur en matière électorale doit reposer sur un certain nombre de normes d'éthique et de déontologie.

B.1. Une observance rigoureuse des règles éthiques et de déontologie :

Ces règles se traduisent pour le juge en général et le juge électoral en particulier par des obligations, des incompatibilités, des incapacités et des devoirs régis par plusieurs textes notamment le statut de la magistrature, le Code pénal, le Code de Procédure pénale, le Code de Procédure Civile Commerciale et Sociale.

La loi portant Charte des partis politiques par exemple au Mali en son article 13 alinéas 2 interdit au magistrat d'être militant de parti politique. Le magistrat qui entend militer dans le parti politique de son choix doit au préalable rendre sa démission. En République Démocratique du Congo, les fonctions de magistrat sont incompatibles avec les activités politiques. Ceci est confirmé par l'article 13 de la loi portant statut de magistrat.

Cependant, cette option n'est pas ouverte aux membres de la Cour Constitutionnelle et de la Cour Suprême pendant la durée de leur mandat.

L'article 19 du Code de déontologie interdit au magistrat l'exercice des activités politiques.

L'article 20 dudit Code encourage les magistrats à s'abstenir :

- d'adhérer aux partis politiques ;
- de participer aux réunions politiques et aux activités de financement des campagnes politiques ;
- de participer publiquement à des débats politiques sauf sur des questions concernant directement le fonctionnement des tribunaux, l'indépendance de la magistrature ou les éléments fondamentaux de l'administration de la justice ;
- de signer des pétitions visant à influencer une décision politique.

La loi électorale de la République Démocratique du Congo marque une avancée dans ce domaine par rapport à la loi Malienne lorsqu'elle interdit aux magistrats de se porter candidats aux élections à tous les niveaux en commençant par des conseillers des Collectivités Territoriales, des députés et Président de la République sans avoir justifié de sa démission. C'est ce qui ressort de l'article 10 alinéa 7 de la loi électorale.

Cette interdiction faite aux magistrats et à certains autres responsables relevant d'autres administrations trouve sa justification au Mali dans l'arrêt n°96- 003 du 25 octobre 1996 de la Cour Constitutionnelle qui dans sa motivation a soutenu que « l'influence que peuvent exercer les titulaires des fonctions d'autorité sur le corps électoral n'est possible que dans les circonscriptions où ces titulaires exercent ou ont exercé leurs fonctions pendant les 6 mois qui précèdent les élections »[652], plus qu'une interdiction absolue de se présenter aux élections, il s'agit d'une limitation au droit d'être candidat.

A ces obligations du juge électoral se greffent des devoirs découlant du serment et du Code de déontologie.

B.2. L'esprit d'anticipation et de pondération du juge électoral

Ne dit-on pas très souvent que « si le droit est une science, juger est un art ». L'exercice de cet art consiste pour le juge à inspirer la confiance des acteurs sans se compromettre et dans la plus grande objectivité.

L'inspiration de cette confiance procède d'abord de la sérénité du juge électoral. Le juge doit appréhender l'examen de la cause en toute sérénité et en toute tranquillité. La justice ne peut se révéler que dans une atmosphère sereine et impartiale.

Le juge électoral doit dès lors, adopter une attitude réservée empreinte de discrétion afin d'éviter de se voir reproché un manque de partialité ou de sérénité. Il doit garantir tant son image de juge impartial que l'équité de la procédure.

En prêtant serment, le magistrat marque sa soumission au devoir de fidélité dans l'accomplissement de sa mission, de respect du secret professionnel, de loyauté et de dignité dans la conduite.

Conformément au Code de déontologie de la magistrature, le magistrat digne est celui qui exerce sa charge dans le respect de la confiance placée en sa personne. Quant à la loyauté, elle signifie que ses décisions doivent être expurgées de toutes considérations sociales et politiques.

L'intégrité est une qualité que doit cultiver le juge électoral. Il doit faire preuve du respect de la loi tant dans sa vie professionnelle que dans sa vie privée. Les aspects négatifs de son comportement peuvent entrainer une perception négative des décisions qu'il serait amené à prendre au prétoire. Aussi, a-t-il l'obligation morale de maintenir un délicat équilibre entre les devoirs de sa charge et les exigences de la vie en société.

La diligence du juge électoral consiste à assumer ses fonctions professionnelles dans les délais impartis par la loi. Si un délai n'est pas prévu, il doit rendre sa décision dans un délai raisonnable653. L'égalité de traitement des justiciables devant la loi est un principe qui s'impose au juge électoral. Il a l'obligation de traiter les parties avec équité et sur le même pied d'égalité. Il doit faire montre à leur égard de patience, de respect, de courtoisie et de disponibilité. Comme le souligne éloquemment le Professeur Jean Denis Bredin, « la justice ne doit jamais être ni méprisante ni humiliante ».

---

652 Décision de la cour constitutionnelle du Mali 1996

653 Alexis MIHMAN, Pour une approche unitaire du temps de la réponse pénale, Thèse de doctorat en droit, 2007 à l'université de Paris sud 11, p 17, inédit

Le rôle du juge électoral est comparable à celui d'un arbitre dans un match de football.

Le corps électoral représente les spectateurs et supporteurs, la loi électorale les règlements du football et les joueurs les candidats aux différentes compétitions électorales.

L'arbitre tout comme le juge sanctionne les fautes et les comportements anormaux. Dans une compétition, il y a nécessairement un vainqueur et un vaincu.

Autant il est difficile voire impossible d'imaginer des spectateurs poussant des cris d'allégresse pour saluer la qualité de l'arbitrage, autant il est illusoire que le juge reçoive la reconnaissance du corps électoral ou celle des candidats à l'issue des différents scrutins.

Le juge exerce un sacerdoce. Quelle que soit la qualité de la décision rendue, il sera toujours considéré comme un éternel incompris aux yeux des perdants. Aussi, n'entendons-nous pas souvent parler de « députés coptés » ou « d'élus coptés » pour désigner ceux-là qui ont gagné leur procès devant le juge électoral.

Cette présomption de culpabilité en l'absence de faute avérée rend difficile et délicate sa mission.

L'unique reconnaissance du juge reste sa conscience. Le sentiment d'avoir dit le droit et appliqué le droit électoral en toute indépendance constitue le réconfort moral du juge.

La réussite d'une élection quelle qu'elle soit dépend fondamentalement de la volonté des acteurs et des responsables qui sont au cœur du système électoral.

Elle résulte de multiples facteurs au nombre desquels il y a lieu de retenir :

- la définition et la clarification du rôle de chaque acteur ;
- l'impératif du respect du chronogramme établi par l'ensemble des acteurs du processus ;
- la nécessité pour chaque acteur d'être soumis exclusivement à l'autorité de la loi ;
- la communication et le dialogue entre les acteurs ;
- l'indépendance et la neutralité du juge.

Parmi ces facteurs, le plus déterminant et le plus important demeure l'indépendance et la neutralité du juge électoral. Dans un climat de méfiance réciproque, le processus électoral reste un champ fertile aux soubresauts politiques, aux querelles de personnes, à la diffamation voire aux injures avec leur cohorte de violences et de troubles.

La crainte et la méfiance entre les acteurs deviennent encore plus grandes lorsque l'institution judiciaire en charge de régler ces différents contentieux est décrédibilisée.

En définitive, la part de responsabilité du juge électoral réside dans un menu dont l'entrée est son indépendance et sa neutralité, le plat de résistance son objectivité, sa transparence, sa loyauté et son intégrité et enfin pour mieux digérer, sa sérénité à travers la confiance du corps électoral.

Ce challenge n'est pas au- dessus des valeurs morales et intellectuelles qu'incarne l'institution judiciaire. Nul doute que l'ensemble des acteurs de la justice sauront intelligemment s'impliquer pour relever dignement le défi d'élections futures transparentes et crédibles. La consolidation des acquis démocratiques engrangés est à ce prix.

En concluant, nous ne devrions pas perdre de vue cette pensée de l'ex Président du Mozambique Joachim Alberto Chissano invitant les acteurs du processus électoral et de la bonne gouvernance à une profonde introspection « *Nous ne devons pas nous contenter du fait d'être meilleurs que d'autres gouvernements ou sociétés. Nous devons nous comparer à nous-mêmes et donc travailler toujours pour être aujourd'hui mieux que ce que nous étions hier et pour être demain mieux que ce que nous sommes aujourd'hui* ».511

Le juge doit se départir des considérations politiques ou partisanes et trancher le contentieux électoral conformément aux textes en vigueur et en toute indépendance son impartialité, sa sincérité, sa neutralité, bref son indépendance sont les gages du succès d'une élection et d'une démocratie apaisées. N'avait pas dit pour conclure : nous devons être convaincus que le succès des élections passe à la fois par la fixation des règles du jeu politique ouvertes et capables d'éviter l'exclusion des perdants et des minorités et par des modalités d'élaborations consensuelles, Houhoum TAPILY, président de la cour suprême du Mali[654].

L'institution judiciaire qui ne doit pas rester en marge des progrès accomplis à un moment décisif de notre système démocratique, marqué par les réformes institutionnelles et les élections présidentielles et législatives. Cette partie va nous aider de savoir comment le juge peut contribuer à assurer à l'électeur, à l'éligible ou à l'élu, les meilleures garanties possibles afin que les choix puissent être respectés ou plus exactement comment peut-il contribuer à la réussite d'un processus électoral.

De manière générale, le droit électoral est dense, ce qu'il se situe au carrefour de plusieurs disciplines (droit civil, droit pénal, droit administratif et droit constitutionnel …), et complexe parce que plusieurs acteurs participent à sa dynamique marquée par une procédure spécifique avec souvent des principes dérogatoires au droit commun. Le président Malien Amadou Toumani Touré (ATT) ne disait-il pas que : les acteurs du processus électoral se doivent à tout prix d'éviter à notre pays les soubresauts entrainant des troubles politiques et des crises électorales dont

654 Propos recueilli lors de la rentrée judiciaire au Mali 2011-2012

les conséquences sont incalculables aussi bien sur les plans économiques que sociaux.512

La réussite des élections est un défi à relever par la justice qui doit jouer pleinement sa partition en indépendance. Les juges doivent s'impliquer davantage pour une bonne organisation des élections et pour la bonne gouvernance.

Section III : De la responsabilité cruciale du juge dans le processus électoral

Cette section traite de prérogatives reconnues au juge électoral dans la conduite du processus électoral et les attitudes à prendre pour mériter la confiance des acteurs au processus. Elle comporte un seul paragraphe qui parle de prérogatives du juge électoral.

§1. Prérogatives conférées au magistrat en matière électorale

Le juge est au début et à la fin du processus électoral. Le contentieux électoral est porté à l'appréciation du juge. A ce moment, son attitude est déterminante quant à l'issue du scrutin. Dans la réussite du processus électoral, les juges ont les prérogatives importantes qui leur sont conférées en matière, mais également les responsabilités qui leur incombent en vue d'accomplir sa mission.

Propos recueillis lors de son discours à la nation Malienne de 2010

En effet, il découlera de sa décision de proclamation des résultats des élections soit la paix, la quiétude et la sérénité soit des crises politiques et sociales, génératrices d'instabilité et de risques en tous genres, au regard des passions liées à toute consultation électorale en général et des enjeux des élections présidentielles et législatives en particulier. Le rôle du juge est indispensable dans la tenue d'une élection libre, transparente et juste.

Qu'il s'agisse du juge constitutionnel lors des élections présidentielles et législatives, du juge administratif lors des élections communales et même en cas des contestations relatives à l'établissement des listes électorales ou la liste des candidats à l'élection. Le code de la déontologie interdit au juge de prendre part aux jeux politiques. Son indépendance le met à l'abri de la pression et sa neutralité est le gage de sa crédibilité. Mais l'indépendance et la neutralité ne suffisent pas. Le juge électoral doit avoir une probité morale irréprochable.

Pour des élections apaisées, l'ensemble des acteurs ont le devoir de pleinement jouer leur rôle pour des élections libres et transparentes dans une démocratie. Ces acteurs sont : la classe politique, l'administration, la justice, la société civile, la Commission électorale nationale indépendante (CENI) et, tout naturellement, la presse. Pour atteindre cet objectif, le magistrat d'instruction des élections que nous proposons dans notre étude, a le devoir de punir les auteurs de fraude et de trouble social avec la dernière rigueur. Pour cela, le Ministère public est appelé à appliquer la loi sans états d'âme. Il est impérieux de réprimer les actes anti-électoraux et tout contentieux électoral doit être traité par voie judiciaire.

Les candidats aux élections doivent faire preuve de retenue et la presse à ne pas « dénaturer ou manipuler les opinions d'autrui. Il ressort de ce qui précède que les lourdes responsabilités pèsent sur les épaules du juge électoral et la crainte de le voir devenir à lui seul un « troisième tour du scrutin » au vu des irrégularités sanctionnées soit en amont soit en aval des élections. Le juge est sans nul doute un des maillons essentiels dans la tenue d'une élection libre et transparente.

Les élections constituent une étape fondamentale dans la construction d'une société démocratique et d'un État de droit. Il s'agit en effet des choix librement exercés par le peuple, en vue de désigner les citoyens appelés à la conduite et à la gestion des affaires publiques.

Il est par conséquent attendu du juge de se prononcer sur ces élections avec plus de responsabilité, de dépassement de soi, d'intégrité à toute épreuve, de neutralité et de courage. Il est attendu de lui des décisions saines qui garantissent la stabilité, la paix et la cohésion de la nation. Le juge doit également se mettre au-dessus des clivages politiques et partisans. L'indépendance et l'impartialité que lui impose son serment guideront son action en matière de gestion du contentieux électoral.

§2 Le rôle mineur des autres institutions dans le contrôle du respect des droits et obligations des juges constitutionnels

D'autres institutions que les juridictions constitutionnelles elles-mêmes peuvent être amenées à jouer un rôle dans le cadre du contrôle du respect des droits et obligations des juges constitutionnels. Il en est ainsi de plusieurs institutions nationales et supranationales. Mais, leur rôle reste mineur.

A. Les institutions nationales et le contrôle du respect des droits et obligations des juges constitutionnels

Le contrôle du respect des droits et obligations des juges constitutionnels peut être exercé par d'autres institutions que le juge constitutionnel lui-même. Il convient de distinguer le rôle des juridictions nationales et celui des institutions politiques.

1. Les juridictions ordinaires et le contrôle du respect des droits et obligations des juges constitutionnels

Dans la plupart des États, le rôle joué par les juridictions ordinaires dans le contrôle du respect des droits et obligations des juges constitutionnels est, du fait de l'organisation même du système juridictionnel, quasi-inexistant. Dans ces États, quand bien même un juge ordinaire serait amené à exercer un tel contrôle, la décision qu'il rendrait serait provisoire. En effet, dans les

États qui ont choisi le modèle américain de justice constitutionnelle, il reviendrait à la cour suprême elle-même de rendre une décision en dernier ressort.

De même, dans la plupart des États relevant du modèle européen de justice constitutionnelle, la possibilité de saisir la cour constitutionnelle par voie de question préjudicielle ou par voie de recours direct a pour conséquence de donner à celle-ci un pouvoir quasiment identique à celui d'une cour suprême : en effet, si un juge ordinaire était saisi d'un litige portant sur les droits et obligations des juges constitutionnels, il est probable que sa décision n'aurait qu'un caractère provisoire, la cour constitutionnelle ayant le dernier mot.

Mais en France, le Conseil constitutionnel, sauf en matière électorale, ne peut être saisi qu'*a priori*, par un nombre restreint d'autorités publiques. Dès lors, si un juge ordinaire est saisi d'un litige mettant en cause les droits et obligations d'un membre du Conseil constitutionnel, le dernier mot reviendra à la cour souveraine de l'ordre juridictionnel auquel il appartient. Ainsi, si par hasard des poursuites pénales étaient engagées, comme l'a envisagé le professeur Luchaire[655], contre un membre du Conseil constitutionnel pour violation de l'obligation de secret des délibérations, le dernier mot reviendrait à la Cour de cassation. Celle-ci serait alors amenée à jouer un rôle dans le contrôle des droits et obligations des membres du Conseil constitutionnel.

De même, si le juge administratif était saisi d'un litige portant sur le statut d'un membre du Conseil constitutionnel, le dernier mot reviendrait au Conseil d'État. Une telle situation s'est d'ailleurs produite. Ainsi, le Conseil d'État a dû se prononcer sur l'étendue des incompatibilités imposées aux membres de droit du Conseil constitutionnel. Dans son arrêt du 20 octobre 1989, *Sitbon*, le Conseil d'État a statué en tant que juge électoral sur la validité de l'élection du Président Giscard d'Estaing au Parlement européen.

Le Conseil d'État devait déterminer si l'incompatibilité entre la fonction de parlementaire européen et celle de membre du Conseil constitutionnel interdisait au Président Giscard d'Estaing d'être éligible au Parlement européen, comme l'affirmait le requérant. Le Conseil d'État a transposé à l'élection des parlementaires européens la solution que le Conseil constitutionnel avait adoptée dans le cadre du contentieux des élections à l'Assemblée nationale : « cette incompatibilité s'applique aux membres de droit du Conseil constitutionnel comme aux autres membres de ce Conseil ; [...] il suit de là que l'élection au Parlement européen d'un membre de droit du Conseil constitutionnel fait obstacle à ce qu'il siège au sein de ce Conseil ; [...] en revanche, la qualité de membre de droit du Conseil constitutionnel d'un ancien Président de la République ne saurait, en l'absence de disposition expresse en ce sens, priver celui-ci du droit reconnu

655 François LUCHAIRE, *Le Conseil constitutionnel*, tome 1, *Op. Cit.*, p. 88.

à tout candidat, dans les conditions et sous réserves prévues par la loi, d'être candidat à tout mandat électif »[656]. Le Conseil d'État a donc rejeté la requête tendant à l'annulation de l'élection du président Giscard d'Estaing.

2. Les institutions politiques et le contrôle du respect des droits et obligations des juges constitutionnels

Les institutions politiques peuvent également contribuer à garantir le respect des droits et obligations des juges constitutionnels. Le Parlement a un rôle à jouer. Ainsi, une fonction lui est parfois reconnue dans le cadre de la procédure de destitution des juges constitutionnels, comme c'est le cas aux États-Unis, en Irlande et au Canada.

Mais, il semble également possible d'analyser les prérogatives dont bénéficie le Parlement en matière normative et budgétaire comme des moyens d'action. Toutefois, l'utilisation de ces prérogatives en vue de faire respecter les droits et obligations des juges constitutionnels serait contestable. On peut craindre que le Parlement veuille par ce biais soumettre le juge constitutionnel. Il reviendrait au juge constitutionnel de le sanctionner.

Il est possible de se demander si l'Exécutif ne peut pas contribuer à assurer le respect des droits et obligations du juge constitutionnel. Au Canada, le Gouverneur général joue un rôle dans la procédure de destitution des membres de la Cour suprême. Mais ce rôle est essentiellement formel. En France, il a été affirmé que le Président de la République qui, aux termes de l'article 5 de la Constitution « veille au respect de la Constitution », pouvait exercer une forme de contrôle du respect des droits et obligations des membres du Conseil constitutionnel.

Ainsi, au sujet de la situation du président Dumas, un chroniqueur du *Monde* a affirmé que, dans la mesure où « de par la Constitution il assure par son arbitrage, le fonctionnement régulier des pouvoirs publics', [...] il peut donc intervenir [...]. Il peut ainsi, par exemple, inviter Monsieur Dumas à présenter sa démission en estimant que la situation actuelle du président de la plus haute juridiction du pays met à mal 'le fonctionnement régulier' des institutions. Il peut aussi demander aux autres membres du Conseil de prendre leurs responsabilités »[657]. Mais, le rôle éventuel du Président de la République est essentiellement d'ordre moral. En effet, il n'est pas compétent pour destituer un membre du Conseil constitutionnel[658].

---

656 CE 20 octobre 1989, *Sitbon*, Leb., p. 206.

657 Thierry BREHIER, « M. Dumas peut-il être invité ou contraint à se retirer ?», *Le Monde*, 10 novembre 1998, p. 7.

658 Le général DE GAULLE (cité par Alain PEYREFITTE, *C'était De Gaulle*, tome 1, Paris, éd. de Fallois-Fayard, 1994, p. 265) et le Président GISCARD D'ESTAING (cité par Thierry Bréhier, *Le Monde*, 10 novembre 1998, p. 6) ont affirmé que le Président de la République ayant la compétence de nommer le Président du Conseil constitutionnel, il pouvait aussi le révoquer. Mais cette analyse est fréquemment rejetée par la doctrine. Monsieur BOUDANT

Il ressort de tout ce qui vient d'être évoqué dans le droit comparé que la tâche n'est pas si facile pour un juge constitutionnel qui doit ,comme nous l'avons indiqué dans les lignes précédentes, bénéficier d'un statut tout à fait particulier avec des privilèges. De l'autre cote, le juge constitutionnel doit observer à tout moment son vécu quotidien, il doit être d'un comportement irréprochable.

Cette exigence ne semble pas, à notre avis, être reprise dans le vécu de juge congolais qui semble reste enraciner dans l'identification du régime qui l'a placé au pouvoir. Les réalités congolaises sont celles où les hommes sont plus forts que les institutions. Le juge constitutionnel congolais préfère s'adapter aux réalités congolaises, c'est-à-dire, mon frère est là, pour émerger, il faut avoir un parrain politique. L'idée comme, je ne saurais pas moi seul redresser ce pays ruiné, il y a plus de 50 ans.

La mentalité congolaise n'est pas celle des populations des pays que nous venons de décrire leur modèle du juge constitutionnel. D'ailleurs, nous pensons que, lors de son discours adressé à la nation devant les deux chambres du parlement et les concertateurs à l'occasion de la fin des travaux de concertation nationale sur la cohésion nationale en novembre 2013, dans l'un des passages, le président de la République a demandé au peuple et aux politiques de changer la mentalité pour réussir cette cohésion et la réforme de la modernité.

Devant le doute aux exigences de cette seconde alternative sur l'indépendance du juge constitutionnel en République Démocratique du Congo, nous pensons que la première proposition est plus faisable. Ayant fini à présenter le paysage des élections présidentielles et législatives de République Démocratique du Congo, examinons dans le chapitre qui suit le contour de la notion de sincérité ; principe sacro-saint et directeur en matière du contentieux électoral, principe qui détermine d'autres principes comme la régularité et la crédibilité que nous avons décrites ci-dessus.

---

souligne ainsi que « cette opinion doit [...] être réfutée, car la possibilité d'une telle « désinvestiture » du Président du Conseil par le Chef de l'État menacerait gravement son indépendance et celle de l'institution » (Joël BOUDANT, « Le Président du Conseil constitutionnel», *Loc. cit.*, p. 598).

Chapitre 2

La notion de la sincérité de scrutin

La notion de "sincérité du scrutin" est, sans doute, l'une des plus répandues du droit électoral. Le juge électoral, quel qu'il soit, l'utilise très fréquemment dans ses décisions et lui fait même jouer un rôle majeur puisque c'est son respect ou son atteinte qui détermine, le plus souvent, le sort du contentieux en cours.

Au cœur même du droit électoral, la notion de sincérité du scrutin souffre cependant d'une sorte de défaut de visibilité.

Si sa perception " macroscopique " est relativement simple, elle s'avère beaucoup plus complexe lorsque l'on passe au niveau " microscopique ".

Vue de loin, on peut définir la sincérité du scrutin comme le révélateur de la volonté réelle de l'électeur. Dès lors que celle-ci ne peut pas être connue de manière certaine, et donc qu'il est impossible de connaître avec certitude le choix majoritaire des électeurs, l'élection est annulée par le juge[659].

Toute la question est alors de savoir ce qui permet de garantir cette sincérité du scrutin. Et il faut bien reconnaître qu'ici, la réponse n'est pas aisée tant les cas retenus par la jurisprudence sont nombreux et variés.

En réalité, en y regardant de près, on s'aperçoit que cette notion en apparence éclatée trouve son unité autour du respect d'un certain nombre de principes fondamentaux du droit électoral que l'on peut intégrer, pour reprendre l'expression de Pierre Garrone, dans le " patrimoine électoral européen "[660]

Ces principes sont : l'égalité, la liberté et le caractère secret du vote. Ils sont d'ailleurs si importants qu'ils font l'objet, dans la plupart des démocraties respectueuses de l'État de droit d'une consécration constitutionnelle.

---

659 L'atteinte à la sincérité du scrutin est toutefois souvent liée à deux paramètres : l'écart de voix et l'influence déterminante de l'irrégularité génératrice du défaut de sincérité.

660 P. Garrone, " Le patrimoine électoral européen. Une décennie d'expérience de la Commission de Venise dans le domaine électoral ", *RD publ.* 2001, n° 5, p. 1417.

Ainsi, la Constitution de la République Démocratique du Congo de 2006 à son article 5 alinéa 4 et celle française de 1958 à son article 3, proclament-elles que " le suffrage est universel, égal et secret ".

Même si cet article ne fait pas référence de manière expresse à la liberté de suffrage, celle-ci est implicite : toute violation de cette liberté serait, en effet, directement contraire au principe démocratique réaffirmé à l'article premier de la Constitution.

Les grands textes européens relatifs aux droits fondamentaux, de leur côté, s'inspirent de ces principes. Si la Convention européenne de sauvegarde des droits de l'homme ne contient pas de dispositions relatives aux droits politiques, le protocole additionnel du 20 mars 1952 amendé par le protocole n° 11 dispose dans son article 3: " Les Hautes Parties contractantes s'engagent à organiser, à des intervalles raisonnables, des élections libres au scrutin secret, dans les conditions qui assurent la libre expression de l'opinion du peuple sur le choix du corps législatif. "

La charte des droits fondamentaux de l'Union européenne de 2000, dans son chapitre V consacré à la citoyenneté, précise que " les membres du Parlement européen sont élus au suffrage universel direct, libre et secret ".

Si ces principes ont une valeur identique, leur portée peut être variable: la sincérité du scrutin peut, en effet, se mesurer de manière collective à travers le corps électoral considéré dans son ensemble ou bien à travers l'électeur à titre individuel.

Ce chapitre décrit les notions sur le principe de sincérité, ainsi que ces différents caractères. Il analyse également comment, ce principe est observé dans le système communautaire comme l'Union européenne et enfin comment est organisé le contentieux dans ce système.

Ce chapitre est constitué de cinq sections dont la première sur la sincérité du scrutin et du corps électoral, la deuxième sur les systèmes électoraux dans l'Union européenne, la troisième sur le contentieux dans ces systèmes, la quatrième sur la proposition de l'administration électorale et la dernière sur les missions du juge des élections présidentielle et législatives.

La justification de l'étude de sincérité dans cette thèse reste le souci de montrer a nos lecteurs comment peut-on atteindre la sincérité, principe directeur qui conditionne d'autres (régularité, crédibilité-vérité) comme nous l'avons su dire ci-haut, dans un processus électoral. L'importance de l'étude de la sincérité justifie même le nombre important des sections par rapport à d'autres chapitres dans cette recherche.

Section I. La sincérité du scrutin et le corps électoral

La sincérité du scrutin implique que le résultat de l'élection soit l'exact reflet de la volonté, exprimée par la majorité du corps électoral. C'est pourquoi la perception collective de cette notion, en tant qu'elle s'applique à l'ensemble de ce corps, est primordiale. Et, ici, deux principes vont être actionnés : le principe d'égalité et le principe de liberté. Cette section va dégager deux principes corolaires au principe de sincérité. Le principe d'égalité (§1) et le principe de liberté (§2). Elle explique aussi le contour du principe de sincérité face aux électeurs (§3).

§1. L'égalité

D'une manière générale, le principe d'égalité joue un rôle majeur dans la conception démocratique de l'État de droit, comme l'atteste la place que le Conseil constitutionnel français lui accorde dans sa jurisprudence.

Il n'est donc pas étonnant que, s'agissant plus spécifiquement du droit électoral fondamental, ce principe occupe une place toute particulière et conditionne le respect de l'exigence de sincérité.

Par essence, ce principe d'égalité est, d'une manière générale, polymorphe et, naturellement, il se présente, dans le domaine qui nous concerne, sous différentes formes.

Tout d'abord, il implique ce que l'on pourrait appeler *l'égalité des conditions de la compétition*, ce qui signifie que toutes les candidatures (individuelles ou collectives) doivent être soumises au même traitement. Cela concerne surtout les campagnes électorales aussi bien à travers leur financement qu'à travers l'accès aux médias audiovisuels.

Énoncée ainsi cette exigence paraît simple, mais en pratique elle soulève de grandes difficultés, notamment lorsque l'on a affaire à des formations politiques, dont le statut n'est pas, en République Démocratique du Congo, clairement défini.

C'est la raison pour laquelle ce principe, en ce qui concerne l'accès aux médias audiovisuels, tend plutôt vers l'équilibre que vers la stricte égalité, l'exception demeurant l'élection présidentielle.

Cette souplesse est d'ailleurs admise, c'est ainsi qu'il est recommandé que le législateur limite l'accès des partis aux médias audiovisuels publics à condition que cette limitation soit raisonnable et qu'elle ne porte atteinte ni au principe d'égalité ni à celui du pluralisme des courants d'idées et d'opinions[661].

En deuxième lieu, il s'agit de *l'égalité de décompte*[662]: chaque électeur doit disposer du même poids que les autres électeurs ce qui peut se résumer dans une formule simple : un électeur, une voix. S'il en était autrement, le résultat de l'élection ne serait pas fidèle à la volonté de la majorité réelle du corps électoral.

---

661 Cf. par exe. déc. 2000-428 DC, 4 mai 2000, *Loi organisant une consultation de la population de Mayotte, R*ec. p. 70; déc. du 6 sept. 2000; déc. du 6 sept. 2000 sur une requête présentée par M. Charles Pasqua *Rec.* p. 144. Et article 5 constitution de la RDC du 18 février 2006.

662 Nous reprenons, ici, l'expression de P. GARRONE, *Op. Cit.* p. 1443.

Ainsi, sont prohibés : les inscriptions sur plusieurs listes électorales, le vote plural ou encore le vote familial.

Cette exigence est si forte qu'elle s'applique non seulement aux élections politiques mais aussi aux élections professionnelles comme l'a décidé le Conseil constitutionnel[663].

Enfin, et c'est sans doute pour ce qui nous concerne, le plus important, ce principe se décline en *égalité de représentation. Nous pensons de notre part que pour garantir la sincérité qui nous amène à la vérité, n'est fût-ce que judiciaire, qu'un juge d'instruction électorale (Juge commissaire), désigné ou choisi de la manière que nous aurons à proposer ultérieurement dans le cadre de cette recherche surveillera tout ce comportement entre acteurs électoraux.*

La question du découpage électoral, c'est-à-dire la technique par laquelle le territoire national (ou une partie de celui-ci) est divisé en circonscriptions électorales dans lesquelles les électeurs sont répartis pour exercer leur droit de vote est déterminante au plan collectif sur l'expression sincère de la volonté du corps électoral.

L'enjeu démocratique de ce découpage est particulièrement important, car, si sa finalité est détournée, et sa mise en œuvre manipulée, le résultat électoral obtenu de façon déloyale, ne sera dû qu'à un regroupement artificiel d'électeurs.

Cette perversion de la démocratie est bien connue sous le terme de *Gerrymandering* du nom de ce gouverneur américain (Gerry) qui avait découpé une circonscription en forme de salamandre (salamander) pour pérenniser son élection.

Il faut donc faire en sorte d'éviter, ici plus qu'ailleurs, l'arbitraire.

On peut tout d'abord y parvenir en confiant ce pouvoir de découper à un organe indépendant. Ce système est rare même si, dans certains États, comme l'Allemagne une commission indépendante peut être associée aux décisions de découpage.

Dans la plupart des cas, il appartient au gouvernement et au Parlement de procéder à ces opérations qui, par nature, ont un caractère très politique. C'est le cas d'ailleurs de la République Démocratique du Congo ou dernièrement par décret de 2013 du premier ministre Matata, certaines entités se sont vues reconnaitre les statuts de villes, communes…

Ainsi, dans le système français par exemple, le découpage des cantons est-il opéré par décret, celui des circonscriptions législatives par la loi.

Cette intervention du pouvoir politique dans un processus qui peut déterminer la physionomie d'un scrutin n'est pas condamnable en soi au regard de l'État de droit et de la démocratie, dès lors qu'elle est assortie de garanties fortes d'objectivité.

---

663 Déc. 78-101 DC du 17 janv. 1979, *Conseils de prud'hommes, Rec.* p. 23, *RJC* I-67

La solution passe alors par un contrôle du juge à partir de critères précis, objectifs et stables. C'est ce que fait en France le Conseil d'État pour les découpages effectués par décret[664] et le Conseil constitutionnel pour ceux effectués par la loi. Ce qui n'est pas le cas en République Démocratique du Congo, et même s'il en était, il est souhaitable que le juge soit renforcé de son indépendance de par son existence et la gestion de sa carrière. Il est donc, à notre avis, souhaitable que notre législateur applique cette bonne expérience pour améliorer notre système électoral et contribuer par là même, aux solutions sur les contentieux à venir.

Le Conseil constitutionnel en France a ainsi fixé sa jurisprudence dans deux importantes décisions[665].

Se fondant sur le respect du principe de l'égalité du suffrage, la Haute juridiction a tout d'abord précisé la portée du principe d'équilibre démographique en le qualifiant de " règle fondamentale " qui doit permettre une égale représentation des populations sans pour autant exiger une stricte proportionnalité. Si le critère démographique est le principe, des écarts de représentation peuvent être ainsi admis, pour tenir compte d'impératifs d'intérêt général précis comme la nécessité d'assurer un lien étroit entre l'élu et l'électeur, ou la prise en compte de la continuité territoriale. Ces écarts doivent cependant être exceptionnels et limités.

Le deuxième principe mis en avant est celui de l'équilibre politique. Ici, il s'agit de faire en sorte que l'égalité entre candidats ou forces politiques soit respectée pour éviter tout arbitraire politique.

Non seulement ce découpage doit être équitable mais de plus, il doit être régulièrement réactualisé pour tenir compte des évolutions démographiques. Pour le Conseil constitutionnel, " le respect dû au principe de l'égalité de suffrage implique que la délimitation des circonscriptions électorales pour la désignation des députés fasse l'objet d'une révision périodique en fonction de l'évolution démographique... "[666].

Ainsi, dans une décision relative à l'élection de l'Assemblée de Polynésie, le Conseil constitutionnel note-t-il que le législateur a amélioré la représentativité de cette Assemblée en tenant compte du dernier recensement de la population des différents archipels du territoire[667].

A contrario, est relevée la " carence " du législateur, lorsque celui-ci n'a pas tenu compte de l'évolution de la population des collectivités territoriales dont le Sénat assure la représentation[668].

664A. Roux, "Le découpage des circonscriptions administratives et électorales devant le Conseil d'État", *AJDA* 1983 p. 219

665 Déc. 86-208 DC des 1er et 2 juill. 1986 et 86-218 DC du 18 nov. 1986 (*Découpage électoral, GD,* n° 40).

666. 86-208 DC

667 Déc. 2000-438 DC du 10 janv. 2001, *Loi organique destinée à améliorer l'équité des élections à l'assemblée de la Polynésie française.*

668Déc. du 20 sept. 2001, *Hauchemaille et Marini, Rec.* p. 121.

Le respect de ces exigences passe obligatoirement par le recensement transparent et régulier dans le territoire national publié avant l'opération d'enrôlement des électeurs.

§2. La liberté (neutralité et objectivité)

Pour atteindre l'objectif de sincérité, il est indispensable que les électeurs pris dans leur ensemble soient à l'abri de toute pression de l'État et plus généralement de l'autorité publique. C'est là, bien évidemment, la condition nécessaire à l'expression libre de la volonté du corps électoral.

Et cette garantie de liberté passe par la neutralité et l'objectivité de l'État.

Ce dernier, s'il a une mission " naturelle " d'organisation des élections, n'a pas à intervenir dans la compétition elle-même au profit de tel ou tel candidat ou de telle ou telle formation politique, cela de manière directe ou indirecte. Pour atteindre ce but, les forces de sécurité doivent être républicaines et non destinées à la sauvegarde des hommes au pouvoir. Tout dérapage dans ce sens peut entrainer, dans le chef de responsables, à chaque niveau, du délit de haute trahison ou délit d'initié, et passible de sanction prévue pour cela.

A. La neutralité de l'État passe tout d'abord par la neutralité et l'objectivité respectées dans l'organisation des élections.

S'il appartient bien à l'État d'édicter les actes préparatoires aux élections, il est absolument indispensable que ceux-ci puissent être contrôlés par le juge. En France, si le problème ne se pose pas pour les élections politiques locales, le Conseil d'État, juge " naturel " de la légalité des actes administratifs étant aussi, en la matière juge de l'élection, il s'est posé de manière aiguë pour les élections politiques nationales depuis 1958. Pour celles-ci, en effet, le juge électoral étant le Conseil constitutionnel, s'est très vite posé un problème de concurrence avec la Haute juridiction administrative[669] pour savoir quel juge était compétent pour statuer avant le scrutin sur la légalité de ces actes[670].

Après une " dispute " des juges de 20 ans, et face à la carence du législateur, le " dialogue " constructif établi entre les deux juridictions a permis de trouver une solution empirique mais finalement satisfaisante à ce problème[671].

---

669 Cf. Déc. Cons. const. du 11 juin 1981, *François Delmas, Rec.* p. 97; *RJC*, p. V-2.

670 Sur cette question voir la thèse de Sophie LAMOUROUX: *Le contentieux des actes périphériques en matière électorale* (Aix-en-Provence, 2000) et notre article à la *RFD adm.*: " Un labyrinthe juridique: le contentieux des actes préparatoires en matière d'élections politiques ", *RFD adm.* 1994, pp. 793-816.

671 Voir la batterie contentieuse de septembre 2000 à propos des actes relatifs à l'organisation du référendum sur la réduction de la durée du mandat présidentiel et notamment: Jean-Éric SCHOETTL, " Le contentieux des actes préparatoires à un référendum: suite et fin? ", *Les*

1. La neutralité de l'État pendant la campagne électorale

Sans aller jusqu'au système de la candidature officielle pratiquée sous le Second Empire et qui aujourd'hui - qu'elle soit unique ou non - n'est heureusement l'apanage que des seuls régimes totalitaires, il faut éviter toute intervention " officielle " dans la campagne susceptible de faire pression sur les électeurs.

Ici encore, il est nécessaire de relativiser la mise en œuvre de ce principe. Comment, en effet, réduire au silence les autorités de l'État pendant toute la durée de la campagne électorale, même dans l'hypothèse - fréquente - où elles sont elles-mêmes candidates? Cela ne serait pas raisonnable. Il faut simplement - mais la chose n'est pas aisée - bien distinguer entre les interventions " institutionnelles " de ces autorités et leurs interventions purement électorales. A ce sujet, il importe de décrire comment était passée la campagne électorale de 2011 en République démocratique du Congo. Plusieurs violences ont été enregistrées à travers le pays.

En effet, dans un rapport publié vendredi 2 décembre et exploité par la radio onusienne de OKAPI, l'ONG de défense de droits de l'homme Human Rights Watch indique que dix-huit personnes ont été tuées et près de cent "sérieusement blessées" lors des manifestations organisées entre le 26 et le 28 novembre. Selon le document de cinq pages, la majorité de personnes tuées ont été abattues par des soldats de la Garde républicaine. D'autres civils auraient été tués et blessés notamment lors d'affrontements entre partis politiques rivaux et des attaques des groupes armés.

Ida Sawyer, chargée de plaidoyer RDC–Afrique de Human Rights Watch, indique que les incidents les plus graves se sont produits à Kinshasa le dernier jour de la campagne électorale, samedi 26 novembre.

«Des militaires de la garde républicaine ont tiré des balles réelles dans les foules des partisans de l'UDPS qui attendaient leur candidat présidentiel à l'aéroport de N'djili ici à Kinshasa,» déclare-t-elle.

«Après, poursuit-elle, les militaires de la garde républicaine ont pris la direction du centre ville et ont continué à tirer sur les foules et sur les passants à Kingasani, à Pascal, au marché de la liberté, au pont Matete et dans le quartier Limete.»[672]

Selon la même source, les gardes républicaines ont encore tiré sur une foule de partisans de l'opposition dans la commune de Matete à Kinshasa dans la nuit du même jour.

L'ONG dit craindre un risque de recrudescence de violences après la proclamation des résultats *«surtout si des efforts ne sont pas fournis pour*

Petites Affiches, 2000 (183), 13 sept. 2000, p. 15 ; R. GHEVONTIAN, " Conseil constitutionnel - Conseil d'État: le dialogue des juges ", *RFD adm.* 2000 (5), pp. 1004-1013.

672 WWW.radiokapi.net information tirée le 27 novembre 2011

contrôler et discipliner les forces de sécurité surtout les gardes républicaines».[673]

En réaction, le porte-parole du gouvernement congolais, Lambert Mende, déclare que Human Rigths Watch est *«le seul à avoir des rapports concernant 12 morts faits par la garde républicaine»*

Il reconnaît qu'il y a eu un incident qui a été rapporté par la garde républicaine à la police. Celle-ci aurait enquêté.

«Des tirs ont été faits en l'air pour disperser un groupe de gens qui tentaient d'empêcher des éléments de la garde républicaine en cortège de rejoindre le centre ville. Il n'y a pas eu de blessés signalés, il n'y a pas eu de morts signalés,» raconte Lambert Mende avant d'ajouter : «Nous serons surpris que douze personnes tombent dans une ville africaine comme Kinshasa sans qu'il ait un deuil.» Le porte-parole du gouvernement reproche à l'ONG de ne pas indiquer dans quels hôpitaux les morts ont été acheminés pour que *«nous puissions avoir l'occasion d'enquêter».* «Nous demandons à Human Rigths Watch et à tous nos partenaires internationaux de prendre conscience. Il ne s'agit pas de faire semblant de venir nous assister alors que en réalité on vient mettre de l'huile sur le feu,» conclut-il.674

La campagne électorale pour les élections présidentielle et législatives du 28 novembre en RDC avait pris fin, samedi 26 novembre, dans une atmosphère de tension entre les partisans du président Joseph Kabila, candidat à sa propre succession et ceux de l'opposant Etienne Tshisekedi.

Selon la police, les échauffourées enregistrées dans la journée avaient fait au moins un mort. Une dizaine, selon l'UDPS, le parti d'Etienne Tshisekedi.

Par ailleurs, selon le site de la même Radio, la campagne électorale pour la présidentielle et les législatives du 28 novembre en RDC a pris fin, samedi 26 novembre, dans une atmosphère de tension entre les partisans du président Joseph Kabila, candidat à sa propre succession et ceux de l'opposant Etienne Tshisekedi. Ce dernier a été bloqué par la police à l'aéroport international de N'djili jusqu'aux environs de 23heures 30 locales pour l'empêcher de tenir son meeting de fin de campagne. Des échauffourées enregistrées dans la journée ont fait au moins un mort, selon la police. Une dizaine, selon l'UDPS, le parti d'Etienne Tshisekedi.

La journée a commencé dans une ambiance de sérénité relative. Vers 9 heures du matin, les partisans du PPRD, le parti présidentiel, et alliés se dirigent vers le stade des martyrs pour le dernier rassemblement électoral du candidat Kabila. Ceux de l'UDPS se regroupent à la place du cinquantenaire, située à une centaine de mètres du stade des martyrs où est prévu le dernier meeting du candidat Tshisekedi.

Les deux camps s'invectivent. La tension commence à monter, la police disperse les militants de l'UDPS à coup de gaz lacrymogène. Au même

673 WWW.radiokapi.net information tirée le 27 novembre 2011
674 WWW.radiokapi.net information tirée le 27 novembre 2011

moment, d'autres militants de ce parti se dirigent vers l'aéroport de N'djili pour accueillir leur leader en provenance du Bas-Congo. Il devait être précédé à Kinshasa par le candidat Joseph Kabila, lui aussi, en campagne au Bas-Congo. L'ambiance est électrique dans la ville.

Certains Kinois ne se rendent pas à leur lieu de travail dans cette atmosphère de tension où l'on redoute une escalade de violence entre les camps rivaux.

Et la tension commence effectivement à monter. Sur le boulevard Sendwe à la hauteur de l'entrée du stade tata Raphaël une scène de jet de pierre se déroule entre les partisans du PPRD et ceux du candidat de l'UNC de Vital Kamerhe dont le meeting était prévu dans la matinée.

a) Affrontements

Peu avant midi, au niveau du pont Matete sur le boulevard qui mène à l'aéroport de N'djili, les militants de l'UDPS et ceux du Parti lumumbiste unifié qui soutiennent la candidature de Joseph Kabila, s'affrontent. De nombreux militants de deux camps sont blessés. Le secrétaire national du Palu chargé de la sécurité va déclarer un peu plus tard qu'« *il y a eu plus au moins 53 personnes blessées dont un nombre important du Palu* ».A Kingasani, quartier populaire réputé acquis à la cause de l'opposition, d'autres échauffourées opposent les partisans de Tshisekedi à ceux de Kabila provoquant « *la mort d'un homme tué par un jet de pierre à la tête », déclare le chef de la police de Kinshasa, le général Jean de Dieu Oleko à l'AFP.* [675]

En début d'après-midi, la décision du gouverneur de la ville de Kinshasa tombe. Tous les meetings prévus ce jour sont interdits pour *«préserver l'ordre public et la paix sociale», affirme Thérèse Olenga, la porte-parole du gouvernement provincial.*

Tshisekedi atterrit à Ndolo

Alors qu'il était attendu à l'aéroport international de N'djili, l'avion de Tshisekedi atterri vers 14 heures à l'aéroport de N'dolo au centre de Kinshasa, visiblement sans qu'il en ait été informé à l'avance. Aussitôt, son convoi traverse la ville et se rend à l'aéroport de N'djili, à15 km de N'dolo, où l'attendait ses militants.

« Nous allons au stade des Martyrs, c'est là que je vais tenir mon meeting », lance-t-il à ses partisans à l'aéroport de N'djili. Debout sur le toit ouvrant d'une Hummer rouge qui le conduit, Tshisekedi est empêché d'avancer par la police commandée par son commissaire général, Charles Bisengimana, quelques cent mètres après. La police lance le gaz lacrymogène pour disperser la foule. Des tirs de sommation s'ensuivent. Des blessés sont enregistrés.

---

675 WWW.radiokapi.net information tirée le 27 novembre 2011

Vers 20 heures commencent les tentatives de médiation. Celles du comité national de médiation du processus électoral et de l'adjoint du chef de la mission onusienne en RDC, Fidèle Sarrassoro échouent. Etienne Tshisekedi refuse de rentrer chez lui escorté par la police[676].

« *Quand on arrive à des situations pareilles, c'est alors qu'on prend une position qui inspire confiance. Je suis agressé par la police de Kabila, je suis séquestré. La police de Kabila ne veut pas que je regagne ma maison. Et comme solution, la Monusco trouve qu'elle doit m'escorter. Ça veut dire quoi ? Elle trouve ça légal ce que Kabila fait* », déclare Tshisekedi aux journalistes[677].

Autour de 23 heures quart, les policiers munis de boucliers et gourdins s'avancent vers la Jeep d'Etienne Tshisekedi pour le forcer à rentrer chez lui après avoir dégagé le passage. C'est le début des accrochages entre la police, les militants de l'UDPS et la garde de Tshisekedi.

Dans cette cohue, son chauffeur qui refuse de conduire est passé à tabac. Un policier prend le volant. Etienne Tshisekedi est ramené de force chez lui à Limete autour de minuit. Selon des sources de l'UDPS, une dizaine de militants de ce parti ont été tués au cours de cette journée.

De son côté, le bureau du haut-commissaire des Nations unies pour les droits de l'homme a publié un rapport ce mardi 20 mars 2012 dénonçant les violations graves des droits de l'homme pendant les élections de 2011 en RDC. Le document recense "*le meurtre d'au moins 33 personnes par les forces de sécurité à Kinshasa, entre le 26 novembre et le 25 décembre 2011. Les enquêtes ont montré qu'au moins 83 personnes ont été blessées, la plupart par balle, et au moins 16 personnes sont toujours portées disparues. Plus de 265 personnes ont été arrêtées et la majorité d'entre elles aurait été maintenue en détention arbitraire dans différents centres de détention à Kinshasa. Il y avait aussi des témoignages concordants et corroborés de torture lors de détentions.*

Le processus électoral s'est déroulé dans une atmosphère particulièrement tendue en RDC. La réélection de Joseph Kabila est fortement contestée par l'opposition qui dénonce de nombreuses irrégularités pendant le scrutin et soupçonne le pouvoir en place de fraudes massives. Les manifestations ont toutes été violemment réprimées par les forces de sécurité congolaises.

L'ONU explique dans son enquête que "*la Garde républicaine, la Police nationale congolaise, en particulier des agents de la Légion nationale d'intervention et des agents du Groupe mobile d'intervention, ou l'Agence nationale de renseignements (ANR)*", sont toutes "*impliquées*" dans les violences.

---

676 Site déjà cité.
677 WWW.radiokapi.net information tirée le 27 novembre 2011.

Le rapport estime que les violations "*furent perpétrées sur des personnes à cause de leur appartenance réelle ou présumée au parti d'opposition d'Etienne Tshisekedi, principal adversaire à l'élection présidentielle du Président Joseph Kabila candidat à sa réélection, ou à une des provinces dans lesquelles il bénéficie d'un soutien important*".

La Haut-Commissaire des Nations Unies aux droits de l'homme, Navi Pillay, a « *reçu plusieurs comptes rendus décrivant la Garde républicaine tirant à balles réelles sur les foules, et d'individus détenus arbitrairement soumis à la torture* ». Selon l'ONU, « *les autorités doivent s'assurer que des enquêtes soient menées sur ces violations graves des droits de l'homme, que les auteurs soient traduits en justice, et que ceux qui sont encore détenus illégalement soient libérés sans délai*».[678]

Une enquête judiciaire ouverte en décembre

Le représentant de la MONUSCO (la mission des casques bleus au Congo), Roger Meece « *attend avec impatience le résultat de l'enquête judiciaire et (la MONUSCO) se tient prête à continuer à aider et soutenir les autorités judiciaires de la RDC pour identifier et traduire les coupables en justice*».

« *Les poursuites et les procès récents entrepris avec l'appui de la MONUSCO à travers le pays, ont conduit à l'arrestation d'un nombre significatif d'auteurs de violations des droits de l'homme* », a précisé Roger Meece. Sur Radio Okapi, le ministre congolais de la Justice et Droits humains, Luzolo Bambi Lesa a qualifié le rapport de l'ONU de « *gratuit, incohérent et exagéré* »[679]. Une enquête judiciaire a été ouverte en décembre. Aucune condamnation n'a encore été prononcée.

B. La sincérité du scrutin et l'électeur

1. Le caractère secret

A titre individuel, l'électeur doit pouvoir exprimer son choix en toute liberté, à l'abri de toute pression. Mais à partir du moment où ces pressions sont exercées sur les individus, elles sont très difficiles à déceler[680]. En réalité, l'important ici, est qu'au bout du compte, l'électeur effectue son vote en toute conscience et en suivant sa seule volonté.

La seule garantie de cette exigence est donc le caractère secret du vote qui permet d'en assurer la liberté.

---

678 WWW.radiokapi.net information tirée le 27 novembre 2011

679 Site déjà cité

680 C'est la raison pour laquelle, en quelque sorte à titre préventif, des inéligibilités ont été prévues à l'encontre de candidats occupant des emplois ou des fonctions susceptibles d'exercer (ou de subir) des pressions.

Ce principe, trop souvent négligé, parce que sans doute considéré à tort comme accessoire ou secondaire, est pourtant de toute première importance. S'appliquant " en bout de chaîne ", au moment décisif, c'est finalement sur lui que repose " in extremis " le respect de la sincérité du scrutin.

Ce n'est donc pas un hasard si la consécration de ce principe est considérée comme une conquête de la démocratie.

Le vote public, présenté malheureusement encore par certains comme démocratique, est pourtant réservé aux situations révolutionnaires ou aux régimes totalitaires. Il n'est, en aucun cas, compatible avec l'État de droit.

C'est la raison pour laquelle, conformément au principe posé à l'article 5 de la Constitution, la loi électorale rappelle dans une formule sobre : " Le vote est secret ", disposition dont la sanction pénale est prévue à l'article 85 alinéa 1er de la loi électorale lorsqu'elle dispose : " est puni d'une servitude pénale principale et d'une amende ne dépassant pas 20000 francs congolais constants ou l'une de ces peines seulement, toute personne qui, sur les lieux d'un bureau de vote :

1 fait connaitre l'option en faveur de laquelle elle se propose de voter ou pour laquelle, elle a voté ».

La mise en œuvre de ce principe s'effectue par différentes techniques, la première d'entre elles étant celle de l'*isoloir,* petite cabine destinée, pour reprendre les termes mêmes du code électoral à " soustraire (l'électeur) aux regards pendant qu'il met son bulletin dans l'enveloppe[681] ".

L'article 57, alinéa 3 de la même loi dispose à cet égard que " Après avoir reçu le bulletin paraphé par le président au moment de sa remise, l'électeur se rend dans l'isoloir ".

Matériellement, cette petite cabine doit être munie d'une ouverture fermée par un rideau, afin de n'offrir prise à aucun regard extérieur[682].

En France par exemple, dans le souci de protéger la sincérité du scrutin, le passage par l'isoloir est obligatoire, et si cette prescription n'est pas respectée, le scrutin pourra être annulé[683]. Il en va de même lorsque l'accès à l'isoloir est entravé par la présence d'un trop grand nombre de personnes[684].

L'autre technique est celle de l'*enveloppe* dans laquelle l'électeur doit obligatoirement glisser son bulletin[685].

Enfin se pose le problème du *choix des bulletins de vote* avant le passage dans l'isoloir.

---

681 Art. L. 62, al. 1, c. élec.

682 L'absence de rideau affecte la régularité du scrutin: par ex. CE, 6 avr. 1973, *El. mun. de Willerwald, Rec.* p. 286.

683 Par ex.: CE, 13 juill. 1963, *El. mun. de Caderousse, Rec.,* Tables, p. 898

684 CE, 4 janv. 1978, *El. mun. de Bonifacio, Rec.,* Tables, p. 822. Dans cette affaire l'encombrement était dû à une présence massive de représentants de listes fictives...

685 Art. L. 60, c. élec.

Ici, l'électeur a le choix entre deux possibilités : soit il se rend au bureau de vote muni du bulletin qu'il a préalablement sélectionné parmi l'ensemble qui lui a été adressé par voie postale à son domicile. Ce bulletin étant dissimulé, l'électeur n'a plus, qu'à prendre l'enveloppe et à passer par l'isoloir. Personne ne pourra alors connaître son choix.

Soit il utilise les bulletins mis à sa disposition dans le bureau de vote et, comme cela se fait au vu et au su de tous, il doit prendre tous les bulletins même si cela est parfois fastidieux ou heurte sa conscience politique...

Ne prendre qu'un seul bulletin par exemple - celui que l'on va utiliser - est une atteinte évidente au secret du vote. Même si cette pratique est fréquente elle n'en reste pas moins condamnable et il appartient au juge électoral d'en rappeler l'interdiction.

La seule exception que l'on peut admettre parce qu'elle ne remet pas en cause le secret du vote c'est le choix unique effectué par l'un des candidats pour lui-même (ce qui n'est pas forcément très élégant...) ou encore par une personnalité politique aux opinions bien connues.

C'est d'ailleurs ce qu'a récemment rappelé le président Yves Guéna devant la presse: " Le fait, pour une personnalité politique de premier plan, de ne prendre " par mégarde " qu'un bulletin de vote ne rompt pas le secret du vote. Son choix est en effet de notoriété publique "[686]...

Le secret du vote qui, comme on le voit, est non seulement un droit de l'électeur mais aussi - et peut être surtout - une obligation qui s'impose à lui et à laquelle il ne peut pas déroger, semble depuis quelque temps négligé, toutes les formalités qu'il impose (isoloir, enveloppes, bulletins...) semblant trop lourdes et inutiles.

Pourtant, plus que jamais, il faut donner vie à ce principe et en souligner la très grande importance comme l'ont clairement montré des événements politiques récents en France, dans d'autres pays africains et même en République Démocratique du Congo et surtout dans la perspective de nouvelles technologies électorales.

A l'occasion du deuxième tour de l'élection présidentielle française de 2002 par exemple, qui a donné lieu à une confrontation politique extrêmement singulière, certaines personnalités ont appelé les électeurs à ne prendre ostensiblement qu'un seul bulletin de vote sur les deux proposés ou de voter affublés d'accoutrements ou d'ustensiles divers censés montrer le caractère négatif du choix qui s'imposait à eux.

Dans toutes ces hypothèses, il était manifestement porté atteinte au secret du vote. Le risque étant grand de voir ces pratiques connaître un certain succès, et par là-même, altérer la régularité du scrutin, le Conseil constitutionnel a, fort pertinemment, adressé une mise en garde sans

---

686 Proclamation de M. Jacques Chirac, président de la République. Propos prononcés par le président du Conseil constitutionnel devant la presse le 9 mai 2002; à consulter sur le site internet officiel du Conseil.

équivoque contre ces pratiques et les conséquences qu'elles pourraient avoir au plan contentieux[687]. Cette prise de position rendue publique ayant été largement diffusée par les médias, plusieurs électeurs ont ainsi pris conscience de l'incongruité de telles attitudes et du danger qu'elles faisaient peser sur le scrutin lui-même.

Il est alors d'autant plus regrettable que, de manière heureusement très marginale, certains maires, autorités pourtant chargées d'organiser localement les opérations électorales et donc de veiller à leur régularité, n'aient pas tenu compte de ces avertissements.

Le cas le plus spectaculaire est celui du Maire de Villemagne, petite commune de l'Aude qui avait encouragé et même organisé lui-même des manifestations extérieures du sens du vote avec, en supplément, un dispositif de " décontamination " et un simulacre de vote avec des bulletins portant le nom d'un candidat non présent au second tour.

Ce comportement inadmissible et puéril a eu la sanction électorale qui s'imposait : dans des termes très durs à l'égard de l'autorité concernée, le Conseil constitutionnel a annulé l'ensemble des résultats de ce bureau de vote[688].

La Haute juridiction fonde sa décision sur le fait que " ces agissements annoncés et conduits par l'autorité même chargée des opérations électorales dans la commune, sont incompatibles avec la dignité du scrutin et ont été de nature à porter atteinte au secret du vote ainsi qu'à la liberté des électeurs"[689].

La référence à la dignité doit, ici, être soulignée. En effet, et le Conseil constitutionnel a eu raison de le faire avec force, il est indispensable de rappeler que, dans une démocratie, l'élection est un acte majeur qui doit s'accomplir dans des conditions sérieuses et dignes.

Il ne peut s'agir ni d'une mascarade ni d'un *happening*. Même si le lien avec la sincérité paraît ténu, il est pourtant bien réel : au moment où il vote, le citoyen doit avoir pleinement conscience du rôle qui est le sien et de l'importance du geste qu'il accomplit : toute dérision, voire tout laisser-aller risqueraient alors de troubler cette impression et de fausser finalement le jugement de l'électeur. À ce titre, la dignité est garante de la sincérité du scrutin.

Pour terminer sur cette question centrale, il faut la mettre en perspective avec les nouvelles technologies électorales. Pour améliorer les conditions matérielles du vote, et permettre une plus grande participation des citoyens,

---

687 Instructions adressées aux délégués du Conseil constitutionnel - " Manifestations extérieures du sens du vote lors du second tour de l'élection présidentielle "; consultable sur le site internet du Conseil: http://www.conseil-constitutionnel.fr, *in Dossier de l'élection présidentielle*.

688 Décision de proclamation des résultats de l'élection du président de la République, 8 mai 2002.

689 Le maire a fait également l'objet de poursuites pénales.

le recours aux technologies informatiques est envisagé sous différentes formes : vote électronique, vote avec une carte à puces, vote à distance par liaison Internet...

Ces techniques - et surtout l'utilisation d'Internet - se heurtent naturellement au problème de leur confidentialité. Il ne faut donc pas, aujourd'hui, minimiser cette question. Plus que jamais le secret du vote est d'actualité.

Il appartient aux citoyens de s'y plier scrupuleusement, aux autorités publiques d'en assurer le respect et au juge d'en sanctionner avec rigueur la violation.

2. La clarté du choix de l'électeur

La sincérité du scrutin ne peut être attestée que si l'on peut connaître clairement le choix et donc la volonté - de l'électeur.

En outre, cette volonté et ce choix ne doivent pas être faussés par la fraude.

a) La connaissance claire du choix de l'électeur se retrouve à travers la notion de *suffrages exprimés,* suffrages qui sont seuls pris en compte pour le calcul du résultat.

A contrario, sont exclus de ce décompte les bulletins nuls. Il s'agit de " ceux ne contenant pas une désignation suffisante ou dans lesquels les électeurs se sont fait connaître ". La diversité de ces bulletins est bien connue (bulletins raturés, pliés, signés, déchirés, contenant des indications manuscrites, enveloppes vides ou encore bulletins multiples de plusieurs candidats...) et ne pose guère de problème au juge électoral.

Reste la question du bulletin blanc, dont la signification politique est claire (le refus du choix proposé) mais que le droit électoral peut assimiler aux bulletins nuls.

Cette assimilation faite, peut, à juste titre, apparaître non fondée comme ne tenant pas compte de la volonté clairement exprimée de l'électeur.

C'est la raison pour laquelle, de nombreuses voix se font régulièrement entendre pour obtenir la prise en compte de ces bulletins blancs dans les suffrages exprimés. Des propositions de loi, dans *ce sens, peuvent également être déposées régulièrement à l'Assemblée nationale comme au Sénat*[690]*. Mais jusqu'ici, rien n'a réussi à ébranler le système.*

b) La *fraude électorale* est, évidemment, une atteinte majeure à la sincérité du scrutin et c'est d'ailleurs à ce titre que la loi électorale prévoit, lorsqu'elle est révélée, de lourdes peines pour la sanctionner.

À titre préventif, la loi électorale prévoit toute une série de dispositions très précises destinées à éviter la fraude aussi bien pendant le déroulement

690 Pour la plus récente : J.-P. Abelin et un groupe de députés, A.N., proposition de loi n° 280, 15 oct. 2002.

des opérations de vote que pendant le dépouillement, période particulièrement sensible[691].

À titre répressif, outre les éventuelles sanctions pénales déjà évoquées, la fraude est génératrice de l'annulation du scrutin.

Toutefois, l'effet " radical " de la fraude doit être relativisé par la notion d'*influence déterminante* et la délicate question de l'*identification du fraudeur*.

La théorie de l'*influence déterminante* est au contentieux électoral ce que celle des *formalités substantielles* est au contentieux de la légalité.

En cas de fraude, le scrutin n'est annulé que si celle-ci a eu une influence sur le résultat, le juge électoral n'étant pas juge de la moralité du scrutin mais de sa sincérité et donc de l'adéquation entre le résultat proclamé et la volonté majoritaire librement exprimée des électeurs.

C'est la raison pour laquelle l'écart de voix joue souvent un rôle décisif dans ce type de contentieux.

Cependant, en cas de manœuvres frauduleuses massives, l'atteinte à la sincérité du scrutin est présumée.

Ainsi, pour établir cette fraude massive exigée par le droit électoral et arriver à l'annulation du scrutin, il est indiqué qu'un corps de juges d'instruction soit mis à profit tant pour dissuader les fraudeurs potentiels que pour aider à la sanction de toutes ces irrégularités électorales qui entachent la sincérité.

L'autre problème qui se pose ici est celui de l'identification de l'auteur de la fraude. Si l'on peut déterminer à qui profite la fraude, il est extrêmement difficile d'en identifier avec certitude l'auteur ce qui n'est pas sans conséquence sur les pouvoirs du juge électoral. Ce dernier a le choix entre deux possibilités : l'annulation pure et simple du scrutin ou sa réformation c'est-à-dire la proclamation de l'élection du candidat initialement déclaré battu.

Ce pouvoir est exercé de manière très rare. Si le Conseil d'État français y a recouru à seulement deux reprises[692], le Conseil constitutionnel n'y a encore jamais recouru, même si, à l'occasion d'un contentieux récent, il a été, semble-t-il, tenté de le faire. En République Démocratique du Congo, pour les élections présidentielles, du moins pour les années de notre recherche, la cour suprême de justice agissant comme Cour constitutionnelle, n'a pas pu oser, malgré toutes les évidences des fraudes massives présentées ci et là, fraude reconnue même par le candidat proclamé élu en 2011.

En fait, le juge électoral se trouve confronté ici à une difficulté matérielle majeure : la réformation le transforme en bureau de recensement et il doit donc pouvoir donner un résultat précis en termes de voix avant de proclamer le nouvel élu. Très souvent, cela est impossible faute de pouvoir quantifier à

691Cf. art. L. 62, L. 62-1, L. 63, L. 64.

692 CE, 13 janv. 1967, Ass. *élect. mun. Aix-en-Provence*, *Rec.* p. 16;

l'unité près l'impact réel de la fraude. Du coup, et parfois à regret, il doit se contenter de la simple annulation ce qui ouvre la perspective d'une nouvelle élection à laquelle tous les candidats peuvent se présenter, y compris l'auteur ou le bénéficiaire de la fraude.

Et la sociologie électorale nous montre clairement que dans la plupart des cas l'électeur ne tient guère compte de considérations morales au moment d'effectuer de nouveau son choix... L'injustice est d'autant plus grande que la sanction d'inéligibilité qui pourrait éventuellement frapper l'auteur ou l'instigateur de la fraude ne peut être prononcée que par le juge pénal qui n'intervient que très tard après l'élection et parfois même après l'expiration du mandat...

Pourtant, comme l'a fort pertinemment rappelé le Conseil constitutionnel dans la décision de 1999 précitée, la fraude " affecte le principe même de la démocratie ".

La fraude électorale est mortelle pour la démocratie et la lutte contre la fraude est une mesure de salubrité civique. C'est la raison, pour laquelle, il est indispensable que les sanctions pénales prononcées contre les auteurs ou les organisateurs de la fraude soient particulièrement sévères pour avoir un effet véritablement dissuasif.

Pour conclure, la notion de sincérité du scrutin apparaît bien comme centrale dans le droit et le contentieux électoral.

Si la démocratie est la seule forme de pouvoir compatible avec l'État de droit, elle ne peut réellement exister que si l'élection, qui en constitue le temps fort, est entourée de toutes les garanties nécessaires pour en assurer la régularité et donc la sincérité.532 bis

Cet objectif n'est pas toujours facile à atteindre tant les modalités de l'élection sont complexes et les procédures minutieuses voire tatillonnes. La sincérité ne peut être préservée que si l'État reste bien dans sa position d'acteur neutre et objectif. Mais elle dépend aussi en grande partie du sens civique des citoyens. Ceux-ci ne doivent jamais oublier que la démocratie est un bien précieux qui n'est pas le mieux partagé du monde et surtout qui n'est jamais acquis pour l'éternité. Et le bon usage de la démocratie implique un effort de tous les instants.

Ce n'est qu'à ce prix que la volonté des citoyens, librement exprimée, sera véritablement la source de tout pouvoir.

Section II. Les systèmes électoraux dans les constitutions de l'Union européenne

Cette section vise à inspirer dans la mesure du possible notre mode de scrutin, lorsqu'il peut être rationnellement appliqué pour contribuer à notre démocratie naissante. Si la définition de la démocratie, au sens où nous l'entendons aujourd'hui, est plus difficile à établir qu'il n'y paraît, et peut-être même impossible à écrire de façon concise, il y a au moins un point sur lequel tous s'accordent: l'attribution du pouvoir par le jeu d'élections libres et disputées.

Ce n'est sans doute pas suffisant, car reste le problème de savoir si la volonté de l'électeur se traduit effectivement ou se perd dans les arcanes du jeu évoqué, mais c'est essentiel[693].

Et si la Constitution fixe le statut du pouvoir dans l'État, suivant la formule classique de Georges Burdeau, elle devrait déterminer de façon aussi précise que possible les conditions mêmes de l'attribution de ce pouvoir, autrement dit les modalités d'organisation de ces élections qui vont en être le fait générateur.

On se propose donc de regarder ici comment et dans quelle mesure les constitutions déterminent les règles électorales, en limitant l'exercice à quelques pays du droit germanique du moins francophones dont sont issus la plupart de droits africains et de la République Démocratique du Congo en exergue. Remarquons tout de suite que la plupart de ces pays ont adopté le régime parlementaire, défini par le critère juridique de la responsabilité du gouvernement devant le Parlement, laquelle oblige, on le sait bien, à ce que le gouvernement reflète avec exactitude, généralement dans sa composition même, une majorité parlementaire constituée par un ou si nécessaire plusieurs partis. Décidément, l'on peut retenir que la composition de l'Assemblée nationale est l'élément déterminant dans l'attribution du pouvoir gouvernemental dans ce régime[694].

Si l'on regarde ainsi les textes constitutionnels *stricto sensu* on peut relever une grande parenté dans les caractéristiques du suffrage mais aussi une grande variété dans la détermination du mode de scrutin, ce qui explique pour une bonne partie la diversité des effets que l'on peut constater.

§1. Les caractéristiques du suffrage

On peut ranger là d'une part les principes fondamentaux relatifs à l'exercice du droit de vote et d'autre part la question de la périodicité avec laquelle il est exercé.

Les principes fondamentaux sont parfaitement et totalement communs.

Dans un article faisant le bilan de dix ans d'expérience de la Commission de Venise dans le domaine électoral par exemple, Pierre Garrone a recensé ce qui dans le "patrimoine électoral européen "[695] relève des principes constitutionnels du droit électoral: le suffrage universel, égal, libre, secret et

---

693 www.conseil-constitutionnel.fr publié le 23 juin 2014

694 Ce qui est plus fréquent qu'on ne le croit généralement en France: sur les huit Républiques de l'Union cinq élisent leur président au suffrage universel direct (Autriche, Finlande, France, Irlande, Portugal) et trois seulement par une assemblée parlementaire ou de type parlementaire (Allemagne, Grèce, Italie).

695 Pierre GARRONE, " Le patrimoine électoral européen, une décennie d'expérience de la Commission de Venise dans le domaine électoral ", *RD publ.* 2001, n° 5, pp. 1417-1454.

direct. Les constitutions européennes contiennent pour la plupart ces principes, sans que l'on puisse garantir que ce dépouillement[696] soit exhaustif car ces principes sont parfois dispersés dans des articles différents. La plupart de constitutions africaines ou de lois électorales mentionnent le principe universel, secret et direct, même si les autres caractéristiques existent évidemment aussi.

Mais précisons que bien entendu, même s'ils ne sont pas formellement proclamés dans l'article qui traite du droit de vote, tous ces principes sont évidemment reconnus avec une valeur constitutionnelle égale.

On remarquera par exemple que la Constitution française semble être la seule dans l'Union européenne, à considérer que, si le suffrage " est toujours universel, égal et secret ", il " peut être direct ou indirect " (art. 3), l'article 24 précisant que l'Assemblée nationale est bien élue au suffrage direct. Et on ajoutera qu'un caractère supplémentaire est parfois affirmé, celui de l'obligation que l'on trouve en Belgique (art. 62) et en Grèce (art. 51-5), tandis que la Constitution italienne se contente de souligner que l'exercice du vote " est un devoir civique ". L'obligation signalée aussi au Danemark et au Luxembourg[697] ne semble pas être posée dans le texte même de la Constitution.

Une autre préoccupation est celle de la périodicité des élections, autrement dit la question de la durée du mandat de la Chambre, est également fixée, en règle générale, par la Constitution, la plupart de Constitutions africaines ajoutent aux principes ci-dessus que le vote doit être périodique.

La durée retenue par la plupart est de quatre ans ou de cinq ans.

Naturellement cette durée peut être abrégée par l'exercice du droit de dissolution qui existe partout, même si les conditions de son exercice sont différentes et plus ou moins exigeantes, sujet que l'on n'abordera pas davantage ici[698].

Mais si jusque-là les ressemblances sont très fortes, les divergences se font jour lorsqu'il s'agit de passer au stade suivant, c'est-à-dire à la détermination des règles qui font passer de l'expression du suffrage au choix des représentants.

---

696 Établi à partir du précieux recueil de Constance GREWE et Henri OBERDOFF, *Les Constitutions des États de l'Union européenne,* La Documentation française, 2e éd., 1999, 511 p. Et pour la Finlande d'après le texte de la nouvelle Constitution entrée en vigueur le 1er mars 2000.

697. Christian Bidégaray, " Vote obligatoire " pp. 700-701, *in* Pascal PeRRINEAU et Dominique REYNIE, éd., *Dictionnaire du vote*, PUF, 2001, 997 p.

698 Mais que l'on trouvera largement traité *in* Philippe LAUVAUX, *La dissolution des Assemblées parlementaires*, Economica, 1983, 519 p.

§2. La détermination du mode de scrutin

La première question est naturellement celle de la logique utilisée, majoritaire ou proportionnelle ; le choix de la seconde amène à poser le problème du mode de calcul car il y a presque autant de proportionnelles différentes que de pays concernés. Enfin, dans l'un et l'autre cas, le découpage d'éventuelles circonscriptions est une variable qui peut être déterminante.

Pour ce qui est de la logique, la grande division reste celle qui existe entre une logique proportionnelle et une logique majoritaire. La première l'emporte très largement dans les pays de l'Union puisque le principe de la représentation proportionnelle est posé dans la Constitution de dix États: l'Autriche (art. 26), la Belgique (art. 62), le Danemark (art. 31), l'Espagne (art. 68), la Finlande (art. 25), l'Irlande (art. 16), le Luxembourg (art. 51), les Pays-Bas (art. 53), la Suède (ch. III-8) et enfin le Portugal (art. 116 et 155).

Dans ce dernier cas la proportionnelle est même sacralisée puisqu'elle ne peut être mise en cause par une révision constitutionnelle (art. 288, limites matérielles de la révision, point h). En revanche les autres constitutions sont muettes sauf à considérer, ce qui est tout à fait possible, que la Constitution coutumière du Royaume-Uni donne valeur constitutionnelle au scrutin uninominal à un tour, le fameux FPTP *(First past the post)*, mais sous cette réserve, aucune constitution ne consacre le principe majoritaire et elles renvoient à la loi la détermination du mode de scrutin.

Ainsi, en Allemagne, l'article 38-3 prévoit que les modalités de l'élection seront réglées par une loi fédérale, comme en Grèce l'article 54, même si l'indication du " nombre de députés par circonscription " et de la possibilité d'instituer pour une partie de la Chambre une circonscription nationale sont autant d'indications pour la proportionnelle. De fait la loi électorale grecque, souvent modifiée, sera toujours principalement proportionnelle, la loi allemande l'étant toujours même si la technique du double vote permet une proportionnelle personnalisée.

En Italie, l'article 56 est muet même s'il laisse entendre que les circonscriptions seront plurinominales et penche ainsi vers la proportionnelle: de fait la règle sera proportionnelle jusqu'à ce qu'un référendum abrogatif amène à adopter à partir des élections de 1994 un système mixte, cas unique dans l'Union[699],dans lequel 475 députés sont élus au scrutin majoritaire uninominal à un tour et 155 à la proportionnelle sur des listes régionales; le simple énoncé de ces chiffres montre que c'est la logique majoritaire qui est désormais dominante et il a d'ailleurs été proposé d'abolir la part proportionnelle, mais les référendums abrogatifs qui tentent de le faire échouent les 18 avril 1999 et 21 mai 2000 puisque, si la réponse

699 Mais qui s'est beaucoup développé ces dernières années, ainsi, par exemple au Japon, en Russie, en Andorre, etc.

est très largement favorable à l'abrogation, la participation n'atteint pas les 50 % des électeurs nécessaires pour que la décision soit valide.

Le cas de la France est assez curieux du point de vue de la technique juridique puisque, si l'article 25 de la Constitution renvoie à une loi organique la détermination du nombre des membres de l'Assemblée, il ne dit rien du régime électoral que l'article 34 attribue à la loi ordinaire, alors que cet élément a certainement plus d'importance que le précédent. Pour cette raison, lorsqu'il rétablit en 1986 le scrutin majoritaire[700], le gouvernement de Jacques Chirac, qui n'était pas sûr de trouver la majorité nécessaire pour une loi organique, conserve les 577 sièges prévus par la loi proportionnelle de 1985.

Le bilan total, outre qu'il fait ressortir le curieux silence des constitutions sur la logique majoritaire, montre que le principe proportionnel est proclamé ou pratiqué par douze États de l'Union alors que deux seulement ont un système majoritaire, à un tour en Grande-Bretagne, à deux tours en France, l'Italie connaissant donc un système mixte qui à dire vrai est à forte dominante majoritaire.

La question des modes de calcul, importante dans la représentation proportionnelle, se pose donc dans douze pays et elle est réglée de façon différente. À vrai dire il est rare que la question soit résolue au niveau de la Constitution qui renvoie là généralement à la loi électorale sauf au Luxembourg (art. 51.5: le principe du plus petit quotient électoral), en Suède (ch. III-8-3 la méthode des nombres impairs avec ajustement à 1,4) et surtout au Portugal où l'article 155 prévoit expressément " la méthode de la plus forte moyenne de Hondt " avant de proscrire l'instauration d'un seuil minimal.

Sans entrer dans des détails compliqués [701] on signalera qu'est principalement retenue la classique méthode d'Hondt (division des suffrages obtenus par chaque liste par 1... 2... 3... 4..., etc. et attribution dans l'ordre décroissant des quotients jusqu'à concurrence du nombre de sièges à pourvoir), soit expressément, soit par un mode de calcul qui donne exactement les mêmes résultats. Il en va ainsi en Autriche, en Belgique, en Espagne, en Finlande, au Luxembourg, aux Pays-Bas et au Portugal.

Les pays scandinaves, très attachés à une proportionnalité aussi exacte que possible préfèrent une autre méthode par diviseur, celle dite de Sainte-Lagüe ajustée, où les diviseurs sont les nombres impairs, l'ajustement étant dans le choix du premier diviseur à 1,4 suivi donc de 3... 5... 7..., etc. ce qui avantage évidemment les partis moyens, puisque leur premier quotient a plus

---

700 Loi déclarée non contraire à la Constitution, sous quelques réserves d'interprétation, par le Conseil constitutionnel dans sa décision des 1er et 2 juillet 1986.

701 Que l'on pourra trouver, pour l'essentiel, dans l'ouvrage d'Antoine PANTELIS et Stéphanos KOUTSOUBINAS, *Les régimes électoraux des pays de l'Union européenne,* Londres, Esperia publications, 1998, 555 p

de chances de l'emporter sur les quotients concurrents des grands partis, divisés par 3... 5... 7... au lieu de l'être par 2... 3... 4, etc.[702]

Restent quelques cas particuliers et fort complexes : l'Irlande avec le système de Hare (vote unique transférable dit *single transferable vote* ou SVT), la Grèce avec une proportionnelle dite ajustée qui favorise les grands partis à tel point qu'il a fallu ajouter en 1993 une clause de " normalisation " qui garantit aux petits partis une proportion en sièges égale à au moins 70 % de leur proportion en voix. On n'en dira pas plus car il faudrait plusieurs pages pour exposer avec une précision qui resterait relative les subtilités de l'un et de l'autre. En revanche on insistera sur le dernier cas, celui de l'Allemagne, car le système est souvent présenté, à tort, comme mixte, alors qu'il est en réalité totalement proportionnel.

Certes il y a deux votes et la moitié des membres du Bundestag est élue au scrutin uninominal à un tour mais l'autre moitié est attribuée non pas à la proportionnelle mais de manière à ce que l'ensemble soit proportionnel. Le résultat final de ce système dit de Hare-Niemeyer est que chaque parti a une proportion de sièges aussi proche que possible de la proportion des voix qu'il a recueillies sur le territoire fédéral. Il s'agit des secondes voix, celles exprimées sur les listes servant à la compensation proportionnelle.

En fait la proportionnalité est légèrement atténuée par deux éléments, d'abord l'existence d'une barre minimale de 5 % calculée au niveau fédéral (elle sera fatale au PDS en 2002) qui permet aux partis qualifiés de se partager les dépouilles de ceux qui ne le sont pas, et ensuite celle des *Überhangmandate* qui a pris ces dernières années une importance particulière.

On peut traduire le terme par mandats de surreprésentation ou de sur attribution et ils se rencontrent lorsqu'un parti a obtenu dans un Land, par le jeu des premières voix, plus de mandats directs que le nombre qui aurait dû être le sien en raison de la proportion de ses secondes voix qui détermine comme on l'a dit la répartition finale. En ce cas il garde ces mandats supplémentaires et le nombre de membres du Bundestag s'en trouve légèrement augmenté : 13, tous SPD en 1998, ce qui permet à la coalition gouvernementale avec 341 sièges de dépasser la majorité absolue de 335, et 5, 4 SPD et 1 CDU en 2002 où la coalition a 306 sièges pour une majorité absolue de 302, on voit l'importance du phénomène.

La cour constitutionnelle de Karlsruhe, saisie du problème, n'a pas déclaré l'existence de ces mandats contraire à la Constitution et a refusé par un vote partagé, quatre contre quatre, que leur soient obligatoirement

702 Sur ces méthodes (pp. 81-83) et d'une manière générale sur les aspects techniques des scrutins, v. le précieux livre de Pierre MARTIN, *Les systèmes électoraux et les modes de scrutin,* Montchrestien, " Points-politique ", 2e éd., 1997, 160 p.

adjoints des mandats de compensation *(Ausgleichmandate)* ce qui se pratique pour les élections locales dans certains *Länder*[703].

Cette diversité dans les modes de calcul se retrouve dans la question plus importante encore du découpage des circonscriptions.

Le nombre de sièges à répartir par circonscription est, comme l'a prouvé Douglas W. Rae [704], le facteur essentiel de la proportionnalité d'un système. On peut montrer sans peine que dans une circonscription ou 100 sièges sont à répartir un parti est certain d'être représenté lorsqu'il obtient 1 % des voix (s'il n'y a pas de barre minimale) alors que s'il y a quatre sièges à pourvoir il faudra sans doute qu'il dépasse les 20 % ; d'une manière générale la limite théorique de non-représentation est donnée par la formule $L = [100\ \% / (n + 1)] - 1$ où n est le nombre de sièges à pourvoir.

Ce que l'on peut appeler amplitude ou magnitude (terme de Douglas W. Rae) est donc déterminant. Si les constitutions n'en parlent pas avec précision il est fréquent qu'elles posent le principe d'égalité démographique pour les circonscriptions en prévoyant que le nombre des sièges doit être proportionnel aux chiffres des populations concernées et en ajoutant souvent quelques précisions pour des régions et qui du fait de leur faible peuplement pourraient se trouver écartées de la représentation. Ces principes du découpage se trouvent ainsi dans les constitutions d'Autriche (art. 26), de Belgique (art. 63), du Danemark (art. 31), d'Espagne (art. 68), de Finlande (art. 25), de Grèce (art. 54), d'Irlande (art. 16), d'Italie (art. 56), du Luxembourg (art. 51-6), du Portugal (art. 152) et de la Suède (ch. III-6).

Les cours constitutionnelles ont été amenées à veiller au respect de ce principe, ainsi la Cour constitutionnelle allemande (décision du 22 mai 1963), voire à le poser, ainsi le Conseil constitutionnel dans ses décisions 8 et 23 août 1985, *Nouvelle-Calédonie* et 1-2 juillet 1986, *Loi sur le rétablissement du scrutin majoritaire.*

Sans entrer dans le détail complexe de l'allocation territoriale des sièges[705], on signalera quelques traits saillants pour les pays concernés. La circonscription nationale (une seule pour les 150 sièges à pourvoir) n'existe qu'aux Pays-Bas, mais il faut ajouter qu'arrivent pratiquement au même résultat la méthode de calcul des sièges au niveau national utilisée en Allemagne et la circonscription nationale de compensation utilisée en Suède (39 sièges ajoutés aux 310 répartis) et au Danemark (40 sièges ajoutés aux 139 répartis).

Pour les autres pays, l'amplitude est extrêmement variable : si l'on retient le critère de l'amplitude moyenne proposée par Douglas W. Rae, soit

703 Décision du 10 avril 1997, *in Entscheidungen des BVG*; 95 Band, vol. 1-3, pp. 335-407.

704 V. DOUGLAS W. RAE, *The political consequences of electoral laws,* New Haven and London, Yale University Press, 1967, 173 p.

705 Et des procédés qui permettent de parvenir à une répartition équitable, sur lesquels on pourra consulter l'article très stimulant de Michel BALINSKI, " Répartitions des sièges ", pp. 52-57, *in Pour la science,* avr. 2002.

le nombre total de sièges divisé par le nombre total de circonscriptions, critère qui n'est pas très satisfaisant mais on n'a pas encore trouvé mieux, il peut être relativement élevé (15,2 au Luxembourg, 13,3 en Finlande, 10,7 au Portugal) ou plus faible (6,7 en Espagne, 4,0 en Irlande), pour ne citer que les cas où le calcul est simple. La proportionnalité s'en trouve évidemment affectée comme on le verra plus loin.

Pour terminer sur ce point il faudrait ajouter que le principe d'égalité démographique suppose, pour être maintenu, qu'une recompte périodique soit effectuée et pour ce qui est du découpage, notamment pour le scrutin majoritaire, qu'il soit réalisé dans des conditions qui garantissent son caractère objectif, par exemple en le confiant à une commission indépendante (ainsi les *Indépendant Boundary Commissions* au Royaume-Uni). On n'en dira pas plus sur cette question qui mériterait une étude à elle toute seule, préférant pour finir montrer quel est l'effet des dispositions électorales relatées.

§3. La diversité des effets

Puisqu'on sort ici des dispositions constitutionnelles, on ne traitera ce point que rapidement, même s'il est évident que tout ce qui vient d'être dit n'a d'intérêt que par rapport aux conséquences produites sur la représentation.

Toute représentation, parce qu'elle consiste par essence à réduire la diversité qui caractérise plusieurs millions d'électeurs à celle, forcément moins élevée, qui sera incarnée par quelques centaines de représentants, emporte une déformation de l'opinion. L'éternelle question, qui ne sera sans doute jamais résolue, est de savoir s'il faut tendre à respecter au mieux cette diversité, quitte à avoir un Parlement très fractionné et des difficultés pour y faire apparaître clairement une majorité, ou s'il faut accepter, voire renforcer la déformation, pour créer une majorité et favoriser ainsi la gouvernabilité.

Et c'est là que, par-delà les principes communs, les philosophies divergent entre les États. Si tous les systèmes électoraux aboutissent à la surreprésentation du premier parti, ils résolvent dans des termes différents le problème central de la majorité.

Mais, en deçà, les proportionnelles, quelle que soit la méthode utilisée, n'incitent pas à l'alliance électorale et la formation du gouvernement, souvent longue et complexe, relève alors de simples alliances parlementaires, évidemment plus fragiles. Cela conduit d'ailleurs à tempérer le sentiment que l'on peut avoir sur " l'exemplarité démocratique " de ces représentations très exactes car, revers de la médaille, cette précision même fait que la désignation du gouvernement procède moins de la volonté de l'électeur, renforcée certes par la loi électorale, que des combinaisons, le terme qui aurait pu rester arithmétique est devenu péjoratif, des partis et de leurs groupes parlementaires. Nous avons pu ainsi montrer[706].

Cela conduit à ajouter, au risque d'affaiblir la démonstration, que le système électoral n'explique pas tout et qu'il peut se combiner avec d'autres éléments, notamment la polarisation du système politique, phénomène qui tend à se généraliser dans les conditions contemporaines du combat politique.

Mais c'est à nouveau là une autre question que l'on n'abordera pas davantage. En République Démocratique du Congo, l'on s'en souviendra la fameuse division entre l'Est et l'Ouest dans la première législature de notre étude, réalité qui aurait conduit le Président Kabila à faire une alliance avec le PALU d'Antoine Gizenga qui a occupé la primature jusqu'à la fin de la législature.

Communauté des principes, variété des méthodes, diversité des effets, tels sont les traits que l'on a pu constater à l'occasion de ce rapide examen. On aura pu remarquer que les textes constitutionnels sont volontiers diserts sur le premier point mais moins sur le second en renvoyant à la loi beaucoup des modalités d'application.

Toutes ces règles cherchent, de manière différente, à assurer l'effectivité et la sincérité d'un scrutin qui va déterminer non seulement qui seront les représentants mais, par voie de conséquence, qui seront les gouvernants. Reste cependant à vérifier que la pratique électorale aura respecté les règles posées et ce rôle échoit parfois aux Cours constitutionnelles, que ce soit en première ou en dernière instance[707]. Cet aspect, parmi d'autres, de la juridicisation de la vie politique est présenté dans plusieurs contributions comme nous venons de le présenter.

Section III. Le contentieux électoral en Europe

La sincérité est une qualité. Elle procède du souci de connaître, voire de reconnaître, la vérité.

Lorsqu'elle caractérise des choses plutôt que des personnes, elle s'entend de ce qui est " réellement pensé ou senti " (Robert).

Un scrutin sincère est celui qui se déroule sans trucage.

Seuls sont valides les règles, les procédures et les comportements qui contribuent à refléter de manière fidèle les opinions du corps des citoyens et à les traduire de façon correcte en voix et en sièges. Sont, au contraire irréguliers et méritent d'être dénoncés ceux qui en faussent l'expression.

Avec cette question primordiale.

---

706 V. notre article: " L'élection du Premier ministre et la théorie du régime parlementaire ", pp. 517-531, *in* " La République ", *Mélanges Pierre Avril,* Montchrestien, 2001, 632 p.

707 Pour un aperçu d'ensemble des divers modes de règlement des litiges électoraux; v. Francis Delpérée, *Le contentieux électoral,* PUF, " Que sais-je ? " n° 3334, 1998, 128 p.

Qui, dans l'État, est en mesure de certifier la sincérité ? Qui peut s'ériger en juge sinon des votes, du moins de l'élection ? Quelle autorité, mais l'expression doit parfois s'entendre au pluriel, est la plus qualifiée pour opérer cette vérification ? Quels critères va-t-elle utiliser pour décider que ce qui a été pensé dans l'isoloir et exprimé dans les urnes se trouve reproduit de manière adéquate dans la composition de l'assemblée ?

Ce ne sont pas des réponses univoques qui sont apportées à ce type d'interrogations. L'Afrique et plus particulièrement la République Démocratique du Congo ne vote pas d'une seule voix. Le contrôle des votes et, plus généralement, celui des élections législatives, ne s'opèrent pas partout à l'identique[708].

Pour l'essentiel[709], deux modèles prédominent. La tradition parlementaire est celle de la vérification des pouvoirs. Elle garde des partisans sérieux. La justice constitutionnelle a, pour sa part, ses adeptes.

Les perspectives nationales, même lorsqu'elles sont envisagées dans une démarche comparative, ne suffisent plus (I). Il faut tenir compte aujourd'hui de préoccupations plus transversales, notamment à l'échelle continentale (II).

§1. Les perspectives comparatives

Comparer, c'est relever les ressemblances. C'est aussi mesurer les différences.

En matière de contentieux électoral, les traits distinctifs l'emportent. Ils s'inscrivent dans l'espace, pour tenir compte de la diversité des États ou des groupes d'États considérés. Ils apparaissent aussi dans le temps, en fonction des techniques qu'un même État est conduit successivement à expérimenter. Sans conteste, l'Afrique présente un paysage électoral contrasté[710].

D'où vient le problème ? Chacun reconnaît volontiers que les questions litigieuses de droit électoral méritent d'être examinées par une institution qui est investie de la fonction de juger. Celle-ci statuera, comme il se doit, selon des impératifs proprement juridiques. Elle rendra des décisions revêtues de l'autorité, en principe absolue, de chose jugée. Elle contribuera de la sorte à conférer pleine légitimité à l'assemblée parlementaire.

---

708 Sur l'ensemble de la question, *Le contentieux électoral,* coll. Que sais-je?, Paris, PUF, 1998, n° 3334; J.-Cl. MASCLET, v° *Contentieux électoral*, in *Dictionnaire du vote* (dir. P. PERRINEAU ET D. REYNIE), Paris, PUF, 2001

709 Le Royaume-Uni adhère, d'abord, à la formule de la vérification des pouvoirs. C'est même elle qui l'inaugure. Mais elle y renonce. Comme dans d'autres matières, le droit électoral apparaît aujourd'hui comme de Droit commun. Le juge est le juge ordinaire. Si contentieux électoral il doit y avoir, c'est de contentieux judiciaire qu'il s'agit.

710 Il n'est pas fait référence ici aux techniques de dévolution des sièges. Elles peuvent, cependant, avoir une incidence directe sur l'aménagement du contentieux électoral. La mise en œuvre d'un système sophistiqué de répartition peut susciter, par exemple, plus de contestations que celle d'un système plus sommaire.

Mais, telle est la difficulté, comment identifier ce juge ? Si l'on exclut l'intervention du juge ordinaire, peu habitué à régler ce type de litiges, convient-il de recourir au juge parlementaire ? Faut-il lui préférer le juge constitutionnel ? Compte tenu des enjeux du débat, ne serait-il pas indiqué de se tourner vers un juge spécialisé dans le traitement des questions électorales ?

A. Le contentieux parlementaire

1) De prime à bord, nous voudrions signaler que ce mode de contentieux n'existe pas en République Démocratique du Congo, du moins au moment de la rédaction de cette recherche. Elle est de tradition constitutionnelle européenne et vieille de plusieurs siècles. Même si ses racines sont anglaises et françaises, elle a déserté ces contrées. Mais elle en a gagné d'autres dès le XIXe siècle. Elle subsiste, en tout cas, dans l'Europe du nord-ouest - les États du Benelux, le Danemark et la Suède, auxquels il convient d'ajouter l'Italie.

Une technique simple caractérise ce contentieux. L'assemblée fraîchement élue s'érige en juge de l'élection de ses membres. Les élus contrôlent les élus. Ou, pour être précis, les élus contrôlent la régularité du processus électoral qui a contribué à sélectionner les élus.

L'assemblée vérifie les pouvoirs de ses membres, ainsi que le prescrivent plusieurs constitutions européennes. Elle juge les contestations qui s'élèvent à ce sujet. Elle exerce, dans un domaine restreint, il est vrai, la fonction juridictionnelle. C'est dire qu'elle ne saurait se laisser aller à remplir de manière discrétionnaire les tâches exorbitantes de contrôle qui lui sont assignées.

Comme l'indiquait déjà la loi constitutionnelle du 16 juillet 1875, la chambre concernée est " juge de l'éligibilité de ses membres et de la régularité de leur élection ".

Comme le précise, de son côté, l'article 58 de la Constitution néerlandaise, elle se doit de respecter, en l'espèce, les règles que la Constitution, la loi ou le règlement d'assemblée déterminent. Elle ne peut, en particulier, retenir des éléments qui tiennent à la personnalité du parlementaire élu, *a fortiori* à ses opinions ou à ses appartenances politiques.

2) Le contentieux parlementaire présente des avantages certains. Il assure, en premier, l'indépendance de l'institution camérale. Ce n'est peut-être qu'un symbole. Mais il a du prix. Dès l'instant où l'assemblée est, s'il est permis d'utiliser cette image, sortie des urnes, il convient qu'elle ait la maîtrise de ses membres et de ses activités.

Elle ne dépend de personne pour statuer sur sa composition exacte. Ni du gouvernement, ni de l'administration, ni d'une autre assemblée dans un système bicaméral ou dans un État fédéral, ni d'un juge de l'appareil judiciaire ou administratif.

La technique de l'autocontrôle s'inscrit dans une perspective démocratique. L'indépendance de l'assemblée préfigure celle de ses membres[711]. À certains égards, elle se porte garante de la qualité des lois. Elle augure de l'efficacité du contrôle politique que les parlementaires sont censés développer à l'encontre du gouvernement et de l'administration.

La vérification des pouvoirs poursuit aussi une préoccupation plus politique. Il s'agit de faire accepter par les élus l'intervention du juge électoral. Le contentieux parlementaire est de nature à les rassurer. Ils doivent être jugés, soit. Mais alors qu'ils le soient par leurs pairs. Au cœur de l'assemblée, ils se sentiront moins démunis que dans le prétoire d'un juge. Ils seront moins seuls. Ils bénéficieront peut-être, dans l'institution qui vient de se constituer, du secours technique de leur groupe ou des services administratifs de l'assemblée.

Qui plus est, une seule institution, et non les juges d'arrondissements distincts, connaîtra du contentieux électoral. Les élus sont tous logés à la même enseigne. C'est un facteur de sécurité juridique. C'est aussi une manière d'éviter les règlements de comptes à l'échelle locale.

L'on ne peut perdre de vue un troisième avantage du contentieux parlementaire. Le souci est exprimé de rendre la justice électorale dans des conditions qui témoignent d'un parfait respect de la règle de droit mais qui tiennent compte également des spécificités du combat politique dont l'élection n'est, somme toute, que l'une des manifestations.

L'expérience politique, sinon parlementaire, est une forme d'expertise. Les élus sont des hommes et des femmes de terrain. Ils sont mieux placés que d'autres pour connaître les dérapages qui peuvent émailler l'opération de renouvellement de l'assemblée et pour en mesurer la portée effective. Les braconniers font les meilleurs gardes-chasse...

Ce pragmatisme de bon aloi peut amener, par exemple, l'assemblée à ne pas invalider systématiquement les élections à propos desquelles une irrégularité, même minime, a pu être décelée. Il peut l'inciter à vérifier, dans chaque cas d'espèce, si une irrégularité, même majeure, a eu quelque effet sur la dévolution du ou des sièges qui formaient l'enjeu de l'élection. À quoi bon sanctionner tel élu si les suffrages qu'aurait pu recueillir son adversaire ne lui auraient, de toute façon, pas permis de l'emporter ?

Le contentieux parlementaire ne cherche pas la vérité électorale à tout prix. Il n'entend pas sanctionner la moindre peccadille. Avec la prudence

711 La Cour d'arbitrage de Belgique l'observe dans l'arrêt n° 20/2000 du 23 février 2000 : "Relève des principes de base de la structure démocratique de l'État, la règle selon laquelle les chambres législatives élues disposent, dans l'exercice de leur mission, de l'indépendance la plus large possible. Cette indépendance s'exprime, entre Autres, dans le contrôle qu'elles exercent elles-mêmes sur leurs membres, aussi bien pour ce qui concerne la validation des élections autres, dans le contrôle qu'elles exercent elles-mêmes sur leurs membres, aussi bien pour ce qui concerne la validité du mandat que pour ce qui est de la manière dont celui-ci s'acquiert par voie d'élections".

nécessaire, il s'efforce de faire œuvre constructive. Il doit permettre à l'assemblée de remplir sans retard excessif les fonctions pour lesquelles elle a été constituée.

3) Les faiblesses du système.

Le principe même de l'intervention parlementaire peut surprendre. N'y a-t-il pas quelque hypocrisie ou quelque forme d'angélisme à considérer qu'une assemblée politique, habituée à se prononcer, chaque jour, en termes politiques sur des questions politiques, puisse se transformer, en un instant et sans autre précaution, en une Cour de justice ? Est-elle vraiment la plus qualifiée pour remplir cette mission délicate ? Est-elle en mesure de l'assumer dans de bonnes conditions ?

Les modes d'intervention parlementaire peuvent aussi prêter à critique. La procédure fait la part belle aux nouveaux élus et à leurs partis. Au sein de la juridiction parlementaire, chaque membre se trouve juge et partie. L'instinct de conservation peut l'inciter à témoigner d'un sentiment de camaraderie. L'instinct de lutte peut l'amener, au contraire, à porter un dernier coup à l'adversaire. Mais sont-ce là les sentiments qui doivent animer ceux qui sont invités à rendre la justice ?

Au surplus, il faut souligner, avec P. Wigny, " la bizarrerie de la procédure ": lorsque l'assemblée est totalement renouvelée par l'élection, " des membres apprécient mutuellement la régularité de leur titre, alors que la validité de leur propre élection n'a pas encore été établie ". C'est un " véritable cercle vicieux "[712]. L'on aperçoit mal comment en sortir.

De manière plus structurelle, la procédure de vérification des pouvoirs suscite une autre difficulté. Cette technique s'inscrit, par excellence, dans le contentieux postélectoral, celui que l'assemblée élue prend en charge au lendemain de l'élection. Elle laisse, au contraire, dans l'ombre les opérations du contrôle préélectoral, *a fortiori* les contentieux périphériques[713].

Avec cette conséquence inattendue. Le juge en amont n'est pas le juge en aval. Avant le scrutin, l'assemblée dissoute n'est plus d'utilité, l'assemblée à élire est encore dans les limbes. À défaut de juridiction parlementaire, il faut compter sur d'autres intervenants : le ministère de l'Intérieur, les collectivités locales, les bureaux électoraux, le juge administratif, le juge judiciaire, voire les deux... Tous, à leur manière, s'efforceront de régler,

---

712 WIGNY P., *Droit constitutionnel. Principes et droit positif,* Bruxelles, Bruylant, 1952, p. 506.

713 L'élection est un processus, soit un ensemble d'opérations qui s'enchaînent les unes aux autres et qui concourent à la sélection des parlementaires. À chaque stade de l'élection - avant, pendant, après... -, des irrégularités peuvent se commettre. Cela va de la falsification des listes électorales jusqu'aux faits de propagande mensongère, en passant par les erreurs dans le décompte des bulletins ou le dépassement des comptes de campagne. Ces différentes opérations méritent vérification et contrôle.

avant le scrutin, un ensemble de difficultés concrètes. Il n'est pas établi que leurs appréciations coïncideront avec celles de l'assemblée élue.

Cette dernière hésitera le plus souvent à se saisir *ex post facto* de l'ensemble des opérations qui s'inscrivent dans le processus électoral. Elle se limitera à vérifier les conditions d'éligibilité des nouveaux élus.

Elle contrôlera aussi, en termes d'arithmétique, les opérations de dénombrement des suffrages et de dévolution des sièges.

Dans ces conditions, le contentieux électoral a tendance à s'appauvrir[714]. Il laisse délibérément de côté le règlement des questions les plus épineuses que peut susciter, à l'heure actuelle, l'organisation des élections - les conditions de la campagne, le rôle des médias, le contrôle du financement, l'utilisation des sondages, pour ne citer que ces exemples.

B. Le contentieux constitutionnel

1) Un passage du précis de *Droit administratif et de droit public* de Maurice Hauriou est longtemps passé inaperçu - il figurait, il est vrai, dans une note infranationale: " Un moment viendra peut-être où l'on organisera des juridictions ayant une portée constitutionnelle. Ce jour-là, le système de vérification des pouvoirs aura vécu car, au point de vue du droit, il est inférieur à celui du contentieux; il permet à la majorité d'abuser de sa force au détriment de la minorité "[715].

La formule est prophétique à souhait. Au début du XXe siècle, le Maître de Toulouse entrevoit l'essor que pourrait connaître le contentieux constitutionnel. Il devine les dérives auxquelles la technique de vérification des pouvoirs n'échappera pas. Il en déduit aussitôt, et le constat est fulgurant, que le développement du contentieux constitutionnel amorcera le déclin du contentieux électoral dans sa forme parlementaire ou, dit de manière plus positive, que le contentieux constitutionnel absorbera le contentieux électoral.

Le diagnostic est d'une lucidité remarquable. Il est commode, près d'un siècle plus tard, d'en vérifier le bien-fondé. Avant et surtout après la seconde guerre mondiale, des États européens ont mis en place, une juridiction constitutionnelle - cour, tribunal ou conseil, peu importe l'appellation. Ils lui ont confié, comment s'en étonner ? le contrôle de la constitutionnalité des lois.

Ils ont aussitôt assorti cette fonction principale de missions accessoires. Celles-ci touchent notamment au statut de différentes autorités publiques - le chef d'État ou les membres du gouvernement, par exemple. Pourquoi ne pas attribuer, dans la foulée, au même juge constitutionnel le contentieux des

---

714 Autre question. Le contentieux parlementaire inscrit-il son action et ses décisions dans un système organisé de voies de recours? La réponse est généralement négative.

715 M. HAURIOU, *Précis de droit administratif et de droit public,* 8e éd., Paris, Sirey, 1914, p. 192, note 5.

élections législatives[716] ? Le contentieux électoral devient une branche, parmi d'autres, du contentieux constitutionnel.

Une nuance, mais en est-ce une?, mérite d'être apportée à l'analyse de Maurice Hauriou. L'évolution n'a pas été aussi uniforme qu'on pouvait l'imaginer. À l'échelle de l'Europe, trois États - la Belgique, l'Italie et le Luxembourg - disposent d'une cour de justice constitutionnelle. Ils restent néanmoins fidèles à la technique traditionnelle de la vérification des pouvoirs.

2) Le système du contentieux constitutionnel présente un avantage certain.

Une institution, tout entière vouée aux fonctions de justice, est investie d'une tâche juridictionnelle supplémentaire. Il faut présumer qu'elle ne va pas se départir de ses modes habituels de penser et de juger. Elle va statuer avec l'indépendance qui sied à l'exercice de ses diverses fonctions. La question est de se poser si tel est le cas en République Démocratique du Congo ou les juges ont le devoir de redevabilité vis-à-vis de celui qu'il considère comme source de son pouvoir ?

Qui plus est, par métier, sinon par vocation, elle est habituée à faire le tri, dans un dossier, entre les éléments juridiques qui relèvent de son contrôle et les appréciations politiques qui sortent de son champ d'analyse.

Elle sait aussi qu'il ne sert à rien de heurter inutilement la susceptibilité des assemblées parlementaires ou celle de leurs membres. Elle se contentera, le plus souvent, de censurer les violations les plus graves ou les plus manifestes des normes du droit électoral. Elle exercera un contrôle marginal qui n'empiétera pas inutilement sur les prérogatives d'une représentation nationale qui se croit volontiers souveraine.

On ne saurait s'en cacher. Le contentieux constitutionnel des élections législatives n'est pas non plus exempt d'écueils.

S'attaquant à l'acte politique, par excellence, qu'est le déroulement d'un scrutin, l'institution de justice constitutionnelle ne risque-t-elle pas de s'aventurer sur des terrains qui lui sont d'ordinaire inconnus, jusqu'à y perdre son âme ? Ne va-t-elle pas s'exposer à des critiques d'autant plus virulentes qu'elles émaneront de personnalités politiques élues par le peuple, mais évincées par un aréopage aux contours parfois mal définis ? Dans les périodes mouvementées de renouvellement d'une assemblée, ne compromettra-t-elle pas, aux fins de remplir en temps utile ses fonctions accessoires, l'accomplissement de ses tâches principales ?

Plus simplement encore, dispose-t-elle des moyens d'investigation qui lui permettront de répondre utilement aux sollicitations dont elle peut être l'objet ?

716 Le juge de la constitutionnalité des lois devient le juge des élections qui serviront à sélectionner ceux qui confectionneront les lois

L'exemple portugais est éclairant à cet égard. Le Tribunal constitutionnel joue un rôle essentiel dans le contentieux préélectoral. La théorie de la cascade[717] lui permet d'intervenir à tout instant. Il connaît en appel des décisions sur les candidatures. Il contrôle les mesures prises pour le déroulement de la campagne électorale. Il se prononce au besoin sur la composition des bureaux, sur la forme des bulletins de vote, sur les sigles qu'ils contiennent et même sur la qualité de l'impression du papier...

Le Tribunal connaît également du contentieux postélectoral. Il statue sur les recours introduits contre " les décisions qui interviennent sur les réclamations ou les protestations relatives à des irrégularités survenues lors du déroulement des votes ou à l'occasion des opérations de vérification partielle ou générale des élections ". Il nous semble indiqué que ce rôle soit également joué par le juge congolais de contentieux électoral pour pallier à la difficulté d'un colis enfermé sans possibilité de le détruire.

L. Nunes de Almeida ne manque pas de le souligner de manière ironique : "La vie du juge constitutionnel portugais est difficile en période électorale. On ne dort pas pendant quinze jours... ". Cet avertissement est-il à suffisance entendu ?

3) Dans les États qui ont abandonné le contentieux parlementaire pour le contentieux constitutionnel, la transition ne s'est pas faite sans mal.

En Allemagne fédérale, la Cour constitutionnelle fédérale a dû composer avec la représentation parlementaire. Elle n'intervient qu'en cas de recours contre les décisions du *Bundestag*. Ce dernier s'attache, pour l'essentiel, à protéger des droits politiques, ceux des électeurs et ceux des élus. Par la suite, il revient à la Cour d'exercer un contrôle plus large. Elle prend en considération la protection qui doit aller à la composition de l'assemblée, au sens objectif de l'expression.

En France, le juge constitutionnel est confronté à une forme inédite de contentieux, situé à mi-chemin du contentieux objectif, celui du processus électoral, et du contentieux des droits subjectifs, celui des droits politiques - ceux des électeurs, des candidats et des élus. Pour tenir compte de ces nouvelles réalités juridictionnelles, il a dû adapter ses méthodes et ses procédures.

L'instruction est contradictoire. Les pièces sont communiquées à la partie adverse. Les requérants et le parlementaire dont l'élection risque d'être invalidée peuvent demander à être entendus dans leurs explications. Autant

---

717 L. Nunes de ALMEIDA (*Annuaire international de justice constitutionnelle,* 1996, p. 409) en rappelle les traits essentiels. Étant donné que le processus électoral se déroule en plusieurs phases, le juge constitutionnel considère qu'une phase ne peut être ouverte, puis close, avant qu'une autre phase ne soit terminée. Pour qu'une phase soit close, il faut que le processus administratif se soit déroulé correctement ou, si ce n'est pas le cas, qu'une décision juridictionnelle soit intervenue. De cette manière, il n'est pas possible de mettre en question à posteriori la validité d'une phase antérieure du processus électoral. Le juge constitutionnel considère, au surplus, qu'il lui incombe de veiller au bon déroulement de la cascade.

de dispositifs et de techniques qui ne sont pas nécessairement le lot de la justice constitutionnelle, mais qui pourraient l'inciter à adopter, y compris dans d'autres secteurs, des méthodes plus participatives.

C. Le contentieux administratif

Et si, paraphrasant Hauriou, l'on s'autorisait à écrire, sans impertinence : "Un moment viendra peut-être où l'on organisera des juridictions ayant des tâches proprement électorales. Ce jour-là, les systèmes de vérification des pouvoirs et de justice constitutionnelle auront vécu. Ils céderont la place à un contrôle qui sera le fait d'une juridiction administrative, spécialisée en matière électorale "...

L'expérience espagnole incite à développer ce type de réflexion.

1) Il peut, d'abord, s'agir de constituer une administration électorale permanente, indépendante et structurée.

Une administration permanente pourra, mieux que les bureaux électoraux, qui ne sont jamais que des institutions éphémères, prendre en charge les tâches qui accompagnent les scrutins aux différents niveaux de pouvoir. Il est permis de penser qu'elle mettra en œuvre des méthodes identiques et qu'elle adoptera, en cas de contestation, la même jurisprudence.

Une administration indépendante des autorités publiques concernées fera apparaître, mieux que des services ministériels, cette évidence - ou cette exigence. L'organisation des élections ne doit relever ni du gouvernement, ni des assemblées, ni non plus des collectivités locales - dont l'assistance est, cependant, requise pour l'accomplissement de tâches matérielles.

Une administration structurée, et même hiérarchisée, permettra de concevoir les instructions ou les directives qui guideront l'action de ceux qui, à différents niveaux, concourent au bon déroulement du processus électoral. Elle rendra possible les recours d'administration contentieuse, en premier et en second degré.

En Espagne par exemple, cette administration prend la forme de commissions électorales - notamment centrale et provinciales. À raison de leur composition, les *Juntas*, présentent un caractère très " judiciarisé ", selon le mot de F. Fernandez Segado[718]. Elles ont pour tâche de garantir la transparence et l'objectivité du processus électoral et de préserver, à cette occasion, le principe d'égalité. Elles répondent aux plaintes, réclamations et recours qui leur sont adressés.

2) Les décisions qui émanent de l'administration électorale constituent des actes administratifs, au sens classique de l'expression. Elles peuvent

718 F. Fernandez SEGADO, *El systema constitucional español,* Madrid, Dykinson, 2000, p. 820

donc faire l'objet de recours devant le juge administratif[719] . Et ceci tant avant qu'après l'élection.

Avant l'élection ? En Espagne, chaque commission provinciale établit la liste des candidats qui sont admis à concourir. Des recours peuvent être introduits par les candidats exclus et les représentants des candidats admis. Ils sont examinés par le juge administratif. En cours de campagne, la commission a pu prendre aussi diverses mesures organisationnelles, telles que la distribution d'emplacements d'affichage ou l'allocation de tribunes à la radio ou à la télévision. Des recours contentieux sont également concevables contre ces décisions.

Après l'élection ? Selon la Constitution, " la validité des actes constatant l'élection des membres des deux Chambres sera soumise au contrôle juridictionnel, dans les termes établis par la loi électorale " (art. 70, al. 2). La loi organique du régime électoral général (LOREG) du 19 juin 1985 précise que les actes des commissions électorales qui assurent la proclamation des résultats - en voix, en sièges et en noms - peuvent faire l'objet de recours contentieux.

Ces recours sont introduits devant le juge administratif (plus précisément, à la *Sala del contencioso administrativo* du Tribunal suprême).

3) L'instauration d'une administration électorale dont les décisions sont susceptibles de recours devant le juge administratif n'a pas pour objet de paralyser le contentieux parlementaire, ni le contentieux constitutionnel. Elle les réduit néanmoins à de simples expressions.

En Espagne, le Congrès n'est pas dessaisi de l'ensemble de ses fonctions contentieuses. Le contentieux électoral lui échappe. Mais il reste habilité à se prononcer sans appel sur les questions touchant aux incompatibilités de fonctions.

Le Tribunal constitutionnel conserve, pour sa part, des attributions résiduelles. Après avoir épuisé les recours juridictionnels qui lui sont offerts, le requérant dispose du recours d'*amparo* aux fins de défendre ses droits constitutionnels. Il doit agir dans un délai de deux jours. Le Tribunal constitutionnel statue également dans les deux jours. Il clôt ainsi définitivement la procédure contentieuse.

---

719 L'on ne saurait trop insister sur les mérites de cette formule. Dans la plupart des États européens, différentes autorités, dont certaines sont juridictionnelles, peuvent être saisies à tour de rôle et parfois en régime de libre concurrence. L'on devine les difficultés inhérentes à la démultiplication des procédures. Il y a le *forum shopping*. Il y a parfois le déni de justice. Il y a souvent les divergences de jurisprudence. Il y a encore la perpétuation des litiges, bien après le scrutin, ce qui complique la composition effective de l'assemblée et l'exercice de ses tâches.

§2. Les préoccupations transversales

L'Afrique et plus particulièrement la République Démocratique du Congo ne saurait se désintéresser de la sincérité des scrutins. Et ceci, pour deux raisons qui sautent aux yeux.

D'une part, pour promouvoir son développement et dans le souci de la recherche de légitimité démocratique, et même parlementaire, elle ne peut ignorer les problèmes juridiques que soulève, dans l'élection des députés et du Président de la République.

D'autre part, l'attachement et le devoir, de manière directe ou indirecte, à assurer la sauvegarde des droits de l'homme, les droits politiques, et notamment les droits électoraux, font partie intégrante de ce patrimoine constitutionnel.

Le développement d'un droit électoral crédible est plus que souhaitable et gage de la prospérité de la République.

A. Les élections européennes

1) Il y a, pour l'instant, quinze États en Europe. Mais, on ne saurait l'oublier, il y a seize institutions parlementaires.

Le Parlement européen est élu. Il l'est, selon l'expression consacrée, par les peuples d'Europe. Ce qui signifie, de manière concrète, que ses membres sont choisis à l'occasion d'élections nationales qui se déroulent concomitamment dans chacun des États membres.

Faute d'une procédure électorale uniforme, le contrôle électoral s'instaure à un double niveau.

2) Il revient à chacun des États d'organiser, selon les règles qu'il détermine, l'élection de ses représentants. Dans la foulée, il lui revient d'établir les institutions qui assument, dans l'ordre interne, les tâches du contentieux électoral. La loi française du 7 juillet 1977 confie, par exemple, à l'assemblée du contentieux du Conseil d'État le soin de régler les contestations relatives à l'élection, telle qu'elle s'est déroulée en France et à laquelle ont participé, comme électeurs ou comme éligibles, les nationaux mais aussi les citoyens de l'Union résidant en France.

3) Reste au Parlement européen, qui s'inscrit ainsi dans la tradition parlementaire commune, à vérifier les pouvoirs de ses membres. Concrètement, il prend acte des résultats qui ont été proclamés dans les différents États.

Il renonce à se prononcer sur les opérations électorales proprement dites et sur les vérifications liminaires. Il se réserve, par contre, le droit de statuer sur deux questions essentielles : les élus réunissent-ils les conditions d'éligibilité ? sont-ils en mesure de remplir la fonction parlementaire qui leur a été confiée ou se trouvent-ils en situation d'incompatibilité ?

Il est à remarquer que les systèmes électoraux cherchent à répondre à des objectifs qui reflètent de manière approximativement fidèle les opinions du peuple, de canaliser les courants de pensée pour favoriser la formation d'une volonté politique d'une cohérence et d'une clarté suffisantes ".

Fidélité approximative, cohérence et clarté suffisantes... Les formules sont prudentes. Les objectifs sont modestes en termes de sincérité électorale.

Il serait illusoire de croire que ces distinctions pourront être commodément gommées. Des garanties minimales peuvent néanmoins s'imposer. Elles peuvent servir à baliser l'action des autorités législatives lorsqu'elles ont à déterminer les règles d'organisation des scrutins, en ce compris les règles d'aménagement du contentieux électoral.

Le citoyen ne saurait avoir confiance dans un Parlement qui a été élu dans des conditions discutables. Il ne saurait non plus manifester quelque crédit à un Parlement dont les membres voient vérifier leurs titres et qualités dans des conditions discutables.

Le contentieux électoral, mais il faut mettre la formule au pluriel, reflète la diversité de l'Europe. Des traditions différentes, des méthodes diversifiées, des préoccupations contradictoires...

L'intervention du juge électoral peut s'avérer, chaque jour, plus complexe. Il lui est plus difficile, aujourd'hui qu'hier, de vérifier en toute circonstance la sincérité du scrutin.[720]

Section IV. Proposition de l'Administration et application du Processus électoral

La République démocratique du Congo est une démocratie libérale en ce qu'il pose la liberté de choisir. Des libertés fondamentales inscrites dans la *loi constitutionnelle de 2006*, et notamment sous le chapitre des libertés et droits fondamentaux, sous-tendent cette capacité de choisir : liberté de conscience et de religion, de pensée et de croyance, d'opinion et d'expression, de réunion pacifique, enfin liberté d'association. L'un des choix fondamentaux dont est imparti le peuple congolais est de pouvoir sélectionner ses représentants.

En cela, la République démocratique du Congo constitue aussi une démocratie électorale représentative ou indirecte : les Congolaises et les Congolais habilités à voter élisent leurs gouvernants au moyen du système électoral majoritaire uninominal à deux et un tour, et ce, depuis deux mandatures et législatures chacune de cinq ans (articles 70 de la constitution du 18 février 2006 pour le président de la République et 103 de la même constitution pour les députés et sénateurs). Les pouvoirs du chef de l'État congolais sont définis et encadrés par la Constitution du 18 février 2006 telle que modifiée à ce jour (articles 69 à 89).

720 www.conseil-constitutionnel.fr tirée même date

Le Congo a adopté le régionalisme constitutionnel, bien que ces adaptations ne soient pas intégrales (par exemple, l'existence de comportement de tutelle par les autorités centrales sur les institutions politiques provinciales ; le ministre de l'intérieur qui désigne par sa lettre de 2014 l'intérimaire du gouverneur de la province de l'Equateur Koyagialo malade en Afrique du sud, alors que la constitution a résolu le problème). Outre le Président, le Parlement congolais se compose du Sénat et de la Chambre des représentants. Le Sénat, aussi appelé " Chambre haute ", compte un maximum de 108 membres (art.123 de la loi électorale). Les 500 députés de la Chambre basse sont choisis par les Congolais et les Congolaises à l'occasion d'élections générales. Le système majoritaire uninominal à un tour est l'arrangement électoral retenu par le Congo. Au contraire des États unitaires, les États régionaux prévoient un partage des compétences entre plusieurs ordres de gouvernement.

Outre la *loi électorale, en principe*, le processus électoral doit être régi par autres législations, soit la *constitution*, les instruments nationaux et internationaux *des droits et libertés*, la *loi sur la révision des limites des circonscriptions électorales* et la *loi référendaire* (qui ne vise que les questions relatives à la Constitution d'un État). Le bureau d'organisation des élections est également assujetti à d'autres lois d'application générale de nature administrative qui encadrent divers aspects de son mandat et de son fonctionnement, notamment la *loi sur la gestion des finances publiques*, la *loi sur l'emploi dans la fonction publique*, la *loi sur la protection des renseignements personnels* (notamment en regard de la confidentialité de certaines informations contenues dans le registre national des électeurs), la *loi congolaise sur les droits de la personne*, le code pénal…

Cette partie présente un aperçu du modèle électoral que nous estimons à notre avis meilleur pour l'émergence d'une démocratie basée sur la confiance des électeurs. Elle définira le rôle du responsable de l'administration électorale et de son bureau, communément appelé Commission électorale Nationale indépendante en République Démocratique du Congo, du traitement du contentieux électoral et des dispositions constitutionnelles et législatives relatives au mode de scrutin utilisé pour les élections.

§1. Le rôle du Président de l'administration des élections et de son bureau

Poste créé au Congo en 2006 par la loi électorale, le Président de l'administration électorale et son bureau ont reçu mandat de par la constitution a son article 211 d'organiser les élections générales, une tâche pour laquelle ils doivent être prêts à intervenir à tout moment selon le cycle électoral.

Pour atteindre cet objectif aujourd'hui, la *loi électorale No 13/012 du 19 avril 2013 modifiant et complétant la loi organique No 10/013 du 28 juillet 2010 portant organisation et fonctionnement de la Commission électorale nationale indépendante de la RDC doit être* un texte extrêmement complet, d'un point de vue descriptif et prescriptif, à tel point qu'elle n'engendre pas de législation déléguée (ou de réglementation), le Président de l'administration des élections ne doit avoir que le pouvoir de directives comme dans une certaine mesure prévu aux articles 24 et 25 de la loi susmentionnée.

Outre d'encadrer les élections et les référendums et de gérer le processus électoral, le rôle du Président de l'administration des élections doit être d'assurer les missions suivantes :

1. appliquer la législation électorale ce qui signifie qu'il " a) dirige et surveille d'une façon générale les opérations électorales; b) veille à ce que les fonctionnaires électoraux agissent avec équité et impartialité et observent la loi électorale; c) donne aux fonctionnaires électoraux les instructions qu'il juge nécessaires à l'application de la présente loi; d) exerce les pouvoirs et fonctions nécessaires à l'application de la présente loi ";
2. soutenir les commissions indépendantes responsables de la révision périodique des limites des circonscriptions électorales, afin que la représentation reflète au mieux la répartition de la population sur le territoire de la République Démocratique du Congo;
3. procéder à l'enregistrement des partis politiques, des tiers et, le cas échéant, des comités référendaires;
4. assurer un contrôle des dépenses d'élection des partis, des candidats et des tiers, examiner et publier leurs rapports financiers et procéder au remboursement des dépenses d'élection des partis politiques et des candidats selon les dispositions prévues par la loi;
5. voir à ce que le système électoral soit accessible à toutes les électrices et à tous les électeurs, et ce, au moyen d'installations physiques appropriées ainsi que de programmes d'information et d'éducation de la population; et
6. mettre à jour le Registre national des électeurs.
7. La Présidence de l'administration des élections a également pour mission d'élaborer des stratégies afin de relever les défis de l'avenir. L'un de ceux-ci réside dans la mutation constante de la population congolaise, une réalité qui n'est pas sans interpeller la représentation. La Présidence de l'administration des élections est ainsi dotée des pouvoirs nécessaires afin d'explorer les possibilités qu'offrent les nouvelles technologies de communication pour les élections de demain.

Dans la réalisation de son mandat, la présidence de l'administration des élections doit être tenue à la plus stricte indépendance politique et partisane. Afin de favoriser cette liberté de toute influence politique et partisane, le(s) président(s) de l'administration ou le des élections doit (doivent) être un (des) mandataire(s) du peuple directement ou par le truchement des représentants.

Le président de l'administration des élections, sera nommé à titre inamovible jusqu'à l'âge de 65 ans, peut être révoqué pour motif valable par le président de la République après avis de deux tiers des membres de la chambre de représentants et du sénat. Il exerce ses fonctions à temps plein et a rang et statut de secrétaire général de ministère. Il ne peut occuper aucune autre charge au service de sa Majesté ni aucun autre poste. Il doit toucher un traitement égal à celui d'un ministre pour garantir son indépendance.

Le Président de l'administration des élections doit être investi de pouvoirs importants qui lui sont nécessaires dans la réalisation de son mandat.

Des pouvoirs budgétaires doivent être également conférés au Président de l'administration des élections, dans le respect des principes d'indépendance et d'imputabilité. Il bénéficie ainsi du pouvoir d'engager des dépenses tant dans le cadre de son budget administratif qu'en vertu de son autorité statutaire. Son budget de fonctionnement relève de l'approbation du Parlement.

À chaque printemps, le Président de l'administration des élections doit soumettre à la Chambre des Représentants un *rapport sur les plans et les priorités* énonçant ses prévisions quant à ses activités et ses besoins financiers conséquents pour l'année à venir. Les parlementaires peuvent interroger le Président de l'administration des élections sur tout aspect de ses prévisions et doivent approuver les crédits budgétaires alloués.

En vertu de son autorité statutaire, le Président de l'administration des élections est également investi d'un autre pouvoir de dépenser destiné à le doter des capacités nécessaires à la mise en œuvre de la *loi électorale*. Pour le seconder dans ses fonctions, le Président de l'administration des élections peut compter sur son bureau. Dans l'exercice de ses fonctions, les membres du bureau des élections doit également faire preuve de la plus grande neutralité politique.

S'agissant de sa structure, le bureau de l'administration des élections peut compter cinq membres, soit: la direction générale des élections et première conseillère juridique (responsable de la direction des services juridiques, de la direction de la recherche nationale et internationale et de l'élaboration des politiques, et de la direction de la planification et des partenariats, des services internationaux et des services de soutien juridique au Commissaire aux élections de provinces), la direction principale du financement des élections et des services corporatifs, le directeur principal du Registre, de la géographie et de la technologie informatique, le directeur des opérations, enfin la direction des communications.

Par ailleurs, le Président de l'administration des élections peut également compter sur le concours d'un commissaire aux élections et d'un arbitre en matière de radiodiffusion, deux acteurs électoraux qu'il nomme et démet, et dont il supervise le travail. L'arbitre en matière de radiodiffusion est responsable de répartir le temps d'antenne payant et gratuit accordé aux partis politiques au cours d'une élection générale ou aux comités référendaires au cours d'un référendum, et ce, conformément aux dispositions de la loi.

Pour sa part, le commissaire aux élections, dont le rôle sera traité plus complètement dans la prochaine section, " a pour mission de veiller à l'observation et à l'exécution. Ainsi, le commissaire est chargé de mener des enquêtes et éventuellement d'intenter des poursuites pour non respect de la loi électorale. Tant l'arbitre que le commissaire sont tenus à la plus grande neutralité politique et partisane. A ce niveau nous pensons que l'existence d'un juge d'instruction est impérieuse pour rendre très crédible et impartiale la course au pouvoir de tous les candidats.

En somme, le modèle électoral que nous venons de proposer prévoit que la conduite des élections et des référendums sur la scène nationale est sous la responsabilité du Président de l'administration des élections dont les responsabilités couvrent tous les aspects de la loi. S'y ajoutent également les missions d'arbitre en matière de radiodiffusion et de commissaire aux élections et d'un juge d'instruction aux affaires électorales.

§2. Le traitement du contentieux électoral

Le contentieux électoral sur la scène nationale est modelé au moins par deux traits de la structure de l'État au Canada : l'organisation des tribunaux et le fédéralisme. La République Démocratique du Congo compte deux paliers en ce qui concerne le contentieux électoral dans son organisation judiciaire intégrée en vertu de laquelle les tribunaux provinciaux et territoriaux pour les élections locales à côté de la Cour constitutionnelle actuellement la Cour suprême de justice appliquent autant les lois relatives à l'organisation des élections.

Un État régional implique, entre autres, un partage des compétences entre les deux ordres de gouvernement. Au Congo, de manière générale, le contentieux électoral couvre toutes les instances susceptibles d'être traitées par les tribunaux.

Trois situations peuvent en principe se présenter ainsi: *primo*, la *loi électorale* peut être remise en cause à l'aune de la Constitution. Dans ce cas, s'il s'agit d'une contestation de nature constitutionnelle, toute cour de justice habilitée à entendre une requête en contestation constitutionnelle. *Secundo*, les tribunaux statuant sur le contentieux électoral peuvent être saisis d'une infraction, ce qui peut conduire au déroulement d'un vaste processus d'enquête. Ainsi, par exemple, un parti peut contester l'éligibilité d'un candidat en vertu de l'article 74 de la *loi électorale*. *Tertio*, le contentieux peut consister de tremplin afin de contester la validité même de l'élection d'un candidat.

A. Requête en contestation constitutionnelle

Depuis les dernières réformes constitutionnelles en République Démocratique du Congo *des droits et libertés* ont profondément transformé les règles du jeu politique. Non que les Congolais et les Congolaises n'aient aucune garantie quant à leurs droits et libertés avant l'avènement de la Constitution de 2006, mais parce que la Constitution de 2006, qui s'applique au Parlement et au gouvernement du Congo ainsi qu'aux législatures et aux gouvernements des provinces, est venue cristalliser un nouveau contrat social en inscrivant dans la loi suprême du Congo des libertés et des droits démocratiques qui définissent la citoyenneté.

Au demeurant, l'article 61 de la Constitution de 2006 cite les droits intangibles et l'article 17 alinéa 2 lorsqu'il veut que les droits et les libertés qui y sont énoncés ne puissent être " restreints que par une règle de droit, dans des limites qui soient raisonnables et dont la justification puisse se démontrer dans le cadre d'une société libre et démocratique, alors que l'article 162 de la même constitution établit la primauté et la force exécutoire des normes constitutionnelles sur les normes législatives.

S'agissant de la portée de la Constitution, l'article 13 garantit certaines libertés fondamentales essentielles à la pratique de la citoyenneté: " a) liberté de conscience et de religion; b) liberté de pensée, de croyance, d'opinion et d'expression, y compris la liberté de la presse et des autres moyens de communication; c) liberté de réunion pacifique; d) liberté d'association (art 37). "

Les articles 5 et 6 définissent les droits démocratiques, notamment les droits de vote et d'éligibilité aux élections législatives fédérales ou provinciales (art.197), le mandat maximal de la Chambre des communes et des assemblées législatives (art.103). Ainsi que les séances annuelles du Parlement et des législatures (art.114). Enfin, l'article 19 reconnaît le droit au recours en cas d'atteinte aux droits et libertés.

L'invocation de dispositions constitutionnelles peut donner lieu à une riche jurisprudence qui contribuera aussi à façonner le modèle électoral congolais. Essentiellement, quatre questions litigieuses peuvent être dégagées, soit les droits politiques reconnus en vertu de la Constitution, les limites des circonscriptions électorales, le droit à la liberté d'expression en cours de campagnes électorales, enfin les droits relatifs aux petites formations politiques.

1) Les droits politiques reconnus en vertu de la Constitution de 2006

Tout citoyen jouit de son droit d'être électeur et candidat s'il remplit les conditions exigées par la loi électorale et si aussi son droit n'a pas été déchu par une condamnation coulée en force de chose jugée ou par une limitation légale comme c'est le cas des hommes sous drapeau.

2) La révision des limites des circonscriptions électorales

Pour l'essentiel, les recours portant sur les limites des circonscriptions électorales peuvent consister à contester la constitutionnalité du découpage lorsqu'il ne consacre pas l'égalité en vue de permettre une représentation effective de toutes les couches nationales. Cette question mérite une attention particulière parce que source de mécontentement social lorsqu'elle n'a pas été prise en compte.

C'est d'ailleurs ce qui explique le choix de la forme régionale adoptée par le constituant de 2006.

3) Le droit à la liberté d'expression en cours de campagnes électorales

La jurisprudence dans de pays d'ancienne démocratie en matière de liberté d'expression en cours de campagne électorale, comme au Canada a porté sur les plafonds de dépenses imposés aux tiers, c'est-à-dire toute personne ou groupe autre qu'un candidat ou un parti politique, la publication des résultats de sondages, ainsi que le temps d'antenne gratuit et payant. Dans *Somerville v. Canada (Attorney General)*, [1996] AJ No. 515, la cour d'appel de l'Alberta a invalidé les dispositions législatives relatives aux dépenses des tiers sur la scène politique fédérale, dispositions qui limitaient alors toute dépense de publicité à 1000 $.

Deux autres jugements ont emprunté la même tangente que *Somerville*: en 1997, la Cour suprême du Canada a annulé les dispositions de la loi référendaire québécoise (*loi sur la consultation populaire*) concernant les plafonds de dépenses des tiers (*Libman c/ Québec (Procureur général)*, [1997] 3 RCS 569), alors qu'en 2001 la Cour de division de première instance de l'Alberta a rendu invalides les articles 350 [721] et 351 de la *loi*

721 L'article 350 de la loi interdit aux tiers, pendant la période électorale relative à une élection générale, de faire des dépenses de publicité électorale dépassant, au total, 150000 $ et, de ce total, de dépenser, au total, plus de 3000 $ pour favoriser l'élection d'un ou de plusieurs candidats ou s'opposer à l'élection d'un ou de plusieurs candidats. Le terme publicité électorale, tel que défini à l'article 319 de la Loi, s'entend de la diffusion, sur un support quelconque au cours de la période électorale, d'un message publicitaire favorisant ou contrecarrant un parti enregistré ou l'élection d'un candidat, notamment par une prise de position sur une question à laquelle est associé un parti enregistré ou un candidat. L'article 319 prévoit cependant certaines exceptions telles la diffusion d'éditoriaux, de débats, de nouvelles, d'entrevues, de chroniques, de commentaires ou de lettres; la promotion ou la distribution, pour une valeur commerciale non inférieure à sa valeur commerciale, d'un ouvrage dont la mise en vente avait été planifiée sans égard à la tenue de l'élection; l'envoi de documents par une personne ou un groupe directement à ses membres, ses actionnaires ou ses

électorale du Canada[722], qui avaient été adoptées en 2000, relativement aux dépenses des tiers (*Harper v. Canada (Attorney General)*, [2001] ABQB 558).

S'agissant des résultats de sondages préélectoraux, la loi interdisait leur publication ou leur diffusion les trois derniers jours de la campagne électorale. Dans *Thomson Newspapers Co. c/ Canada,* [1998] 1 RCS 877, la Cour suprême a invalidé cette disposition législative qui, selon la Cour, gênait la liberté d'expression garantie par l'article 2 de la Charte. Aujourd'hui, l'interdit de publier ou de diffuser les résultats de sondages préélectoraux se limite à la journée même du scrutin fédéral.

Enfin dans *Reform Party of Canada et v. Canada (Attorney General)*, [1995] AJ No. 793, la cour d'appel de l'Alberta a jugé que les articles 319 c) et 320 de la *loi électorale du Canada* (relatifs au temps d'antenne durant les campagnes électorales ainsi qu'à son partage entre les différents partis politiques enregistrés) portaient atteinte à la liberté d'expression protégée par la Charte et, qu'au demeurant, cette limitation ne pouvait se justifier dans une société libre et démocratique (art. 1 de la Charte).

Cette question semble être négligée au Congo, pourtant source de frustration, voir des éventuelles contestations de résultats des élections. En effet, la justice dans les élections, c'est aussi l'égalité dans le traitement des candidats dans tous les processus.

Un autre domaine du contentieux électoral est celui des infractions à la loi.

B. Le processus d'enquête en vertu de la loi électorale au Congo

Tel que mentionné précédemment, il revient au commissaire aux élections et le juge d'instruction de veiller à ce que soit observée et exécutée la *loi électorale* et, à défaut, de prendre des mesures correctives.

Commet notamment une infraction :

- quiconque tente d'influencer un électeur à voter ou à s'abstenir de voter;
- quiconque entrave ou retarde illégalement les opérations électorales;
- quiconque contrevient aux dispositions sur le plafond des dépenses et obligations en matière de dépenses et de contributions électorales;
- quiconque contrevient aux dispositions sur le plafond des dépenses et obligations en matière de publicité électorale faite par des tiers;
- quiconque diffuse les résultats électoraux pendant la période d'interdiction;
- quiconque fait de la publicité électorale pendant la période d'interdiction;

---

employés; et la diffusion par un individu, sur une base commerciale, de ses opinions politiques sur le réseau communément appelé Internet.

722

- quiconque diffuse prématurément des résultats électoraux;

- quiconque utilise à des fins non autorisées des renseignements personnels figurant à une liste électorale ou au registre national des électeurs.

La notion d'infraction recouvre donc un éventail assez large de comportements.

Le commissaire est doté d'un pouvoir quasi judiciaire, il peut engager ou faire engager des poursuites visant à sanctionner une infraction s'il a des motifs raisonnables de croire qu'une infraction à la loi a été commise et qu'il estime que l'intérêt public le justifie, soit d'office soit sur réception, dans les six mois de la perpétration, d'une plainte écrite alléguant la commission de l'infraction, soit à la suite d'une enquête que le Président de l'administration des élections, lui a ordonné de faire parce qu'il avait des motifs raisonnables de croire qu'un fonctionnaire électoral aurait pu avoir commis une infraction à la loi.

Pendant la période électorale, le commissaire peut également demander à un tribunal compétent de délivrer une injonction s'il a des motifs raisonnables de croire à l'existence, à l'imminence ou à la probabilité d'un fait - acte ou omission - contraire à la loi, compte tenu de la nature et de la gravité du fait, du besoin d'assurer l'intégrité du processus électoral et de l'intérêt public (art. 516 de la *loi électorale canadienne. C'est à ce niveau que nous avons estimé nécessaire d'avoir un juge d'instruction en matière électorale qui pourra exercer un rôle important dans l'observation des règles électorales en vue d'assurer l'équité entre les candidats et préparer au juge du fond la matière d'analyse au moment venu.*

Par ailleurs, le commissaire peut conclure avec l'intéressé une transaction visant à faire respecter la loi s'il a des motifs raisonnables de croire à l'existence, à l'imminence ou à la probabilité d'un fait - acte ou omission - pouvant constituer une infraction à la loi . Le commissaire publie, selon les modalités qu'il estime indiquées, un avis comportant le nom de l'intéressé, les faits reprochés et un résumé des modalités de la transaction.

Le commissaire est secondé par des enquêteurs, le plus souvent d'anciens officiers de police dont les compétences sont régulièrement mises à jour, qui agissent en toute neutralité et confidentialité. Il peut aussi compter sur le concours des corps de police.

Au terme du processus d'enquête, un rapport est remis au commissaire qui inclut, entre autres, les raisons de l'enquête ainsi qu'une description de son déroulement, le nom des personnes interviewées, les preuves mises en avant et toute autre information devant être retenue par le commissaire dans sa décision. Le rapport est également examiné par le personnel du commissaire aux élections, qui formule une recommandation quant à la suite des événements.

L'autorisation écrite du commissaire doit être préalablement obtenue avant que soient engagées les poursuites pour infraction à la loi.

Une fois prise la décision d'engager une poursuite, le commissaire doit décider s'il agit par voie de procédure sommaire ou par mise en accusation, selon la gravité de l'infraction. Ces deux options ont des effets différents sur la peine prononcée dans l'éventualité d'une condamnation. Les chefs d'accusation sont portés devant un tribunal criminel (les poursuites engagées en vertu de la *loi électorale* sont de nature quasi criminelle) et la poursuite suit la procédure normale du système judiciaire, sans l'intervention du procureur général, préservant ainsi le caractère non partisan du processus électoral.

Selon le cas, une personne peut être reconnue coupable d'une infraction simple, d'une infraction constituant un acte illégal ou d'une infraction constituant une manœuvre frauduleuse.

En principe la loi électorale prévoit des peines qui ont pour but de prévenir la fraude électorale, de favoriser la tenue d'élections justes, exemptes de corruption et d'intimidation, et de créer un climat électoral à même de promouvoir les droits des citoyennes et des citoyens de participer à la vie politique. Ainsi, lorsqu'une personne est reconnue coupable d'une infraction, elle est passible d'une amende ou d'une peine d'emprisonnement.

Les tribunaux peuvent également imposer d'autres peines, comme l'exécution de travaux d'intérêt collectif, l'exécution de l'obligation faisant l'objet de l'infraction ou encore l'indemnisation des personnes ayant subi des dommages ou toute autre mesure raisonnable que les tribunaux estiment appropriée. Selon que l'infraction dont est trouvée coupable une personne soit un acte illégal ou une manœuvre frauduleuse, elle peut également perdre le droit de briguer les suffrages à une élection. S'il s'agit d'un candidat, son élection peut être annulée.

Bien que des infractions à la *loi électorale* soient à l'occasion commises, elles ne posent pas de problèmes structurels à la démocratie électorale pour de pays de vieille démocratie.

C. La contestation de la validité de l'élection d'un candidat

Le contentieux électoral peut enfin concerner la validité de l'élection d'un candidat. Le dépouillement judiciaire est un premier recours que prévoit la *loi électorale de la République démocratique du Congo* afin d'agir en ce sens. L'article 73[723] de la *loi électorale* dispose que : tout électeur ou son parti politique ou regroupement politique peut, dans les trois jours qui suivent, présenter une requête en contestation des élections à un juge. En outre, un dépouillement judiciaire s'impose " lorsque le nombre de votes séparant le candidat qui a reçu le plus grand nombre de votes de tout autre

723 Art 73 de la loi électorale de RDC

candidat est inférieur à un millième des votes exprimés [...] " (paragraphe 300 (1) de la *loi électorale du Canada*).

La validité de l'élection d'un candidat peut également être contestée aux termes de l'article 73 de la loi électorale. Ainsi les motifs sur la base desquels une élection peut être contestée, notamment l'inéligibilité du candidat élu, ainsi que toute irrégularité, fraude, manœuvre frauduleuse ou tout acte illégal ayant influé sur le résultat de l'élection. Les Cours d'appel, les tribunaux de grande instance et les tribunaux de paix de chaque province et territoire sont compétents pour entendre une requête en contestation d'élection provinciale, municipale et locale, tandis que la Cour constitutionnelle actuellement la Cour suprême de justice pour les élections législatives et présidentielle.

Au Canada par exemple, pour l'essentiel, les annales judiciaires retiennent deux affaires marquantes en matière de contestation des élections. La décision *Wright v. Koziak,* [1980] AJ No. 506 établit que, dans certaines circonstances, des irrégularités cumulées peuvent donner lieu à l'invalidation d'une élection. Toutefois, selon la *loi électorale du Canada* de 1970, ces irrégularités doivent affecter de manière substantielle le résultat de l'élection.

L'affaire *Bevilacqua*, en 1988, est le dernier cas d'application de la *loi sur les élections fédérales contestées* (maintenant devenue la partie 20 de la *loi électorale du Canada*). À la suite de l'élection fédérale de 1988, le candidat libéral Maurizio Bevilacqua a été déclaré élu avec une majorité de 66 voix. Alléguant que certaines irrégularités avaient été commises pendant le processus électoral, son plus proche adversaire, le candidat conservateur Michael O'Brien, a contesté l'élection en vertu des dispositions de la *loi sur les élections fédérales contestées*.

Un recomptage judiciaire a été effectué, qui s'est révélé lui être favorable: 121 irrégularités avaient effectivement été commises en cours de processus électoral. Maurizio Bevilacqua a alors interjeté appel et a obtenu gain de cause: un nouveau dépouillement des votes a révélé une majorité de 77 voix en sa faveur. La Cour suprême de l'Ontario a alors conclu que l'élection découlait du non respect des dispositions de la loi, puisque le nombre de suffrages contestés (soit 121 irrégularités) dépassait la marge contestée entre les deux premiers candidats (soit 77 votes) après dépouillement judiciaire. Le candidat libéral a finalement été élu député.

En définitive, le contentieux électoral peut couvrir à la fois des requêtes en contestation constitutionnelle, le processus d'enquête en vertu de la *loi électorale,* et la contestation de la validité de l'élection d'un candidat. Les divers mécanismes tels que proposés ci-dessus permettent d'assurer l'impartialité du système électoral, l'application de la loi et la garantie des droits démocratiques.

Section V : Les missions du juge constitutionnel comme juge des élections présidentielles et législatives

Le juge constitutionnel est juge du contentieux électoral sur la base de la constitution et de l'article 81 de la loi organique portant organisation et fonctionnement de la Cour Constitutionnelle qui dispose : « la Cour est juge du contentieux des élections présidentielle, législatives nationales et du referendum. Elle connait des recours en contestation de la régularité des candidatures, des résultats des élections présidentielles, législatives nationales ainsi que du referendum. Elle proclame le résultat définitif de ses consultations ».

De manière générale, le Juge de l'élection présidentielle et législative a une mission étendue qui concerne la préparation, le déroulement du scrutin, la proclamation des résultats et les recours formés par les candidats. Ceci ressort de l'exigence du principe de la sincérité explique si dessus.

Ce juge doit veiller à la régularité de l'élection du Président de la République et des députés nationaux. Il examine les réclamations et proclame les résultats du scrutin.

S'agissant de l'élection présidentielle, le juge électoral a une mission étendue qui concerne la préparation, le déroulement du scrutin, la proclamation des résultats et les recours formés par les candidats contre les décisions de la Commission nationale électorale indépendante.

§1. Avant l'élection

Le juge de l'élection présidentielle et législative doit en principe être rendu destinataire de tous les actes préparatoires à l'élection, adoptés en vue d'organiser le scrutin, par le Gouvernement et les instances administratives concernés. Il s'agit notamment :

- D'ordonnance ou Décret ou décision de convocation des électeurs ;
- Textes réglementaires d'application ;
- Documents électoraux tels que procès-verbaux, modèles de bulletins, etc. ;
- Mémentos divers destinés aux candidats.

Le premier mémento sur lequel le juge doit être consulté est celui relatif aux modalités de financement de la campagne électorale qui doit être établi par une Commission ad hoc sur le contrôle des comptes de campagne et des financements politiques, parce que la constitution et la loi électorale de la République démocratique a prévu le financement des partis politiques. Ainsi le juge de l'élection présidentielle et législative doit en principe :

- procéder à toutes les vérifications matérielles et juridiques nécessaires pour dresser la liste officielle des candidats ;
- désigner ses délégués magistrats pour contrôler sur place les opérations électorales.

A. Le jour du scrutin

Le juge des élections doit assurer en règle générale une permanence de communication (essentiellement à l'intention de ses délégués) et il est rendu destinataire de toute information relative au déroulement du scrutin et à d'éventuelles difficultés.

B. Au lendemain de chaque tour

Le juge des élections doit en principe recenser les résultats en faisant office de commission nationale de recensement des votes, examiner les réclamations ainsi que le rapport de ses délégués, rectifier le cas échéant, puis proclamer les résultats.

C. Après la proclamation des résultats

Le juge des élections est juge de plein contentieux sur les recours des candidats contestant les décisions rendues sur leurs comptes de campagne par la Commission ad hoc des comptes de campagne et des financements politiques.

§2. Le Conseil constitutionnel contrôle la régularité des opérations de vote

Pour contrôler les opérations de vote et de dépouillement, dans un État sous-continent comme la République démocratique du Congo, nous pensons que le juge des élections doit pouvoir désigner *des délégués* parmi les magistrats de l'ordre judiciaire ou administratif, bref le juge commissaire.

Le jour de l'élection chaque délégué de la Cour se rend dans tous les bureaux de son secteur.

Il contrôle le bon fonctionnement des bureaux de vote, en particulier *il s'assure du secret, de la liberté et de la sincérité du vote* ; il vérifie notamment que :

- les bureaux de vote sont ouverts et constitués par un président et au moins deux assesseurs ;
- les électeurs disposent de tous les bulletins au nom des candidats ;
- le secret du vote est assuré par la mise à disposition d'isoloirs et le passage effectif des électeurs par l'isoloir ;
- l'identité des électeurs est contrôlée et leur signature est apposée sur la liste d'émargement après avoir voté ;
- l'urne est transparente et n'est jamais laissée sans surveillance ;
- le registre des réclamations est accessible

En cas d'irrégularité ou de difficulté, le délégué communique ses observations au président du bureau de vote ; si celles-ci ne sont pas prises en compte, il en fait mention au procès-verbal des opérations de vote et si nécessaire adresse un rapport à la Cour.

Selon la gravité des irrégularités constatées, leur persistance malgré les avertissements du délégué et leur impact sur le résultat, la Cour peut procéder à l'annulation totale ou partielle des résultats du bureau de vote.

§3. Le Juge de l'élection doit procéder au recensement des votes et proclame le résultat de l'élection

Les procès-verbaux de recensement des résultats des bureaux de vote sont centralisés d'abord, le cas échéant, au niveau local, puis au niveau central par les commissions désignées à cet effet.

Ces procès-verbaux sont transmis le plus rapidement possible à la Cour constitutionnelle qui en reprend le contenu, tout en vérifiant les observations de ses délégués, en examinant les réclamations, et en rectifiant s'il y a lieu les résultats.

Le Cour déclare les résultats du premier tour et, à l'issue du second tour, proclame le candidat élu.

§4. Actes préparatoires des élections

Le juge des élections a, en principe une mission étendue relative à la préparation des élections présidentielle et législative. En effet, la mission générale de veiller à la régularité de l'élection du président de la République et des députés nationaux doit être confiée à la Cour constitutionnelle, juge de ces élections conformément à l'article 81 de la loi organique sur ladite Cour. La Cour doit être consultée sur l'organisation des opérations de ces élections et être avisée de toute mesure prise à cet effet.

En République Démocratique du Congo, au vu de deux expériences passées à savoir les élections de 2006 et celle de 2011, d'aucuns se sont posé certaines questions sur la crédibilité de la Cour suprême de justice, c'est entre autres, la question ci-après :

Faut-il brûler la Cour suprême de justice ?

La Cour suprême de justice reste avant l'installation de la Cour constitutionnelle *Seul juge compétent pour contrôler la constitutionnalité des lois et seul habilité à proclamer les résultats définitifs des élections, les sages Congolais n'ont pas su s'adapter aux exigences démocratiques à l'image d'autre pays comme le Bénin ou la République du Sénégal qui ont tenté de réussir. C'est notamment :*

§5. Le Devoir d'ingratitude

L'opposition congolaise, la presse et de nombreux autres citoyens de ce pays, vivent habituellement à de nomination de nouveaux juges et Magistrats du ministère public, surtout Chefs de juridiction et office au niveau de la Cour suprême de justice chaque fois que les élections générales s'approchent. Pour en dénoncer le sens et l'opportunité, il nous faut examiner le bien-fondé de ces nominations.

Aussi important que peut être la Cour suprême de justice dans la conduite des élections générales au Congo, Les candidats, surtout celui qui est candidat et président sortant est convaincu qu'en nommant le juge il tient en lui un pion essentiel et docile qui fera la Cour suprême de justice une chambre d'enregistrement et d'exécution de ses désirs les plus déraisonnables pour les prochaines élections générales. Et c'est aussi la raison pour laquelle toute l'opposition réunie conteste souvent de telle nomination et les démocrates avec eux crient au scandale.

Au contraire, si le juge veut contribuer à l'émergence d'un État de droit, il doit, toujours, garder son rôle à l'esprit dans la conduite de sa mission actuelle. Ainsi face à Dieu, le juge est invité à visiter la réflexion d'un éminent ex président de Conseil Constitutionnel Robert Badinter, quand face au tiraillement intérieur que lui posait sa nomination par François Mitterrand, il laissait entendre : «Les membres du Conseil Constitutionnel, en particulier son président, doivent nécessairement dans l'exercice de leur fonction faire preuve d'un devoir d'ingratitude à l'endroit de ceux qui nomment».

Ce devoir d'ingratitude se manifeste et se matérialisera dans la conception que les juges se font naturellement de leur mission. La démocratie constitutionnelle est venue, comme consécration de l'État de droit.

Régulateur du bon fonctionnement des pouvoirs publics, point d'équilibre entre les pouvoirs exécutif et législatif, le contrôle de la constitutionnalité des lois se situe dans la perspective de l'État de droit et du constitutionnalisme.

Il permet de fixer la loi dans le cadre de la hiérarchie des normes. Cette sécurité de disposer de normes supérieures de référence qui sont connues au préalable, fondamentales et immuables permet d'insérer la loi dans un cadre constitutionnel plus vaste qui préserve et garantit le fonctionnement de la démocratie. La dépendance de la loi à l'égard de la constitution protège le cadre juridique de tout arbitraire.

Cette protection est d'autant plus forte que le peuple souverain est à l'origine de la formation et de la transformation des règles constitutionnelles. Le juge dans cette perspective veille à la fois au respect de la norme constitutionnelle et à la conformité de la loi à ces règles supérieures. Ce montage particulièrement sophistiqué de l'existence d'une norme supérieure et de dépendance de normes inférieures favorise l'Etat de droit et permet le développement d'une démocratie avancée et apaisée.

Dans sa tâche, le juge constitutionnel doit savoir maintenir les équilibres entre les différentes institutions de la République : le Parlement, l'Exécutif, la place du chef de l'État, les relations gouvernement-parlement, celles entre la majorité et l'opposition. Cette attitude équilibrée et mesurée du juge constitutionnel dans tous les secteurs renforcera sa crédibilité et sa légitimité. La nouvelle figure de la démocratie sera consacrée, l'objectif de la démocratie constitutionnelle atteint. Il est encore plus renforcé quand le juge électoral régule et veille scrupuleusement à l'égalité de tous les acteurs impliqués dans la compétition électorale.

Devant cette noble mission, M. le juge, l'histoire vous donne encore une formidable opportunité de servir votre pays. Elle met surtout à votre disposition les moyens de faire des pas importants dans le processus d'approfondissement du projet démocratique national. C'est à vous de jouer, en pensant aux mots d'un ex président américain, en l'occurrence John Kennedy : « demandez-vous toujours ce que vous pouvez faire pour votre pays et non ce que votre pays peut faire pour vous ». C'est encore plus facile pour vous.

A votre âge et compte tenu de la fin annoncée proche de votre carrière professionnelle, personne ne fera plus pour vous, ce que Dieu n'ait déjà fait pour votre confort matériel sur terre.

Personne ne doit alors vous prendre ce privilège inouï qui vous est donné de servir loyalement votre pays. Surtout quand il s'agit d'arracher un tel privilège pour le mettre au service des intérêts électoraux d'une famille, de ceux d'un clan partisan ou autre. Toutes ces entités supposées aujourd'hui fortes et prégnantes passent. Seul le pays demeure une constante éternelle.

Après avoir analysé le chapitre relatif à la sincérité, chapitre qui a décrit les différentes exigences pour une élection qui rassure la sincérité, la régularité et la crédibilité examinons dans le dernier chapitre de cette seconde partie le traitement du contentieux électoral par la Cour suprême de justice comme Cour constitutionnelle de transition et dégageons les caractéristiques de ses décisions.

Chapitre 3

Le traitement du contentieux électoral présidentiel et législatif de 2006 et 2011 par la Cour suprême de justice en République Démocratique du Congo

Ce chapitre présente les situations vécues pendant les deux périodes des élections susmentionnées en premier lieu, elle analyse quelques décisions jurisprudentielles en matière électorale et constitutionnelle de la Cour suprême de justice comme Cour constitutionnelle en vue de dégager la tendance en deuxième lieu et de manière globale les aspects liés à l'organisation institutionnelle de la justice constitutionnelle telle qu'elle a existé dans un passé récent avant la mise en place de la Cour constitutionnelle instituée par la constitution du 18 février 2006 enfin avant de formuler quelques recommandations tendant à contribuer à l'amélioration du système du contentieux électoral en particulier et de la justice constitutionnelle en général en République Démocratique du Congo.

Cinq sections également constituent ce chapitre. La première décrit la situation générale des élections présidentielles et législatives de 2006 et de 2011, la deuxième traite sur le contentieux électoral, constitutionnel des élections présidentielles et législatives de 2006 et de 2011 et les aspects institutionnels de la Justice Constitutionnelle en République Démocratique du Congo, la troisième aborde sur l'étude particulière de jurisprudences en matière électorale et leur incidence, la quatrième parle sur l'investiture des juges ,garantie de l'indépendance et enfin, la cinquième traite des reformes essentielles sur l'indépendance des membres de la justice constitutionnelle.

L'intérêt de ce chapitre réside dans le fait qu'il nous permet de dégager dans cette étude les limites et les prouesses de la Cour suprême de justice comme juge constitutionnelle tant sur l'administration de la preuve en matière du contentieux électoral que sur l'architecture institutionnelle de cette juridiction. Le balbutiement de ses décisions dû, à notre avis, à sa composition ancienne et même celle contenue dans la constitution du 18 février 2006 qui n'offre pas une garantie d'indépendance nous permet de justifier le pourquoi de notre théorie.

Section 1 : Description de la situation générale sur les élections présidentielles et législatives de 2006 et 2011 en République Démocratique du Congo

Dans cette section, il est question de décrire les événements majeurs qui ont caractérisé les élections présidentielles et législatives pendant la période ci-dessus indiquée (§ I) et la nécessité d'avoir une institution judiciaire spécialisée en la matière au vu de ratés observés (§ II)

§.1. Bref aperçu sur les élections de 2006 et 2011

Cette section trace la situation telle que vécue pendant les deux cycles électoraux visés. La Cour constitutionnelle, au regard de l'article 160 de la constitution du 18 février 2006, est chargée entre autres du « Contrôle de la constitutionnalité des lois et des actes ayant force de loi ».[724]

L'alinéa 2 de l'article précise que les lois organiques (exemple, loi électorale, sur la CENI, etc.) doivent être soumises à la Cour constitutionnelle qui se prononce sur leur conformité à la constitution, avant leur promulgation par l'exécutif (chef de l'État).

L'article 161, alinéa 2 de la même loi donne à cette cour la mission qui suit : « elle juge du contentieux des élections présidentielles et législatives ainsi que du référendum ».[725]

Mais, puisque la Cour constitutionnelle n'est toujours pas installée en RDC, bien que la loi organique ait été promulguée par le chef de l'État au dernier trimestre de l'an 2013, la Cour suprême de justice fait office de cette Cour et s'occupe dorénavant de ses charges, en plus de celles qui lui reviennent régulièrement, comme le lui reconnait la constitution de la RDC. Ainsi, en matières électorales, elle traite des matières de recours des candidats, de litiges et contestations de résultats proclamés, ou des irrégularités constatées au cours du scrutin. La Cour suprême de justice a traité du contentieux électoral, en 2006 et en 2011.

En 2006, cette Cour a jugé les premiers contentieux électoraux. Mais la contestation a été observée à bien des moments en RDC. Voici la chronologie des contestations de légitimités.

En 2006 l'élection présidentielle 1er tour et législative nationale sont organisées avec 33 candidats au premier tour et Kabila Kabange Joseph et Bemba Gombo Jean-Pierre arrivent successivement 1er et 2e sur les 33 candidats en lice. Le 27 octobre est organisé le 2e tour combiné avec les législatives provinciales. Kabila Kabange Joseph est proclamé élu par la Commission électorale indépendante. Bemba Gombo Jean-Pierre dénonce

724 Constitution de la République Démocratique du Congo du 18 février 2006, article 160.
725 Ibidem, article 161.

des fraudes et la partialité de la communauté internationale, et ne reconnaît pas l'élection de Kabila Kabange Joseph[726].

Des violences éclatent dans la capitale Kinshasa entre les deux leaders. La Cour suprême de justice est même touchée par ces violences. Elle confirme l'élection de Kabila Kabange Joseph au motif qu'il n' ya pas de preuve de fraude évoquée par le candidat Bemba Gombo Jean-Pierre et Kabila qui prête serment le 6 décembre. BEMBA Gombo Jean-Pierre s'exile en Belgique en 2007.

En 2009-2010 la constitution est modifiée, contre le gré de l'opposition minoritaire au parlement. L'élection du président est réduite à un tour, et les parquets sont placés sous la tutelle du ministère de la Justice. En 2010, la CEI devient CENI (Commission électorale nationale indépendante). 4 des 7 membres de son bureau sont de la mouvance présidentielle et 3 de l'opposition.

Arrivée en 2011, l'opposition exige la révision du fichier électoral transparente et l'accès au serveur central de la CENI en vue de vérifier les listes des enregistrés (enrôlés). La CENI refuse de céder. La loi électorale est révisée. Le 26 octobre 2011 est lancée la campagne électorale dans un climat des conflits entre opposition et la CENI. Plusieurs organisations dénoncent déjà l'insuffisance de l'organisation et proposent le report des élections.

La CENI rejette toutes les propositions. Plusieurs centres fictifs sont dénoncés un peu partout en RDC, notamment plus de 117 dans la capitale Kinshasa. [727]

Une grande désorganisation est constatée le 28 novembre, jour du vote : plusieurs bureaux ouvrent dans l'après-midi au lieu du matin, comme prévu, par manque de matériels électoraux. Plusieurs électeurs ne retrouvent pas leurs noms sur les listes électorales. Les violences éclatent au Kasaï, à Lubumbashi, à Kinshasa et des bulletins de vote circulent avant et le jour même du vote dans plusieurs centres de vote.

La tension monte le dernier jour de la campagne. Les derniers meetings sont annulés à Kinshasa, et la garde présidentielle dire sur les partisans de Tshisekedi Wa Mulumba Etienne qui auraient lancé de pierres sur le cortège présidentiel, comme fut le cas à Kindu au Maniema. Plusieurs personnes seraient mortes à Kinshasa.[728]

Il convient à ce niveau de dire que plusieurs facteurs ont présagé une grande contestation de l'élection de novembre 2011 en RDC. Il s'agit entre autres de :

---

726 www.radio okapi.net postée en 2006

727 Information livrée par radio okapi et disponible sur le site de cette radio : www.radioookapi.net ,2011

728 Information livrée par radio okapi le 28 novembre dans le journal de 19 heures, et confirmée la RFI dans son journal de 20h30 et BBC Afrique à 20h00.

- La révision constitutionnelle (2011) et d'office,
- La loi électorale (qui devait s'adapter à la constitution
- La composition du bureau de la CENI
- La personne du président de la CENI (Ngoy Mulunda Daniel)
- La gestion des sensibilités politiques par la CENI et l'organisation technique et matérielle tardive du scrutin par la CENI
- La nomination des membres de la Cour suprême de justice.

Organisées les élections présidentielles et législatives de 2011 ont vu plusieurs candidats les contester, voir les candidats d'une même famille ou regroupement politique. Les candidats Kengo Wa Dondo, Mbusa Nyamwisi et Bombole Adam ont demandé un nouveau scrutin et l'annulation de celui du 28 novembre, dans un communiqué publié en date du 14 décembre 2011. Les trois candidats à la présidentielle ont dénoncé des fraudes et une grave désorganisation.

Cette déclaration a été beaucoup plus valorisée par les rapports donnés par les missions d'observations étrangères et celle de l'Église catholique. Le Centre Carter, une ONG de l'ex président américain Jimmy Carter, spécialisée dans l'observation des élections décale les 10 décembres que les élections du 28 novembre manquent de crédibilité et qu'elles ont varié « de la bonne application des procédures à des irrégularités graves).[729] Cette déclaration sera suivie par celle du gouvernement des USA et par celle de la mission de l'Union européenne.

Monseigneur Mosengo Pasinya Laurent, archevêque de Kinshasa va dire les conclusions de l'observation de la Conférence épiscopale nationale du Congo (CENCO) « *posent sérieusement la question de la crédibilité de l'élection présidentielle*», affirmant qu'*« il y a lieu de conclure qu'ils [les résultats] ne sont pas conformes à la vérité ni à la justice».*[730] L'Église catholique, dans une déclaration officielle, va demander au parlement *« de revoir de toute urgence la composition de la Ceni qui ne jouit plus de la confiance de la population et d'y intégrer la représentation de la Société civile pour plus d'indépendance».*[731]

Cette suite des critiques va enfin permettre au duo postélectoral Tshisekedi wa Mulumba Etienne – Kamerhe Wa Kanyingini vital qui a fait savoir le rejet de la réélection de Joseph annoncée le 9 janvier par la CENI.

La CSJ n'inspire pas confiance aux candidats opposants. Ils la trouvent « un instrument du pouvoir » de Kabila, et ils en veulent pour preuve le fait qu'elle a été constituée en pleine campagne électorale, à la fin de celle-ci. Avec le conseil de Roger MEECE, le patron de la MONUSCO et Du

---

729 Cfr. www.radiookapi.net [en ligne] consulté le 2 février 2012.

730 Ibidem.

731 http://radiookapi.net/actualite/2012/01/13/elections-rdc-les-eveques-catholiques-denoncent-des-tricheries-averees-vraisemblablement-planifiees/

Cardinal Monseigneur Mosengo Pansinya Laurent, Kamerhe Wa Kanyingini vital dépose pour l'opposition, un recours à la CSJ. Celle-ci déclare infondée la requête, parce dépourvue de preuve, et proclame la réélection de Kabila Kabange Joseph. Tshisekedi wa Mulumba Etienne rejette le verdict de la CSJ et se considère président élu.

Pour sa part, Kabila Kabange Joseph prête serment le 20 janvier, et Tshisekedi wa Mulumba Etienne prête le sien à son domicile de Limete à Kinshasa, deux jours plus tard.

Il ressort de cette présentation du contentieux électoral des présidentielles de 2006 et 2011 que les élections avaient en elles les germes de la contestation ; une contestation qui n'est pas la première, mais fait suite à beaucoup d'autres restées jusqu'ici non résolues.

C'est pratiquement le chemin suivi par Bemba et Kabila en 2006 qui a conduit au chao postélectoral où Bemba Gombo Jean-Pierre refusait de reconnaître l'élection de Kabila Kabange Joseph avant le retrait de leurs troupes des capitales.[732]Cette situation aurait pu instruire les dirigeants pour régler d'office certaines attitudes face aux réclamations des uns et des autres. Malheureusement en 2011 aussi, la République Démocratique du Congo vit quasiment la même scène qui a conduit à ce qu'à tort ou à raison l'opinion considère de crise de légitimité aboutissant à l'éclatement de la cohésion nationale.

§.2. Les Ratés à la Constitution, à la Cour et à la Démocratie

La section sous examen fait un inventaire sommaire de quelques problèmes face à la constitution et à la démocratie observés pendant la période sous examen.

En effet, l'élection de Joseph Kabila Kabange à la présidence de la République Démocratique du Congo en novembre 2006 et en décembre 2012 a permis de mettre en lumière un certain nombre de dysfonctionnements du système électoral Congolais, notamment dans son organisation matérielle, qui a conduit la Cour suprême de la République Démocratique du Congo, sur fond de polémique juridico-politique, à intervenir pour donner un dénouement aux affaires lui soumises.

Ces décisions qui ont fait l'objet d'un vif débat au sein de la Classe politique congolaise et de l'une partie de l'opinion publique et même de communauté religieuse et internationale, en ce qui concerne l'élection présidentielle de 2011 et de démonstration des forces armées dans la ville de Kinshasa pour ce qui concerne l'élection de deuxième tour de 2006 *ne peuvent pas passer sans suscitées une préoccupation sur ce que le juge peut faire pour rendre crédibles les Operations et le résultat de scrutin afin de*

732 www.afrik.com/artilce10298.html

renforcer la démocratie ,bref un État de droit en République Démocratique du Congo.

A. La Cour constitutionnelle et les contentieux de 2006

Pour rappel, l'on retiendra à l'esprit le mauvais prélude qui a caractérisé le contentieux électoral inscrit sous RCE/PR N°009 sur le deuxième tour de l'élection présidentielle. L'audience publique du procès opposant le candidat président de la République Bemba Gombo Jean Pierre à la Commission Electorale Indépendante (CEI) avait mal tourné mardi 21 novembre 2006.

Il y a eu, à part les incidents de procédure, les crépitements d'armes de guerre pour disperser des manifestants qui avaient pris d'assaut le siège de la Cour suprême de justice, juste assez pour semer la panique et créer la confusion. Par conséquent, devant l'insécurité, l'audience a été suspendue et reportée sine die. Pendant ce temps, le feu a été mis dans les locaux de la CSJ. Avec des dégâts matériels très importants à la maison communale de la Gombe.

Les résultats proclamés par la CEI ont été confirmés le lundi 27 novembre 2006 par la CSJ donnant à Bemba Gombo Jean Pierre 42 pour cent des suffrages contre 58 pour son adversaire, le Président Kabila Kabange Joseph devenant le 1er Président congolais élu, en l'emportant à la majorité absolue.

C'est aux environs de 10h15' que l'audience de la CSJ sur le contentieux électoral RCE/PR n°009 a été ouvert, mardi 21 sept à la CSJ. Le requérant Bemba gombo Jean Pierre avait aligné une vingtaine d'avocats. Cité dans cette affaire, le candidat déclaré élu Kabila Kabange Joseph, était représenté par deux conseils.

Cette audience a été l'œuvre des membres du siège qui refusaient à ce que la presse puisse couvrir l'événement. C'est ainsi qu'usant des moyens de droit, le collectif des avocats de la partie requérante a pris la parole pour s'opposer à cette décision.

Le deuxième incident est venu du côté des avocats de Bemba Gombo Jean Pierre qui trouvaient inopportune la présence de deux avocats du candidat déclaré élu président de la République par la CEI. Réagissant à cette préoccupation, les avocats de Kabila Kabange Joseph ont présenté l'exploit de la Cour où le candidat déclaré élu était invité à se présenter à l'audience, car cité dans la requête introductive par Bemba Gombo Jean Pierre.

Le chapitre n'était pas clos. L'audience à peine reprise, les avocats de Bemba Gombo Jean Pierre sont venus à la charge pour prier deux membres du siège à se déporter.

Motif avancé : ces deux juges auraient des liens de parenté avec Kabila Kabange Joseph, le candidat élu. Donc, ils ne pouvaient pas être juge et partie. C'était le 3è incident.

Ayant encore suspendu l'audience pour se concerter sur ce point, la Cour est revenue pour évoquer l'art 72 du code de procédure, en faisant voir que peut être récusé tout juge qui a des liens de parenté en ligne directe avec l'une ou l'autre partie au procès.

Ce qui ne semblait pas être le cas. En d'autres termes, les deux juges visés ne pouvaient quitter l'audience.

Voulant contrer cette démarche, le collectif de défense a fait appel à l'art 78 du même code, et répondant à la Cour qui soutenait les noms que ces deux juges n'ont pas été cités, les avocats de Bemba ont fait entendre aux membres du siège, qu'un magistrat honnête, qui sait qu'il a des liens de parenté avec une partie citée au procès, ne doit pas attendre que l'on publie son nom pour libérer la salle.

Pour mettre fin à ce bras de fer, le président de la cour a donc prié le collectif de la défense d'aller déposer sa demande de récusation au greffe. Faute de temps pour ce faire, les avocats de la partie requérante ont sollicité une remise, d'abord pour apprêter le document, ensuite parce qu'il y avait crépitement d'armes lourdes dehors. La salle surchauffait, tous se sentaient en insécurité.

A peine le président de la cour de céans terminait la phase habituelle : « l'audience de la cour est suspendue, vous serez fixés par une ordonnance ... », que la salle trembla. Des balles sifflaient de partout. Impossible de mettre son nez dehors. Ceux qui ont tenté sont vite rentrés en catastrophe dans la salle d'audience. Les armes automatiques retentissaient de plus belle.

B. État de la question

Bien que le pouvoir constituant du 18 février2006 se soit attaché à guérir la justice de tous les maux qui la rongent, disons que ceci est loin d'être totalement éradiqué en pratique.

En l'occurrence, le pouvoir exécutif représenté par l'institution « présidence de la République » est passé outre les dispositions constitutionnelles relatives à la nomination, à la promotion, démission et à la révocation des Magistrats en prenant le 9 février 2008 des ordonnances portant(art 2), promotion, démission et retraite de certains magistrats sur violation manifeste des dispositions précitée si l'on sait que seul le Conseil supérieur de la magistrature est habilité à faire de telles propositions.

Pour protester, le syndicat national des magistrats du Congo, avait déclenché une grève d'une semaine non suivie d'effets. Le pouvoir exécutif, à travers l'institution précitée, justifie son initiative en évoquant « les circonstances exceptionnelles », que du reste non clairement définies, dans lesquelles se retrouvait le pays. Ici, le ministre de la justice, dans une interview à la Radiotélévision Nationale congolaise à cet effet, a évoqué l'art 69 de la constitution suivant lequel (président de la République) assure, par son arbitrage, le fonctionnement régulier des pouvoirs publics et des institutions ainsi que la continuité de l'État.

D'aucuns ont interprété cette mesure comme opportunité pour le président de la République d'avoir une main mise sur le futur conseil supérieur de la magistrature à travers « ses siens », car, en suivant la composition (art 152) de ce conseil supérieur, l'institution « président de la République n'a aucun pouvoir en son sein ».

De ce qui précède, il est important de mentionner qu'un pouvoir judiciaire réellement indépendant ayant à sa tête une cour constitutionnelle, juge des contentieux électoraux au niveau national est un véritable danger pour le pouvoir exécutif et sa majorité parlementaire.

Faut-il ignorer l'intention cachée derrière cette ordonnance et prétendre qu'il s'agit là d'un acte politique simplement désintéressé ou dicté naturellement par la volonté d'assainir un appareil judiciaire aux abois ? Abdoulaye B ne le dit-il pas à mot couvert lorsqu'à l'issue du discours du président de la République du 6 décembre 2007 sur l'état de la Nation, il souligne qu'en réalité, les accusations portées contre les magistrats visaient à légitimer ces vagues de révocation et à nommer librement d'autres magistrats qui lui sont proches.

L'enjeu de ces nouvelles nominations ? C'est le contrôle de l'appareil judiciaire avec des « magistrats kabilistes » qui, eux, auront prêté serment pour choisir leur camp et pour lui rester fidèle au moment opportun… » En effet, la constitution de la 3e République à son article 149 consacre l'indépendance de la magistrature vis-à-vis de l'Exécutif et la loi relative au statut des magistrats est promulguée ainsi que celle portant organisation et fonctionnement du conseil supérieur de la magistrature (août 2008). Mais ces deux lois n'auront aucun impact sans le fonctionnement normal du conseil supérieur de la magistrature.

En effet, la loi organique n°08 / 013 du 05 août 2008 portant organisation et fonctionnement du conseil supérieur de la magistrature a été promulguée depuis le 05 août 2008. Il s'agit notamment de la cour constitutionnelle, la Cour de cassation et le Conseil d'État. Et la Cour suprême de justice laquelle n'est plus prévue par la constitution continue d'exister et fonctionner en lieu et place de toutes les juridictions précitées.

Bien plus, faisant le recul du temps, nous relevons que les changements législatifs adoptés depuis la transition ne se traduisent pas en acte et en pratique, faute des moyens de mise en œuvre, c'est-à-dire que l'application fait défaut au point que deux univers parallèles se constituent : celui des textes et celui des pratiques, l'État de droit n'étant plus qu'une référence symbolique pour discours officiel. Ainsi, le pouvoir judiciaire reste « virtuel » dans la mesure où les textes existent, mais leur application se fait durablement attendre.

Tous ces éléments rendent compte de l'absence de progrès du système judiciaire congolais, qui a certes changé depuis 2008, mais sans s'améliorer, c'est-à-dire sans apporter des réponses efficaces aux maux qui le minent de l'intérieur. Il est vrai que depuis l'élection de 2006, les autorités congolaises sont réticentes à la concrétisation du principe d'indépendance de la justice, à savoir la mise en œuvre de l'agenda constitutionnel de la réforme judiciaire.

La matérialisation d'un pouvoir à travers le conseil supérieur de la magistrature et trois nouvelles juridictions supérieures inquiète autant l'exécutif que le législatif : les deux pouvoirs constitutionnels voient d'un très mauvais œil l'émergence du 3e pouvoir constitutionnel.

A l'étonnement général, le premier signe de résistance est venu non pas de l'exécutif, mais du parlement dès après l'élection. Les parlementaires ont ouvertement et collectivement contesté l'invalidation de certains d'entre eux par la CSJ, toutes tendances confondues. Ils ont bien sûr, dénoncé un « gouvernement des juges » et entamé un bras de fer avec cette cour sous la forme d'une pétition pour réviser l'article 152 de la constitution instaurant le conseil supérieur de la magistrature.

Cette initiative a été bloquée par le pouvoir exécutif qui a convoqué une réunion interinstitutionnelle (parlement, cour suprême de justice et gouvernement) afin de résoudre cette première mini crise de la 3e République. Si le calme est revenu dans les rangs parlementaires, ils ont manifestement décidé de freiner l'adoption des lois de création du conseil supérieur de la magistrature et des autres juridictions supérieures au point que le vote du texte fondateur du conseil supérieur de la magistrature a nécessité deux ans et que les lois organiques créant les trois autres juridictions ont beaucoup traîné pour être adoptées et promulguées et d'autres ne sont toujours pas examinées et promulguées si pas votées à l'exception actuellement de la loi sur la cour constitutionnelle et des juridictions d'ordre judiciaire .

Pour revenir à cette 1ère mini crise de la 3ème République, nous relevons qu'en date du 17 juillet l'Assemblée nationale a eu à adopter une résolution au sujet de cette affaire dénonçant les arrêts de la CSJ comme étant « entachés d'irrégularités et d'abus de droit graves » ; la résolution demande au président de la République : i) de convoquer d'urgence une réunion interinstitutionnelle de diverses autorités en vue de « tirer toutes les conséquences du mauvais fonctionnement de la justice et définir les grandes orientations de la réforme du système judiciaire « et ii) » d'envisager toute solution politique possible en faveur des victimes de l'injustice de la CSJ dans le cadre de la réconciliation et de la solidarité nationale et en vue de sauvegarder la paix civile au pays » ; la résolution demande en outre au conseil supérieur de la magistrature » d'assurer ses responsabilités et d'ouvrir des actions disciplinaires contre les magistrats reconnus coupables, qui devront être radiés et interdits de toutes professions judiciaires et juridiques » s'agissant des arrêts sous examen, l'assemblée nationale, pour ne pas » voler d'irrégularités en irrégularités » a recommandé leur application conformément aux dispositions articles 151 et 158 de la constitution ; mais a néanmoins exigé que toutes les erreurs matérielles commises par la CSJ soient corrigées par elles ;

La réunion interinstitutionnelle recommandée dans la résolution de l'Assemblée nationale s'est tenue le 23 juillet 2007 sous la direction du Président de la République ; le 1er président de la cour a accepté la correction de deux erreurs matérielles contenues dans l'arrêt RE 007 ;

Suite à une requête en rectification d'erreur matérielle, la CSJ par arrêt rendu le 14 décembre 2007, a ré institué deux des parlementaires concernés, à savoir Madame Dembo et M. Kongotolo ; deux autres parlementaires concernés ont accepté des postes dans l'administration d'entreprises publiques ; et un parlementaire concerné, se portant candidat dans une élection partielle n'a pas été réélu.

Dans l'arrêt qu'elle a rendu dans le cas de Mme Dembo, la CSJ a noté, entre autres, « il est admis que le juge ne peut refuser de rectifier une erreur matérielle…, que le juge électoral est juge de l'exactitude et de la sincérité du résultat et que, dans le cas sous examen, la réparation de ces erreurs en tant que celles-ci portent sur les chiffres est de nature à restaurer la vérité des urnes » ; considérant que l'invalidation de l'élection des autres intéressés est également due à des erreurs matérielles, ainsi qu'il ressort clairement des documents versés au dossier.

Pourtant bien autant cette résolution de l'assemblée nationale ayant conduit à un arrêt en rectification d'erreurs matérielles après que la CSJ se soit prononcée en «1er et dernier ressort » au regard du contentieux électoral lui soumis, par sa requête du 18 mai 2007, déposée le même jour au greffe de la Cour suprême de justice, monsieur le président du barreau de l'Assemblée nationale de la RDC l'honorable Kamerhe Wakanyingini Vital, saisit la CSJ en interprétation de la constitution. Il sollicite le point de vue de cette cour à propos des pouvoirs que l'article 114 de la constitution des pouvoirs des députés, cela en vue de la recherche d'une solution concernant les arrêts rendus par elle en matière de contentieux des résultats des élections législatives du 30 juillet 2006.

Précisant sa pensée, le président de l'Assemblée nationale écrit dans sa requête que « s'il est acquis que pour la cour, l'assemblée nationale, dans l'exercice de son pouvoir de validation, jouit d'un contrôle indépendant tel que le lui reconnaît l'art 114 de la constitution, nous serions déjà dans la solution même du problème sans trop de phraséologie ».

Il ressort de cette requête que celle-ci vise l'étendue des pouvoirs reconnus par cette disposition de la constitution à chaque chambre du parlement en matière de validation des pouvoirs des députés nationaux ou des sénateurs.

La cour relève que l'article 114 susvisé dispose que « chaque » chambre du parlement se réunit de plein droit en session extraordinaire le « quinzième » jour suivant la proclamation des résultats des élections par la commission électorale nationale indépendante en vue de :

1. L'installation du bureau provisoire dirigé par le doyen d'âge assisté des deux les moins âgés ;
2. La validation des pouvoirs ;
3. l'élection et l'installation du bureau définitif ;
4. l'élaboration et la rédaction du règlement intérieur.

La séance d'ouverture est présidée par le secrétaire général de l'administration de chacune des deux chambres.

Pendant cette session, les deux chambres se réunissent pour élaborer et adopter le règlement intérieur du congrès. La session extraordinaire prend fin à l'épuisement de l'ordre du jour ».

Par validation des pouvoirs, la cour entend l'opération de vérification d'un fait consistant pour une autorité judiciaire, administrative ou une assemblée à connaître d'un fait ou la régularité d'un acte. En l'espèce il s'agit de vérifier l'identité du député national proclamé provisoirement élu dans chaque circonscription électorale. Cette vérification a pour but notamment d'éviter que des personnes non proclamées élues par la CENI ne puissent poser des actes dans le cadre de l'Assemblée nationale ; les autres éléments notamment la régularité de vote, les contestations de tout genre liées à l'élection sont du ressort des cours et tribunaux en vertu des articles 161 al 2 de la constitution et 47 de la loi électorale.

Il découle de ce qui précède que la validation des pouvoirs dévolue au parlement ne peut remettre en cause ni le dispositif des arrêts rendus en la matière ni les résultats définitifs proclamés par les juridictions étant donné que la constitution et la loi électorale ont confié l'examen de la régularité de l'élection aux seules instances judiciaires.

Quant au sort à réserver aux arrêts de la CSJ rendus en matière de contentieux des résultats, il convient de rappeler que ces décisions relèvent de sa compétence en vertu des dispositions légales comme précisé ci-avant.

Ainsi, conformément au principe de la séparation des pouvoirs consacré par l'art 151 de la constitution, le parlement n'a ni la compétence ni le pouvoir de rechercher la suite à réserver aux arrêts de la CSJ, ni de réexaminer des appréciations confiées aux cours et tribunaux sans porter atteinte à l'autorité et à l'indépendance de la justice. En effet, aux termes de l'article 151 susdit, « le pouvoir exécutif ne peut donner d'injonction au juge dans l'exercice de sa juridiction ni statuer sur les différends, ni entraver le cours de la justice, ni s'opposer à l'exécution d'une décision de justice.

Le pouvoir législatif ne peut ni statuer sur des différends juridictionnels, ni modifier une décision de justice, ni s'opposer à son exécution.

Toute loi dont l'objectif est manifestement de fournir une solution à un procès en cours est nulle et de nul effet.

Cette disposition constitutionnelle ne donne pas lieu à la recherche de suite à réserver aux arrêts de la Cour. Bien au contraire, elle oblige le parlement à exécuter les décisions de justice.

C'est pourquoi

La CSJ, toutes sections réunies, siégeant en matière d'interprétation de la constitution ;

Le Ministre public entendu ;

Reçoit la requête ;

Dit que la validation des pouvoirs confiée au parlement par l'article 114 de la constitution, concerne la vérification des faits tels que l'identité des députés nationaux ou des sénateurs proclamés provisoirement élus et ne vise pas les mandats des personnes dont la régularité de l'élection a été contestée par les instances judiciaires dont les décisions s'imposent à tous.

Met les frais de l'instance à la charge du trésor.

La cour a ainsi jugé et prononcé à l'audience publique du 23 mai 2007 à laquelle siégeaient les magistrats : Kalonda Kele Oma président, Timkamanyre bin Ndigeba ; Lumuanga wa Lumuanga, Tshibanda Ntoka, Lubaki Makanga, Lilolo Mangope et Bemwizi Kienga, conseillers, en présence de Ministère public représenté par l'Avocat général de la république Mbabu, avec l'assistance de Niati Makaya, greffier du siège.

De ce qui précède, nous relevons cependant la contrariété qui caractérise la motivation et le dispositif de cet arrêt annoté et la résolution de l'Assemblée nationale intervenue deux mois après le dit arrêt ayant conduit à un arrêt en rectification d'erreurs matérielles après que la CSJ se soit prononcée en 1er et dernier ressort » au regard.

Cela ne fait que conforter notre position tendant à plaider en faveur de l'effectivité de la Cour constitutionnelle.

Pour tout juriste moyen ayant encore à l'esprit les notions élémentaires du droit constitutionnel, il n'hésitera pas d'affirmer avec nous que les institutions temporaires sont bien sûr légales, cependant elles disparaissent automatiquement à l'expiration du délai prévu.

On notera avec Charles Cadoux que si le règne des institutions transitoires se prolonge de façon indéterminée comme c'est le cas avec la CEI, la CSJ… c'est le signe certain d'instabilité politique, sinon d'absence de régime constitutionnel ».

La résistance politique à l'émergence d'un véritable pouvoir judiciaire, si elle provient de l'exécutif et du législatif, exploite cependant les dissensions au sein de la magistrature. La stratégie du ralentissement rencontre, par exemple, l'assentiment des membres actuels de la Cour suprême de justice qui voient d'un mauvais œil l'éclatement de leur institution en trois juridictions supérieures et, par conséquent jouent la montre ». Étrangement, il existe un syndicat de magistrats (minoritaire) ayant un discours critique sur l'indépendance de la justice. Sur ce point, le comportement opportuniste de certains hauts magistrats est révélateur : loin de chercher à consolider l'indépendance du corps, ils recherchent la proximité du pouvoir dans une stratégie de promotion personnelle et financière. En d'autres termes, le monde judiciaire congolais n'est pas unanime derrière la réforme et ne constitue pas une force d'impulsion interne capable de « bousculer » le politique.

Faut-il douter de l'allégeance de la Cour suprême de justice à l'exécutif si l'on sait qu'elle a pris position au regard du récent conflit politique au sein de l'Assemblée nationale en refusant de prendre part à l'ouverture de la session ordinaire du 16 mars 2009. Situation déplorée par l'ancien président de l'Assemblée nationale, Kamerhe Wa Kanyingini Vital.

Au regard de la fréquence des dispositions constitutionnelles connues sous la 2ème république dans le but de renforcer les pouvoirs du Président de la République, un député aurait suggéré que la constitution ne comporte finalement qu'une seule disposition selon laquelle « le pouvoir est exercé par le président de la République ».

Le fonctionnement du juge naturel des contentieux électoraux au niveau national qu'est la cour constitutionnelle entendu par l'exercice effectif du conseil supérieur de la magistrature n'est certes pas une panacée pour un règlement juridictionnel infaillible des contentieux précités mais une garantie à l'acceptation de la chose jugée ou décidée.

Si l'on sait que la composition de la Cour constitutionnelle reflète un certain consensus et commande une sélection des animateurs selon les critères rigoureux liés à une expérience avérée et à une grande probité morale.

C'est alors que la décision finale peut légitimement s'imposer à tous, même aux dissidents. C'est alors qu'elle est censée rétablir et restaurer la paix sociale en s'imposant à tous « présents et à venir ».

Nous sommes convaincus pour notre part que la cour constitutionnelle mise en œuvre le processus électoral est la seule institution qui puisse inspirer confiance et qui puisse apaiser les cœurs et rétablir la paix sociale. Auquel cas, nous ressentons la crainte de voir de nouveau le feu embraser le siège abritant la Cour suprême de justice, à la suite d'une unième décision frustrante, douloureuse souvent sourde et aveugle, parfois effrayante et inhumaine.

Si à la fin de cette législature à laquelle nous nous approchons à grands pas, rien n'est fait pour restaurer la cour constitutionnelle dans « ses droits », considérée comme le socle de l'État de droit et la gardienne des droits et libertés fondamentaux, nous n'aurons pas tort de prêter le flanc à ceux qui réduisent le pouvoir judiciaire à une simple autorité de seconde zone, à un simple service public ayant le même statut que la société nationale de chemin de fer du Congo, l'Université de Lubumbashi, l'Université de Kinshasa, Université de Kindu une sorte de banlieue constitutionnelle, à la périphérie des institutions centrales de la République que sont la cité de l'union africaine ou le palais du peuple et qu'à cet égard, quoi de moins hésitant que d'affirmer que tout pouvoir procède du président de la République, y compris la justice.

Section 2: Le contentieux électoral, constitutionnel des élections présidentielles et législatives de 2006 et de 2011 et les aspects institutionnels de la justice constitutionnelle en République Démocratique Du Congo

Cette section se propose d'examiner, à titre illustratif, quelques décisions rendues en matière électorale et constitutionnelle pendant la période ci-dessus, d'en dégager les valeurs et les faiblesses constatées en vue d'y apporter une contribution pour l'amélioration du processus électoral en particulier et de la justice constitutionnelle en général. Il décrit également les aspects institutionnels de cette justice afin de déceler les limites susceptibles d'être recadrées, en tenant compte de la réalité congolaise.de temps en temps, cette section va confronter les réalités des anciennes démocraties aux celles congolaises, en vue de tirer certaines de bonnes pratiques.

A ce sujet, il convient de rappeler quelques questions de fond concernant les juges et la justice. Dans un monde idéal, la justice devrait être parfaite et complète, les juges devraient être impartiaux et bien au-dessus de la mêlée politique. En réalité, cependant, cela est rarement, voire jamais, possible. Dans un système juridique moderne et complexe comme l'est celui de la République Démocratique du Congo, rendre la justice exige que l'on interprète et que l'on applique les lois; or les lois sont loin d'être toujours bonnes, claires et complètes.

Cependant, pour garantir l'adhésion du peuple à sa justice, l'indépendance du juge constitue le gage essentiel. Cette indépendance est définie sur plusieurs paramètres dont interne et externe au juge. Nous le verrons plus loin. Compte tenu par ailleurs des imperfections et des lacunes dans le système de l'administration électorale et du pouvoir désigné pour connaitre de contentieux électoral, une justice parfaite, c'est à-dire qui assure le crédit du peuple était probablement difficile mais pas impossible.

En outre, lorsque les tribunaux interviennent en matière électorale, étant donné le risque de se laisser influencer par la politique, ils auraient intérêt à éviter de régler le litige directement à la fin des opérations électorales qu'ils n'ont pas pu vérifier et minimiser les injustices et à rectifier les vices de procédure en amont.

Il est intéressant de dire que le juge a une grande responsabilité dans l'avancée de la démocratie dans un État et cela passe par une véritable révolution judiciaire en renversant une tendance vers un juge de la Cour du roi qui obéit contre la vérité juridique et des faits les consignes de celui qu'il pense être l'homme puissant de la Nation de qu'il tire son pouvoir. Cette section est subdivisée en trois paragraphes dont le premier porte sur la nécessité d'aller vers une Cour constitutionnelle, le deuxième parle sur la Cour suprême de justice comme Cour constitutionnelle transitoire et le troisième sur l'utilité de la Cour suprême de justice dans la construction de l'État de droit,

§.1. La nécessité d'aller vers une Cour constitutionnelle

La Cour Suprême de justice congolaise est une institution collégiale composée lorsqu'elle veut statuer en matière de constitutionnalité de toutes les trois sections réunies c'est-à-dire section judiciaire, administrative et de législation. Seulement, tous les juges sont nommés par le président de la République. Cela constitue un handicap, d'après l'analyse du professeur Mbodj. Sur ce point, certains pays africains comme la République démocratique du Congo ont pris de l'avance sur les autres pays africains comme le Sénégal.

En effet, en République Démocratique du Congo, le Président choisit trois membres, le Parlement choisit trois membres et le Conseil supérieur de la magistrature aussi trois membres. Contrairement au Sénégal où les cinq membres sont nommés de manière discrétionnaire par le Président de la République. Il suffit simplement qu'il remplisse les conditions d'ancienneté et une certaine connaissance juridique des affaires de l'État.

Le chef de l'État nommera-t-il, dans ces conditions, des personnes qui lui sont défavorables ? En tout cas, en France, il y a trois autorités qui concourent à la désignation des membres du Conseil à savoir, le Président de la République, le Président de l'Assemblée nationale et le Président du Sénat qui choisissent chacun trois membres. Tout cela amène aujourd'hui à nous interroger sur l'indépendance de la Cour constitutionnelle qui vient d'être créée et de la Cour suprême de justice qui fait encore office de cette Cour.

A notre point de vue *«il faut repenser profondément la cour constitutionnelle sur la manière dont seront désignés ses membres qui la constitueront et favoriser l'éclatement sans désemparer de la Cour Suprême de Justice»*. Le mode désignation tel que prévu par la constitution ne changera rien à la crainte d'inféodation de la Cour par le pouvoir exécutif et législatif. En effet, pour nommer le Premier ministre, la constitution du 18 février 2006 prévoit que le Président de la République le nomme au sein de la majorité parlementaire.

Si cette majorité n'est pas identifiée, le Président nomme un informateur pour identifier la majorité au sein de laquelle doit être nommé le premier ministre, dès lors, il est naïf de croire que les six membres, c'est-à-dire les trois du parlement et les trois membres désignés par le Président de la République ne soient pas de l'obédience du président, on sera fondé de dire qu'aucune loi ne passera pas au parlement.

Donc, la désignation par le souverain primaire de ces juges, selon nous, sera une avancée dans la consécration de l'indépendance du juge constitutionnel. Pour rappel, au Sénégal par exemple, le conseil était composé de spécialistes de droit public. *«On avait des professeurs de droit constitutionnel de la trempe de Babacar Kanté, de Ibou Diayté, des juristes publicistes qui préparaient les décisions à la lumière du droit public comparé.»* De toutes les façons, M. Mbodj pense que l'idéal, c'est de transcender les considérations purement subjectives et de faire en sorte que nos institutions soient crédibles. Et, pour lui, cette crédibilité dépend d'une large part des hommes et des femmes qui animent ladite institution[733].

L'on peut prendre à ce sujet l'exemple du président du Conseil constitutionnel, Cheikh Tidjane Diakhaté qui a rendu son avis sur la constitutionnalité du troisième mandat du Président de la République Abdoulaye Wade qui fera date sur l'histoire politique contemporaine de ce pays. Aujourd'hui, à la lumière des décisions rendues par sa juridiction depuis sa création en 1992, il faut tout simplement constater que cette institution n'a pas été toujours frileuse dans l'interprétation de sa mission.

Selon certains spécialistes du Droit constitutionnel, le Conseil a plus ou moins joué sa partition par le passé dans le projet démocratique national avec des décisions courageuses qui n'ont pas toujours plu à l'Exécutif. El Hadji Mbodj situe la morosité du Conseil après 2000 quand le Président Wade a saisi les cinq sages d'une lettre de demande d'explication qui ressemblait beaucoup à une mise en demeure.

Cela faisait suite à la décision du Conseil d'invalider l'utilisation de l'image du chef de l'Etat dans la campagne électorale de la Coalition Sopi pour les Législatives de 2001. Les requérants de l'époque (Union pour le renouveau démocratique (Urd), Parti socialiste (Ps) et Alliance des forces de progrès (Afp)) contestaient la présence de l'effigie du président de la République sur les bulletins de vote de la Coalition Sopi.

Le Conseil fait alors droit aux requêtes en décidant que le nom et la photographie du Président ne devaient pas figurer sur le bulletin de vote. Suffisant pour contrarier le chef de l'État qui voulût recadrer les responsabilités du Conseil. Finalement, la Coalition Sopi se résolut à utiliser l'ombre d'Abdoulaye Wade pour contourner la décision du Conseil constitutionnel.

Depuis lors, le Conseil a rarement posé avec autant d'emphase, de solennité et de clarté l'étendue de son champ de compétence pour arbitrer les contentieux électoral et politique. Il a préféré, dans la plupart des cas, se déclarer incompétent renvoyant ainsi les acteurs dos à dos. Ce qui a contribué à accentuer les méfiances des acteurs politiques vis-à-vis de cette juridiction[734].

Très souvent, comme c'est le cas dans la mise en accusation du Premier ministre Idrissa Seck, après le vote de la loi Ezzan, amnistiant tous les crimes liés aux élections, ou encore dans l'affaire d'exclusion des députés à l'Assemblée nationale sans oublier le couplage et le découplage des élections présidentielles et législatives, la prorogation du mandat des députés votée le vendredi 26 décembre 2005, entre autres, par ses décisions d'incompétence, le Conseil constitutionnel Sénégalais a manqué l'occasion

733 M MBODJ, *Op Cit,* p 237
734 M MBODJ, *Op Cit.*,238

de se positionner comme un acteur principal de la construction et du renforcement des acquis de l'État de droit.

Les solutions apportées aux différentes questions soulevées par les requérants laissent dubitatifs les acteurs et observateurs de la scène politique sénégalaise.

Pourtant, par le passé, le Conseil a eu à rendre des décisions salutaires pour la démocratie. Lors du dépôt des listes de candidatures à l'Election présidentielle, un candidat ne peut utiliser une couleur, un sigle ou un symbole déjà choisi par un autre candidat aux termes de l'article L.O. 90 du code électoral. En cas de contestation, le Conseil attribue par priorité à chaque candidat, sa couleur, son sigle ou son symbole traditionnel par ordre d'ancienneté du parti qui l'a investi. Se fondant sur ces dispositions, Abdou Diouf alors, secrétaire général du Parti socialiste et Président sortant saisit le Conseil d'une requête en date du 27 janvier 1993 pour interdire le vert utilisé par le candidat du Parti africain écologiste (Paes).

Mais aux termes de l'article L.O 93 du code électoral, stipulant que «les réclamations doivent parvenir au Conseil avant l'expiration du jour suivant celui de l'affiche de la liste de candidat au greffe», le Conseil considère la requête tardive puisqu'elle n'a été introduite et enregistrée que le 27 janvier 1993 alors que la liste des candidats a été arrêtée et publiée par le Conseil le 22 janvier. Par conséquent, le juge a déclaré cette requête irrecevable.

Même situation en 2000 avec le candidat Moustapha Niasse. Le candidat Abdou Diouf, estimant qu'il y avait une similitude entre la couleur et le symbole de son bulletin de vote et ceux qu'envisagent d'utiliser Niasse, introduit un recours devant le Conseil le 4 février 2000 pour demander la rectification des choix de ce Niasse. Le conseil, après avoir reconnu à Diouf le droit de porter une réclamation contre la liste des candidats rejette malgré tout son recours pour tardivité.

On reprochait leur proximité avec un ancien allié exclu du Pds, Macky Sall. Autant de décisions qui donnent l'opportunité de constater la prudence regrettable avec laquelle le Conseil constitutionnel entend sa compétence.

A. Supprimer la Cour Suprême de Justice

A quoi sert la Cour suprême de justice en République Démocratique du Congo ? Quand vous posez la question à de nombreux Congolais la réponse qu'ils formulent à cet égard semble couler de source : ils vous répondront que la Cour suprême de justice comme cour constitutionnelle ne sert à rien. Cette réponse est réductrice des fonctions et rôle que la Cour suprême de justice remplit et joue dans le fonctionnement des institutions de la république.

Mais elle n'en reflète pas moins une certaine réalité qui se traduit par ce que certains appellent le manque de crédibilité de l'institution. Ce manque se traduit dans la pratique par une absence totale de prégnance, de sa part, sur des matières dont la gestion est du ressort exclusif et absolu de la Cour suprême de justice. Faut-il à cet égard le rappeler, comme le fait observer un juriste français Pierre Mazeaud que : « le propre des démocraties assagies est la stabilité de leurs règles institutionnelles, même lorsque celles-ci ne sont pas sans défaut ».

Cette interrogation proposée en début de texte, en apparence simple, pose en fait des questions multiples et complexes : celles de la justification du contrôle de constitutionnalité des lois, tel qu'il existe actuellement en République Démocratique du Congo, de sa légitimité, de l'efficacité des interventions légales et obligatoires de la Cour suprême de justice dans la gestion des compétitions électorales générales.

En matière de contrôle de constitutionnalité, l'histoire a fait que c'est la législation française qui inspire nos textes, comme la jurisprudence et le sens des décisions rendues par son Conseil Constitutionnel ont pu déterminer le cours des contentieux engagés devant le juge congolais. Or, reconnaît le constitutionnaliste Pierre Mazeaud, « d'une part, l'histoire de l'évolution du contrôle de constitutionnalité en France montre une grande hostilité de la tradition républicaine de concevoir un contrôle de la loi.

D'ailleurs le contrôle tel qu'il est actuellement est un contrôle qui préserve en partie le principe de « l'immutabilité » de la loi puis qu'il intervient « a priori » et avant la promulgation de la loi. Le système anglo-saxon qui consiste à permettre au juge ordinaire de contrôler la constitutionnalité de la loi n'a jamais été véritablement pris en considération. » D'autre part, note toujours le même juriste, « le contrôle s'est autoréformé par le biais du conseil lui-même et il n'est pas inintéressant ici de constater que le juge constitutionnel a joué un rôle clé en matière de réforme de ce contrôle. Quand on parle d'office du juge peut-être faut-il aussi prendre cet élément en compte. Ce contrôle donne, d'une certaine manière, entière satisfaction.

Le Conseil constitutionnel a su développer une jurisprudence qui fait non seulement autorité mais unanimité ou peu s'en faut. Il est une institution qui est apparue comme le gardien et défenseur des libertés fondamentales et des droits de l'homme ». La doctrine est d'ailleurs sur ce point quasiment unanime pour reconnaître la faiblesse de notre Cour suprême de justice, le manque d'audace de celui-ci et la piètre qualité du contrôle de constitutionnalité des lois et de contentieux électoral au Congo.

Au cours de ces dernières années, en particulier en partant de l'année 2001, les débats ont été nombreux pour essayer de pointer du doigt les tares de ce contrôle. Les réflexions menées ont porté à la fois sur les fondements, l'évolution de ce contrôle, l'analyse des décisions et de la jurisprudence constitutionnelle, la place de la Cour suprême de justice et du droit constitutionnel dans la vie politique, le développement de la démocratie constitutionnelle avec ses deux corollaires : «l'État de droit» et «le constitutionnalisme», et beaucoup de critiques remettant en cause le contrôle de constitutionnalité et le contentieux électoral en lui-même ont été soulevées.

La question qui est aujourd'hui posée est de savoir si l'éclatement sans désemparer de la Cour suprême de justice réformée ne s'impose pas dans l'urgence même. En dehors évidemment de la critique majeure qui préconise de supprimer purement et simplement ce contrôle, en permettant aux juges ordinaires d'exercer ce contrôle, on retrouve toujours les mêmes points de débat à propos d'une réforme qui n'est pas encore effective en France, alors qu'elle nous inspire si souvent, est encore loin de l'être moins chez nous.

L'impartialité des membres de la Cour suprême de justice, compte tenu de leur nomination, ressurgit à chaque fois que le pouvoir exécutif désigne un juge pour occuper un siège vacant. La nomination du dernier président entré en fonction il y a quelques années, en est une parfaite illustration.

En France, par exemple, l'argument a été souvent couvert par l'indépendance effective des juges (mandat de 9 ans non renouvelable), « le devoir d'ingratitude » dont parle Robert BADINTER[735], l'alternance, la cohabitation qui ont favorisé dans les nominations un pluralisme d'opinions. Tout cela est pourtant en vigueur au Sénégal.

Et même la possibilité de permettre, à propos d'une question préjudicielle, d'évoquer pour un citoyen l'exception d'inconstitutionnalité existe au Sénégal. Alors qu'une telle proposition de réforme est toujours refusée en France. D'autres questions fondamentales sont soulevées en France comme chez nous.

Il s'agit, entre autres : du contrôle des lois postérieures qui aboutit à un contrôle a posteriori et qui laisse circuler des lois qui non seulement n'ont pas été contrôlées, mais qui ne sont pas nécessairement conformes à la constitution, du danger qu'il y a à instituer par le biais du Conseil un gouvernement des juges, un danger tout de même limité compte tenu des modes de nominations des juges du Conseil, de l'alternance politique toujours possible en démocratie, et de la possibilité qui existe toujours, pour l'ensemble des institutions, de refuser de saisir le Conseil Pourtant, à regarder de plus près, une réforme en la matière ne semble pas être une priorité, même en cette période pré-électorale.

Au contraire, tout laisse croire ou indique que le pouvoir exécutif est décidé à utiliser le Conseil pour traduire dans les faits sa volonté de demeurer, contre vents et marées, au pouvoir. Le parti pris devrait être celui de la nécessité d'une réforme qui s'impose compte tenu d'un certain nombre d'incohérences qui résultent du brouillage de la hiérarchie des normes du fait d'une part du développement de plusieurs sources de droit et de l'évolution de ce qu'on appelle communément le bloc de constitutionnalité.

---

735 Richard GHEVONTIAN, La notion de sincérité du scrutin, *in cahiers du conseil constitutionnel*, No 13 Janvier 2003

En France, le Conseil constitutionnel a considérablement étendu le domaine des normes constitutionnelles de référence. L'extension du « bloc de constitutionnalité » a entraîné des décisions du Conseil constitutionnel qui portent essentiellement sur la protection des droits et des libertés. La liste est longue et exhaustive. A partir de la décision de 1971, le Conseil constitutionnel a inclus dans les normes constitutionnelles le préambule de 1958. Celui-ci fait une référence explicite à la déclaration de 1789, qui évoque plus particulièrement les droits et libertés individuelles comme le droit d'aller et de venir, le droit de propriété et ses atteintes, le droit au respect de la vie privée, la liberté de communication des pensées et des opinions, le principe d'égalité.

Le préambule de la constitution de 1946 porte lui moins sur des libertés individuelles, mais sur des principes plus économiques et sociaux. En ce qui concerne, « les principes fondamentaux reconnus par les lois de la république » tirés des lois de la IIIème république, ils ont été particulièrement mis en avant par le Conseil. Au bout du compte, la liberté de réunion, la liberté d'enseignement, la liberté de culte, le droit syndical, l'égalité entre les hommes et les femmes, le principe de la protection sociale de certaines catégories de personne, le droit de percevoir une indemnisation en période de chômage donnent au juge constitutionnel des outils de contrôle efficace[736].

Enfin, l'intégration de la charte de l'environnement de 2004 dans le préambule de la constitution de 1958 a poursuivi l'œuvre d'extension avec la protection du droit de l'environnement en consacrant la promotion du développement durable et le principe de précaution. On n'en attend pas moins du juge constitutionnel sénégalais. Sera-t-il capable d'engager les évolutions attendues à cet effet ? Dans le contexte actuel on peut en douter. Il n'ya pas lieu toutefois de se montrer pessimiste plus que de raison.

C'est une question d'évolution. La dernière réforme qui a supprimé le Conseil d'État pour transférer ses compétences à la Cour suprême du Sénégal a déjà des effets positifs, en ce sens qu'elle a permis à l'institution judiciaire suprême du pays de redonner au contentieux administratif un nouvel élan et de nouveaux espoirs aux citoyens.

C'est encore plus vrai pour les contentieux politiques sur lesquels la Cour suprême dispose d'une compétence affectée : l'affaire de Mbane, de Ndoulo et autres en constituent des preuves tangibles.

De là à suggérer que le Conseil constitutionnel soit dissout et que toutes ses compétences soient transférées à la Cour suprême, il n'y a qu'un pas que certains n'hésitent pas à franchir. Sans en arriver à cette extrémité, on peut croire que le texte organique qui a institué le Conseil doit notablement

---

736 Le droit constitutionnel non écrit », *Mélanges François Gény*, t. III, Sirey, 1934, rééd. dans ses *Ecrits d'entre-deux-guerres*, Ed. Panthéon-Assas, 2004, p. 298

évoluer pour donner naissance à une nouvelle institution que l'on pourrait appeler Cour Constitutionnelle à l'image de celle du Benin.

En tout état de cause, quelles que soient la nature et les compétences dédiées à cette nouvelle Cour à venir, le profil des hommes qui les animent, leur volonté de servir d'abord la loi et leur pays, peuvent s'avérer déterminantes, sinon parfois plus décisives que le contenu de n'importe quelle autre réforme proposée. Si la Cour suprême a été saluée dans son œuvre au cours de l'année passée, son président et les juges qui l'assistent ont été décisifs dans le travail de régulation de notre système démocratique qui a été fait dans le traitement du contentieux relatif aux dernières élections locales.

Le caractère du juge suprême, son audace et son indépendance ont pu aider à faire une œuvre utile et salutaire pour la démocratie[737].

C'est le travail attendu de toutes les juridictions suprêmes du pays, y compris le Conseil constitutionnel dont il est urgent de revoir de fond en comble la loi organique qui lui donne une existence légale, détermine ses prérogatives et fixe ses moyens d'intervention.

§.2. La Cour suprême de justice comme Cour constitutionnelle de transition

Cette partie reprend la réflexion faite par Balingene Kahombo[738] et qui nous parait pertinente dans le cadre de notre étude. Toutefois, nous ne manquerons pas de placer telle ou telle idée par rapport à la problématique sous examen.

La Cour constitutionnelle instituée par la Constitution du 18 février 2006[739] n'est pas encore opérationnelle. Il appartient à l'actuelle Cour suprême de Justice (CSJ) d'exercer provisoirement ses compétences[740]. Sous l'empire de la Constitution du 18 février 2006, cela fait déjà près de cinq ans, soit de février 2006 à novembre 2010, que ladite Cour fait ainsi office de Cour constitutionnelle. Par conséquent, il est temps de dresser un premier bilan de son activité juridictionnelle, surtout que la première législature de la Troisième République est, il y a trois ans arrivée à sa fin.

La Cour a-t-elle été, au cours de ces cinq dernières années, à la hauteur de sa tâche ? Quelles implications faut-il tirer de son œuvre jurisprudentielle du point de vue de la construction congolaise de l'État de droit ?

---

737 *Ecrits de théorie du droit, de droit constitutionnel et d'idées politiques*, Ed. Panthéon-Assas, 2002, p. 511-524

738 BALINGENE KAHOMBO, *La Cour suprême de justice, Cour constitutionnelle transitoire* tiré du sitehttp://ddata.over-blog.com/1/35/48/78/RD-Congo/Bilan-quinquennal-de-la-CSJ-congolaise.rtf

739 Loi n°06/006 du 09 mars 2006 portant organisation des élections présidentielles, législatives, provinciales, urbaines, municipales et locales.

740 Loi n°09/001 du 10 janvier 2009 portant protection de l'enfant.

A ce sujet, il convient de relever que la Cour a déjà eu à annoncer ses couleurs, en élaborant une jurisprudence abondante, mais sujette à caution. L'institution n'a pas été épargnée par les critiques. Sa capacité à jouer, dans sa configuration actuelle, le rôle de la Cour constitutionnelle à venir est fortement remise en cause. Aussi, paraît-elle avoir perdu de sa crédibilité et de sa légitimité auprès des justiciables : n'inspirant pas confiance à tous, la Cour est présumée partiale ; elle ne paraît plus remplir les objectifs essentiels de la justice constitutionnelle, à savoir notamment apaiser les conflits au sein de la classe politique et protéger les minorités contre les abus de la majorité[741].

Toutefois, il ne faudrait pas avoir l'impression que son bilan est totalement négatif. En effet, la Cour a aussi rendu des décisions dont la pertinence juridique mérite d'être soulignée. Il faut donc avoir à l'esprit les deux bouts de la balance pour objectivement apprécier son travail.

C'est pourquoi nous analysons, d'une part, les insuffisances dont a fait montre la CSJ ont eu pour effet la perte de confiance dans le juge constitutionnel (I), mais que, d'autre part, son œuvre jurisprudentielle demeure une aubaine juridique et académique, consacrant une avancée réelle, bien que limitée, dans la construction congolaise de l'État de droit (II).

I. La perte de confiance dans le Juge de la Cour Suprême siégeant comme juge constitutionnelle : Raisons fondamentales

a) Contentieux électoraux de 2011 en République démocratique du Congo : des requêtes confrontées au problème de la forme et du fond

Le samedi 31 mars 2012, les débats ont été clos sur les requêtes en contestation des résultats des élections législatives. Mais à voir les avis du ministère public, quant à la forme et au fond, la plupart des requérants pourront être déçus par les arrêts de la Cour suprême de justice.

Bientôt, la Cour suprême de justice, faisant office de Cour constitutionnelle, a départagé les requérants et les candidats élus dont les résultats sont contestés pour les élections législatives du 28 novembre 2011. En effet, elle a rendu ses arrêts avant de publier la liste définitive des députés nationaux de la présente législative.

Mais pour ce scrutin du 28 novembre 2011, les observateurs ont reconnu que la Commission électorale nationale indépendante a globalement failli à son devoir. Des gens soutiennent que ce ne sont pas les vrais élus qui vont cette fois siéger à la Chambre basse du Palais du peuple, ce qui a motivé cette montagne de requêtes en contestation des résultats enregistrées au

741 Loi organique n°04/009 du 05 juin 2004 portant organisation, attributions et fonctionnement de la Commission électorale indépendante

greffe de la Cour suprême de justice. Et la plupart des requérants se voyaient déjà gagnants.

Mais au cours des audiences, il nous a semblé que les candidats dont les résultats sont contestés avaient mieux affûté leurs armes que les candidats malheureux qui, peut-être, auraient pu avoir gain de cause.

Pour chaque dossier en effet, le représentant du Procureur général de la République a eu tendance à abonder dans le même sens que la partie contestée et les experts de la Commission électorale nationale indépendante. Même si l'avis du ministère public ne lie pas la Cour, on pourrait quand même prévoir ce qui va advenir, au regard de la nouvelle loi électorale qui est plus exigeante que celle de 2006.

En effet, presque les mêmes termes revenaient dans la bouche de l'organe de la loi : « Plaise à la Cour de déclarer cette requête irrecevable pour défaut de qualité», ou encore pour défaut d'intérêt, mauvaise direction. Lorsque le ministère public était clément, il disait à la Cour que s'il lui plaisait de ne pas retenir ce moyen, elle dira néanmoins subsidiairement la requête en question non fondée, faute de preuve.

A propos de l'irrecevabilité, on a eu l'impression que beaucoup de requérants s'étaient empressés, au lieu de lire attentivement l'article 74 ter dans son entièreté. Pour certains, ce sont leurs propres statuts qui les ont mis en difficulté. Cela, pour la simple raison que ceux qui ont signé ces requêtes n'étaient pas reconnus pour ester en justice au nom de leurs partis politiques. Selon certains partis, ce droit revient au président national, pour d'autres c'est le secrétaire général qui doit agir. Il y en a même qui ont compliqué les choses en parlant du Congrès. D'où le défaut de qualité, sans oubliant que le requérant doit se présenter en personne le jour de l'audience, comme le candidat dont les résultats sont contestés qui avait au préalable déposé son mémoire en réponse.

Quant au défaut d'intérêt, le ministère public a fait voir à la Cour qu'il n'y a pas de temps à perdre pour un candidat malheureux ayant obtenu 150 voix, et qui conteste celui qui a obtenu 7.000 voix. Cela, du seul fait que même si on lui ajoute les 2.000 voix réclamées, cela ne changera rien. Il a été aussi question des actions mal dirigées. Ici, beaucoup de requérants ont confondu les requêtes en contestation de candidatures avec celles en contestation des résultats publiés par la CENI ; sans oublier les requêtes déposées hors délai. Il sied de noter qu'à ce qui concerne la requête en contestation de candidature, qu'il n'est fonde la position du ministère public qui évoque le délai, entant entendu qu'il s'agit d'une exception d'ordre public qui peut être soulevé à tout moment en matière électorale.

En effet, lorsqu'il est relevé que la candidature du président élu et en exercice ne devrait pas être reçue, faute de remplir par exemple la condition de nationalité, le juge électoral a le pouvoir d'invalider un tel candidat, bien que en exercice. Il faut aussi noter le cas des requérants qui ont confondu la Cour constitutionnelle à la Cour pénale. Il y a encore eu des problèmes avec des inventaires de pièces ne figurant pas au dossier, ou les cas de pièces déposées en photocopies libres.

Mais la plus grande difficulté a surgi lorsqu'il s'est agi d'aborder le fond. Ici, les candidats dont les résultats sont contestés, la CENI comme le ministère public ont brandi l'absence de preuves. C'est-à-dire que le requérant était obligé de présenter tous les procès-verbaux de l'ensemble des bureaux de vote, ainsi que du Centre local de compilation des résultats (CLCR). Or, il a été impossible aux partis politiques de placer leurs témoins dans tous les bureaux de vote, moins encore dans toutes les étapes du processus électoral pour dégager toutes les anomalies pouvant affecter la sincérité et la régularité de l'élection contestée, étant entendu que la loi ne le permet pas.

Et pour ceux qui ont tenté de le faire, ces témoins ont été chassés. Pour les candidats ou les témoins malmenés, on exige le procès-verbal d'un officier de police judiciaire œuvrant dans la circonscription électorale en question.

Or, il n'y a pas de transparences avec ces élections. Et avec ce pays aux dimensions d'un sous-continent, les requérants ont été mis dans l'impossibilité de réunir toutes ces preuves, bien qu'ayant pleinement raison. Inutile d'anticiper, car le dernier mot revient à la Cour, surtout qu'il y a encore l'intime conviction du juge.

La Cour suprême de Justice faisant office de Cour constitutionnelle est restée et reste une juridiction très fréquentable. Cependant, sa crédibilité auprès des justiciables s'est avérée sensiblement diminuée pour plusieurs raisons. L'on observe d'abord, en effet, que son architecture institutionnelle est, selon toute vraisemblance, inappropriée à l'exercice des fonctions d'un juge constitutionnel (A) ; en plus, confirmation presque de cette thèse, les balbutiements jurisprudentiels de la Cour ont été, au cours de cette période, assez nombreux (B).

II. Le caractère inapproprié de l'architecture institutionnelle de la Cour suprême de Justice aux missions d'une cour constitutionnelle

Il existerait une relation de cause à effet entre le rôle que l'on entend faire jouer à une cour constitutionnelle et l'architecture institutionnelle dont celle-ci est dotée.

Techniquement, la CSJ demeure une juridiction judiciaire, couverte d'un maillot institutionnel élaboré depuis 1982, suite à la révision constitutionnelle de 1974 [742] et 1978[743].

Cette époque importante est malheureusement celle que domine un régime politique dictatorial, qui, probablement, n'aurait eu aucun intérêt à avoir, en face de lui, une puissante CSJ, juge de l'action du pouvoir

742 Loi organique n°06/020 du 10 octobre 2006 portant statut des magistrats
743 Loi organique precitée

politique, échappant totalement à son contrôle. Néanmoins, depuis notamment l'an 2006, un ordre juridique nouveau, dorénavant démocratique sur le plan politique, s'est installé. Parallèlement, la CSJ, appelée à juger l'action de nouvelles institutions politiques, n'a malheureusement subi aucun changement fondamental dans son organisation et son mode de fonctionnement. De fait, la thèse selon laquelle elle présenterait des insuffisances institutionnelles (2) qui la rendraient inefficace à remplir transitoirement la délicate mission dévolue à la Cour constitutionnelle (1) ne semble plus dénuée de tout fondement pour mériter une attention particulière.

A. La délicate mission de la Cour constitutionnelle

Il ne s'agit pas ici de rebondir sur les attributions du juge constitutionnel[744], mais de voir concrètement quelles sanctions se rattachent à la réalisation de sa mission principale de contrôle de l'action du pouvoir politique. Il s'agit là d'une délicate mission, parce que l'on peut imaginer que le juge soit considéré comme le rival du politique et que celui-ci, par crainte du gouvernement des juges[745], se montrera peu disposer à se soumettre aux dictats de ses décisions.

Les sanctions qui se rattachent à l'accomplissement de la mission de la Cour constitutionnelle sont variées. Cependant, tout dépend de la compétence exercée. On se limitera ici à deux aspects [746] : l'appréciation de la constitutionnalité et le contentieux électoral.

Sur le premier point, la Constitution du 18 février 2006 prévoit que « *Tout acte déclaré non conforme à la Constitution est nul de plein droit* » (article 168, alinéa 2).

En toute logique, cette sanction ne peut valoir que pour un acte déjà mis en vigueur, puisque celui qui ne l'est pas encore n'est pas dans le commerce juridique ambiant, de sorte qu'on lui retire, par la sanction de la nullité, ses effets à l'égard de ses destinataires. Cette nullité correspond donc à la sanction d'un recours en inconstitutionnalité. Qu'en est-il alors de la sanction rattachée au contrôle de constitutionnalité[747], un mécanisme d'une nature tout à fait différente ?

En effet, il y a lieu de nuancer la réponse. Quand il s'agit d'un traité international, aucun problème particulier ne semble se poser. Le traité ne peut être ratifié ou approuvé, s'il comporte une clause contraire à la

744 Ordonnance-loi n°82-017 du 31 mars 1982 relative à la procédure devant la Cour suprême de Justice.

745 Ordonnance-loi n°82-020 du 31 mars 1982 portant Code d'organisation et de la compétence judiciaires, telle que modifiée et complétée par l'Ordonnance-loi n°83-009 du 29 mars 1983

746 Cour constitutionnelle du Bénin, 27 juillet 2005, *Décision DCC* 05-069, inédit.

747 CSJ, 04 mai 2009, R.CONST.078/TSR, *inédit.*

Constitution, qu'à condition de réviser celle-ci au préalable (article 216). Par contre, s'agissant des autres actes soumis au contrôle de constitutionnalité (lois organiques, lois ordinaires, éventuellement lois constitutionnelles, règlements intérieurs des chambres parlementaires, du Congrès, de la Commission électorale nationale indépendante (CENI) ainsi que du Conseil supérieur de l'audiovisuel et de la communication, la Constitution est muette. Dans tous les cas, il paraît logique de considérer qu'une loi déclarée anticonstitutionnelle ne peut être promulguée, tandis que les autres actes ne peuvent pas être mis en application.

Toutefois, la Cour constitutionnelle peut - même si cette possibilité n'est pas prévue par la Constitution déclarer ou non séparables les dispositions jugées inconstitutionnelles. En droit comparé, cela ne fait aucun doute. La divisibilité est prévue aux articles 22 et 23 de l'Ordonnance n°58-1067 du 7 novembre 1958 portant Loi organique du Conseil constitutionnel français. Elle est également prévue au Bénin où la Cour constitutionnelle en a fait une application dans sa Décision DCC 05-069 du 27 juillet 2005, dans une affaire où elle était appelée à se prononcer sur la constitutionnalité de la Loi portant règles particulières à l'élection du Président de la République.

En l'espèce, la Cour a décidé que les articles mis en cause étaient inséparables de l'ensemble de la Loi[748]. *A contrario*, on en déduirait qu'il n'y a pas eu lieu, en conséquence, d'appliquer la règle de la divisibilité.

D'une manière générale, lorsque, dans un texte, l'(es) article(s) inconstitutionnels sont inséparable(s) de l'ensemble de celui-ci, l'anti-constitutionnalité et sa sanction frappent tout le texte. A l'inverse de cette hypothèse, seules les dispositions mises en cause sont atteintes, selon le cas, soit par la nullité, soit par la non-promulgation, soit encore par la non-mise en vigueur. Ce sont ces solutions qui sont prévues dans la Loi organique de la Cour constitutionnelle congolaise[749], telle qu'amendée par la Commission PAJ de l'Assemblée nationale. La divisibilité n'a pas, cependant, de place concernant le contrôle de constitutionnalité des traités internationaux, puisqu'elle est visiblement exclue par l'article 216 précité de la Constitution.

S'agissant du contentieux électoral, plus spécifiquement celui des résultats, la Cour constitutionnelle n'est pas le juge de la légalité des opérations électorales[750]. C'est pourquoi la simple violation de la loi ne conduit pas nécessairement à l'annulation du résultat du scrutin. Elle est le juge de l'exactitude et de la sincérité du résultat électoral. Cela veut dire que la Cour a le choix, au fond, entre la confirmation de l'élection ou son annulation. Cette dernière sanction ne peut être prononcée que si les irrégularités constatées ont eu une influence déterminante sur le résultat.

---

748 CSJ, 04 mai 2009, R.CONST.078/TSR, *inédit.*
749 CSJ, 05 février 2010, R.CONST.112/TSR, *inédit*
750 CSJ, 16 février 2007, RCE 014, *inédit.*

Sinon, y compris même en cas d'erreur matérielle, la Cour confirme l'élection, sous réserve de la correction du résultat erroné[751]. Il y a lieu à ce niveau de nuancer cette affirmation, lorsqu'il est établi que le résultat ne reflète pas la volonté de l'électeur, soit par les actes préparatoires, soit les actes proprement dit du processus électoral, tels que nous avons eu à le démontrer ci-dessus, tendant à remettre en cause la liberté ,l'égalité et le secret de vote souvent négligés.

Ainsi, l'arrêt de la Cour peut conférer le pouvoir politique ou le retirer. Elle peut aussi anéantir l'action du pouvoir politique, en empêchant la production des effets juridiques des actes qu'il prend. Et c'est précisément à ce niveau où l'on s'aperçoit du rôle crucial que peut jouer le juge constitutionnel dans un État de droit.

Une juridiction comme l'actuelle CSJ peut ainsi avoir du mal, du fait de ses insuffisances institutionnelles, à remplir efficacement une si délicate mission à plus d'un titre.

B. Les insuffisances institutionnelles de l'actuelle Cour suprême de Justice

L'actuelle CSJ est organisée en trois sections [752]: section judiciaire, section administrative et section de législation. A l'exception de cette dernière, chaque section comprend une ou plusieurs chambres. Chaque chambre siège à trois juges, tandis que chaque section en chambres réunies, excepté la section de législation qui statue en assemblée mixte[753], siège à cinq juges ; et la Cour, toutes sections réunies, siège à sept juges.

La section judiciaire joue pratiquement le rôle d'une Cour de cassation ; celle administrative le rôle d'un Conseil d'État. La section de législation donne des avis consultatifs sur des projets ou propositions de lois ou d'actes réglementaires qui lui sont soumis, ainsi que sur des difficultés d'interprétation des textes (article 159 du COCJ). La Cour, toutes sections réunies, statue en tant que juridiction constitutionnelle[754].

Il en résulte que la CSJ concentre, à elle seule, les contentieux judiciaire, administratif et constitutionnel. A ce propos, Maître Matadi Nenga Gamanda considère que pareille concentration n'est pas un problème en soi, en raison de la faiblesse quantitative du contentieux administratif et constitutionnel[755]. En revanche, le professeur Mboyo Empenge soutient que cette concentration des pouvoirs entre les « *mains* » de la CSJ « *reste une erreur grave et préjudiciable à l'administration d'une juste, saine et bonne justice* »[756]. Le professeur Kabange Ntabala est du même avis et considère que la séparation

751 CSJ, 21 mars 2007, RCE/ADP/021, *inédit*.
752 CSJ, 24 mars 2004, R.CONST.06/TSR, *inédit*.
753 CSJ, 26 décembre 2007, R.CONST.062/TSR, *inédit*.
754 CSJ, 27 août 2007, R.CONST.005/TSR, *inédit*.
755 CSJ, 27 août 2007, R.CONST.005/TSR, *inédit*.
756 CSJ, 27 novembre 2006, R.E.006, *inédit*.

des contentieux judiciaire, administratif et constitutionnel est bénéfique pour le traitement tant qualitatif que quantitatif des dossiers.

Pour notre part, nous estimons que ces deux derniers points de vue sont plus défendables que le premier. L'opinion de Maître Matadi Nenga Gamanda ne paraît pas convaincante parce qu'il cherche à écarter, à partir de la minimisation du nombre des dossiers soumis à la CSJ dans le cadre du contentieux administratif ou constitutionnel, les inconvénients liés à l'organisation interne de cette Haute juridiction, comme si, minimes soient-ils, ces dossiers ne mériteraient pas d'avoir un traitement qualitatif adéquat. En outre, cette minimisation ne se justifie pas.

D'une part, l'explosion de la jurisprudence constitutionnelle depuis la transition de 2003 à 2006 n'est plus à démontrer ; d'autre part, les contentieux administratif et constitutionnel n'auront de cesse de se développer, étant donné la dynamique des droits de l'homme et de la nouvelle décentralisation territoriale en RDC. Le nombre de recours sur le contentieux électoral présidentiel et législatifs de 2006 et 2011 balaye d'un revers de la main cet argumentaire de Matadi Nenga. Estimés à plus de 500, les recours à l'élection législative de 2011 ne présentent pas un nombre minime comme affirme ce dernier.

Le premier inconvénient qui découle de l'organisation interne de la CSJ est le défaut de spécialité dans le traitement des dossiers, un objectif pourtant vanté par le constituant de 2006. Ce sont les mêmes juges qui statuent dans toutes les affaires soumises à la Cour. Etant majoritairement imprégnés d'un esprit de juristes privatistes, comme l'a noté le professeur Mampuya[757], ces juges n'ont pas nécessairement la maitrise de la conduite des procès de droit public. Dès lors, des errements s'en suivent ; ce qui prédispose les arrêts de la Cour à des critiques négatives qui ne l'honorent pas du tout et lui font perdre de sa crédibilité.

Le deuxième inconvénient est tiré du retard dans le traitement des dossiers, en particulier compte tenu du nombre réduit des juges. L'ancien Premier Président de la CSJ, Etienne Roger Tinkamanyire Bin Ndigeba (2008-2009), l'a expressément avoué dans son discours prononcé à l'audience solennelle et publique de rentrée judiciaire de la Haute Cour en octobre 2008[758]. Cet inconvénient est pourtant facile à pallier, parce qu'il aurait suffi à l'autorité compétente d'élever, par de nouvelles nominations, le nombre des juges à ladite Cour, surtout que les textes permettent cette augmentation[759].

Mais, il n'est pas évident que le besoin justifiera toujours les moyens, même ceux peu recommandables.

757 CSJ, 27 novembre 2006, RCE.PR.009, *inédit.*
758 CSJ, 3 janvier 2007, R.CONST.044/TSR, *inédit.*
759 CSJ, 31 juillet 2007, R.CONST.051/TSR, *inédit.*

Le dernier inconvénient, et en tout cas le plus radical de notre point de vue, c'est l'absence d'indépendance de la Cour vis-à-vis du pouvoir politique en place. Tout d'abord, les juges sont soumis au statut des magistrats du 10 octobre 2006 ; ce qui veut dire qu'ils sont simplement nommés et révoqués par le Président de la République, sur proposition du CSM.

Un tel statut semble être incompatible avec l'éminence de la position institutionnelle d'un juge constitutionnel, du rôle qu'il doit jouer dans le cadre de l'État. Il s'en suit une instabilité, on dirait même chronique, des juges, si bien qu'en l'espace de moins de quatre ans, outre les nominations générales, la CSJ vient d'être placée sous la direction successive de trois premiers présidents.

L'inamovibilité des magistrats du siège qui est un principe pour assurer un statut d'indépendance doit être renforcée par l'irrévocabilité, sauf faute jugée lourde au statut du juge constitutionnel et constatée par une instance indépendante n'est pas reconnue. Pourtant, aux États-Unis, bien que les juges à la Cour suprême soient nommés par le Président de la République, avec approbation du Sénat, la possibilité de les démettre à tout moment est exclue.

Ces juges sont nommés à vie ; leur cessation des fonctions avant l'expiration de ce mandat ne peut avoir lieu, en dehors de la démission ou du décès, que suite à la procédure compliquée d'*impeachment* [760] Ceci confère une grande « *magistrature* » et une indépendance institutionnelle claire aux juges à la Cour suprême américaine. Par contre, en RDC, l'instabilité des juges les inciterait à se laisser trainer, par la force des choses, dans le giron du pouvoir politique, s'ils veulent conserver durablement leurs postes.

Ainsi, la doctrine ne cesse de stigmatiser le fait que la CSJ ait souvent l'attitude d' « *un caméléon judiciaire qui épouse très souvent les couleurs politiques de l'heure* »[761], à cause de son « *enclavement dans une logique de complaisance avec les autorités politiques* »[762].

---

760 TPIY, *Arrêt confirmatif relatif aux allégations d'outrage formulées à l'encontre du précédent conseil, Milan Vujin,* IT-94-1-A-AR77, 27 février 2001.

761 BALINGENE KAHOMBO, « La protection des minorités ethniques en République Démocratique du Congo. Entre rupture et continuité des ordres constitutionnels antérieurs », *Librairie africaine d'études juridiques*, vol.2, avril 2010.

762 BOSHAB E., « Le principe de la séparation des pouvoirs à l'épreuve de l'interprétation des arrêts de la Cour suprême de Justice par l'Assemblée nationale en matière de contentieux électoral », in G. BAKANDEJA Wa MPUNGU, A. MBATA BETUKUMESU MANGU et R. KIENGE-KIENGE INTUDI (dir.), *Participation et responsabilité des acteurs dans un contexte d'émergence démocratique en République Démocratique du Congo*, Actes des journées scientifiques de la Faculté de Droit de l'Université de Kinshasa 18-19 juin 2007, Kinshasa, PUK, 2007.

A cette instabilité s'ajoute le mauvais traitement des hauts magistrats, dont la survie dépend finalement, sinon de la « *charité des justiciables* »[763], du moins des primes qui leur sont, par mansuétude, attribuées par le pouvoir politique.

Dans ces conditions, comment la CSJ pourrait échapper aux critiques de partialité, surtout de la part des membres de l'opposition politique ? On l'a vu d'ailleurs en novembre 2006, sous réserve de quelques exagérations politiciennes, suite à la contestation des résultats du second tour de l'élection présidentielle du 29 octobre 2006, ayant opposé le candidat Bemba Gombo Jean Pierre, pour le compte de l'Union pour la Nation (UN), à Kabila Kabange Joseph, Président sortant, pour le compte de l'Alliance pour la Majorité Présidentielle (AMP).

Non seulement que les locaux de la Cour ont fait l'objet d'un incendie par les partisans du candidat Bemba, mais encore l'Arrêt RCE.PR.009 du 27 novembre 2006 (cf. texte de l'arrêt), entraînant la proclamation du Président sortant, par l'Arrêt R.E.006 du 27 novembre 2006 (cf. texte de l'arrêt), vainqueur de l'élection contestée avec 58,03% de suffrages exprimés, est intervenu dans un climat de tension totale, antinomique avec la sérénité qui doit caractériser l'issue d'une procédure juridictionnelle. En outre, il faut déplorer les balbutiements jurisprudentiels de la Cour, surtout puisqu'on s'est bien rendu compte qu'ils peuvent être à l'origine d'une véritable crise institutionnelle, comme ce fut précisément le cas en 2007.

III. Les incohérences jurisprudentielles de la Cour suprême de Justice

De tels balbutiements étaient prévisibles. Car, on vient de le démontrer, la Cour suprême de Justice officie dans un environnement bien différent de celui d'une cour constitutionnelle instituée dans le cadre d'un Etat de droit. Aussi convient-il d'illustrer cette thèse par un relevé de quelques errements constatés dans le traitement, par la Cour, des récents procès de droit public (1), avant de revenir sur la crise institutionnelle survenue en 2007 suite à la contestation de ses arrêts rendus sur le contentieux de l'élection à la députation nationale (2).

A. Les errements de la Cour dans les récents procès de droit public

Plusieurs critiques ont été formulées contre la CSJ, en particulier à propos de la définition extensive qu'elle donne à la notion d'« *actes législatifs* » [764] ou du non-respect des délais du prononcé de ses arrêts, surtout en matière électorale.

---

763 CIHUNDA HENGELELA J., « Rapports entre les autorités politiques provinciales et le pouvoir judiciaire à Kinshasa », *Librairie africaine d'études juridiques*, vol.2, 2010.

764 DUPUY P.-M., *Droit international public*, Paris, Dalloz, 2006.

Des critiques ont également fusé concernant l'interprétation qu'elle a donnée, dans son Arrêt R.CONST.051/TSR du 31 juillet 2007 (cf. texte de l'arrêt) prononcé en l'affaire dite Trésor Kapuku Ngoy, à l'investiture d'un gouverneur de province par rapport à son entrée en fonction[765].

Pour la Cour, bien qu'un gouverneur soit déjà investi par une ordonnance du Président de la République (article 80 de la Constitution), il ne sera en fonction qu'à partir du moment où son programme d'action est approuvé par l'Assemblée provinciale[766]. Il s'agit là d'une interprétation stricte littérale de l'article 198, alinéa 6, de la Constitution, selon lequel : « *Avant d'entrer en fonction, le Gouverneur présente à l'Assemblée provinciale le programme d'action de son gouvernement* ».

Pourtant, en droit constitutionnel, l'investiture ordonnée par le Président de la République doit être considérée comme l'autorisation donnée au gouverneur de former son gouvernement[767]. C'est dès cet instant-là qu'il acquiert, quoique de façon restrictive, le pouvoir d'exercer ses fonctions. Sinon, on ne comprendrait pas pourquoi un gouverneur qui n'est pas encore en fonction poserait des actes rentrant dans le cadre de la gestion publique, à l'instar de la constitution d'un gouvernement provincial : identification des personnalités politiques et surtout leur nomination par voie d'arrêté.

En plus, une fois constitué, le gouvernement est présenté par le même gouverneur, ainsi que son programme d'action, devant l'Assemblée provinciale. D'après la Constitution, celle-ci investit, non le gouverneur- car il ne peut pas logiquement faire l'objet d'une double investiture-, mais plutôt les ministres provinciaux (article 198, alinéa 7). Il en résulte que cette dernière disposition et l'alinéa 6 de l'article 198 précité de la Constitution se complètent réciproquement et ne doivent pas être interprétés, en conséquence, l'un isolé de l'autre. Or, c'est précisément l'erreur qu'a commise la CSJ. Ainsi, a-t-elle jugé, la motion de défiance dirigée contre le Gouverneur Trésor Kapuku Ngoy est prématurée et partant anticonstitutionnelle.

Cela étant, on doit maintenant insister sur un autre aspect du problème, en rapport avec la procédure, pour démontrer que la Cour a eu du mal, au cours de ces dernières années, à se départir d'une tendance à la « *privatisation des procès de droit public* ».

En effet, un procès de droit public (constitutionnel ou administratif) est un procès contre un acte, sauf si le requérant postule également, en sus de

---

765 ESAMBO KANGASHE J.-L., *La Constitution congolaise du 18 février 2006 à l'épreuve du constitutionnalisme. Contraintes pratiques et perspectives*, thèse de doctorat en droit public, Université de Paris 1-Panthéon-Sorbonne, Université de Kinshasa, présentée et soutenue publiquement le 17 juin 2009

766 KATUALA KABA KASHALA, *La jurisprudence électorale congolaise commentée*, Kinshasa, The Carter Center, RD Congo, novembre 2007.

767 KALUBA DIBWA D., « Le constitutionnalisme congolais : de la démocratie électorale à la démocratie constitutionnelle », *http://www.la-constitution-en-afrique.org/*, 26 juillet 2010.

l'annulation dudit acte et ses effets, à l'allocation à son profit des indemnités ou d'autres formes de réparation du préjudice subi. Dans ce cas seulement, du reste exceptionnel, le procès devient de plein contentieux. Ainsi, en droit public, il n'y a pas, en principe, de demandeur et de défendeur comme en droit privé. Il n'y a que le requérant et l'acte attaqué en face des juges.

Toutefois, la Cour ne semble pas bien l'avoir compris. L'on remarque par exemple qu'en matière de contestation électorale, la défunte Commission électorale indépendante (CEI) a été mise en cause, alors que c'est sa décision proclamant le résultat provisoire du scrutin dont on sollicitait l'annulation.

On peut prendre pour exemple la célèbre affaire MLC, bien que la CSJ n'ait eu à y statuer qu'à titre de juridiction d'appel[768], mais non de Cour constitutionnelle. Dans son Arrêt RCE/ADP/021 du 21 mars 2007, par lequel elle a proclamé définitivement le candidat André Kimbuta Yango, pour le compte de l'AMP, élu gouverneur de la Ville Province de Kinshasa, la Cour tente ainsi de se corriger. Elle précise en effet que « *la Commission électorale indépendante n'a pas qualité de partie au procès en matière de contentieux électoral* » [769] et que son rôle dans une instance pareille est simplement d'apporter, s'il en est besoin, son expertise aux juridictions de jugement[770]. Mais, très rapidement, elle sombre à nouveau dans la confusion pour les autres aspects du dossier.

Certes, le requérant « *Mouvement de Libération du Congo (MLC)* » était l'appelant dans cette affaire. Par contre, la Cour n'aurait pas dû qualifier le candidat André Kimbuta Yango, dont l'élection par les députés provinciaux était contestée, d'intimé, c'est-à-dire de partie qui a gagné le procès au premier degré. En droit public, cela ne vaut pas, parce que le terme donne l'impression que la requête du MLC était dirigée, non contre l'acte de la CEI proclamant les résultats provisoires de l'élection du gouverneur de la Ville Province de Kinshasa, mais plutôt contre le candidat André Kimbuta Yango. Aussi, n'est-il pas étonnant de constater que la Cour ait fait comparaitre toutes les deux parties, représentées par leurs avocats, aux fins de conclure et plaider, pratiquement comme dans un procès privé.

Tout porte à penser que la Cour s'est trainée dans une telle erreur du fait d'une interprétation erronée du principe du contradictoire. En droit public, ce principe signifie que le juge doit examiner, sur pièces, les arguments pour et

---

768 KATUALA KABA KASHALA, « Une nouvelle exception à la saisine de la Cour suprême de Justice telle qu'organisée à l'article 2 du Code de sa procédure », *Justice, science et paix*, numéro spécial, Kinshasa, juin 2004

769 OKITONEMBO WETSHOGUNDA L., « La forme juridique de la décision d'interprétation d'une loi : un avis ou un arrêt ? », *Les Analyses juridiques*, n°9, 2006.

770 MPONGO BOKAKO BAUTOLINGA E., « Le rôle de l'armée dans la construction de l'État de droit en République démocratique du Congo », in G. BAKANDEJA Wa MPUNGU, A. MBATA BETUKUMESU MANGU et R. KIENGE-KIENGE INTUDI (dir.), *Participation et responsabilité des acteurs dans un contexte d'émergence démocratique en République Démocratique du Congo*, Actes des journées scientifiques de la Faculté de Droit de l'Université de Kinshasa 18-19 juin 2007, Kinshasa, PUK, 2007.

contre la requête dont il est saisi, mais non la présence des parties et avocats plaidant devant lui[771]. Tout au moins, il est admis que les personnes intéressées par la cause peuvent, s'il en est besoin, être conviées à éclairer la religion de la Cour, sans qu'elles ne soient néanmoins considérées comme des parties au procès.

Au lieu de donner au principe du contradictoire cette connotation de droit public, la Cour en a fait, au contraire, une application comme en droit privé judiciaire. L'analyse de l'ancien Premier Président de la CSJ, Etienne Roger Tinkamanyire Bin Ndigeba, corrobore cette affirmation, en ce qu'il explique que la Cour s'est efforcée de ne pas prononcer des arrêts par défaut contre les parties intéressées dans les affaires lui soumises, de manière à éviter leur contestation par des éventuels défaillants, exerçant des voies de recours non prévues par la loi[772].

Malheureusement, l'on remarque que la CSJ a abondamment reçu devant elle la tierce opposition, alors que cette voie de recours extraordinaire [773] n'avait pas été prévue par la loi électorale. On peut même présumer, de manière irréfragable, que les membres de la Cour ne l'ignoraient pas. L'explication précédente de son ancien Premier Préside, Etienne Roger Tinkamanyire Bin Ndigeba, le prouve de manière éloquente. D'ailleurs, il serait farfelu de considérer que le législateur aurait dû prévoir ladite tierce opposition ; sinon, on risquerait d'ignorer à quel titre la CSJ a eu à statuer sur les divers cas de contentieux électoraux lui soumis.

Tout d'abord, il découle de ce qui précède que la CSJ a été saisie, en tant que juridiction d'appel, en particulier quant aux recours concernant les contestations des résultats électoraux relevant de la compétence des cours d'appel au premier degré. Ce problème ne nous concerne pas dans cette étude.

Ensuite, on le sait également, la CSJ, faisant office de Cour constitutionnelle, a statué sur les cas de contestations des élections présidentielles et législatives nationales. Et c'est précisément ici où le bât blesse, car la Cour a eu à recevoir l'exercice devant elle de la tierce opposition, alors que, visiblement, ce recours était interdit par l'article 168, alinéa 1 de la Constitution, aux termes duquel « *Les arrêts de la Cour constitutionnelle ne sont susceptibles d'aucun recours...* ». A notre avis, la prohibition frappe tout recours qui remette en cause l'autorité de la chose jugée de ces arrêts et non les recours visant à leur interprétation ou concernant la rectification des erreurs matérielles qui y sont décelées.

---

771 MUKADI BONYI et KATUALA KABA KASHALA, *Procédure civile*, Kinshasa, Editions Batena Ntambua, 1999.
772 MATADI NENGA GAMANDA, *Droit judiciaire privé*, Louvain-La-Neuve et Kinshasa, Brylant-Academia s.a, Droit et Idées nouvelles, 2006.
773 SINOPOLI L., « Les droits de la défense », in H. ASCENSIO, E. DECAUX et A. PELLET (dir.), *Droit international pénal*, Paris, Editions A. PEDONE, 2000.

En outre, s'agissant spécifiquement du contentieux des résultats, cette voie de recours semble incompatible avec l'article 74 de la Loi électorale du 09 mars 2006 (alinéa 3), qui impartit à la CSJ, y compris lorsqu'elle siège en tant que juridiction d'appel, un délai de deux mois pour rendre ses arrêts ; ce délai étant même réduit à sept jours dans le cas de l'élection du Président de la République. Toutefois, ces délais sont très courts compte tenu du volume ou de l'importance des dossiers à traiter. Aussi n'ont-ils qu'une valeur indicative à l'égard du juge, d'autant qu'aucune sanction n'est prévue au cas où ils sont effectivement dépassés.

De ce fait, il n'y aura donc commission d'aucune irrégularité de procédure, dès lors que le dépassement de délai est fondé sur les exigences d'une bonne administration de la justice. Mais, dès que la Cour a rendu son arrêt, l'affaire est close. La tierce opposition devient, à partir de ce moment, incompatible avec l'article 74 précité de la Loi électorale, étant donné que la Cour ne saurait revenir sur un dossier, suite à l'introduction de cette voie de recours extraordinaire, sans prendre le risque illégal de s'auto-adjuger un nouveau délai judiciaire.

Que faut-il alors inférer de ce comportement de la CSJ, si ce n'est peut-être de la mauvaise foi ou du monnayage des procédures au profit de certains justiciables ? On retiendra, pour notre part, que ces errements de droit ont été à l'origine de la contestation des arrêts de la Haute Cour en 2007 et ont ainsi provoqué une crise institutionnelle entre le pouvoir judiciaire et l'Assemblée nationale.

B. La crise institutionnelle de 2007, provoquée par la contestation des arrêts de la Cour suprême de Justice rendus sur le contentieux de l'élection à la députation nationale

Il existe un décalage légal entre le moment de la validation du mandat de député national et celui de la proclamation des résultats définitifs à la députation nationale par la CSJ, agissant en tant que Cour constitutionnelle. Aux termes de l'article 114 de la Constitution, le premier moment intervient lors de la session extraordinaire de l'Assemblée nationale, qui se tient, de plein droit, quinze jours après la proclamation des résultats provisoires par la CEI. Par contre, le second moment aura lieu uniquement après que la Cour ait épuisé tous les cas litigieux soumis à son examen, normalement dans le délai de deux mois depuis sa saisine. Dès que les arrêts définitifs de la Cour sont transmis à la chambre parlementaire, les effets sont de deux ordres : la validation de mandat de député national pour les uns et l'invalidation pour les autres.

La crise de 2007 a émané de la résistance d'une partie de l'Assemblée nationale à obéir aux arrêts de la CSJ, qui entraînaient l'invalidation d'un groupe de 18 députés nationaux, parmi lesquels le Président de son ancien Bureau provisoire. Les griefs reprochés à la Cour c'est d'avoir statué sur les litiges à elle soumis en dehors du délai légal et d'avoir admis, dans plusieurs cas, la réformation de ses propres arrêts du fait de l'exercice devant elle des tierces oppositions.

Les contestateurs concluaient que les arrêts de la CSJ étant « *anticonstitutionnels et illégaux* », l'Assemblée nationale devait les rejeter puisqu'elle disposait, selon eux, d'une compétence discrétionnaire en matière de validation des mandats de ses membres. Une commission *ad hoc* fut même constituée pour examiner, cas par cas, ces arrêts et proposer à la plénière de l'Assemblée nationale le sort à réserver à chacun d'entre eux[774].

Il faut noter que la situation n'est pas inédite, parce que ce n'est pas la première fois que les arrêts de la CSJ ont fait l'objet de contestation extrajudiciaire.

En effet, bien que nous situant dans un autre contexte, il n'est pas sans intérêt de rappeler que, sous l'empire de la deuxième République, le Comité central du Mouvement Populaire de la Révolution (Parti-Etat) pouvait casser, par le biais de sa Commission de discipline, les décisions judiciaires revêtues de l'autorité de la chose jugée[775]. Par la suite, une telle compétence a appartenu à l'ancien Département des droits et libertés du citoyen, institué par l'Ordonnance n°86-268 du 31 octobre 1986. L'un et l'autre mécanisme consacrait ainsi la dictature du politique sur le judiciaire, dont on avait confisqué tout le pouvoir.

Sans aller dans les moindres détails de cette affaire, il y a lieu de se réjouir que la force du droit ait fini par l'emporter sur la politique, de sorte que les mandats de 18 députés nationaux furent finalement invalidés. La position de la plénière de l'Assemblée nationale tire son appui essentiellement des articles 149 et 151 de la Constitution. L'article 149 dispose que le pouvoir judiciaire est indépendant du pouvoir législatif et du pouvoir exécutif (alinéa 1); tandis que l'article 151 prévoit que « *Le pouvoir législatif ne peut ni statuer sur des différends juridictionnels, ni modifier une décision de justice, ni s'opposer à son exécution* » (alinéa 2).

Par ailleurs, la crise de 2007 nous permet de soulever, *de lege ferenda*, la problématique de la prohibition de recours contre les arrêts de la Cour constitutionnelle, conformément à l'article 168, alinéa premier, de la Constitution. Est-ce une option juste et fondée sur le plan du droit positif ?

Une option juste d'abord, elle ne l'est pas du tout ; et cela n'appelle aucun autre commentaire, si ce n'est de renvoyer aux déboires judiciaires du groupe de 18 députés nationaux invalidés, qui n'ont pas pu être entendus en appel sur les moyens qu'ils faisaient valoir contre les arrêts prétendument erronés de la CSJ. Une option fondée sur le plan du droit positif ensuite, elle ne le paraît pas non plus, tant il est vrai que ladite option est contraire au

---

774 KABANGE NTABALA, «Quelle constitution pour la Troisième République face aux réalités zaïroises ? », *Annales de la Faculté de Droit*, vol.XXV, Kinshasa, PUZ, août 1996.

775 TINKAMANYIRE Bin NDIGEBA E.R., *Le rôle du juge électoral*, audience solennelle et publique de rentrée de la CSJ, discours du Premier Président, Kinshasa, 2008.

principe du double degré de juridiction, qui est pourtant reconnu, en droit international des droits de l'homme, comme étant une règle insusceptible de dérogation[776].

La Constitution du 18 février 2006 le reconnaît aussi d'une manière explicite, à son article 61.5, lorsqu'elle dispose : « *En aucun cas, et même lorsque l'état de siège ou l'état d'urgence aura été proclamé..., il ne peut être dérogé aux droits et principes fondamentaux énumérés ci-après : 5. les droits de la défense et le droit de recours* ». Mais, on pourra objecter que le caractère non-dérogeable du principe du double degré de juridiction serait limité aux matières pénales, ainsi qu'il ressort de la jurisprudence internationale[777], si bien que l'article 168 de la Constitution ne poserait plus aucun problème concernant les arrêts de la Cour constitutionnelle.

Cet argument n'est pas fondé. Premièrement, la Cour constitutionnelle dispose aussi des compétences pénales[778]. Elle juge le Président de la République et le Premier ministre[779], ainsi que leurs co-auteurs et complices, en premier et dernier ressort, conformément à article 164 de la Constitution. En second lieu, l'article 61.5 ci-dessus n'a pas établi une distinction entre les matières pénales et les autres. C'est pourquoi nous considérons qu'il accorde, en termes de protection des droits de l'homme, une garantie plus étendue que celle qui ressort du droit international.

Rien n'autorise, en effet, de lui donner une autre interprétation, car il constitue, à notre sens, une disposition spéciale, qui doit s'interpréter restrictivement. Il est donc clair qu'elle est violée, de façon flagrante, par l'article 168 de la Constitution. En plus, ce dernier article inspire en réalité de la discrimination, en ce qu'il interdit le double degré de juridiction dans des matières où d'autres citoyens sont pourtant admis de l'exercer.

Pour toutes ces raisons, il est de bon aloi qu'il fasse l'objet de modification, au nom de la justice et de la cohérence normative du droit.

Dans cette optique, le professeur Ngondankoy a déjà envisagé, face à l'impératif du respect de ce double degré de juridiction, une éventuelle

---

776 FAVOREU L., « Brèves réflexions sur la justice constitutionnelle en Afrique », in CONAC G. (dir.), *Les cours suprêmes en Afrique. II. Jurisprudence : droit constitutionnel, droit social, droit international, droit financier*, Paris, Economica, 1989.

777 MBOYO EMPENGE EA LONGILA B.B., «La mégarde des modèles de constitutions euro-occidentales et l'élaboration d'une constitution zaïroise de développement véritablement intériste», *Annales de la Faculté de Droit*, vol.XXV, Kinshasa, PUZ, août 1996, p 86

778 NGONDANKOY NKOY-ea-LOONGYA, « De l'organisation de la Cour constitutionnelle congolaise : le constituant de 2006 induit-il le principe d'une organisation décentralisée de la nouvelle juridiction constitutionnelle », *communication lors de Journées des réflexions sur la mise en place des ordres juridictionnels prévus par la Constitution du 18 février 2006*, Faculté de Droit, Université de Kinshasa, du 29 au 31 janvier 2009, inédit.

779 NYABIRUNGU Mwene SONGA, *Traité de droit pénal général congolais*, Kinshasa, Editions Universitaires Africaines, 2007.

« *organisation décentralisée* »[780] de la Cour constitutionnelle, en lui dotant d'une structure de premier degré ainsi que d'appel. La proposition est scientifiquement défendable, mais difficilement admissible pour des raisons budgétaires. Peut-être faudrait-il concevoir, simplement, l'introduction dans l'organisation de cette Cour d'une chambre de premier degré et celle d'appel, à l'instar de ce que le législateur a fixé concernant le Tribunal pour enfants.

De toute façon, malgré ses insuffisances actuelles, la CSJ, juridiction constitutionnelle transitoire, n'a pas que des faiblesses. Elle a aussi élaboré une jurisprudence dont la pertinence en fera, pour longtemps encore, une œuvre de référence sur le plan académique et pratique.

§.3. L'utilité de la Cour suprême de justice dans la construction de l'État de droit

Deux tendances idéelles méritent d'être soulignées ici. D'un côté, l'œuvre de la CSJ témoigne de l'audace jurisprudentielle du juge constitutionnel (A) ; ce qui est, de l'autre côté, une avancée réelle dans la construction congolaise de l'État de droit (B).

A. L'audace jurisprudentielle du juge constitutionnel

Cette audace se manifeste à travers la définition de certaines notions fondamentales de droit public ainsi que dans la consécration par le juge du principe de la continuité et de la régularité des services publics en droit constitutionnel.

A.1. La définition de certaines notions de droit public

Deux notions ont particulièrement attiré notre attention : celle de droits de la défense et la notion du calcul de la majorité absolue.

Toutefois, il faut faire remarquer que cette deuxième notion n'est pas, en réalité, l'œuvre des juges constitutionnels, mais elle est plutôt celle de la CSJ statuant simplement au degré d'appel en matière électorale[781]. C'est uniquement en tant qu'elle concerne, de plein fouet, le domaine d'action des juges constitutionnels que l'on se voit presque obligé d'en parler ici. Et, de toute façon, comme on l'a vu, ce sont les mêmes juges qui tranchent dans toutes les affaires soumises à l'examen de la Haute Cour.

Elle a défini l'expression « *majorité absolue* » dans son Arrêt RCE 014 du 16 février 2007, rendu en l'affaire Mbatshi Batshia, dont l'élection au

---

780 NYEMBO-Ya-LUMBU O., *La Constitution de la Troisième République est fédérale. Regard critique sur la "décentralisation"*, Kinshasa, Editions Universitaires Africaines, 2009.

781 WETSH'OKONDA KOSO SENGA M., « L'arrêt de la Cour suprême de Justice n°R.CONST.112/TSR du 5 février 2010 sur l'OHADA », *http://www.la-constitution-en-afrique.org/*, 04 avril 2010.

premier tour en qualité de gouverneur de province du Bas-Congo était contestée par le MLC, au motif qu'aucun candidat n'avait obtenu la majorité absolue sur les 29 députés provinciaux ayant participé au vote. Car, en effet, le candidat Mbatshi Batshia, pour le compte de l'AMP, avait obtenu 15 voix sur les 29 disputées, au lieu de la majorité absolue calculée à 15,5 voix des suffrages exprimés, contre 14 pour son challenger du MLC, Fuka Unzola.

L'occasion faisant le larron, la CSJ a dû poser un principe cardinal en ces termes : « *Le mode de calcul de la majorité absolue diffère suivant que le nombre des suffrages exprimés est un chiffre pair ou impair. Lorsqu'il s'agit d'un nombre pair, la majorité absolue est la moitié plus un, tandis qu'en cas de chiffre impair, la règle est que la majorité absolue se calcule en retenant la moitié du chiffre pair immédiatement inférieur à laquelle il est ajouté une unité* »[782]. L'application de ce principe en l'espèce a ainsi conduit la Cour, après avoir déclaré non fondées les allégations du MLC, à proclamer élu, au premier tour du scrutin, Mbatshi Batshia en qualité de gouverneur du Bas-Congo.

Cette fois-ci, en tant que Cour constitutionnelle, la CSJ a esquissé la notion de « *droits de la défense* » dans son Arrêt R.CONST.062/TSR du 26 décembre 2007, prononcé dans l'affaire Célestin Cibalonza Byaterana.

Il faut tout de suite relever que cette notion est consacrée par les articles 19, alinéa 3, et 61.5 de la Constitution. Mais celle-ci ne la définit pas. En outre, l'article 19 évoque la notion de « *droit de la défense* » au singulier, alors que l'article 61.5 en fait mention au pluriel. Il en résulte un certain malaise terminologique, si bien que l'on est fondé de se demander s'il s'agit d'un seul droit de la défense ou, plutôt, d'un ensemble de droits.

L'on doit observer aussi, en effet, que la Cour a repris la même notion dans les deux genres ci-dessus. Mais, dans sa définition, elle indique que les droits de la défense constituent « *l'ensemble des droits appartenant à une personne qui se trouve partie à un litige ou en dehors de tout procès, qui est l'objet d'une mesure défavorable ayant le caractère d'une sanction ou prise en considération de sa personne* ».

L'un des mérites de cette définition est d'avoir précisé le champ d'application des droits de la défense. Ils ne se limitent pas au domaine pénal, comme on pourrait être tenté de le penser, suite à la concentration de l'article 19 précité à la défense dont toute personne a le droit de bénéficier à tous les niveaux de la procédure pénale. Au contraire, les droits de la défense concernent tous les litiges soumis à une procédure de règlement juridictionnel, dans le cadre d'un « *procès* ».

---

782 VUNDUAWE te PEMAKO F., «L'histoire constitutionnelle des actes ayant force de loi au Congo-Zaïre (1885-2005)», in Liber Amicorum Marcel Antoine Lihau, *Pour l'épanouissement de la pensée juridique congolaise*, Bruxelles, Brylant et Presse de l'Université de Kinshasa, 2006.

Le terme procès doit être entendu ici, de notre point de vue, dans son sens le plus large possible, de manière à y inclure aussi bien des procédures de règlement judiciaire que celles d'ordre arbitral. En outre, en dehors de ce cadre précis, les droits de la défense sont de mise, à condition que celui qui s'en prévaut ait fait l'objet d'une sanction.

Cependant, on ne sait pas très bien ce que la Cour a voulu dire lorsqu'elle souligne qu'il en est de même quand une personne a fait l'objet d'une « *mesure défavorable prise en considération de sa personne* », en dehors de tout caractère de sanction.

L'autre mérite, c'est que la Cour privilégie, dans sa définition, une dimension groupale, plurielle, pratiquement comme les droits de la défense sont entendus en droit international[783].

Malheureusement, cette définition compte aussi une grande faiblesse, puisque la Cour n'a pas déterminé sa consistance matérielle, c'est-à-dire le groupe des droits dont il est question dans les droits de la défense. Tout au moins, indique-t-elle, ces droits impliquent au premier chef « *le principe du contradictoire* ». Dans son Arrêt R.CONST.078/TSR du 04 mai 2009, rendu en l'affaire José Makila Sumanda, la Cour a complété le contenu de sa définition, en précisant que le respect des droits de la défense implique également le droit d'une personne ou, ajoute-t-elle, d'un « *organe* » à l'information sur les griefs mis à sa charge.

Sur ce dernier ajout, on notera qu'il s'agit d'un nouvel élargissement des droits de la défense. Ceci est une grande innovation, parce que les dispositions des articles 19 et 61 de la Constitution ne visent visiblement que des personnes, alors que, désormais, les droits de la défense doivent s'appliquer aussi, en vertu de cette jurisprudence, aux organes. Le problème est, dès lors, de savoir à quels organes la Haute Cour a-t-elle fait allusion.

De notre point de vue, ce sont les organes politiques qui sont concernés, dans le contexte démocratique du jeu de la mise en œuvre de la responsabilité politique des gouvernements. Il s'agit alors du Gouvernement national ou des gouvernement provinciaux, contre lesquels des motions de censure peuvent être adoptées respectivement par l'Assemblée nationale et les assemblées provinciales (articles 146, 147 et 198 de la Constitution).

La raison pour laquelle la Cour a dû élargir sa définition élaborée dans son Arrêt du 26 décembre 2007 proviendrait d'un mal jugé qu'elle aurait ressenti dans l'affaire Célestin Cibalonza Byaterana. Cet ancien Gouverneur avait fait face à une motion de censure adoptée par l'Assemblée provinciale du Sud-Kivu le 12 novembre 2007, l'emportant avec tout son gouvernement. Par définition, en droit congolais, à la différence d'une motion de défiance qui est dirigée contre une personne membre d'un gouvernement, la motion de censure frappe, quant à elle, ce dernier en tant qu'organe. Dès lors,

---

783 PACTET P. et MELIN-SOUCRAMANIEN F., *Droit constitutionnel*, 25ème édition à jour, Paris, Sirey, août 2006.

l'ancien Gouverneur Cibalonza avait-il le droit de se prévaloir du bénéfice des droits de la défense, sachant que sa personne était, d'un point de vue juridique et théorique, étrangère à ladite motion ?

A l'époque, l'erreur de la Cour aura été, il nous semble, d'avoir admis les droits de la défense au bénéfice d'une personne, alors que la sanction de l'Assemblée provinciale, déclarée par la suite anticonstitutionnelle, concernait plutôt l'organe auquel ces droits étaient, aux termes de la définition leur donnée en l'espèce par la Cour elle-même, purement et simplement inapplicables.

Outre le principe du contradictoire et le droit à l'information sur les griefs formulés contre l'accusé, les droits de la défense comprendraient aussi tous les droits liés à toutes les garanties d'un procès équitable : garanties juridictionnelles et garanties d'ordre procédural[784]. Ainsi, sont notamment protégés le droit de voir sa cause être entendue par un tribunal compétent, indépendant et impartial, le droit à un avocat conseil de son choix, la présomption d'innocence, la publicité des audiences, le droit d'être jugé sans retard excessif et le double degré de juridiction.

Autant dire qu'il s'agit donc d'une définition *lato sensu* des droits de la défense ; tandis qu'au sens restreint, ces droits se limiteraient au principe du contradictoire, selon lequel l' « *accusé* », c'est-à-dire la personne ou l'organe mis en cause, -si l'on préfère une expression plus adéquate que le terme employé par la Cour- doit être mis à même de discuter les griefs formulés contre lui en présentant ses moyens de défense. En ce cas, il conviendrait alors de les dénommer tout simplement « *le droit à la défense* ». Leur importance pratique n'est plus à démonter, comme d'ailleurs on le verra aussi à propos du principe de la continuité et de la régularité des services publics.

A.2. La consécration jurisprudentielle du principe de la continuité et de la régularité des services publics en droit constitutionnel

La Constitution de la transition du 04 avril 2003 avait institué cinq institutions d'appui à la démocratie, dont la CEI. Cet organisme de droit public a été organisé par la Loi organique n°04/009 du 05 juin 2004. A son article 39, elle prévoit que « *La Commission électorale indépendante est dissoute de plein droit après l'adoption de son rapport général sur les dernières élections législatives* ». L'article 222, alinéa 2, de la Constitution du 18 février 2006 est cependant venu imposer que « *Les institutions d'appui à la démocratie sont dissoutes de plein droit dès l'installation du nouveau Parlement* ». Cette installation est intervenue, selon la Cour, le 03 février 2007, au moment où la CENI, instituée par l'article 211 de la Constitution du

784 NGONDANKOY NKOY-ea-LOONGYA, *Droit congolais des droits de l'homme*, Louvain-la Neuve, Bruylant-Academia, 2004.

18 février 2006 et appelée à succéder à la CEI, n'était pas encore effective. Or, depuis cette date, la nouvelle Constitution n'avait prévu aucun mécanisme transitoire de gestion du processus électoral. En outre, s'auto-adjugeant une compétence transitoire, la CEI a continué d'exister *de facto*, en posant des actes en rapport avec ses attributions.

Ressentant qu'il y avait là un véritable problème juridique, qui risquait d'affecter la validité de ses actes, la CEI, agissant en la personne de son Président, Monsieur l'Abbé Muholongu Malumalu Apollinaire, dut solliciter à la CSJ, par sa requête du 23 juillet 2007, la prolongation de son mandat, d'une part, afin de justifier les actes qu'elle avait posés depuis le 03 février 2007 et, d'autre part, pour parachever les missions constitutionnelles qui avaient justifié son existence, en l'absence des mesures transitoires dans la Constitution du 18 février 2006.

Pour cela, la Cour devait répondre au problème juridique ci-après : l'existence de la CEI, au-delà de la date du 03 février 2007, est-elle compatible avec la Constitution, nonobstant son article 222, alinéa 2 ci-dessus ?

Dans son Arrêt R.CONST.005/TSR du 27 août 2007 (cf. texte de l'arrêt), la CSJ tire d'abord appui des articles 222, alinéa 1, et 223 de la Constitution, qui prévoient respectivement que « *Les institutions politiques de la transition restent en fonction jusqu'à l'installation effective des institutions correspondantes prévues par la présente Constitution et exercent leurs attributions conformément à la Constitution de la transition* » et qu'« *En attendant l'installation de la Cour constitutionnelle, du Conseil d'État et de la Cour de cassation, la Cour suprême de Justice exerce les attributions leur dévolues par la présente Constitution* ».

La Cour déduit alors de ces deux dispositions que le constituant a fait application du principe de la continuité et de la régularité des services publics, tel que développé en droit administratif[785]. Pour pouvoir l'extrapoler à la CEI, en vertu de son pouvoir régulateur du fonctionnement des institutions, elle insiste sur le fait que la volonté du constituant de 2006, en instituant la CENI au même moment que la dissolution différée de la CEI, c'est-à-dire seulement après l'installation du nouveau Parlement, était d'achever, avant cette dissolution, tout le processus électoral. Mais, étant donné que l'installation de ce nouveau Parlement est intervenue avant que ce processus ne soit achevé, la Cour a estimé fonder, s'inspirant de l'esprit du constituant, d'appliquer à la CEI le même principe de la continuité et de la régularité des services publics, jusqu'à ce que la CENI soit devenue effective. Ainsi a-t-elle permis la prolongation du mandat de la CEI.

785 MAMPUYA KANUK'A TSHIABO A., «A propos du projet de Loi organique sur la Cour constitutionnelle », Quotidien "Le Phare" du 9 avril 2008 ; article rapporté par S. BOLLE, «Quelle Cour constitutionnelle en RD du Congo? », http://www.la-constitution-en-afrique.org/, 16 avril 2008.

Toutefois, l'Arrêt de la CSJ est sujet à caution, en particulier à propos de sa compétence à connaître de cette affaire.

En effet, la requête de la CEI a été mal rédigée, dans la mesure où elle demande à la Cour de prolonger son mandat au-delà du terme prévu. Est-ce là un pouvoir rentrant dans le cadre des attributions de la Cour constitutionnelle ? En vérité, la CSJ se serait déclarée incompétente, contraignant ainsi la CEI de venir à nouveau auprès d'elle, mais sur la base d'un chef de compétence adéquat. A ce sujet, il a fallu alors qu'elle soit saisie en interprétation de la Constitution. Car, formellement, elle ne pouvait pas « *permettre* » à un organisme technique et à vocation politique de continuer à fonctionner, au seul motif qu'elle détiendrait un prétendu pouvoir pour la régulation des institutions de la République.

Et de toute façon, la Cour n'avait pas besoin de permettre à la CEI de continuer à fonctionner, d'autant que ceci allait se déduire, d'une façon logique et automatique, de la réponse positive qu'elle aurait donnée à l'interprétation sollicitée par la requérante.

En plus, on peut douter de ce que la CEI et son activité -la gestion du processus électoral - soient considérées comme un service public, donc fondamentalement un service d'ordre administratif. Pourtant, on vient de le relever, la CEI est un organisme technique et à vocation politique, si bien que la Cour aurait dû lui appliquer, pour valider son existence juridique au-delà du terme prévu, le principe constitutionnel bien connu de la permanence et de la continuité de l'État, au lieu d'asseoir sa motivation sur une règle de droit administratif, scientifiquement inappropriée en l'espèce.

La nuance est d'ailleurs de taille. En effet, le principe de la continuité et de la régularité des services publics ne s'applique pas pour valider un service dont l'existence juridique est contestée. Il impose seulement qu'un service valablement existant n'interrompe pas ou ne laisse pas perturber, d'une façon anormale, la fourniture de ses prestations aux dépens des usagers. Par contre, le principe de la permanence et de la continuité de l'État signifie que celui-ci subsiste dans son identification et doit continuer à fonctionner normalement, qu'elles soient les modifications intervenues dans sa substance (territoire, population et pouvoir politique).

Or, s'il advenait qu'il y ait des modifications du pouvoir politique, alors qu'il n'existe aucun mécanisme transitoire de gestion du processus électoral, il risquerait d'y avoir un vide institutionnel, empêchant à l'État de fonctionner normalement. C'est donc ce principe seul qui justifiait le maintien en vie de la CEI, de la même façon que le constituant avait maintenu en place les autres institutions du pays, conformément aux articles 222, alinéa 1, et 223 de la Constitution.

Dans son Arrêt du 27 août 2007, la Cour semble d'ailleurs avoir effleuré cette nuance, mais sans la saisir techniquement. Elle y précise qu'elle permettra la prolongation du mandat de la CEI, parce que la volonté du constituant était de combler le vide juridique à tous les niveaux tant politique, juridictionnel que de l'organe chargé de l'organisation des élections, « *lequel est appelé à évoluer ensemble avec lesdites institutions, dans la mobilisation des ressources, la préparation et l'organisation des élections locales, municipales et urbaines, et dans le traitement du contentieux électoral et dans le but d'éviter le vide institutionnel en cas d'empêchement définitif du Chef de l'État, des gouverneurs de provinces, dans la dissolution de l'Assemblée nationale et enfin dans l'exécution des engagements internationaux souscrits par la République démocratique du Congo* » [786].

Où est alors dans ces termes le principe de la continuité et de la régularité des services publics ? Et bien, on en conclurait seulement que la Cour n'a pas su distinguer le droit administratif du droit constitutionnel, bien que son arrêt garde toute sa place dans la construction congolaise de l'État de droit.

C. L'œuvre jurisprudentielle de la CSJ dans la construction congolaise de l'Etat de droit

« *L'État de droit est celui dans lequel la loi est au-dessus et au service de tous* »[787]. L'une des traductions remarquables de cette définition, rapportée par Joseph Cihunda, c'est la soumission de l'État, de ses organes et des gouvernants, au contrôle juridictionnel. Ceci suppose l'existence d'un pouvoir judiciaire indépendant et accessible pour les gouvernés, capable d'affermir l'exigence de la primauté du droit dans la gouvernance de la chose publique. A cet égard, on notera que l'œuvre jurisprudentielle de la CSJ a permis de consolider, malgré la résistance de certains conservateurs, le droit d'accès direct pour tous au juge constitutionnel (1), un droit dont l'exercice effectif conduit, en particulier, à la juridictionnalisation de plus en plus croissante de la vie politique en RDC (2).

C.1. L'accès direct pour tous au juge constitutionnel

L'élargissement du droit de recours au juge constitutionnel a commencé avec la mise en application de la Constitution de la transition du 04 avril 2003, pour être, par la suite, dopé par la Constitution du 18 février 2006. Cependant, le sens que certains hauts magistrats ont cru devoir réserver à un tel droit s'est avéré restrictif. On l'a vu dans la position défendue par le Ministère public dans l'affaire de la conformité ou non à la Constitution de l'adhésion de la RDC au Traité du 17 octobre 1993 relatif à l'OHADA, dans laquelle la CSJ s'est prononcée par son Arrêt R.CONST.112/TSR du 05 février 2010. Il en est de même dans la doctrine défendue par l'Avocat général de la République, Katuala Kaba Kashala, en 2004. L'un et l'autre ont

786 *Mélanges François Gény, Le droit constitutionnel non écrit* »,, Ed. Panthéon-Assas, 2004, p. 298

787 C. EISENMANN, *Droit constitutionnel et science politique,* Ed. Panthéon-Assas, 2002, p. 511-524

crû en la persistance du caractère obligatoire du passage à l'office du PGR pour quiconque veut soumettre pour examen son recours à la CSJ.

Cette obligation semblait pourtant se justifier, à l'époque de la dictature, par le fait que le PGR pouvait, à son niveau déjà, procéder à un filtrage des recours adressés à la CSJ et, partant, écarter ceux qui étaient, éventuellement, compromettants selon la conjoncture politique de l'heure. Fort heureusement, la Cour a corroboré l'abolition du monopole du PGR à saisir le juge constitutionnel. Pareille abolition nous permet de conclure, à l'opposé de Katuala Kaba Kashala, non pas à l'admission par la Cour des exceptions à sa propre saisine, mais à la désuétude, sinon à l'abrogation tacite, de certaines dispositions de l'Ordonnance-loi du 31 mars 1982 relative à la procédure devant la CSJ.

Le plus grand bénéficiaire de cette ouverture d'accès direct au juge constitutionnel est, vraisemblablement, l'opposition politique. Tout d'abord, chacun de ses membres peut, à titre individuel, saisir la Cour par un recours en inconstitutionnalité. Ensuite, le mécanisme du contrôle de constitutionnalité des lois ordinaires et, peut-être aussi, des lois constitutionnelles s'avère leur propre apanage, surtout parce qu'il est difficile de concevoir que la majorité qui a voté la loi en demande encore la censure auprès de la juridiction constitutionnelle[788].

Toutefois, en pratique, le contrôle de l'action de la majorité par l'opposition est mitigé. Le nombre de recours au juge constitutionnel reste négligeable. Selon Maître Marcel Wetsh'okonda, la CSJ n'aurait rendu que deux arrêts, de surcroit des arrêts d'irrecevabilité, entre 2003 et avril 2010, suite à sa saisine par l'opposition politique. Il s'agirait de l'Arrêt R.CONST.06/TSR du 24 mars 2004 relatif à la conformité à la Constitution de la transition de la Loi n°04/002 du 15 mars 2004 sur les partis politiques et de l'Arrêt R.CONST.044/TSR du 03 janvier 2007 relatif à l'acception de l'expression « *configuration politique* » contenue dans le Règlement intérieur de l'Assemblée nationale.

En plus de ces deux arrêts, la CSJ n'a jamais pu répondre à au moins deux autres requêtes émanant des membres de l'opposition politique, préférant user de « *la stratégie du congélateur* », par manque d'indépendance, pourrait-on dire, vis-à-vis du pouvoir politique en place. Il s'agit de la requête introduite par le sénateur Lunda Bululu au sujet de la conformité ou non à la Constitution de la Loi n°07/009 du 31 décembre 2007 portant budget de l'État pour l'exercice 2008, en ce qu'elle ne respectait pas le principe constitutionnel de la retenue à la source, suivant la clé de répartition des recettes nationales en raison de 40% aux provinces et de 60% au pouvoir central. Il s'agit aussi de la requête d'avril 2010 tendant à voir la

788 M. KAISER, " Le droit à des élections libres... L'application timide d'une disposition ambitieuse ", in Les droits de l'homme au seuil du troisième millénaire, *Mélanges en hommage à Pierre Lambert,* Bruxelles, Bruylant, 2000, p. 435.

Cour dire si, aux termes de la Constitution, le Premier Ministre peut faire l'objet, en tant que chef du gouvernement, d'une motion de défiance ou uniquement d'une motion de censure.

Si une telle attitude de la part de la Cour, en plus des allégations sur sa partialité, pourrait dissuader l'opposition politique à recourir au juge constitutionnel, il apparaît aussi que ladite opposition n'a pas encore su utiliser, d'une manière fréquente, l'arme constitutionnelle qui lui est réservée dans le cadre de la protection de la démocratie et de l'État de droit. Pourtant, elle n'est pas toujours d'accord avec la majorité, dont elle critique souvent l'obstination effrénée à adopter toutes les lois qu'elle veut, en l'absence d'une minorité de blocage au Parlement. Malgré tout, il n'en demeure pas moins que la tendance du moment est à la juridictionnalisation de plus en plus croissante de la vie politique au Congo.

C.2. La tendance à la juridictionnalisation de plus en plus croissante de la vie politique en RDC

C'est une très bonne chose que la politique et ses animateurs soient saisis par le droit, longtemps supplanté par le recours à la lutte armée ou à d'autres formes de violences sociales comme moyen de revendications politiques. Le recours au juge constitutionnel est devenu tantôt une obligation, tantôt une faculté, tantôt de plus en plus une nécessité. Parallèlement, l'autorité reconnue à la juridiction constitutionnelle, bien que parfois contestée, a tendance à réussir à s'imposer sur toute la classe politique, qui ne fait guère qu'obéir à ses arrêts.

La vérification de ces deux hypothèses a déjà été faite en partie.

Le Président de la République a l'obligation de saisir la Cour, chaque fois que le Parlement aura adopté une loi organique, afin d'en contrôler la conformité à la Constitution. Il a par ailleurs acquis la coutume de s'en remettre au juge constitutionnel, en sollicitant l'interprétation que celui-ci fait du texte de la Constitution dans le but de bien fonder ses actes en droit. Cette coutume prit l'envol, sous la transition de 2003 à 2006, avec l'Avis RL09 du 20 janvier 2004 sur les difficultés d'interprétation des articles 76 et 94 de la Constitution de la transition.

Dans cette espèce, la CSJ était tout de même incompétente pour statuer sur la requête du Président de la République en assemblée mixte de sa section de Législation, étant donné que l'interprétation du texte constitutionnel relevait de la compétence de la CSJ, toutes sections réunies, en tant que juridiction constitutionnelle. Cette erreur a été dénoncée par la doctrine, si bien que la Cour a dû se corriger lorsqu'elle a été appelée, à nouveau, à se prononcer sur la requête du Président de la République tendant à obtenir, selon son auteur, un avis consultatif sur la contrariété éventuelle à la Constitution de certaines dispositions du Traité OHADA. La Cour s'y est prononcée, on l'a vu, par son Arrêt R.CONST.112/TSR du 05 février 2010, en disant presque sans motivation que le Traité de l'OHADA ne comporte aucune clause contraire à la Constitution. La conséquence, c'est que le Président de la République a promulgué, le 11 février 2010, la Loi autorisant l'adhésion de la RDC audit Traité.

Dans les cas concernant les provinces, l'on remarque que la Cour a été sollicitée pour résoudre des conflits entre les organes exécutifs et les assemblées provinciales. Sur les trois cas au moins portés devant la Cour, ses arrêts ont été exécutés. En effet, le Gouverneur du Kasaï occidental est resté en poste, de même que celui du Sud-Kivu, avant que ce dernier ne démissionne quelques semaines après le prononcé de l'arrêt du 26 décembre 2007. Quant au Gouverneur de l'Equateur, l'arrêt de la Cour du 04 mai 2009, rejetant son recours en inconstitutionnalité de la motion de défiance votée contre lui par l'Assemblée provinciale, a conduit à son remplacement, à l'issue d'un scrutin partiel, par Baende Jean-Claude. Il s'agit là de la confirmation de l'autorité de la juridiction constitutionnelle, à laquelle l'Assemblée nationale ne s'est pas elle-même dérobée, quoi qu'on dise, dans l'affaire de 18 députés invalidés.

Ainsi, ces quelques résultats nous paraissent encourageants. Ils le seraient davantage si la Cour améliore, par la qualité de son travail et le respect de son indépendance par tous, son crédit vis-à-vis de ses justiciables. Dans un État post-conflit, il est difficile d'imaginer que sans la confiance que ceux-ci accordent en la justice, on construira durablement un Etat de droit. Si la justice devient politique et partisane, à la solde du pouvoir, elle devient arbitraire et porte, en définitive, le germe de la conflictualité sociale, de nature à mettre à néant tous les acquis démocratiques, du constitutionnalisme et de l'État de droit, difficilement obtenus à sang et à cris.

Section III : Etude particulière des jurisprudences en matière électorale et leur incidence

Cette section s'intéresse à la présentation et à l'analyse d'un échantillon des décisions en matière de contentieux électoral en plus de celles déjà étudiées ci-dessus pour la présidentielle et la législative et ce, de manière emblématique, en vue d'en déduire non seulement l'incidence de ces décisions par rapport au régime juridique actuel de notre organisation électorale mais également les difficultés du point de vue de l'administration de la preuve en matière électorale éprouvée par le juge électoral et en fin , une proposition sera faite en vue de permettre l'amélioration de notre système électoral. Il sied de noter que d'autres arrêts, non de moindre importance ont fait l'objet d'analyse et ont été commentées supra. Bien avant tout, nous situerons la typologie du contentieux électoral.

En effet, dans un procès, l'objet est l'avantage auquel prétend une partie et que conteste l'autre ; ce qu'une partie demande et que conteste son adversaire. (res contestata, res litigiosa.).L'objet du litige est déterminé par les prétentions respectives des parties[789] (2).Principalement, le contentieux électoral porte sur :

- la contestation de la validité de candidature (art. 25 et 27 nouveaux et 26 ancien) ;
- la contestation de la liste des candidats (art. 25 et 27 nouveaux et 26 ancien) ;
- la contestation de la régularité des résultats du scrutin (art. 72 à 76 et 74 bis à 74 quinquies nouveaux) ;
- la demande d'annulation partielle ou totale d'un scrutin de vote (Idem).

Tous ces types de contentieux visent à ce que les élections puissent exprimer la volonté de l'électeur, c'est-à-dire exprimer l'authenticité, la sincérité de l'électeur. Il sied de noter qu'aucune étape ou contentieux n'est pas à négliger pour avoir une incidence sur le sort d'un ou de l'autre candidat, même s'il a été déjà élu ou même quand il exerce les fonctions. C'est par exemple, lorsqu'il est découvert en plein mandat que le candidat qui a été élu, n'est pas de la nationalité congolaise ou a été frappé par la déchéance d'être candidat au moment du dépôt de sa candidature.

§1. Présentation, analyse et commentaires de l'arrêt inscrit sous le RCE 011/PR

Il s'agit pour cette décision du recours en contestation des résultats de l'élection présidentielle de 2011 introduit par le parti politique l'Union pour la Nation congolaise de Kamerhe Wakaningini Vital contre le candidat déclaré provisoirement élu par la commission nationale électorale indépendante en date du 9 novembre 2011, c'est-à-dire Kabila Kabange Joseph et la Commission électorale indépendante.

La Cour suprême de justice siégeant en matière de contentieux électoral a rendu l'arrêt à son audience publique du 16 décembre 2011 que nous présenterons les points essentiels du requérant et la réponse de la Cour suprême de justice siégeant comme juge de l'élection.

A. Objet de la requête en substance

Pa sa requête datée du 12 décembre 2011 et réceptionnée le même jour, l'Union pour la Nation Congolaise saisit la CSJ en contestation de l'élection présidentielle du 28 novembre 2011 en ces termes :

Attendu que l'élection présidentielle que l'union pour la nation congolaise conteste le résultat provisoire a été émaillée de plusieurs irrégularités, lesquelles ont influe de manière déterminante sur lesdits résultats et ce conformément à l'article 73 de la loi N0 11/003 du 25/11/2011

789 Gérard CORNU, *Vocabulaire juridique*, 2ème éd. Janvier 2001, p. 586

modifiant la loi N0 06/006 du 9/3/2006 portant organisation des élections présidentielle, législative, provinciale, urbaine, municipale et locale.

Sur le plan de forme : Le requérant évoque l'article 73 de la loi électorale susvisée qui désigne ceux qui peuvent saisir la cour en contestation électorale et le délai dans lequel l'on doit saisir la Cour.

En l'espèce, la commission électorale nationale indépendante a annoncé les résultats provisoires de l'élection présidentielle de 2011 le 9/11/2011 et le recours a été déposé le 12/12/2011, le 11 étant le dimanche.

Sur le plan de fond : Le requérant évoque entre autres, la violation de la loi électorale par la commission électorale nationale indépendante, spécialement l'article 8 qui prévoit que la CENI publie la liste des électeurs par province et circonscription électorale au plus tard 30 jours avant la date du début de la campagne électorale dans chaque bureau de vote, la liste des électeurs est affichée 30 jours avant la date du scrutin. Pour le requérant, ces dispositions n'ont pas été respectées par la CENI. La CENI ne l'a pas fait 48 heures avant la date du scrutin c.-à-d. le 26 novembre 2011.Ce ce qui explique le rapport du 10 décembre 2011 du centre carter sur la faible participation. Pour le requérant, l'article 47 al 3 de la loi sous examen a été également viole par la CENI. Cette disposition demande à la CENI de publier la liste des bureaux de vote et leur localisation 30 jours avant la date du scrutin.

En effet, poursuit le requérant, la cartographie des bureaux de vote devrait être connue. En outre renchéri-t-il l'article 38 dispose que l'absence des témoins n'est pas un motif d'invalidation du scrutin sauf si elle est provoquée de manière intentionnelle et les alinéas 4 et 5 de dire les copies des procès-verbaux sont remises aux témoins et le président du bureau invite les témoins à accompagner les Procès-verbaux des opérations électorales. En effet, les Procès-verbaux préparés par la CENI n'ont prévu intentionnellement la place de signature de 5 témoins, alors que la loi électorale fait obligation à chaque témoin d'apposer sa signature.

Cette manœuvre prépare au départ la fraude. Ces procès-verbaux ne sont pas conformes à la loi, alors qu'ils ont déterminé les résultats. Le non accompagnement du transfert des procès-verbaux de centre de vote aux bureaux de compilation par des témoins de l'UNC a favorisé comme souligne le centre carter les fraudes, Monseigneur Mosengo Pasinya massives, cas du centre de copulation FIKIN (foire internationale de Kinshasa). En outre, aucun accès officiel au centre national de traitement n'a été accordé aux témoins UNC et même aux observateurs.

Le requérant souligne aussi la non disponibilité de bulletin au nombre des électeurs enrôlés, les bulletins de vote coches en avance au profit de Kabila, candidat annoncé élu par la CENI ont été retrouves entre les mains de certains individus, tel est le cas de l'affaire MP contre Néron MBUNGU instruite par devant votre Cour.

L'UNC évoque l'utilisation des biens, le personnel de l'État à de fin de propagande du candidat annoncé élu par la CENI, alors que l'article 36 sanctionne de tel comportement par l'annulation de la liste du parti ou du regroupement que pour prouver ,le requérant cite la demande du président de la CENI à la majorité présidentielle d'enlever les effigies de leur candidat devant les édifices publics, alors que cette violation de la loi aurait dû conduire la CENI à la radiation du candidat de la majorité présidentielle.

Pour l'UNC, les résultats manquent aussi de sincérité parce que différents de ceux publiés après le dépouillement, comme l'a déclaré le vice-président de la CENI à la Radio France Internationale qu'il y avait absence de transparence et il a signé pour éviter la crise institutionnelle. L'UNC conclut en ces termes : que la cour reçoive sa requête et la déclare totalement fondée et en conséquence annuler la décision de la CENI relative à la proclamation des résultats provisoires de l'élection présidentielle, et en conséquence ordonner l'organisation d'une nouvelle élection présidentielle dans le délai de la loi. Tel est l'argumentaire de la partie requérante.

Pour la CENI, l'arrêt reprend juste le dispositif en ces termes : En principal, la cour dira irrecevable le recours du parti UNC et subsidiairement, la cour constatera l'absence de preuve.

Pour le ministère public, l'arrêt qui a repris juste son dispositif en ce terme : déclarer recevable mais non fonde le recours UNC.

Pour la Cour

Au niveau de la procédure, il faut noter que les avocats qui représentaient le candidat dont l'élection est contestée ont été demandés de se retirer parce que ayant déclaré que le candidat qui n'a pas comparu en personne n'avait pas demandé à être entendu et ce en application de l'article 74 quarter in fine qui dispose : le requérant et le candidat dont l'élection est contestée peuvent demander à être entendus, assistés, s'ils le souhaitent d'un avocat.

Concernant le dépôt tardif des pièces que la CENI et les Avocats du candidat dont l'élection est contestée sollicitent, la Cour relève qu'il ne peut emporter irrecevabilité de recours, l'article 74 ter susvisé n'étant pas prescrit à peine de nullité. L'irrecevabilité sollicitée sur pied de l'article 75 est en tort parce que l'UNC est représentée par son président.

La Cour rappelle avant toute chose qu'en règle générale en matière de contentieux des résultats, le juge électoral vérifie l'authenticité et la sincérité du scrutin, ils recherchent les incidences des irrégularités constatées sur les résultats. Dans cette optique ne sont retenues que les irrégularités susceptibles de fausser les résultats de l'élection, eu égard notamment à l'écart de voix entre candidats. Il est dès lors évident que la simple violation de la loi n'entraine pas nécessairement l'annulation de résultat de l'élection, le juge pouvant confirmer celle-ci s'il estime que non seulement que les faits allégués ne sont pas établis, mais également qu'ils ne sont pas de nature à modifier le résultat, en dépit d'une irrégularité constatée dans le déroulement de la campagne ou des opérations de vote. La Cour relève que les moyens de preuve pris en compte sont les procès-verbaux dans l'appréciation de la régularité du scrutin.

Sur les violations alléguées, la Cour relève que le requérant n'apporte pas de preuve de ce que des violations alléguées auraient profité, à ses dépens, de manière particulière à l'un ou l'autre de onze candidats à l'élection présidentielle, autant qu'elle ne démontre pas en quoi elles auraient influé sur le taux de participation au scrutin et même qu'elles seraient la seule cause de ce taux dont la moyenne nationale de 58,8% est tout de même relativement élevée, ni le requérant ne produit pas la liste des bureaux de vote ou ses témoins n'ont pu être déployés à temps, ni celle de ses témoins dont l'accréditation aurait souffert du retard de publication des bureaux de vote de leur localisation.

La Cour observe qu'en tout état de cause quand bien même cette preuve aurait été rapportée, il est clair que les violations susvisées de la loi n'auraient aucune incidence sur les résultats du scrutin, eu égard à l'écart entre les candidats. S'agissant de la sincérité, la Cour constate que contrairement à ses propres allégations, le requérant ne rapporte pas la preuve de l'existence de deux procès-verbaux de compilation du centre local de copulation des résultats.

Par ce motif, dit la Cour, reçoit le recours mais le dit non fondé et dit qu'il n'y a pas lieu à paiement de frais de justice. Tel est le déroulement de cette procédure.

B. Analyse et commentaires de l'arrêt

De la lecture de l'arrêt susvisé, il ressort une difficulté sérieuse dans l'administration de preuve par le juge des élections. En effet, lorsque la cour ramène chaque fois au requérant le devoir d'apporter la preuve, il est à observer que le juge électoral confond l'administration de la preuve dans un procès en matière privée et en matière pénale ou la règle est ACTORI INCUMBIT PROBATIO avec celle du procès public en l'espèce, le procès en matière électorale en particulier et constitutionnel en général, voir en contentieux administrative. Dans ces derniers contentieux, le juge reste celui du redressement des actes en prenant en compte un certain nombre d'axiomes.

En d'autres termes, le juge de l'élection n'est pas non seulement passif pour exiger au requérant tous les moyens de preuve, mais surtout, il est le juge du contrôle de la sincérité, régularité, bref de la moralité du déroulement des élections. Bref, il ressort du raisonnement du juge que seul le requérant a, la charge de la preuve et ces preuves sont appréciées, selon les termes du juge, non par sa vocation d'attester la non sincérité de l'élection, mais de nature à renverser la différence entre candidats. Cette conception du juge est erronée à notre avis.

En effet, si la charge de la preuve incombe au seul requérant, l'article 74 quarter in fine de la loi électorale que la cour a évoqué pour demander aux avocats du candidat dont l'élection est contestée de quitter le prétoire ne devrait pas utiliser le verbe pouvoir à la place de devoir lorsqu'il dit : Le requérant et le candidat dont l'élection est contestée peuvent…

Nous pensons que le contentieux électoral, tout comme le contentieux constitutionnel restent le contentieux d'intérêt public, est compris comme tel, le ministère de l'Etat est le bien indiqué pour chercher à tout prix la sincérité de l'élection. C'est d'ailleurs pour cette raison que leur procédure se déroule sans frais, contrairement aux contentieux administratif et privé ou les intérêts peuvent être mixtes.

Il découle également du raisonnement du juge des élections qu'il confond sa tâche avec celui du juge de constat, alors qu'il est le juge du contrôle de déroulement normal de l'élection et non des parties à la compétition.

En d'autres termes, le juge du contentieux contrôle les actes posés par les candidats et l'administration électorale pour voir s'ils répondent aux exigences de l'égalité, de la liberté, de la régularité, authenticité, bref de la sincérité.

Il n'est pas le juge de la légalité. Cela ne veut nullement pas dire qu'il ne contrôle pas la régularité des actes ou de comportement des acteurs au processus électoral. C'est au vu de cette difficulté que dans son dispositif, la Cour n'a pas dit s'il confirme la décision de la CENI ou non, mais, s'est juste arrêtée à dire : reçoit le recours et le dit non fondé, alors que le requérant a demandé l'annulation de la décision de la CENI, donc du scrutin.

La tendance souvent pour la cour a appelé la CENI confirme l'équivoque entretenue par le juge des élections avec celui du droit privé sous prétexte au respect du principe de contradictoire.

En effet, le contentieux électoral est un procès contre l'acte et non contre une personne qui doit être considérée comme défendeur ou intimé en cas d'appel. La CENI ne peut être appelée par la Cour que lorsqu'elle estime avoir besoin de son éclaircissement sur tel ou tel point, donc à titre d'expert. C'est ce qui justifie l'usage du verbe pouvoir au prescrit de l'article 74 de la loi électorale.

C. En ce qui concerne le défaut de notification de la requête en annulation des résultats à toutes les parties à la cause

Il faut rappeler que l'arrêt RE 007 notifiant l'arrêt RCE 011/PR repose sur des prémisses erronées en ce sens qu'il considère que la requête introduite par Monsieur Kamerhe Wa Kanyingini Vital en date du 12 décembre 2011 enrôlée sous les références RCE 011/PR a été examinée par la CSJ conformément à la Loi. Or, ce n'est pas le cas. En effet, l'arrêt RE007 souffre d'un vice de forme très grave lequel est consécutif au refus de la CSJ de notifier aux neuf autres candidats la requête en annulation de tous les résultats provisoires de l'élection présidentielle du 28 novembre 2011.

Ceci, conformément à la loi électorale telle que rappelée par Monsieur Jérôme Kitoko Kimpele Premier président de la CSJ, dans sa note circulaire n° 014 du 27 septembre 2011 relative à la non- admissibilité de la procédure de tierce opposition en matière de contentieux électoral, en ces termes :

« (...) Il est dès lors hors de question que soient reçues par le Juge électoral des actions en tierce opposition dirigées contre des arrêts ou jugements statuant sur des contestations électorales, non seulement parce que la loi électorale ne prévoit pas cette voie de recours, mais également parce que son article 74 ter alinéa 5 garantit le principe du contradictoire, en faisant obligation au greffier de notifier la requête en contestation des résultats du scrutin "au candidat dont l'élection est contestée, au parti politique ou regroupement politique ayant présenté un candidat ainsi qu'à la Commission électorale nationale indépendante", lesquels "peuvent adresser à la juridiction saisie un mémoire en réponse dans un délai de trois jours après notification", étant entendu que " l'absence du mémoire en réponse n'est pas suspensive de la procédure" ».

En l'espèce, le Greffier de la Cour Suprême de Justice a curieusement notifié la précitée requête en annulation des résultats de l'élection présidentielle du 28 novembre 2011 par exploits séparés de l'huissier Sasa Nianga de la Cour au seul candidat Kabila Kabange Joseph, et à la Commission électorale nationale indépendante. Ceci, alors que la requête introduite par Kamerhe Wa Kanyingini Vital concernait l'annulation des résultats de tous les onze candidats à l'élection présidentielle. Pour rappel, le candidat Kamerhe Vital a été classé troisième suivant l'ordre de proclamation des résultats provisoires publiés par la CENI.

En raisonnant par l'absurde, si Kamerhe Wakanyingini Vital avait la prétention d'avoir obtenu un score supérieur à celui de Kabila Kabange Joseph, cela voudrait dire qu'automatiquement le candidat Tshisekedi Wa Mulumba Etienne arrivé pourtant en deuxième position devrait être relégué à la troisième place. Ce dernier subirait ainsi -sans pouvoir ester en justice – un préjudice certain. Dès lors, la Cour était dans l'obligation de notifier la requête de Kamerhe Wakanyingini Vital au moins au candidat Tshisekedi Wa Mulumba Etienne même si celui-ci n'avait pas introduit de recours similaire. Ceci, d'autant plus que la procédure de tierce opposition en matière de contentieux électoral n'est pas admissible conformément à l'article 74 ter alinéa 5 de la loi électorale susmentionnée.

A cet égard, lors de l'audience publique du 15 décembre 2011, le parti politique UNC comparu par son Président national, Monsieur Kamerhe Wakanyingini Vital, assisté de ses avocats va demander, à juste titre, le renvoi de la cause à une audience ultérieure pour permettre à la Cour de notifier la requête de ce dernier aux neuf autres candidats à l'élection présidentielle.

Statuant sur la question, la Cour répondit que la cause était bien en état, car les candidats n'ayant pas exercé leur droit de recours dans les deux jours depuis l'annonce des résultats provisoires par la CENI, ni manifesté l'intention de le faire, ni mandaté la requérante ou ses conseils en ce sens, n'avaient pas intérêt dans la présente cause, à laquelle ils ne sont pas parties.

Pourtant, l'un des candidats à l'élection présidentielle du 28 novembre 2011 en l'occurrence Monsieur Kasese Malela François Nicefort s'est présenté spontanément à la précitée audience publique du 15 décembre 2011 afin de comparaître volontairement. Ceci, malgré le fait qu'il n'avait pas reçu notification de la requête de Kamerhe Wakanyingini Vital. Mais, la Cour va paradoxalement signifier à celui-ci qu'il n'est pas partie à la cause.

Il sied de souligner que les questions soulevées par la comparution volontaire du candidat Kasese Malela François Nicefort d'une part et d'autre part, le refus d'entendre celui-ci par la Cour ne sont ni évoqués ni motivés dans l'arrêt R.C.E 011/PR déboutant le candidat Kamerhe Wakanyingini Vital. Ce qui viole gravement non seulement les prescrits de l'article 21 de la Constitution de ce pays lesquels stipulent que : « *Tout jugement est écrit et motivé. Il est prononcé en audience publique.* »[790]

Soulignons que ce déni de justice viole aussi gravement les prescrits de l'article 19 de la Constitution de la République Démocratique du Congo lesquels énoncent que :

"Toute personne a droit à ce que sa cause soit entendue dans un délai raisonnable par le juge compétent."[791]

Après cet incident, Kamerhe Wakanyingini Vital et ses avocats quitteront la salle d'audience afin de dénoncer la partialité et l'absence d'indépendance de la Cour par rapport à Kabila Kabange Joseph.

1. En ce qui concerne l'absence de force probante de l'arrêt R.E.007:

On peut observer que la Cour Suprême de Justice n'a pas fondé sa décision sur les procès-verbaux originaux de dépouillement des bureaux de vote. En effet, la Cour s'est contentée des fiches des résultats (PDF) lui transmis par la CENI alors que celle-ci était considérée comme une partie à la cause au même titre que les candidats. A titre indicatif, dans l'arrêt R.C.E. 011/PR déboutant la requête en contestation introduite par Kamerhe Wakanyingini Vital, la Cour prétend avoir opéré des vérifications des résultats revendiqués par le requérant dans le Nord-Kivu, le Sud-Kivu et l'Ituri, et déclare que les dites vérifications opérées confirment plutôt des chiffres publiés par la CENI.

A cet égard, fait observer que la Cour a tout simplement fondé sa conviction sur les fiches informatisées qui lui ont été fournies par la CENI laquelle est une partie à la cause, et non sur les procès-verbaux originaux de dépouillement des bureaux de vote !

Plus grave, souligne que l'arrêt R.E.007 contient des données falsifiées notamment le nombre d'électeurs enrôlés, le nombre de votants, le nombre

790 Constitution de la RDC du 18 février 2006
791 Constitution de la RDC du 18 février 2006

de bureaux de vote compilés, le taux de participation au vote, ainsi que les scores des candidats.

Si on se fondait sur le taux d'accroissement annuel moyen de la population générale en République Démocratique du Congo lequel est estimé par le service d'études de la Banque mondiale et l'Institut national des statistiques de la RDC à 3% par an d'une part et d'autre part, sur le rapport partiel publié le 3 août 2011 par la firme belge ZETES relatif à la recherche des doublons dans le fichier électoral congolais. Ainsi, Il est à souligner que le chiffre de 32.024.640 électeurs enrôlés (resté constant depuis la publication par la CENI le 24 juillet 2011 de la dernière note de clôture relative à la révision du fichier électoral, à ce jour) est une falsification grossière du nombre d'électeurs réellement enrôlés par la CENI.

Ce qui rend illégal le calcul du quotient électoral et la répartition du nombre de sièges à pourvoir au sein des Parlements tant national que provincial.

Rappelons aussi que le Pasteur Ngoy Mulunda Daniel Président de la CENI avait fait état de l'existence de 119.000 doublons[792] dans le fichier électoral (Mais, en réalité ce chiffre est d'au moins 1,3 million de doublons). Pourtant, la CENI n'a jamais radié un seul des 119.000 doublons criminels du fichier électoral ni engagé des poursuites contre un seul des présumés contrevenants. Dès lors que les 119.000 personnes se sont enrôlées plusieurs fois et possèdent un nombre incalculable de cartes d'électeur, nous pouvons supposer que ces personnes font partie des 3.2 millions d'électeurs ayant voté de manière anarchique sur la fameuse liste des omis.

Rappelons que les agents de la CENI ont enrôlé des mineurs d'âge sur toute l'étendue du territoire congolais non seulement en violation de la loi électorale et de la Constitution de la République Démocratique du Congo, mais aussi en violation de la charte et des conventions internationales des droits des enfants.

2. Contentieux électoral des législatives de 2011

Dans les 519 recours enregistrés, la Cour a rendu 476 arrêts en raison de leur connexité et seul 32 députés ont vu leur élection invalidée par la cour suprême de justice793. La haute cour a, pour la plupart de recours, déclaré que les parties requérantes n'ont pas présenté des preuves suffisantes et valables pouvant remettre en cause les résultats de la Commission électorale nationale indépendante.

Selon elle, les cent cinquante autres recours traités précédemment ont péché par la forme. Les appels introduits par les candidats sont irrecevables pour défaut de qualité des demandeurs en justice. Les personnes qui ont saisi

792 Propos tenus lors d'une communication avec la Presse sur l'évolution du processus électoral et Rapporte par Radio Okapi en 2011
793 www.radookapi.net du 14 janvier 2012

la cour pour contester les résultats n'avaient pas qualité de le faire, conformément à la procédure en vigueur sur le contentieux électoral, explique la haute Cour.

Le juge électoral congolais met à la charge du requérant la charge de la preuve des faits qui sont alléguées (c'est notamment à ce dernier qu'il exige de prouver que les voix attribuées à son concurrent ne correspondent pas aux voix qu'il avait obtenues (CA Kin/Gomba , 9.2.2007, RCE 009, Aff. BALUKU contre LUTUMBA) ; attitude que nous avons critiquée ci haut étant attendu que le contentieux électoral reste un procès d'intérêt public qui demande par conséquent l'implication primordiale de service attitré de l'État en cette matière.

Le juge électoral congolais met également la charge de la preuve de fabrication des résultats dénoncés à charge de requérant (CSJ, 30 janvier 2007, Aff. Maxime)

Le juge électoral congolais exige, en preuve de corruption des électeurs, de leur intimidation et de l'illégalité de la campagne électorale, que le requérant produise les procès-verbaux contenant les observations de ses témoins, les procès-verbaux établis par les autorités judiciaires compétentes, etc. (CSJ, appel, 12 mars 2007, RCE 029, aff. Ngoy KASANJI)

Sur le préjudice causé au candidat dont la photo a été manipulée, le juge électoral congolais exige du requérant de produire non pas un seul bulletin mais plusieurs bulletins pour mesurer l'étendue du préjudice subi (CSJ, 12 février 2007, RCE 047, aff. KABASELE MAKANGU)

Le juge électoral congolais exige du requérant les preuves de la distorsion du nombre des voix entre les chiffres affichés dans les centres de votes et ceux publics officiellement (CSJ, 23 janvier 2007, RCE 088, aaf. David M'BWANKIEM)

Il en est de même de la preuve des irrégularités (CSJ, 3 janvier 2007, RCE 093, Aff. KOLOSO SUMAILI, CSJ 3 janvier 2007, RCE 176, Aff. CODEP CSJ 14 novembre 2006, RCE 301, aaf. DC) ;

En matière des résultats, le juge électoral congolais exige que les candidats en lice, des bulletins blancs et nuls dans sa circonscription (CSJ, 26 février 2007, RCE 281, Aff. PDC) ;

Le juge électoral congolais se dit en impossibilité d'apprécier de l'impact d'une irrégularité sur les résultats contestés lorsque le requérant n'apporte pas les éléments chiffrés des opérations de vote (CSJ), 3 janvier 2007, RCE/DN/KN313, aaf. IYAMBI MBULI, CSJ, 12 janvier 2007, RCE 324, Aff. BEYA MUKOKO).

Le juge électoral congolais exige la preuve du paiement de la caution par la production du récépissé (Art 18 LE) et qu'en cas de décès d'un candidat, le mandataire doit se conformer à l'article 16 de la loi électorale pour son inscription complémentaire (CSJ, 4 avril 2007, RCE 386/393, Aff. PPRD contre CEI) ;

Il exige également la preuve par données objectives et vérifiable les (Cs, 1 février 2007, RCE 74/224, Aff. KASWENDE)

3. Les arrêts en référence des observations annotées des décisions du juge électoral aux élections législatives telles que décrites ci haut (cfr annexes).

4. Contribution aux difficultés dénichées dans les arrêts susvisés

Au vu des difficultés épingles dans notre analyse, notons que l'état actuel de la législation électorale et de la loi organique sur la cour constitutionnelle récemment promulguée ne permettra pas au juge de l'élection de disposer de manière efficace les éléments de preuve pour contrôler le processus électoral du début à la fin. Pour se faire, la mise en profit de la théorie de la cascade expliquée ci-dessus, la désignation ou l'élection des juges commissaires des élections comme le juge de l'élection lui-même et le renforcement du statut des juges de l'élection contribueront à coup sûr à l'amélioration du contentieux électoral en République démocratique du Congo.

Section IV : Investiture des Juges, Garantie de l'indépendance

Cette section analyse les conditions de nomination des autres juges qui connaissent du contentieux électoral au niveau provincial, municipal et local en vue d'en déduire les limites à la contribution d'un État de Droit et de proposer certaines pistes de solution.

Les juges des Cours d'appel et des Cours de district, comme pour les juges de la Cour suprême sont nommés par le président de la République sans approbation du Sénat ou de l'Assemblée nationale. Nous pensons que cette façon de faire ne permet pas l'avènement d'un juge à l'abri du devoir d'ingratitude. La prise en compte de la théorie *de la légitimité équipollente* qui veut qu'à la légitimité égale, indépendance égale favorisera cette indépendance qui conduit à l'impartialité du juge, donc une des conditions pour la légitimité et la crédibilité de ses actes dans le processus électoral.

Cette théorie vise l'équilibre d'esprit entre le juge, les candidats et les électeurs aux élections et renforce le devoir d'ingratitude dans le chef du juge. Ainsi, nous pensons que les juges de la Cour constitutionnelle et ceux du contentieux des élections, surtout celles de grandes autorités du pays, donc présidentielle et législative doivent être investis et non être nommés par le Président de la République sur approbation soit d'un vote majoritaire populaire dans les différentes circonscriptions et disposés d'un mandat plus ou moins long, comme il est le cas aux États-Unis. Ces juges exercent leur fonction pendant la période d'un « comportement exemplaire ».

Les juges investis doivent justifier de bonne renommée morale et intellectuelle. Il peut s'agir souvent d'avocats, professeurs de faculté de droit, juges de tribunaux, tous jouissant d'une très bonne renommée et d'un back round spécialisé en droit public et en tout au moins en politique. Une fois ces juges nommés, leur salaire ne peut être réduit. Les juges ne peuvent être destitués de leur poste que par l'intermédiaire d'un processus de mise en accusation (impeachment) au cours duquel des accusations sont présentées par la Chambre des représentants et un procès est organisé. Ces protections permettent aux juges d'exercer un jugement indépendant sans interférence ni influence politique ou externe.

Nous pensons que, les juges sélectionnés par élection populaire jouiront d'un équilibre du pouvoir qui assurera leur indépendance de tous les candidats. Ces élections peuvent être partisanes ou non, et les candidats à la nomination judiciaire ou de l'élection doivent satisfaire certains critères de qualification, tels qu'être un praticien du droit depuis plusieurs années. A quelques exceptions près, les juges assurent leur fonction durant des mandats à durée spécifique non renouvelables. Ce mandat non renouvelable mais long évitera au juge d'être dépendant vis - à -vis de ses électeurs et des politiques.

Procureur

Les procureurs font partie du Département de la Justice de la branche exécutive du pouvoir, comme a confirmé la dernière révision de la constitution du 18 février 2006. Le Procureur général de la République qui se trouve à la tête du Ministère public doit aussi être investi par la même procédure que les juges et le reste nommés par le Président de la République. Cette position se justifie d'abord parce que, il est l'organe qui peut déclencher la procédure de poursuite contre tous magistrats. Si jamais, il reste nommer par le Président de la République, ce dernier risque tout le temps de lui donner des injonctions de poursuite contre les juges, qui échappent à sa nomination et les opposants et par conséquent, un moyen sûr de les affaiblir et d'affaiblir la démocratie, mieux l'État de droit.

En suite la nomination des autres membres du Ministère public pour la simple raison que ces derniers ne disent pas le droit, quand bien même ils recevront des injonctions de prendre telle ou telle position, les juges ne sont pas liés à leur réquisitoire. En fin, l'indépendance du pouvoir judiciaire est plus question du juge que du Ministère public, qui a toujours une nature hybride.

§1. Les garanties constitutionnelles et l'attitude de "garçon de course" de l'exécutif

En dépit de toutes ces prérogatives définies par la Constitution sur l'indépendance du juge, on ne peut s'empêcher de se demander pourquoi la Cour suprême de justice de la République Démocratique du Congo se déclare-t-elle toujours soit incompétente soit l'action irrecevable ? Avec El Hadji Mbodj, *«cela résulte de la nature de l'institution».* Comme indiqué au plus haut, la volonté du constituant français sur lequel la République

Démocratique du Congo a copié son modèle, n'était pas de mettre en place une véritable justice constitutionnelle.

En réalité, le premier handicap pour ce genre de juridiction concerne l'appellation même de la juridiction. M. Mbodj cite l'exemple de l'Allemagne où on a un Tribunal fédéral constitutionnel, de l'Autriche et de l'Italie qui disposent d'une Cour constitutionnelle ou encore l'Espagne avec son Tribunal des garanties constitutionnelles pour dire que ces juridictions sont mieux outillées et mieux préparées pour contrôler la constitutionnalité des lois. En réalité, un Conseil *«n'exerce que les attributions qui lui sont dévolues expressément par la Constitution».*

A la différence d'une Cour ou d'un Tribunal qui peut statuer en toute circonstance pour éviter les dénis de justice. *«S'il n'ya pas une loi la cour va en trouver ; si la loi est obscure et ambiguë, la cour peut la clarifier et l'appliquer au cas d'espèce»,* explique le Professeur. La Cour serait donc compétente pour trancher tous les problèmes de droit relatifs à la Constitution. Par contre au Sénégal, le Conseil se limite au contrôle de la conformité des lois organiques, des lois simples et des règlements des Assemblées.

Les autres questions concernant le droit ne peuvent pas être réglées. C'est le cas par exemple des députés exclus de l'Assemblée nationale. Le Conseil a déclaré son incompétence parce *«qu'effectivement la loi ne lui donne pas le pouvoir de statuer sur la question»,* estime M. Mbodj. On se rappelle, également, la mise en accusation du Premier ministre, Idrissa Seck où la violation de la Constitution était flagrante parce que le quorum exigé à savoir les 3/4 des membres de l'Assemblée nationale n'était pas atteint. Mais, le prévenu était privé de recours car le Conseil dira simplement qu'il n'est pas compétent.

Alors qu'une Cour aurait pris ses responsabilités et statué en toute circonstance.

C'est la raison pour laquelle, la tendance en cours dans les pays en voie de développement est d'aller vers des Cours pour remplacer les Conseils. Sur ce point en ce qui concerne la Cour constitutionnelle, l'inquiétude est à rejeter, cependant un ordre de juridiction garde cette même appellation, c'est le conseil d'Etat prévu par la constitution du 18 février 2006.

Il y a donc lieu de se poser la même question sur l'efficacité d'un tel conseil pour sanctionner les actes administratifs des autorités de l'État. C'est dans ce sens que dans leurs études Matadi Nenga, citées aussi par Kaluba Dibwa, Mabanga parlant de la justice congolaise de 1968 à nos jours, ils dressent un bilan qui énumère les écueils majeurs : le parti pris conceptuel selon lequel rien ne marche. Nous l'éviterons cependant en sollicitant l'opinion de la doctrine[794] et le point de vue de la magistrature elle-même[795].

794 Lire MATADI NENGA Gamanda, *Le droit a un procès équitable*, Louvain-la-Neuve, Kinshasa,-bruylant, DIN, 2002 ; BOSHAB E., « La misère de la justice et justice de la misère

En effet, les hauts magistrats ne sont-ils pas eux-mêmes à l'avant-garde d'une autocritique qui fonde une volonté de faire mieux que l'état des lieux ne peut pas toujours traduire ?

La doctrine congolaise qui s'est penchée sur cette question a presque unanimement opiné que la justice constitutionnelle congolaise comme le pouvoir judiciaire auquel elle a toujours appartenu est dans une léthargie [796] ou un dysfonctionnement [797]dont les causes sont aussi nombreuses que variées.

En détail, voyons à présent les causes de cet état morbide de la justice constitutionnelle congolaise.

Mabanga identifie trois types des raisons qui militeraient à la léthargie de cette justice en République démocratique du Congo. Il épingle les raisons d'ordre juridique ou de pure technique législative en ce que le législateur n'a jamais mis en œuvre les prescrits constitutionnels pour permettre à la justice constitutionnelle de fonctionner normalement. De même, le monopole de saisine confié au seul procureur général de la République n'était pas de nature à faciliter l'exercice.

Les raisons d'ordre politique ont fait que contester une loi ou mieux des lois présidentielles pouvait être considéré comme un acte de subversion susceptible d'entraîner un ostracisme que très peu de Zaïrois, à l'époque, étaient disposés à subir. Ces raisons politiques propres à un État patrimonial ont connu quelques inflexions pendant la transition d'après l'Accord global et inclusif de Sun City suite à une « reconsensualisation » de la vie politique et donc au partage du pouvoir qui permet le contrôle juridictionnel. Néanmoins, cet état de choses longtemps subi a induit une psychologie de la peur et dans le chef des juges et dans celui des justiciables de telle sorte que

---

en République démocratique du Congo »*Revue de la recherche Juridique*, N0 XXIII-74,23e année,74e numéro, PUAM,1998-3,pp.1163-1184. ; MBOYO EMPENGEEA LONGILA B.B. ; "La mégarde des modèles des constitutions euro-occidentale et l'élaboration d'une constitution Zaïroise de développement véritablement interiste », *Annales de la Faculté de droit*, vol.XXV, Kinshasa, PUZ, août 1996 ; MPONGO BOKAKO BAUTOLINGA, « Le contrôle de la constitutionnalité de lois sous l'acte constitutionnel de la transition du 9 avril 1994 », *Annales de la faculté de droit*, vol XXV, août 1996, Kinshasa, P.U.Z., pp.321-355. ; D. KALUBA DIBWA, « Le contrôle de constitutionnalité des lois et des actes ayant force de loi en droit positif congolais », *Revue du Barreau de Kinshasa/ Gombe*, N0 02/2006,pp.1-17.Il faut d'emblée souligner que la justice constitutionnelle dès l'origine a fait partie du pouvoir judiciaire et elle a en même temps subi les contrecoups assénés a cette fonction de l'État et ce, au gré de l'évolution politique et constitutionnelle du pays.

795 KENGO wa DONDO, *L'évolution jurisprudentielle de la Cour suprême de justice au Zaïre* (1968-1979), Mercuriale du 4 novembre 1978, C.S.J., Imprimerie Saint Paul, Kinshasa, 1979, p.135.

796 -MPONGO BOKAKO BAUTOLINGA, « Le contrôle de la constitutionnalité des lois sous l'Acte constitutionnel de la Transition du 9 avril 1994 », *Annales de la Faculté de Droit*, vol.XXV, août 1996, Kinshasa, P.U.Z., pp.321-355.

797 Lire MABANGA MONGA MABANGA, *Op. Cit*, p.79.

les actes des gouvernants sont considérés comme nimbés d'un halo de sainteté incontestable[798].

Matadi Nenga Gamanda, dans sa thèse défendue à Nanterre, brosse un tableau plus qu'exhaustif des causes qui rongent la justice congolaise et donc la justice constitutionnelle congolaise tant qu'elle est encore exercée par les mêmes magistrats de l'ordre judiciaire.

Il énumère ainsi la crise économique et l'effritement du traitement du personnel judiciaire, la corruption, le tribalisme, l'inadéquation de la législation, la très faible densité des juridictions, l'inadéquation des ressources humaines et des infrastructures, la culture congolaise et la subordination des magistrats.

Cet auteur classe donc les deux dernières causes parmi les obstacles médiats tandis que les six premières feraient partie, selon lui, des obstacles immédiats à l'effectivité du pouvoir judiciaire[799].

Il est vrai qu'une telle énumération ne peut que recueillir les suffrages de la doctrine sauf à voir que le tribalisme tout comme la corruption induisent non seulement une grave crise économique, une faible densité des juridictions faute de moyens financiers, l'inadéquation des ressources humaines et des infrastructures ; le tout débouchant sur une inadéquation de la législation car non en phase avec la culture du peuple.

L'on ne peut faire reproche au bâtonnier Matadi Nenga Gamanda de n'avoir pas tenté une hiérarchisation desdites causes du point de vue de leur structuration cybernétique. Il nous semble que telle n'a pas été sa perspective, en revanche le professeur émérite Kayemba Ntamba Mbilanji esquisse une théorie explicative de cet imbroglio des causes paralysantes non seulement de la justice mais de l'État lui-même[800.]

Sans être prophète, mais en nous servant simplement des béquilles de l'expérience, nous pouvons affirmer ici que la justice constitutionnelle congolaise souffre d'un mal profond qui est à la fois dû à un dysfonctionnement institutionnel immense depuis plus de deux décennies mais également à une incompétence technique induite tant d'une formation insuffisante en matière de droit public que d'un traitement de misère produit induit de la corruption dont les magistrats sont parfois les complices parfaits quand ils ne sont guère eux-mêmes les auteurs passifs.

---

798 MATADI NENGA GAMANDA, *Op.Cit*, pp 159-271

799 KAYEMBA NTAMBA MBILANJI, « Modernité sous l'identité culturelle d'emprunt en Afrique noire postcoloniale », *Annales de la Faculté de Droit,* Vol. IV-VII, Kinshasa, PUZ, 1984, pp.63-76.

800 Lire l'article 1 de l'Ordonnance-loi n°81-026 relative à la collation des grades académiques aux universités *JOZ,* n°20, 15 octobre 1981, P.13. En effet, tant le statut des magistrats que l'ordonnance-loi organique du Barreau, les deux textes ont toujours exigé la détention d'une licence en droit comme condition minimale pour exercer la profession d'avocat ou la carrière de magistrat. Dès lors, l'on peut convenir que l'on devient juriste lorsque l'on possède ce parchemin encore qu'il ne s'agisse là que d'une simple présomption *juris tantum* des connaissances en matière de droit.

Depuis des années maintenant, l'on note une baisse du niveau de l'enseignement universitaire en République démocratique du Congo.

Ce constat, comme d'autres, transporte le problème de la justice elle-même sur les rivages de nos facultés de droit. Le débat sur ce terrain reste passionné, périlleux et complexe.

Cet inventaire de l'état de la justice, pour exhaustif qu'il puisse être, manquerait de pertinence s'il n'était pas suivi d'une sorte de thérapeutique qui s'énonce ci-après en termes de propositions de réforme.

A. Composition

Étudier la proposition de la composition de la juridiction constitutionnelle est en effet une nécessité car la justice est finalement un « complexe psychotechnique » incluant à la fois un personnel humain et une formation scientifique.

La constitution du 18 février 2006 en son article 158 dispose que « la Cour constitutionnelle comprend neuf membres nommés par le Président de la République dont trois sur sa propre initiative, trois désignés par le parlement réuni en Congrès et trois désignés par le Conseil supérieur de la magistrature. Les deux tiers des membres de la Cour constitutionnelle doivent être des juristes provenant de la magistrature, du barreau ou de l'enseignement universitaire[801] ».

Cette disposition constitutionnelle est la base de la problématique même de la composition de cette haute juridiction. Il importe de souligner que si d'emblée le nombre de neuf membres, au-delà de son symbolisme ésotérique parfait, ne pose pas problème particulier, il y a néanmoins lieu de faire remarquer qu'au regard de la configuration politique des provinces et du nombre des matières attribuées à cette haute juridiction ce chiffre pourrait être dépassé. Mais les évolutions futures tirées de l'expérience de la Cour suprême de justice siégeant en matière électorale semblent se diriger vers l'accroissement du volume du travail pour neuf juges[802].

Ce travail juridictionnel serait d'autant plus accru qu'il serait en fin de compte confié aux deux tiers des juges qui seront juristes, les trois autres membres n'ayant pas *a priori* des compétences techniques pour régler les questions purement juridiques même si leur apport pour les questions politiques pourrait être visible. Cette critique devra être tempérée par l'option faite par le législateur organique en chantier en faveur des

801 Constitution, article 158, alinéa 2, *Journal Officiel de la République démocratique du Congo*, JORDC, 47ème année, numéro spécial, Kinshasa, 18 février 2006, p .55.

802 Les études de troisième cycle en droit sont organisées par l'arrêté départemental n°ESR/BCE /141/79 du 15 octobre 1979 fixant les programmes du diplôme d'études supérieures en droit. Lire MINISTERE DE L'ENSEIGNEMENT SUPERIEUR ET UNIVERSITAIRE, *Programmes des études de troisième cycle*, Kinshasa, Le bureau des études post universitaire au Zaïre (BEPUZA), 1991, pp 12-14

conseillers référendaires[803]. La question de la composition continuera à se poser au regard non seulement du volume des affaires mais surtout eu égard aux qualifications des membres.

L'on se souvient que le contentieux électoral lors des élections générales de 2006 a pris plus de temps que prévu entraînant même une contestation parlementaire des arrêts rendus hors délai, lesquels arrêts n'ont eu la vie sauve que grâce à la bonne disposition d'esprit du Président de l'Assemblée Nationale.

Lire l'article 11 de loi organique portant organisation et fonctionnement de la Cour constitutionnelle, p.5.

Le texte constitutionnel se limite à parler de *juristes* ; ce terme est plus qu'imprécis. L'enseignement du droit en République démocratique du Congo est étalé sur trois années consacrées par un diplôme de gradué en droit, deux autres années couronnées par le diplôme de licencié en droit ; deux années de diplôme d'études supérieures en droit et trois années terminales couronnées par le diplôme d'État de docteur en droit.

Et récemment avec la nouvelle loi sur l'enseignement national de février 2014, un système appelé LMD, c'est-à-dire licence maitrise et doctorat étalé sur trois ans pour la licence, deux ans pour la maitrise et trois à cinq ans le doctorat risque à notre avis d'amenuiser davantage la finesse de l'enseignement en droit en particulier et des autres domaines en général, au vu du niveau constaté et de mode d'évaluation dans nos enseignements supérieur et universitaire.

Ainsi qu'on vient de le remarquer, à chaque niveau de formation correspond un diplôme universitaire de droit. A quel niveau d'études correspond donc la qualification de juriste énoncée par le constituant ?

Il nous semble difficile de dire qu'un gradué dans l'ancienne loi et un licencié dans l'optique de la nouvelle loi en droit est déjà juriste tant il n'a pas encore accompli le cursus universitaire de licence ou de maitrise qui lui permet d'exercer les métiers de droit dans un domaine bien spécialisé. Le terme juriste s'appliquerait donc aisément au détenteur du diplôme de licencié en droit[804].

Mais là aussi les programmes universitaires montrent que le jeune licencié en droit frais émoulu de nos universités n'a que très peu de formation en matière de droit public et plus spécialement en droit constitutionnel qu'il n'aura appris qu'en premier graduat et celle du droit

---

803

804 Lire MATADI NENGA GAMANDA, *La question du pouvoir judiciaire en République démocratique du Congo. Contribution à une théorie de réforme,* Kinshasa, DIN, 2001. Cet auteur considère en effet et à raison que la mauvaise formation de nos magistrats est un obstacle majeur immédiat à la réforme de la justice ; KALUBA DIBWA (D.), *La saisine du juge constitutionnel et du juge administratif suprême en droit public congolais. Lecture critique de certaines décisions de la Cour suprême de justice d'avant la Constitution du 18 février 2006,* Kinshasa, éditions Eucalyptus, 2007

constitutionnel congolais en deuxième année souvent dans l'euphorie quasi religieuse des élèves sortis des bancs de nos collèges et lycées.il y a lieu aussi de signaler une autre difficulté avec cette formulation en ce qui concerne le docteur en droit qui se spécialise sans avoir les enseignements de base destinés à la faculté de droit. C'est par exemple le relationniste spécialiste de droit international…

Pour l'efficacité du juge constitutionnel et pour rendre un tant soit peu opératoire le cycle d'études postuniversitaires, il serait souhaitable que ne soit considéré comme juriste au vœu du constituant que celui qui a achevé le cycle des études donnant lieu à un diplôme d'études supérieures en droit public car ces études sont réellement spécialisées et permettent au récipiendaire de développer des compétences spécialisées et approfondies dans le champ.

A preuve, la lecture des arrêts rendus en matière électorale- matière constitutionnelle- et en matière administrative a donné à voir que nos hauts magistrats n'avaient pas toujours une compétence affirmée en matière de droit public.[805]

Dès lors, énoncer comme le fait le constituant avec une naïveté quasi enfantine que ces juristes proviendraient de la magistrature nous parait véritablement une gageure. Il y a sans doute de juristes qualifiés dans le corps de notre magistrature au regard du critère académique avancé, cependant le seul diplôme ne permet pas de juger du niveau scientifique du candidat au poste de conseiller à la Cour constitutionnelle.

Le critère de la qualité des publications serait un paramètre intéressant de ce point de vue. Il en est notamment ainsi dans les systèmes étrangers que nous avons analysés plus haut. Ainsi, il serait illusoire de s'attendre à une justice constitutionnelle efficace de la part d'un juriste privatiste ou pénaliste qui aurait par ailleurs passé trente ans de sa carrière à trancher des conflits parcellaires ou des accidents de circulation. *The right man at the right place*, dit un adage anglais dont le pragmatisme légendaire tranche avec le flou de la formule constitutionnelle congolaise.

Par ailleurs, lorsque l'on sait que la juridiction constitutionnelle a pour fonction de juger les œuvres législatives de la majorité, il est illusoire de laisser le choix libre à cette même majorité de désigner ses juges. C'est l'inefficacité toute désignée.

S'il l'on ne peut contester au Président de la République la latitude éclairée de choisir trois juges parmi les personnalités indiquées à l'alinéa 1er

805 Lire MATADI NENGA GAMANDA, *La question du pouvoir judiciaire en République démocratique du Congo. Contribution à une théorie de réforme,* Kinshasa, DIN, 2001. Cet auteur considère en effet et à raison que la mauvaise formation de nos magistrats est un obstacle majeur immédiat à la réforme de la justice ; KALUBA DIBWA (D.), *La saisine du juge constitutionnel et du juge administratif suprême en droit public congolais. Lecture critique de certaines décisions de la Cour suprême de justice d'avant la Constitution du 18 février 2006,* Kinshasa, éditions Eucalyptus, 2007

de l'article 158 de la Constitution, l'on ne peut pas ne pas remarquer qu'il appartient à une famille politique et que l'absence de culture politique démocratique l'inclinerait à privilégier les juges qui ne jugeraient aucune de ses œuvres.

Le seul rempart contre cette inclinaison naturelle de tout homme politique réside naturellement dans la notion bien morale de l'intérêt supérieur de la Nation.

Le Chef de l'État n'a-t-il pas déjà une haute intelligence de cette notion dans un État qui se veut de droit ?

Le choix qu'opérerait le Conseil supérieur de la magistrature serait une option acceptable sauf à privilégier le critère de compétence technique que l'on ne voit pas beaucoup dans ce corps du seul point de vue du droit public.

La désignation du Conseil supérieur de la magistrature s'impose-t-il au Président de la République, seule autorité publique investie du pouvoir de nomination ? Il nous parait qu'il s'agit d'une sorte de compétence liée. Il ne peut que nommer. S'agissant du barreau, la même critique persiste. Le barreau congolais est composé des avocats, pour la plus large part, généralistes et ne disposant pas des connaissances spécialisées[806] en droit constitutionnel de sorte que là aussi il est illusoire de trouver des personnalités appropriées à la tâche[807]

Nous pensons, en revanche, que la présence des conseillers référendaires que l'on trouverait volontiers parmi les universitaires congolais spécialistes de droit public serait de nature à tempérer la vacuité des juges non spécialistes. Mais, il faut le dire sans ambages, lorsque l'on veut installer une justice crédible, il sied de commencer par recruter des excellentes personnalités qui seraient enfin des juges excellents. L'État de droit passe inéluctablement par là et nulle ne part ailleurs.

Au-delà de cette composition purement technique, il reste à voir qu'il est également utile qu'à l'instar du constituant sud-africain d'instaurer une justice constitutionnelle qui serait spécifiquement congolaise.

Nous proposons donc que soit ajouté aux trois catégories constitutionnelles déjà exposées, un type nouveau des juges qui seraient les chefs coutumiers des principales communautés chaque fois que les intérêts de ces entités seraient en jeu[808].

---

806 L'article 7 point 2 de l'Ordonnance-loi n°79/028 du 28 septembre 1979 portant organisation du Barreau, du corps des défenseurs judiciaires et du corps des mandataires de l'État dispose tout simplement la licence en droit, *JOZ,* n°19, 1er octobre 1979, p.4. Cette disposition exige tout simplement d'être titulaire d'une licence pour accéder à la profession d'avocat sans que le barreau lui-même comme ailleurs n'organise une quelconque spécialisation professionnelle qui tiendrait lieu de diplôme de spécialiste.

807 Voy MATADI NENGA GAMANDA, *Le droit à un procès équitable,* Kinshasa, Louvain-la-Neuve, éditions Droit et idées nouvelles, Academia Bruylant, 2002, p.33, n°33.

808 Lire MUKADI BONYI, *Projet de constitution de la République démocratique du Congo. Plaidoyer pour une relecture,* Kinshasa, C.R.D.S., 2005. L'auteur formule des observations

En effet, dans le mental africain, la justice est toujours de compromis. Il n'y a pas a priori des raisons que la justice constitutionnelle soit rendue hors la présence des destinataires de ses décisions[809]. C'est une question d'efficience et de rationalité systémique. En d'autres termes, les chefs coutumiers seraient consultés comme *juges ad hoc* comme cela se pratique devant la Cour internationale de justice.

Cette pratique est de nature à rendre lisible le travail de la Cour au regard des communautés concernées par les produits législatifs en processus de censure devant elle.

A supposer qu'une loi soit adoptée concernant une terre occupée par une communauté, il nous paraît convenable que cette communauté par son chef qui est du reste une autorité publique soit consultée pour connaître le point de vue de celle-ci. Le juge coutumier ainsi désigné ne serait pas permanent ; il participerait au vote en prenant la parole sans toutefois avoir voix délibérative pour éviter l'émotion qui serait la sienne.

Section V : Reformes essentielles pour un statut garantissant l'indépendance des membres de la juridiction constitutionnelle ; l'autre alternative à la théorie

Dans cette section, il est question d'apporter par une réflexion recoupée de solutions idoines susceptible de contribuer au système de la justice Constitutionnelle en général et celle du contentieux électoral en particulier.

L'autre aspect du juge constitutionnel est le statut des membres de la juridiction. Dans les divers États ayant adopté un système de justice constitutionnelle, l'indépendance est garantie aux membres des juridictions constitutionnelles, car leur statut leur assure un mandat long, l'inamovibilité ainsi que l'effectivité d'un ensemble de privilèges et d'obligations.

Mais, dans certains États, on peut se demander s'il n'existe pas plusieurs catégories de membres, auxquels s'appliqueraient des statuts différents. Cette question de la pluralité de statut s'est posée en Allemagne, car il était initialement prévu que les membres de la Cour constitutionnelle fédérale choisis parmi les membres des cours fédérales soient nommés à vie, à la différence des autres membres[810]. Mais cette solution a été abandonnée en

fortes pertinentes sur l'absence quasi miraculeuse de cette condition de moralité comme si le constituant l'avait écartée

809 La conception occidentale du pouvoir est généralement présentée comme étant un cercle, Jacques DJOLI dans sa belle thèse nous dit plutôt que chez-nous le pouvoir est concentrique. Les petits cercles qui s'entrelacent font naturellement le lit du pouvoir. Dès lors, la logique de cette observation sociologique devra se traduire institutionnellement par la responsabilisation et la prise en charge de communautés de base enfin réhabilitées par le pouvoir de l'État.

810 Wilhem BUERSTEDDE, « La Cour constitutionnelle de la République fédérale allemande », *R.I.D.C.*, 1957, p. 61.

1970[811]. En France, une forme de pluralité de statut est maintenue. En effet, les membres de droit du Conseil constitutionnel conservent leurs mandats à vie, et ne sont pas, semble-t-il, soumis aux mêmes obligations que les membres nommés[812].

§I. Un statut assurant aux juges constitutionnels un mandat long et l'inamovibilité

Les membres des juridictions constitutionnelles ne sont véritablement indépendants à l'égard du pouvoir politique que s'ils bénéficient d'un mandat long et qu'ils sont assurés de ne pas être destitués pendant la durée de leurs fonctions. Tel est le cas dans la plupart des États d'Amérique du Nord et d'Europe occidentale.

A. Le mandat généralement long des juges constitutionnels

La durée du mandat des juges constitutionnels est un élément essentiel de leur indépendance.

Mais la fixation d'une durée ne présente d'intérêt que si, pendant la durée de leur mandat, les juges ne peuvent être révoqués par les autorités qui les ont nommés. A défaut d'une telle condition, la durée fixée par les textes ne serait, en réalité, qu'indicative : le juge se trouverait sous la dépendance de l'autorité de nomination.

Dans la plupart des États, le principe d'irrévocabilité par les autorités de nomination est posé, ce qui rend effectivement longue la durée du mandat.

1) L'impossibilité pour celui qui a nommé le juge de le révoquer

L'irrévocabilité est la « qualité de celui qui ne peut être révoqué de ses fonctions »[813]. Qualifier le mandat du juge constitutionnel d'irrévocable implique donc l'impossibilité pour l'autorité qui l'a nommé de mettre un terme à ses fonctions pendant la durée de son mandat. L'irrévocabilité du mandat du juge constitutionnel par l'autorité qui l'a nommé est parfois explicitement affirmée. Mais il arrive qu'elle résulte implicitement de l'économie générale du statut du juge constitutionnel.

Il arrive que l'irrévocabilité des juges constitutionnels soit affirmée par les textes législatifs et constitutionnels fixant leur statut. La Constitution autrichienne prévoit de manière expresse l'irrévocabilité des juges constitutionnels autrichiens[814]. Ainsi, l'article **88** §2, rendu applicable aux

811 Donald P. KOMMERS, *The constitutional jurisprudence of the Federal Republic of Germany*, Durham-Londres, Duke University Press, 2ème éd. 1996, p. 21.

812 349 Dominique ROSENBERG, « Les anciens Présidents de la République, membres de droit du Conseil constitutionnel : l'impossible retraite », *R.D.P.*, 1985, p. 1263-1317

813 Paul-Emile LITTRE, *Dictionnaire de la langue française, Op. Cit.*, tome 2, p. 3309.

814 Otto PFERSMANN, « Le statut constitutionnel des juges du siège et du parquet – Autriche », *A.I.J.C.*, 1995, p. 119.

juges constitutionnels par l'article 147§6, dispose que « les juges ne peuvent, contre leur gré, être révoqués, mutés à un autre poste ou mis à la retraite qu'en vertu d'une décision judiciaire en bonne et due forme et uniquement dans les cas et les formes prévus par la loi ».

De même, les dispositions relatives à la Cour suprême du Canada[815] excluent que les juges à la Cour suprême puissent être destitués autrement que selon une procédure spéciale faisant intervenir le Parlement. Certes, formellement, le Gouverneur général nomme et destitue les membres de la Cour suprême.

Mais la destitution ne pouvant intervenir qu'après un vote du Parlement, il faut considérer qu'elle résulte en fait de l'intervention du Parlement et du Gouverneur général. La destitution n'est donc pas prononcée par la même autorité que la nomination.

Il est également possible que l'irrévocabilité résulte de l'économie générale du statut du juge constitutionnel. Ainsi, l'irrévocabilité des membres du Tribunal constitutionnel espagnol résulte clairement de l'article 225 de la Constitution et de l'article 22 de la loi organique relative au Tribunal constitutionnel. De même, l'irrévocabilité des membres de la Cour d'arbitrage belge résulte des dispositions législatives relatives à leur statut[816].

L'impossibilité pour le Président des États-Unis, autorité de nomination, de révoquer les membres de la Cour suprême découle également de la Constitution, bien qu'aucune disposition ne prévoit l'irrévocabilité de manière expresse. Celle-ci résulte du rapprochement du principe selon lequel « les juges de la Cour suprême [...] conserveront leurs charges tant qu'ils en seront dignes »[817] et de la compétence exclusive du Congrès pour destituer les juges à la Cour suprême [818].

De même, aucune disposition expresse ne prévoit l'irrévocabilité des membres du Conseil constitutionnel français par les autorités qui les ont nommés. Mais celle-ci résulte clairement de la Constitution et de l'ordonnance organique du 7 novembre 1958. En effet, la destitution d'un membre du Conseil constitutionnel ne peut être prononcée que par le Conseil constitutionnel lui-même[819].

2) La durée du mandat des juges constitutionnels

La détermination de la durée du mandat des juges constitutionnels est l'une des questions essentielles que doivent résoudre le Constituant et le législateur car, comme le note le professeur Dominique Rousseau, « la durée

---

815 Article 99 §2 de la Loi constitutionnelle de 1867 et article 9 de la loi sur la Cour suprême.

816 Francis DELPEREE, « L'organisation de la Cour d'arbitrage », in Francis DELPEREE et al., *La Cour d'arbitrage, actualité et perspectives*, *Op. Cit.*, p. 72.

817 A chercher sur la loi organique Conseil constitutionnel Français

818 A chercher sur la loi organique Conseil constitutionnel Français

819 Dominique ROUSSEAU, *La justice constitutionnelle en Europe*, Paris, Montchrestien, 1992, p. 59.

du mandat des juges constitutionnels est un élément important de leur indépendance » modèle américain et du modèle européen de justice constitutionnelle.

Bien que les solutions retenues soient diverses, il semble qu'elles présentent presque toutes un caractère commun : la longueur de la durée du mandat du juge constitutionnel. Deux modèles semblent se distinguer. Le premier est celui de la désignation à vie ou jusqu'à l'âge de la retraite. Le second est celui de la désignation pour un mandat long et non renouvelable. Il faut signaler qu'au dernier modèle que la République démocratique du Congo s'est rangée.

a) La désignation à vie ou jusqu'à l'âge de la retraite

Le choix d'assurer un mandat à vie aux juges constitutionnels « représente une garantie d'indépendance très forte »[820].

Mais le risque que des juges constitutionnels très âgés restent en activité a conduit de nombreux États à choisir une variante de ce système, en décidant que les juges resteront en fonction jusqu'à un âge maximal.

1. La désignation à vie des juges constitutionnels

La formule du mandat à vie des juges constitutionnels, que Charles Eisenmann a considéré comme « la meilleure garantie [d'] indépendance »[821], est rarement retenue aujourd'hui. En effet, elle implique le risque que restent en fonction des juges très âgés.

Seuls les États-Unis et la France ont des juges constitutionnels dont le mandat ne connaît pas de terme fixe, l'Allemagne fédérale ayant abandonné ce système en 1970. La Constitution des États-Unis dispose en son article 3, section 1 que « les juges de la Cour suprême [...] conserveront leurs charges tant qu'ils en seront dignes ». Est ainsi garanti ce que la doctrine américaine qualifie de « *lifetime tenure* »[822.] C'est-à-dire que, quel que soit leur âge, « personne ne peut les contraindre à se retirer et ils peuvent rester sur le siège aussi longtemps que leur santé le leur permet.

C'est à eux seuls qu'il appartient de prendre une telle décision »[823]. Marie-France Toinet remarque à ce propos que « la permanence des juges est la règle »[824]. Et le président Jefferson de soupirer : « un juge à la Cour suprême ne prend jamais sa retraite et meurt rarement »[825] ! Les membres de

820 Louis FAVOREU et al., *Droit constitutionnel*, *Op. Cit.*, p. 227

821 Charles EISENMANN, *La justice constitutionnelle et la Haute Cour constitutionnelle d'Autriche*, *Op. Cit.*, p. 177.

822 David O'BRIEN, *Storm center*, *Op. Cit.*, p. 100.

823 Elisabeth ZOLLER, « Présentation de la Cour suprême des États-Unis », *Les cahiers du Conseil constitutionnel*, n°5, 1998, p. 36.

824 Marie-France TOINET, *La Cour suprême : les grands arrêts*, *Op. Cit.*, p. 37.

825 Cité par Elisabeth ZOLLER, « Présentation de la Cour suprême des États-Unis », *Loc. Cit.*, p. 36.

droit du Conseil constitutionnel français sont également en fonction jusqu'à la fin de leur vie. En effet, l'article 56 alinéa 2 de la Constitution de 1958 prévoit que « font de droit partie à vie du Conseil constitutionnel les anciens Présidents de la République ».

Cette solution avait été retenue par le Constituant pour des raisons conjoncturelles. Il s'agissait d'établir un statut pour les anciens Présidents de la 4ème République qui avaient facilité l'émergence de la 5ème République[826]. Mais, la motivation des rédacteurs de la Constitution était peut-être moins noble. Certains ont pensé « qu'il s'agissait manifestement, après avoir utilisé leur autorité, d'éviter que les anciens Présidents de la République - Auriol et éventuellement Coty- bénéficiant du prestige attaché à leur ancienne fonction, ne fussent des rivaux possibles ou des recours ultimes en cas de crise gouvernementale ou de crise de régime, comme sous la 3ème République, le furent les anciens Présidents Poincaré et Doumergue ». La formule de la désignation à vie tend à disparaître.

Ainsi, il était initialement prévu que les membres de la Cour constitutionnelle fédérale choisis parmi les membres des cours fédérales soient nommés à vie[827], afin d'assurer la continuité du travail de la cour constitutionnelle[828] et de sa jurisprudence[829]. Mais cette solution a été abandonnée en 1970[830].

La nomination à vie des juges constitutionnels implique le risque que soient en fonction des juges très âgés.

C'est ce que P. Ritterspach a appelé la « gérontocratie de la robe »[831]. L'histoire de la Cour suprême des États-Unis est à cet égard révélatrice. C'est ainsi que le juge Oliver Wendel Holmes, qui siégea de 1902 à 1932, démissionna à l'âge de 91 ans[832]. De même le juge Hugo Lafayette Black, qui siégea de 1937 à 1971, démissionna à l'âge de 85 ans[833]. On peut citer

826 Dominique ROSENBERG, « Les anciens Présidents de la République, membres de droit du Conseil constitutionnel : l'impossible retraite », *Loc. Cit.*, p. 1272.
827 Wilhem BUERSTEDDE, « *La Cour constitutionnelle de la République fédérale allemande* », *Loc. Cit.*, p. 61.
828 Donald P. KOMMERS, *The constitutional jurisprudence of the Federal Republic of Germany*, *Op. Cit.*, p. 21.
829 Wilhem BUERSTEDDE, « La Cour constitutionnelle de la République fédérale allemande », *Loc. Cit.*, p. 61.
Wilhem BUERSTEDDE, « La Cour constitutionnelle de la République fédérale allemande », *Loc. Cit.*, p. 61.
830 Donald P. KOMMERS, *The constitutional jurisprudence of the Federal Republic of Germany*, *Op. Cit.*, p. 21.
Donald P. KOMMERS, *The constitutional jurisprudence of the Federal Republic of Germany*, *Op. Cit.*, p. 21.
831 Cité par Francis DELPEREE, « L'organisation de la Cour d'arbitrage », in Francis DELPEREE et al., *La Cour d'arbitrage, actualité et perspectives*, *Op. Cit.*, p. 72.
832 Marie-France TOINET, *Les grands arrêts de la Cour suprême*, Nancy, *Op. Cit.*, p. 38.
833 Michael H. DAVIS, « Les juges constitutionnels - États-Unis », A.I.J.C., 1988, p. 135.

aussi l'exemple du *Chief Justice* Roger Brooke Taney, qui siégea de 1836 à 1864[834] ne quittant la Cour qu'à l'âge de 88 ans[835].

L'âge des membres de la Cour suprême a été l'objet de nombreuses critiques : « juste avant les changements de l'administration Roosevelt, dans les années trente, on accusait la Cour d'être occupée par « les neuf vieillards ». Leur moyenne d'âge était alors de soixante et onze ans »[836] Le mandat à vie des juges constitutionnels peut, comme le note le professeur Dominique Rousseau, « conduire les cours à se couper des évolutions de la société »[837]. Il semble évident qu'un juge d'un âge avancé risque de « ne plus être véritablement en phase avec l'évolution du droit et des mœurs »[838].

Toutefois, la pratique des juges américains semble avoir évolué depuis que le Congrès, en 1937, leur a accordé un droit à une pension de retraite[839]. Auparavant, les juges étaient parfois contraints de continuer leur activité afin de pouvoir continuer à toucher leur traitement[840]. Depuis qu'un tel système existe les juges n'hésitent plus à prendre leur retraite. Le problème se pose en des termes différents pour les membres de droit du Conseil constitutionnel français. En effet, la Constitution ne prévoit pas la possibilité pour les anciens Présidents de la République de démissionner du Conseil constitutionnel. Et il semble qu'il faille considérer que ces membres de droit n'ont pas la faculté de démissionner[841].

Le Conseil constitutionnel pourrait donc être amené à contenir en son sein des membres très âgés.

2. La désignation des juges constitutionnels jusqu'à un âge maximal

Le mandat à vie des juges constitutionnels est certes une garantie d'indépendance. Mais il peut conduire à ce que des juges très âgés continuent à siéger. Afin d'assurer cet avantage sans cet inconvénient, ont été établis des systèmes prévoyant que les juges constitutionnels désignés restent en fonction jusqu'à ce qu'ils atteignent un certain âge. Plusieurs États ont retenu un tel système[842].

---

834 David O'BRIEN, *Storm center*, *Op. Cit.*, p. 379.

835 Interview du *Chief Justice* William REHNQUIST par Brian LAMB, le 7 juillet 1992, www.booknotes.org/transcripts/10188.htm

836 Michael H. DAVIS, « Les juges constitutionnels - États-Unis », *Loc. Cit.*, p. 134.

837 Dominique ROUSSEAU, *La justice constitutionnelle en Europe*, Paris, Montchrestien, 1992, p. 60.

Dominique ROUSSEAU, *La justice constitutionnelle en Europe*, Paris, Montchrestien, 1992, p. 60.

838 Louis FAVOREU et al., *Droit constitutionnel*, *Op. Cit.*, p. 228.

839Elisabeth ZOLLER, « Présentation de la Cour suprême des États-Unis », *Loc. Cit.*, p. 36.

840 Interview du *Chief Justice* William REHNQUIST par Brian LAMB, le 7 juillet 1992, *Loc. Cit.* 380 *Ibid.*

841 François LUCHAIRE, *Le Conseil constitutionnel*, tome 1, *Op. Cit.*, p. 85.

842 La perspective d'un juge constitutionnel centenaire ou ayant siégé pendant plus de quarante ans est tout à fait envisageable en France. Il suffit de rappeler que le président

Ainsi la Constitution autrichienne prévoit dans son article 147 §6 que les membres de la Cour constitutionnelle cessent leurs fonctions lorsqu'ils atteignent l'âge de soixante-dix ans. L'âge minimum implicite résultant de l'article 147 §3 est de trente-cinq ans. Certains d'entre eux étant nommés avant même qu'ils aient quarante ans, ils peuvent espérer rester en fonction pendant plus de trente ans[843]. La durée du mandat du juge constitutionnel apparaît trop longue à certains auteurs, qui proposent de la limiter[844].

La Constitution canadienne contient également une disposition prévoyant la mise à la retraite des juges constitutionnels lorsqu'ils atteignent un certain âge. L'article 99 alinéa 2 de la loi constitutionnelle de 1867 prévoit qu'« un juge d'une cour supérieure [...] cessera d'occuper sa charge lorsqu'il aura atteint l'âge de soixante-quinze ans ». L'article 9 alinéa 2 de la loi sur la Cour suprême rappelle ce principe, l'appliquant à la Cour suprême : « la limite d'âge pour l'exercice de la charge de juge est de soixante-quinze ans ». La Constitution irlandaise, quant à elle, ne prévoit pas d'âge maximum.

Toutefois, son article 36 confie au législateur le soin de fixer l'âge de la retraite des membres de la Cour suprême. Et le législateur est intervenu à plusieurs reprises[845]. L'article 12 du *Courts of Justice Acte* de 1924 fixe l'âge de la retraite à soixante-douze ans. Les membres de la Cour d'arbitrage belge sont également soumis à de telles dispositions[846]. L'article 32 de la loi spéciale du 6 janvier 1989 sur la Cour d'arbitrage prévoit leur nomination à vie, tandis que la loi du 6 janvier 1989 relative aux traitements et pensions des juges, des référendaires et des greffiers de la Cour d'arbitrage prévoit en son article 4 que « les juges de la Cour d'arbitrage sont mis à la retraite [...] lorsqu'ils ont atteint l'âge de septante ans »[847]

La désignation de juges constitutionnels jusqu'à l'âge de leur retraite semble une réponse fort convenable aux exigences d'indépendance mise en avant par le professeur Charles Eisenmann. Il faut, notait-il dans sa thèse, que les juges « échappent à toute influence de l'autorité qui les a choisis, qu'ils n'aient plus rien à craindre ni à attendre d'elle »[848]. La désignation des

---

GISCARD D'ESTAING est membre de droit du Conseil constitutionnel depuis près de vingt-cinq ans.

843 Sylvie PEYROU-PISTOULEY, *La Cour constitutionnelle et le contrôle de constitutionnalité des lois en Autriche*, *Op. Cit.*, p.93.

844ÖHLINGER, « Les juges constitutionnels autrichiens depuis 1945 », *Loc. Cit.*, p. 95 ; Otto PFERSMANN, « Le statut constitutionnel des juges du siège et du parquet – Autriche », *A.I.J.C.*, 1995, p. 100-101.

845 James CASEY, *Constitutional law in Ireland*, Londres, Sweet and Maxwell, 1992, p. 250.

846 Francis DELPEREE, « Les juges constitutionnels - Belgique », *A.I.J.C.*, 1988, p. 101-102

847 Voir également Francis DELPEREE, « Les juges constitutionnels - Belgique », *Loc. Cit.*, p. 101-102.

848 Charles EISENMANN, *La justice constitutionnelle et la Haute Cour constitutionnelle d'Autriche*, *Op. Cit.*, p. 177.

juges jusqu'à leur mise à la retraite garantit, tout autant que la nomination à vie, leur indépendance.

En effet, les juges savent qu'au terme de leur mandat, ils seront âgés de plus de 70 ans et bénéficieront d'une pension de retraite[849]. Ils n'ont donc, en pratique, plus grand chose à attendre du pouvoir politique. La doctrine a reconnu que ce système offrait des garanties suffisantes pour assurer l'indépendance des juges constitutionnels. Ainsi, le doyen Favoreu, remarque au sujet du mandat des juges constitutionnels autrichiens que la désignation jusqu'à l'âge de soixante-dix ans « est une garantie d'indépendance »[850].

De même, Francis Delpérée reconnaissait que la formule retenue pour fixer le mandat des membres de la Cour d'arbitrage « assure sans conteste l'indépendance de celui qui est appelé à exercer les missions de la justice constitutionnelle »[851]. En outre ce système permet d'éviter la « gérontocratie de la robe », car il interdit que des juges aient plus de 75, 72 ou 70 ans.

De tout ce qui précède, nous pensons que le mandat de neuf ans accordé aux membres de la Cour constitutionnelle est insuffisante et non susceptible de favoriser leur indépendance, surtout lorsqu'ils savent qu'ils n'ont pas de possibilité pour être reconduits.

Encore, il faut considérer aussi que cette culture politique congolaise caractérisée par l'esprit de « ôte-toi que je m'y mets » ne garantir cette indépendance si un mandat court est accordé au juge constitutionnel. La tendance est de ne pas avoir un autre homme fort dans l'État que celui qui occupe la tête de la nation, une alternative est considérée comme une trahison à l'idéologie du chef qui, doit être cité en toute circonstance par peur d'être indexé comme futur conquérant.

b) Le système du mandat long non renouvelable

Lorsque le juge constitutionnel n'est pas désigné pour un mandat à vie ou jusqu'à un âge maximal, il est généralement désigné pour un mandat long et non renouvelable[852].

1. Un mandat généralement long

La durée fixée au mandat du juge constitutionnel est généralement longue. Les exceptions à cette règle sont rares, et ne sont guère pertinentes.

Dans certains cas la durée du mandat de tous les membres nommés au tribunal sera la même.

849849 391 Voir partie 2, titre 2, chapitre 1, section 1, §3.

850 Louis FAVOREU, *Les cours constitutionnelles*, Paris, P.U.F., 3ème éd.,1996, p. 34.

851 Francis DELPEREE, « Les juges constitutionnels - Belgique », *Loc. Cit.*, p. 102.

852 Louis FAVOREU et al., *Droit constitutionnel*, *Op. Cit.*, p. 228.

Dans les principaux États démocratiques, les juges constitutionnels sont nommés pour une durée qui est, en général, de 9 à 12 ans. Le mandat des juges constitutionnels est en général relativement long.

En Allemagne fédérale, il est de 12 ans, en application de l'article 4 de la loi sur la Cour constitutionnelle fédérale. Cette durée est, depuis 1970, la même pour tous les membres de la juridiction[853].

Toutefois, l'article 4 de la loi sur la Cour constitutionnelle fédérale prévoit que le mandat prend fin lors qu'ils atteignent un âge maximal : « le mandat des juges est de douze ans et s'étend tout au plus jusqu'à la limite d'âge ». Cette limite d'âge est fixée par la loi à soixante-huit ans[854]. Comme le remarque Michel Fromont, « pour aller jusqu'au bout de son mandat de douze ans, le juge constitutionnel doit donc être âgé de moins de 56 ans le jour de sa nomination »[855].

Pour tous les membres, la durée de leur mandat s'apprécie à compter du jour de leur entrée en fonction. Quand bien même ils remplaceraient un membre dont le mandat n'a pas pu arriver à son terme, le mandat des membres de la Cour constitutionnelle fédérale est de douze ans. Comme le note Michel Fromont, « les juges constitutionnels fédéraux achèvent individuellement leur mandat à des dates très diverses et il ne devrait pas y avoir, sauf par l'effet du hasard, de renouvellement simultané »398. Aux termes de l'article 135 alinéa 3 de la Constitution, les juges constitutionnels italiens sont nommés pour neuf ans.

Mais il n'en est ainsi que depuis 1967[856]. La durée de leur mandat s'apprécie « à compter du jour où ils ont prêté serment »[857]. Cette durée est la même pour tous les juges nommés, quelles que soient les circonstances de leur nomination. Le mandat court est rarement retenu dans les États démocratiques.

On peut tout au plus citer l'exemple du Tribunal suprême de Monaco, dont les membres sont nommés pour quatre ans. Il convient de remarquer que les membres de la Cour constitutionnelle portugaise, qui ont longtemps eu un mandat de six ans[858], bénéficient depuis 1998 d'un mandat de neuf ans[859].

---

853 J.-C. BEGUIN, *Le contrôle de la constitutionnalité des lois en République fédérale d'Allemagne*, *Op. Cit.*, p. 28

854 Article 4 §3 de la loi sur le Cour constitutionnelle fédérale

855Michel FROMONT, « Les juges constitutionnels - Allemagne fédérale », A.I.J.C., 1988, p. 81.398 *Ibid.*, p. 86.

856Jean-Claude ESCARRAS, « Les juges constitutionnels - Italie », *Loc. Cit.*, p. 173.

857 L'article 135 alinéa 3 de la Constitution de 1947.

858 Pierre BON, « Présentation générale », in Pierre BON et al., *La justice constitutionnelle au Portugal*, *Op. Cit.*, p. 54-55 ; L. NUNES DE ALMEIDA, « Les juges constitutionnels - Portugal », A.I.J.C., 1988, p. 213.

Pierre BON, « Présentation générale », in Pierre BON et al., *La justice constitutionnelle au Portugal*, *Op. Cit.*, p. 54-55 ; L. NUNES DE ALMEIDA, « Les juges constitutionnels - Portugal », A.I.J.C., 1988, p. 213.

859 Louis FAVOREU et al., *Droit constitutionnel*, *Op. Cit.*, p. 228.

Dans d'autres États, les membres peuvent être nommés pour une durée plus courte si leur nomination n'intervient pas au terme normal du mandat de leur prédécesseur. Il arrive que la durée du mandat des juges constitutionnels soit différente selon les circonstances de nomination. Cette situation se présente, en termes assez proches, en France et en Espagne.

En France, l'article 56 de la Constitution semble prévoir une durée du mandat des juges constitutionnels unique pour les membres nommés en disposant : « le Conseil constitutionnel comprend neuf membres, dont le mandat est de neuf ans et n'est pas renouvelable ». Mais l'article 56 ajoute que le Conseil constitutionnel se renouvelle par tiers tous les trois ans.

Pour permettre ce renouvellement triennal, il est prévu que, si l'un des sièges devient vacant au cours du mandat de l'un des juges, la personne le remplaçant est nommée seulement pour la durée de mandat qu'il reste à son prédécesseur à accomplir. L'article 12 de l'ordonnance organique du 7 novembre 1958 prévoit ainsi que « les membres du Conseil constitutionnel désignés en remplacement de ceux dont les fonctions ont pris fin avant leur terme normal achèvent le mandat de ceux qu'ils remplacent ». La durée du mandat de ces membres sera donc inférieure à neuf ans, et dépendra du moment de leur nomination.

En Espagne, la Constitution prévoit également, en son article 159, le renouvellement triennal des juges constitutionnels, dont le mandat est de neuf ans. Ces dispositions sont rappelées par l'article 16 de la loi organique relative au Tribunal constitutionnel. Mais il n'existe aucune disposition comparable à l'article 12 de l'ordonnance organique du 7 novembre 1958 relative au Conseil constitutionnel français.

En effet, « on ne trouve aucune disposition qui précise que les magistrats du Tribunal constitutionnel qui sont désignés pour remplacer ceux dont les fonctions ont cessé avant terme ne sont désignés que pour achever le mandat de ceux qu'ils remplacent[860]. On s'est donc demandé quelle est la durée du mandat d'un juge nommé en remplacement d'un juge décédé ou démissionnaire.

La question s'est posée pour la première fois de manière concrète en 1989. Le juge Manuel Garcia Pelayo y Alonso nommé en 1980 avait démissionné en 1986. Afin de le remplacer, avait été nommé en 1986 le juge Fernando Garcia-Mon y Gonzalez- Regueral. Le mandat de ce dernier devait-il prendre fin en 1995, c'est-à-dire au bout de neuf ans, ou en 1989, c'est-à-dire au moment où le mandat du juge Manuel Garcia Pelayo y Alonso aurait dû normalement s'achever ? Cette seconde solution a été retenue.

860 Pierre BON, Pédro CRUZ VILLALON et Franck MODERNE, Chron. Espagne, A.I.J.C., 1989, p. 402.

2. Un mandat en principe non renouvelable

Comme le remarque le professeur Rousseau, « le caractère non renouvelable du mandat est encore un gage d'indépendance dans la mesure où les autorités nommantes sont ainsi privées d'un moyen d'échanger une « bonne » décision contre re-nomination, et où les juges eux-mêmes n'ont aucun intérêt à chercher les faveurs de ces autorités »[861].

Ce caractère est généralement admis[862]. Parmi les Etats démocratiques, il n'y a plus guère que le Tribunal suprême de Monaco dont les membres puissent être renouvelés, comme cela résulte de l'article 1er de l'ordonnance souveraine du 16 avril 1963. En effet, la possibilité de renouvellement des membres du Tribunal constitutionnel portugais a été abandonnée en 1998. Il convient d'opérer une distinction entre les États dans lesquels le principe est entendu de manière absolue et ceux dans lesquels existent quelques rares exceptions au principe.

Certains États ont prohibé de manière absolue le renouvellement des mandats des juges constitutionnels. Tel est le cas de l'Allemagne et de l'Italie. Les juges constitutionnels italiens ne peuvent en aucun cas être nommés pour un second mandat à la Cour constitutionnelle[863].Cela résulte de l'article 135 alinéa 3 de la Constitution de 1947, aux termes duquel le mandat des juges « n'est pas renouvelable ».

De même, le renouvellement du mandat des juges constitutionnels allemands est prohibé de manière absolue depuis 1970[864]. L'article 4 de la loi sur la Cour constitutionnelle fédérale dispose ainsi : « une réélection pour un mandat suivant ou une réélection ultérieure des juges est impossible ». Pour la doctrine allemande, la prohibition du renouvellement « renforce [...] l'indépendance du juge : même à la fin de son mandat, il ne peut pas espérer une réélection et être tenté de plaire à un quelconque camp politique »[865].

Certains États ont décidé que si, en principe, les juges constitutionnels ne peuvent être renouvelés, il convenait d'établir quelques exceptions à cette règle. Ces exceptions sont de deux ordres. Il est parfois admis que les juges qui n'ont accompli qu'une partie du mandat normalement prévu par les normes en vigueur puissent être reconduits dans leurs fonctions.

En outre, il arrive que le mandat des juges puisse être renouvelé à condition qu'ils ne le soient pas immédiatement. La faculté de nommer une nouvelle fois des juges qui n'ont pas effectué la totalité du mandat normalement prévu est admise en France et en Espagne. En Espagne, les membres du Tribunal constitutionnel qui sont restés moins de trois ans en

---

861 Dominique ROUSSEAU, *La justice constitutionnelle en Europe*, Paris, Montchrestien, 1992, p. 60.

862 Louis FAVOREU et al., *Droit constitutionnel*, *Op. Cit.*, p. 228

863 Jean-Claude ESCARRAS, « Les juges constitutionnels - Italie », *Loc. Cit.*, p. 178.

864 Michel FROMONT, « Les juges constitutionnels - Allemagne fédérale », *Loc. Cit.*, p. 81.

865 Hans-Jürgen PAPIER, in Michel FROMONT, « Entretien avec M. le professeur Hans-Jürgen Papier », *Cah. Cons. Const.*, n°15, 2003, p. 103.

fonction peuvent être reconduits. L'article 16 de la loi organique relative au Tribunal constitutionnel autorise ainsi le renouvellement « dans le cas où [le juge] aurait occupé le poste pendant une période ne dépassant pas les trois ans ».

De même, un membre du Conseil constitutionnel français ayant remplacé un membre qui n'a pas effectué la totalité de son mandat peut être reconduit dans ses fonctions. Mais, aux termes de l'article 12 de l'ordonnance organique du 7 novembre 1958, cela n'est possible que s'il a « occupé ces fonctions de remplacement pendant moins de trois ans ». Le renouvellement des juges constitutionnels est parfois admis lorsqu'il n'a pas lieu immédiatement. Telle est la situation en Espagne. L'article 16 de la loi organique sur le Tribunal constitutionnel espagnol prévoit qu' « aucun juge ne pourra être proposé pour une autre période immédiate ».

Pierre Bon précise qu' « après une période d'interruption des fonctions, il est possible de renommer au Tribunal un juge qui en a déjà été membre. Heureusement pour l'indépendance des juges constitutionnels, cette possibilité n'a jamais été utilisée jusqu'à maintenant et il faut espérer qu'elle ne le sera pas »[866]. A priori, cette question ne devrait pas se poser en France.

En effet, l'article 56 de la Constitution affirme, sans distinguer entre renouvellement immédiat et renouvellement ultérieur, que le mandat des membres du Conseil constitutionnel « n'est pas renouvelable ». Ce texte semble exclure tout renouvellement du mandat quel que soit le moment où il intervient. Mais certains ont pensé que seul le renouvellement immédiat était interdit.

Ainsi, le général De Gaulle a envisagé de nommer Georges Pompidou président du Conseil constitutionnel en 1968, alors que celui-ci en avait été membre de 1959 à 1962. Le professeur Luchaire admet la validité des deux interprétations : « les deux interprétations sont parfaitement possibles ; en faveur de la première, on peut penser que si l'interdiction était temporaire, l'adverbe « immédiatement » se serait trouvé dans la Constitution [...] ; en faveur de la seconde on peut faire rappeler qu'une interdiction de cette nature, tout comme l'inéligibilité, est toujours d'interprétation restrictive ; cette deuxième interprétation correspond mieux à l'esprit des constituants qui ont seulement voulu souligner l'indépendance des membres du Conseil qui ne doivent en aucune manière être soupçonnés de vouloir se maintenir au Conseil en agissant conformément au désir des autorités qui les ont nommés »[867].

En général, la doctrine écarte la possibilité de renouvellement, même non immédiat. Ainsi, le professeur Verpeaux souligne qu' « il était possible d'envisager que le renouvellement pourrait intervenir après un délai de neuf

---

866 Pierre BON, « Le Tribunal constitutionnel espagnol – Présentation générale », *Loc. Cit.*, p. 40.

867 François LUCHAIRE, *Le Conseil constitutionnel*, tome 1, *Op. Cit.*, p. 69.

ans, correspondant à la durée d'un mandat. Une telle interprétation serait cependant sans doute contraire à la logique du texte de l'article 56 et à celle de l'institution.

Les dispositions relatives au caractère non renouvelable existent en effet pour protéger l'indépendance des membres du Conseil constitutionnel, qui n'ont rien à attendre ni à craindre de ceux qui les ont nommés et qui échappent ainsi à toute pression de la part de qui que ce soit »[868].

De même les professeurs Avril et Gicquel, s'interrogeant sur la possibilité d'admettre un renouvellement ultérieur du mandat, affirment que « l'indépendance de l'institution conduit à repousser cette interprétation »[869].

B. L'inamovibilité des juges constitutionnels

La justice constitutionnelle ayant essentiellement pour objet de contrôler l'activité législative et réglementaire des autorités politiques, il est indispensable que ces mêmes autorités ne puissent pas destituer ou muter les juges constitutionnels pendant la durée de leur mandat. L'inamovibilité des juges constitutionnels doit donc pouvoir être opposée au législateur et au Gouvernement, ce qui est le cas dans la plupart des systèmes de justice constitutionnelle.

L'inamovibilité est définie comme « une garantie de leur indépendance reconnue à certains magistrats et fonctionnaires et consistant, non dans l'impossibilité de mettre fin à leur fonction mais dans l'obligation pour l'administration qui voudrait les exclure du service public, ou les déplacer, de mettre en œuvre des procédures protectrices exorbitantes du droit commun disciplinaire »[870].

Le professeur Perrot souligne que l'inamovibilité du juge constitue une « garantie de bonne justice »[871]. Il est nécessaire qu'elle bénéficie à tout juge, y compris au juge constitutionnel. En effet, comme le remarque le professeur Perrot, « le juge perdrait [...] sa sérénité si, en butte aux pressions du pouvoir, il devait constamment redouter une mesure de détachement, de suspension ou de révocation. Le principe de l'inamovibilité apparaît, en un mot, comme une protection contre un éventuel arbitraire ».

L'inamovibilité du juge constitutionnel est nécessaire. Mais, ce dernier est chargé, avant tout, de contrôler la constitutionnalité des lois.

La destitution des juges constitutionnels est presque toujours envisagée par les textes relatifs à statut.

---

868 Michel VERPEAUX, « Conseil constitutionnel », *Loc. Cit.*, n°113.

869 Pierre AVRIL et Jean GICQUEL, *Le Conseil constitutionnel*, *Op. Cit.*, p. 79.

870 Raymond GUILLIEN et Jean VINCENT, *Termes juridiques*, *Op. Cit.*, p. 295.

871 Roger PERROT, *Institutions judiciaires*, Paris, Montchrestien, 7ème éd.,1995, p. 330.

Seuls les membres de droit du Conseil constitutionnel français sont protégés de manière absolue : ils ne peuvent faire l'objet de la procédure de *démission d'office*[872].

Ils sont donc les seuls juges constitutionnels à ne pouvoir en aucun cas être déchus de leur mandat. Encore faut-il réserver l'éventualité d'une destitution prononcée par le Constituant : il est envisageable qu'une révision de la Constitution supprime la catégorie des membres de droit et mette fin au mandat des anciens présidents encore vivants. Ainsi, bien qu'elle soit presque toujours possible, la destitution des juges constitutionnels présente un caractère exceptionnel. Leur inamovibilité est donc assurée.

1) Une inamovibilité résultant du caractère exceptionnel de la destitution dans les pays d'Europe continentale

La destitution des membres des juridictions constitutionnelles d'Europe continentale est rendue exceptionnelle par ses motifs et sa procédure. On peut donc parler d'inamovibilité des juges constitutionnels.

a) Les motifs de destitution en Europe continentale

Dans les pays d'Europe continentale, les motifs de destitution des juges constitutionnels sont précis et nombreux. Il est possible de distinguer quatre types de motifs de destitution : l'incapacité à exercer les fonctions de juge constitutionnel ; la condamnation pénale ; la violation par le juge de ses obligations de nature professionnelle ; et enfin, la violation d'obligations de nature extraprofessionnelle.

1. L'incapacité à exercer les fonctions de juge constitutionnel

L'incapacité d'un juge constitutionnel à exercer ses fonctions est un motif de destitution dans de nombreux États.

Ainsi, l'article 105 de la loi sur la Cour constitutionnelle fédérale allemande envisage la destitution en cas d'« incapacité permanente au service ». De même, aux termes de l'article 3 de la loi constitutionnelle n°1 du 9 février 1948, les juges constitutionnels italiens peuvent être destitués en cas « d'incapacité physique ».

En Autriche, également, un membre de la Cour constitutionnelle peut être déchu de son mandat lorsqu'il « est incapable d'accomplir son devoir de service à cause d'atteintes corporelles ou intellectuelles »[873]. Au Portugal, « l'impossibilité d'exercer [leurs] fonctions pour des problèmes de santé

872 Louis FAVOREU et Loïc PHILIP, *Le Conseil constitutionnel*, Paris, P.U.F., 6ème éd., 1995, p. 145

873 Article 10 §1 d) de la loi de 1953 sur la Cour constitutionnelle autrichienne.

durable » est un motif de destitution des membres du Tribunal constitutionnel[874].

En France, l'incapacité physique d'un membre du Conseil constitutionnel est un motif de *démission d'office*. L'article 11 de l'ordonnance du 7 novembre 1958 prévoit ainsi la destitution dès lors « qu'une incapacité physique permanente empêche définitivement [les membres du Conseil constitutionnel] d'exercer leurs fonctions ». La portée de ces dispositions est incertaine. Le professeur Verpeaux souligne ainsi que « nul ne sait ce que recouvre l' « incapacité physique » »[875]. On peut se demander si l'article 11 de l'ordonnance de 1958 pourrait s'appliquer au cas de « perte des facultés mentales »[876].

Il arrive que la destitution des juges constitutionnels atteints d'une incapacité physique soit présentée comme une obligation, les autorités de destitution ayant compétence liée. Il en est ainsi en Autriche[877]. En France, la destitution pour incapacité physique est réputée être un *constat* entraînant une *démission d'office*. Mais lorsqu'il s'agit d'établir une incapacité physique, il existe une liberté d'appréciation de la situation par les autorités de destitution. Dès lors, il n'est pas possible de considérer que ces autorités ont compétence liée.

2. La condamnation pénale

La condamnation pénale d'un juge constitutionnel est parfois un motif de destitution.

Ainsi, les membres de la Cour constitutionnelle fédérale allemande peuvent être destitués s'ils sont « condamnés par un jugement grave pour une action déshonorante ou à une peine privative de liberté de plus de six mois »[878]. De même, les juges constitutionnels italiens peuvent être déchus de leur mandat en cas d' « incapacité civile »[879]. Les motifs de destitution des juges constitutionnels espagnols sont plus larges. Ils peuvent être déchus s'ils ont « été condamnés pour un délit dolosif ou pour faute grave »[880].

---

874 Article 23 de la loi sur l'organisation, le fonctionnement et la procédure du Tribunal constitutionnel.

875 Michel VERPEAUX, « Conseil constitutionnel », *Loc. cit.*, n°106.

876*Ibid.* L'ordonnance insiste sur le caractère permanent de l'incapacité. Or, dans le cas de perte des facultés mentales, ce caractère de permanence est généralement difficile à déterminer avec certitude. Il convient de noter que l'incapacité physique doit empêcher le juge constitutionnel « d'exercer [ses] fonctions ». Ces dispositions ne sauraient évidemment concerner une personne se déplaçant en fauteuil roulant. Rien ne l'empêcherait d'exercer ses fonctions au Conseil constitutionnel. Plus délicate serait la situation d'un aveugle. Mais le développement des nouvelles technologies ne lui permettrait-il pas d'assumer ses fonctions ?

877 Article 10 de la loi de 1953 sur la Cour constitutionnelle autrichienne.

878 Article 105 de la loi sur la Cour constitutionnelle fédérale.

879 Article 3 de la loi constitutionnelle n°1 du 9 février 1948.

880 Article 23 de la loi organique sur le Tribunal constitutionnel espagnol. Ce même texte envisage la destitution si un juge est « déclaré responsable civilement pour dol ».

Les membres du Conseil constitutionnel français peuvent être destitués s'ils font l'objet de certaines condamnations pénales. Cela résulte de l'article 10 de l'ordonnance du 7 novembre 1958 qui envisage la *démission d'office* d'un membre « qui n'aurait pas la jouissance des droits civils et politiques ». Or, la perte des droits civils et politiques est une peine accessoire que peut prononcer le juge pénal[881]. Un membre du Conseil constitutionnel ayant été condamné pénalement pourrait donc être destitué, si la condamnation pénale est assortie d'une perte des droits civils et politiques.

La destitution du juge pénalement condamné est parfois une obligation. Il en est ainsi en France et en Espagne où les autorités prononçant la destitution sont tenues de tirer les conséquences d'une telle situation objective. Certes, aucun recours n'est possible si ces autorités omettent d'agir. Une telle attitude serait néanmoins illégale.

3. La violation par le juge de ses obligations de nature professionnelle

La violation par un juge constitutionnel de ses obligations de nature professionnelle peut être un motif de destitution du juge qui s'en est rendu coupable.

La survenance d'une incompatibilité peut être constitutive de la violation d'une obligation de nature professionnelle.

Dans un tel cas, les juges constitutionnels qui ne démissionneraient pas volontairement pourraient être déchus de leur mandat. Une telle disposition est prévue par l'article 23 de la loi organique sur le Tribunal constitutionnel espagnol. L'article 10 de la loi de 1953 sur la Cour constitutionnelle autrichienne envisage également la destitution dans le cas où un membre exercerait des fonctions incompatibles avec l'appartenance à la Cour[882].

Les membres du Tribunal constitutionnel portugais peuvent aussi être destitués en cas d' « acceptation d'un poste [...] incompatible avec l'exercice de leurs fonctions »[883]. La survenance d'une incompatibilité est un des motifs de destitution des membres du Conseil constitutionnel français. En effet, l'article 10 de l'ordonnance du 7 novembre 1958 envisage la *démission d'office* si un membre du Conseil a « exercé une activité ou accepté une fonction incompatible avec sa qualité de membre du Conseil »[884].

Ces dispositions sont complétées par le décret du 13 novembre 1959 sur les obligations des membres du Conseil constitutionnel. En effet, l'article 2 de ce décret interdit aux membres du Conseil de donner des consultations « sur des questions ayant fait ou étant susceptibles de faire l'objet de décision

881 Voir Article 131-26 du Nouveau Code Pénal.
882 Article 10 §1 a) de la loi de 1953 sur la Cour constitutionnelle autrichienne.
883Article 23 §1 de la loi sur l'organisation, le fonctionnement et la procédure du Tribunal constitutionnel portugais.
884 Voir également Michel VERPEAUX, « Conseil constitutionnel », *Loc. cit.*, n°105.

de la part du Conseil » ainsi que d'occuper des fonctions de responsabilité dans « un parti ou un groupement politique ».

Et l'article 7 prévoit que le Conseil constitutionnel puisse recourir à la destitution « pour l'application » du décret. Ceci revient à admettre la destitution d'un membre du Conseil constitutionnel n'ayant pas respecté les incompatibilités prévues par l'article 2 du décret du 13 novembre 1959.

En cas d'incompatibilité, la destitution est une obligation que doivent respecter les autorités compétentes. L'article 10 de la loi de 1953 sur la Cour constitutionnelle autrichienne et l'article 23 de la loi organique sur le Tribunal constitutionnel espagnol sont très clairs à cet égard.

Il semble que l'utilisation du présent de l'indicatif dans l'article 10 de l'ordonnance du 7 novembre 1958 ait la même conséquence : le Conseil constitutionnel français est tenu de prononcer la destitution en cas d'incompatibilité.

D'autres cas de violation existent.

L'article 105 de la loi sur la Cour constitutionnelle fédérale allemande envisage la destitution d'un juge en cas de « violation tellement grave de ses devoirs que son maintien en fonction est exclu ».

De même, les juges constitutionnels italiens peuvent être privés de leur mandat en cas de « manquement grave dans l'exercice de leurs fonctions »[885]. La destitution est aussi possible si un juge est « empêché d'exercer ses fonctions pendant un délai de six mois »[886].

Les juges constitutionnels belges peuvent également être destitués s'ils « ont manqué [...] aux devoirs de leur état »[887]. En Espagne, constitue un motif de destitution des juges constitutionnels, le « manque de diligence dans l'accomplissement des devoirs de leur charge » et « la violation de la réserve propre à leurs fonctions »[888]. Les juges constitutionnels autrichiens, quant à eux, peuvent être déchus de leur mandat dans le cas où ils ne répondent pas à trois convocations successives sans fournir d'explication[889].

La destitution d'un juge autrichien est également possible lorsqu'il « a gravement porté atteinte à son devoir de discrétion professionnelle » ou s'il « s'est montré indigne, par son attitude lors [...] de l'exercice de sa fonction, du soin et de la confiance que sa charge exige »[890].

Les membres du Conseil constitutionnel sont, eux aussi, susceptibles d'être destitués pour n'avoir pas respecté les obligations de comportement qui leur sont imposées dans l'exercice de leur activité professionnelle.

---

885 Article 3 de la loi constitutionnelle n°1 du 9 février 1948.
886 Article 8 de la loi constitutionnelle n°1 du 11 mars 1953.
887 Article 49 de la loi spéciale du 6 janvier 1989.
888 Article 23 de la loi organique sur le Tribunal constitutionnel espagnol.
889 Article 147 §7 de la Constitution autrichienne ; article 10 §1 b) de la loi de 1953 sur la Cour constitutionnelle autrichienne.
890 Article 10 §1 c) de la loi de 1953 sur la Cour constitutionnelle autrichienne.

En effet, l'article 7 du décret sur les obligations des juges constitutionnels prévoit la possibilité pour le Conseil constitutionnel de recourir à la procédure de *démission d'office* afin d'assurer « l'application des dispositions » de ce décret.

Ceci revient à admettre la possibilité d'une destitution des juges constitutionnels n'ayant pas respecté l' « obligation générale de s'abstenir de tout ce qui pourrait compromettre l'indépendance et la dignité de leurs fonctions », l'obligation de réserve résultant de l'article 2 du décret ou bien encore « l'interdiction de laisser mentionner leur qualité de membre du Conseil constitutionnel dans tout document susceptible d'être publié ».

La destitution en cas de violation d'une obligation de comportement est parfois présentée comme une obligation. Il en est ainsi en Autriche. Mais il convient d'opérer une distinction. Lorsque la situation constitutive du motif de destitution ne suppose aucune appréciation, il est possible de considérer qu'il y a une obligation.

Ainsi, la destitution d'un juge constitutionnel autrichien ayant négligé de répondre à trois convocations successives sans avoir fourni aucune excuse serait fondée sur un critère objectif. Il suffirait de constater cette situation.

Il s'agirait donc d'une obligation. Par contre, lorsque les autorités chargées de prononcer cette destitution disposent d'une marge de liberté pour apprécier la situation constitutive d'un motif de destitution, il n'est plus possible de considérer qu'il y a obligation.

Ainsi, dans la mesure où la valeur des excuses fournies par un juge constitutionnel autrichien qui a négligé de se rendre à trois convocations successives doit être appréciée par la Cour elle-même, il n'y a donc pas obligation de destitution.

4. La violation par le juge de ses obligations de nature extra-professionnelle

Dans certains États, les juges constitutionnels peuvent être déchus de leur mandat pour un motif de nature extra-professionnelle. Ainsi, les juges constitutionnels belges peuvent être destitués s'ils « ont manqué à la dignité de leurs fonctions »[891]. De même, la destitution d'un juge constitutionnel autrichien est possible lorsqu'il « s'est montré indigne, par son attitude [...] en dehors de sa fonction, du soin et de la confiance que sa charge exige »[892].

Il semble que les membres du Conseil constitutionnel français puissent être destitués sur la base de faits commis en dehors de l'exercice de leurs fonctions. En effet, « l'obligation générale de s'abstenir de tout ce qui pourrait compromettre l'indépendance et la dignité de leurs fonctions », découlant de l'article 1er du décret de 1959, n'a pas une portée limitée aux activités exercées au sein du Conseil constitutionnel. Or, il résulte de l'article

891 Article 49 de la loi spéciale du 6 janvier 1989.
892 Article 10 §1 c) de la loi de 1953 sur la Cour constitutionnelle autrichienne.

7 du décret de 1959 que la violation de cette obligation est un motif de destitution.

b) L'intervention de la juridiction constitutionnelle dans la procédure de destitution de ses membres

En Europe continentale, les juridictions constitutionnelles interviennent dans la procédure de destitution de leurs membres. Il existe deux types d'intervention. Les juridictions sont parfois chargées de prononcer elles-mêmes la destitution de leurs membres. Mais il existe des États dans lesquels, bien que la destitution soit prononcée par une autre autorité, celle-ci est proposée par la juridiction constitutionnelle.

1. *La destitution par la juridiction elle-même*

En Italie, l'article 3 de la loi constitutionnelle n°1 du 9 février 1948 prévoit que les membres de la Cour constitutionnelle ne peuvent être destitués « que par une décision de la Cour ». La loi constitutionnelle n°1 du 11 mars 1953 a précisé que cette décision doit être « adoptée par la Cour constitutionnelle à la majorité des deux tiers des juges présents »[893].

De même, la destitution des membres de la Cour d'arbitrage belge ne peut être décidée que par la Cour elle-même. En effet, aux termes de l'article 49 de la loi spéciale du 6 janvier 1989, « les présidents et les juges [...] peuvent être destitués [...] de leurs fonctions par un arrêt rendu par la Cour d'arbitrage ».

Quant aux membres du Tribunal constitutionnel du Portugal, ils ne peuvent être déchus de leurs mandats que par le Tribunal constitutionnel lui-même[894]. La destitution des juges constitutionnels autrichiens doit être également décidée par la Cour constitutionnelle, à la majorité des deux tiers[895].

La destitution des juges constitutionnels espagnols relève de la compétence de l'assemblée plénière du Tribunal constitutionnel[896]. Il existe deux majorités distinctes selon le motif de destitution.

Si la destitution a pour motif la survenance d'une incompatibilité ou d'une « incapacité prévue pour les membres du pouvoir judiciaire », la destitution peut être prononcée à la majorité simple[897]. Mais la destitution devra être prononcée à la majorité des trois quarts des membres si elle a pour

893 Article 7 de la loi constitutionnelle n°1 du 11 mars 1953. Sur la procédure de destitution, Voir Jean-Claude ESCARRAS, Chron. Italie, A.I.J.C., 1985, p. 482-483

894 Article 23 de la loi sur l'organisation, le fonctionnement et la procédure du Tribunal constitutionnel.

895 Article 10 de la loi de 1953 sur la Cour constitutionnelle autrichienne ; Sylvie PEYROU-PISTOULEY, *La Cour constitutionnelle et le contrôle de constitutionnalité des lois en Autriche*, *Op. Cit.*, p. 95-96.

896 Articles 10 et 23 §2 de la loi organique sur le Tribunal constitutionnel espagnol.

897 Article 23 de la loi organique sur le Tribunal constitutionnel espagnol.

motif soit le manque de diligence dans l'accomplissement des devoirs de la charge de juge constitutionnel, soit la violation de l'obligation de réserve, soit l'existence d'une condamnation civile ou pénale.

Enfin, la destitution des membres du Conseil constitutionnel français ne peut être prononcée que par le Conseil constitutionnel lui-même. Seule est possible la *démission d'office* prévue par les articles 10 et 11 de l'ordonnance du 7 novembre 1958 et le décret du 13 novembre 1959 sur les obligations des membres du Conseil constitutionnel[898].

La doctrine considère en général que la destitution doit être prononcée au scrutin secret et à la majorité des membres composant le Conseil constitutionnel, y compris les membres de droit, sans que le Président ait voix prépondérante[899].

2. La destitution d'un juge constitutionnel après autorisation de la juridiction

La destitution d'un juge constitutionnel allemand ne relève pas de la compétence de la Cour. Mais elle ne peut intervenir qu'après une autorisation de la juridiction. Elle se déroule en deux temps.

D'abord, la Cour constitutionnelle fédérale, réunie dans sa formation plénière[900], adopte une résolution à la majorité des deux tiers de ses membres[901]. Cette résolution doit habiliter le Président fédéral à destituer l'un des membres de la Cour constitutionnelle[902]. Mais la destitution n'est

---

898 Louis FAVOREU, « Le Conseil constitutionnel régulateur de l'activité normative des pouvoirs publics », *Loc. Cit.*, p. 71 ; « Les juges constitutionnels – France », A.I.J.C., 1988, p. 153.

899François LUCHAIRE, *Le Conseil constitutionnel*, *Op. Cit.*, p. 84. Une analyse différente est possible. En effet, la règle selon laquelle la *démission d'office* est décidée à la majorité des membres composant le Conseil constitutionnel et au scrutin secret résulte de l'article 6 du décret du 13 novembre 1959. Or le champ d'application de l'article 6 est limité au « cas prévu à l'article 5 » du décret. Et l'article 5 du décret de 1959 ne concerne que l'appréciation du manquement « aux obligations générales et particulières mentionnées aux articles 1er et 2 » du décret. Dès lors, il est possible de considérer que le champ de la procédure prévue par l'article 6 du décret de 1959 ne s'étend pas aux obligations découlant des articles 10 et 11 de l'ordonnance du 7 novembre 1958. La démission d'office sanctionnant ces dernières pourrait alors être décidée dans le cadre de la procédure de droit commun de décision au sein du Conseil constitutionnel : majorité simple des membres présents, sous réserve du respect d'un quorum de 7 membres, et possibilité de voix prépondérante du président. Comme en Espagne, il y aurait ainsi deux majorités différentes selon le motif de destitution. En outre, il semble que l'article 5 du décret de 1959, en excluant la possibilité d'une voix prépondérante du président, porte atteinte à l'article 56 de la Constitution aux termes duquel le président « a voix prépondérante en cas de partage ».

900 Article 105 §2 de la loi sur la Cour constitutionnelle fédérale.

901 Article 105 §4 de la loi sur la Cour constitutionnelle fédérale.

902 Article 105 §1 de la loi sur la Cour constitutionnelle fédérale ; Michel FROMONT, « Les juges constitutionnels – Allemagne fédérale », *Loc. Cit.*, p. 89. La Cour constitutionnelle a précisé la procédure de destitution dans son règlement intérieur, articles 50 à 55.

pas prononcée par la Cour. La résolution n'est qu'une autorisation[903]. La décision de prononcer la destitution relève de la compétence du Président fédéral, que la Cour constitutionnelle a habilité à agir[904].

2) Une inamovibilité résultant du caractère exceptionnel de la destitution au Canada, aux États-Unis et en Irlande

Malgré l'intervention formelle de l'Exécutif dans certains États, la destitution des juges des cours suprêmes du Canada, des États-Unis et d'Irlande relève de la compétence du Parlement. Mais, la tradition et le jeu politique rendent le processus de destitution difficile à mettre en œuvre. Ainsi, l'inamovibilité des juges est assurée aux États-Unis, en Irlande et au Canada, bien que les motifs de destitution soient largement laissés à l'appréciation des autorités politiques.

a) Les motifs de destitution des membres des cours suprêmes du Canada, des États-Unis et d'Irlande

Il convient de préciser les motifs de destitution des juges des cours suprêmes des États-Unis, du Canada et d'Irlande.

1. Les motifs de destitution des membres de la Cour suprême des États-Unis

Les juges de la Cour suprême des États-Unis siègent « *during good behaviour* ». Ils peuvent être destitués. Mais les motifs de destitution n'ont jamais été « réellement définis »[905]. En effet, il existe un débat sur la nature des motifs justifiant la destitution. Ne peut-on destituer les juges qu'en cas de *Treason, Bribery or other high Crimes and Misdemeanors* », comme cela semble résulter de l'article 2 section 4 de la Constitution ? Ou bien est-il possible, comme l'ont affirmé certains membres du Congrès, de procéder à une destitution dès lors qu'un juge cesserait d'avoir une bonne conduite[906] ?

Lors de la tentative de destitution du juge Douglas, Gérald Ford, qui n'était pas encore président, affirma que les deux notions étaient substantiellement identiques. Le motif de destitution peut être librement déterminé par « une majorité de la Chambre des Représentants [...] à un moment donné de l'histoire »[907].

La seule mise en œuvre de la procédure de destitution d'un membre de la Cour suprême pourrait sembler confirmer cette analyse. En effet les motifs invoqués dans les *articles of impeachment* votés par la Chambre des Représentants lors de la procédure de destitution du juge Samuel Chase

903 J.-C. BEGUIN, *Le contrôle de la constitutionnalité des lois en République fédérale d'Allemagne, Op. Cit.*, p. 32.
904 Article 105 de la loi sur la Cour constitutionnelle fédérale allemande.
905 Anne DEYSINE, *La justice aux États-Unis*, Paris, P.U.F., coll. « Que sais-je ? », 1998, p. 25.
906 David O'BRIEN, *Storm center, Op. Cit.*, p. 103.
907 Cité par David O'BRIEN, *Storm center, Op. Cit.*, p. 103.

peuvent difficilement être considérés comme constitutifs de « *Treason, Bribery or other high Crimes and Misdemeanors*».

Les motifs retenus par la Chambre des représentants pour déférer Samuel Chase au Sénat concernaient son attitude lors de plusieurs procès. Il lui était reproché de s'« être comporté de manière fort arbitraire, oppressive et injuste »[908], au cours du procès d'une personne accusée d'avoir organisé une sorte de rébellion contre le fisc. En terme contemporain, on l'accuserait de ne pas avoir respecté les droits de la défense.

Des faits du même ordre lui étaient reprochés au sujet du procès d'un individu accusé de sédition pour avoir publié un pamphlet contre le président Adams.

Le juge Chase aurait refusé d'autoriser un témoignage réclamé par la défense. En outre, il aurait interrompu et harcelé l'avocat de la défense. La conduite du juge Chase était mise en cause dans une troisième affaire. La Chambre des Représentants lui reprochait d' « être descendu de la dignité de juge au niveau de délateur ». Il aurait décidé de prolonger la session du Grand Jury du Delaware, alors que plusieurs jurés souhaitaient rentrer chez eux, en invoquant l'existence d' « une tendance gravement séditieuse dans le Delaware, [...] et particulièrement dans le comté de New Castle ».

Son attitude dans une quatrième affaire était également mise en cause. Il lui était reproché d'avoir fait une « harangue politique », en critiquant « le gouvernement de l'État, et la Constitution, [ce qui constitue] une conduite [...] particulièrement indécente et malvenue de la part d'un juge de la Cour suprême des États-Unis ».

Mais, le juge Chase a été déclaré non coupable par le Sénat.

En outre, ceux des juges fédéraux qui ont été destitués le furent parce qu'ils avaient commis une grave infraction criminelle[909]. Le motif de leur destitution correspondait alors à ceux envisagés par l'article 2 section 4 de la Constitution.

C'est pourquoi, aujourd'hui, la doctrine admet généralement que la destitution d'un juge à la Cour suprême doit être fondée sur les motifs prévus par l'article 2 section 4 de la Constitution. Le *Chief Justice* Rehnquist a ainsi souligné que la Constitution « prévoit que tous les fonctionnaires civils-ce qui inclut les juges- peuvent être *impeached* par la Chambre des Représentants pour « *high crimes and misdemeanors* », et s'ils sont reconnus coupables par le Sénat, ils sont démis de leurs fonctions »[910].

---

908 William H. REHNQUIST, *Grand Inquests, The Historic Impeachments of Justice Samuel Chase and President Andre Johnson*, New York, Quill-William Morrow, 1999, p. 59.

909 David O'BRIEN souligne : « *no federal judge has ever been impeached except for a criminal offense* » (David O'BRIEN, *Storm center*, *Op. Cit.*, p. 103).

910 William H. REHNQUIST, *« The future of the federal courts »*, discours du 9 avril 1996, http://supct.law.cornell.edu/supct/justices/rehnau96.htm (28/12/1999). Dans le même sens, Voir Guy SCOFFONI, « Le statut constitutionnel des juges du siège et du parquet – États-Unis », *Loc. cit.*, 1995, p. 214-216 et Elisabeth ZOLLER,

Les motifs de destitution des juges de la Cour suprême des États-Unis sont donc largement incertains. Et ces incertitudes sont renforcées par l'incompétence de la Cour suprême pour se prononcer sur l'appréciation du Congrès quant à l'existence d'un motif de destitution[911]. Il revient donc au Congrès de décider souverainement.

2. Les motifs de destitution des membres des cours suprêmes du Canada et d'Irlande

L'article 35 §4 1° de la Constitution Irlandaise admet la destitution des juges de la Cour suprême en cas de « *misbehaviour or incapacity* »[912]. La proximité des termes employés en Irlande et aux États-Unis est remarquable. La notion de *misbehaviour* n'est pas définie. Il est probable qu'elle permette l'incrimination de juges pour des faits commis en dehors de leur activité professionnelle[913].

Il reviendrait aux autorités chargées de mettre en oeuvre la procédure de destitution de déterminer si les faits reprochés à la personne poursuivie sont constitutifs de *misbehaviour*. Les juges de la Cour suprême du Canada restent en fonction tant qu'ils ont une « bonne conduite »[914]. Il faut donc, pour pouvoir révoquer un juge, que celui-ci cesse d'avoir une bonne conduite. Au Canada, pas plus qu'en Irlande ou aux États-Unis, la notion de bonne conduite n'est définie. Il revient donc aux autorités chargées de la mise en œuvre de ces dispositions d'apprécier si les faits reprochés à un juge peuvent être analysés comme justifiant sa destitution.

C. La destitution par le Parlement des membres des cours suprêmes du Canada, des États-Unis et d'Irlande

Il convient de préciser les modalités de destitution des membres des cours suprêmes des États-Unis, du Canada et d'Irlande.

1. La destitution par le Congrès des membres de la Cour suprême des États-Unis

La procédure de destitution des membres de la Cour suprême des États-Unis apparaît comme une garantie particulièrement forte d'indépendance depuis l'échec de la procédure de destitution engagée contre le juge Samuel Chase.

La procédure de destitution des juges fédéraux, donc des membres de la Cour suprême, résulte de la Constitution des États-Unis. La compétence du

---

911 « Présentation de la Cour suprême des États-Unis », *Loc. Cit.*, p. 35.
L'incompétence de la Cour suprême pour connaître des décisions de la Chambre des Représentants et du Sénat a été rappelée dans l'arrêt *Nixon v. United States*, 506 US 224 (1993).

912 Il faut traduire cette expression par « mauvaise conduite ou incapacité ».

913 James CASEY, *Constitutional law in Ireland*, *Op. Cit.*, p. 251-252.

914 Article 99 §1 de la Loi constitutionnelle de 1867.

Congrès est exclusive. Mais, comme le souligne le *Chief Justice* Rehnquist dans l'opinion qu'il a rédigée pour la Cour suprême à l'occasion de l'arrêt *Nixon v. United States* de 1993, les Constituants « ont créé deux garanties pour contenir le Sénat.

La première garantie est que la totalité du pouvoir d'Impeachment est divisée entre les deux corps législatifs, la Chambre [des Représentants] ayant le droit d'accuser et le Sénat ayant le droit de juger. [...] La seconde garantie est l'exigence d'une super-majorité des deux tiers »[915]. La mise en accusation, c'est-à-dire l'adoption d'un ou de plusieurs *articles of impeachment*, relève de la compétence de la Chambre de Représentants.

En effet, l'article 1 section 2 de la Constitution dispose: « *The House of Representatives [...] shall have the sole Power of Impeachment* ». La décision sur la destitution appartient au Sénat. L'article 1 section 3 dispose: « *The Senate shall have the sole power to try all Impeachment* ». Cette décision est prise à la majorité des deux tiers des membres du Sénat. Cette majorité n'était sans doute pas conçue, dans l'esprit des rédacteurs de la Constitution, comme une majorité qualifiée destinée à rendre plus difficile la destitution.

En effet, cette majorité des deux tiers est la même que celle exigée pour la ratification des traités par l'article 2 section 2 de la Constitution. La compétence du Sénat pour juger de la mise en accusation est exclusive. Le *Chief Justice* Rehnquist, dans l'opinion qu'il a rédigée pour la Cour dans l'arrêt *Nixon v. United States* de 1993, a souligné que la compétence du Sénat est exclusive. Aucun appel n'est donc possible.

En outre, le Président ne peut exercer son droit de grâce[916]. Dans le cas où le Sénat se prononce dans le sens de l'impeachment, la peine « ne pourra pas excéder la destitution et l'incapacité à occuper un emploi impliquant honneur, profit ou confiance »[917]. Toutefois, la personne déclarée coupable par le Sénat pourra « être sujette à mise en accusation, procès, jugement et peine conformément au droit commun ».

La seule tentative de destitution d'un membre de la Cour suprême fut un échec. Le juge Samuel Chase, après avoir participé à la Révolution, a été parlementaire pendant quelques années. Il fut nommé à la Cour suprême en 1796[918]. A cette époque, les membres de la Cour suprême exerçaient un double rôle. Ils siégeaient ensemble, constituant la Cour suprême.

Mais, ils étaient également membres de diverses juridictions inférieures, ayant une compétence de première instance. Samuel Chase était un partisan de John Adams, et participa à sa campagne en vue de sa réélection en 1800.

---

915 Nixon v. United States, 506 US 224 (1993).

916 Article 2 section 2 de la Constitution des États-Unis.

917 Article 1 section 3 de la Constitution des États-Unis.

918 William H. REHNQUIST, *Grand Inquests, The Historic Impeachments of Justice Samuel Chase and President Andrew Johnson*, *Op. cit.*, p. 21.

Mais, Jefferson fut élu et entra en fonction en 1801. Le juge Samuel Chase critiqua la politique de Jefferson et du Congrès lors de la session d'un Grand Jury à Baltimore en 1803. Ce qui exaspéra Jefferson : celui-ci suggéra à l'un des chefs des républicains à la Chambre des Représentants de mettre en œuvre la procédure de destitution. Furent adoptés, quelque temps après, huit *articles of impeachment* contre le juge Chase.

Le Sénat se réunit à partir du 4 février 1805 afin de se prononcer sur la résolution de la Chambre des Représentants. Aucun des huit *articles of impeachment* ne recueillit la majorité des deux tiers prescrite par la Constitution. Mais trois des articles ont recueilli une majorité simple en faveur de la culpabilité. Si la majorité exigée n'avait pas été une majorité renforcée, Samuel Chase aurait été destitué.

La première des conséquences de l'échec de la procédure *d'impeachment* entreprise contre Samuel Chase est de faire apparaître l'intervention des deux chambres du Congrès et l'exigence d'une majorité qualifiée comme un renforcement de l'inamovibilité des juges fédéraux[919].

L'échec de la procédure de destitution du juge Chase est généralement considéré par la doctrine américaine comme une garantie de l'indépendance des juges de la Cour suprême. Le Chief Justice Rehnquist a souligné dans un discours de 1996 que « cette décision du Sénat fut d'une très grande importance pour protéger le type d'indépendance judiciaire prévue par l'article 3. Arrivant seulement deux ans après la décision fondatrice rendue par la Cour dans *Marbury v. Madison*, elle donna, en même temps que la compétence de déclarer des lois contraires à la Constitution, l'assurance aux juges fédéraux que leurs actes judiciaires [...] ne seraient pas un motif de les destituer de leurs fonctions »[920].

La doctrine qui voyait dans l'*impeachment* un moyen de renvoyer les fonctionnaires qui ne sont pas de la même tendance que le pouvoir politique a perdu sa crédibilité. Mais, comme le remarque le *Chief Justice* Rehnquist dans *Grand Inquests*, « ni l'acquittement de Chase ni aucun autre événement ne peuvent résoudre le conflit potentiel entre le pouvoir judiciaire fédéral et les autres pouvoirs.

Ce type de conflit est envisagé par la Constitution, et il faudrait réécrire ce texte pour éviter les confrontations éventuelles qui se produisent. Mais l'acquittement de Chase est parvenu à établir l'idée que l'impeachment n'est pas une arme propre à être utilisée par le Congrès [...] dans ces confrontations.

---

919 Une telle opinion est exprimée, dès 1805, par John Quincy ADAMS dans son journal à la suite du procès de Samuel Chase devant le Sénat (cité par William H. REHNQUIST, *Grand Inquests, The Historic Impeachments of Justice Samuel Chase and President Andrew Johnson*, *Op. Cit.*, p. 107).

920 William H. REHNQUIST, *« The future of the federal courts »*, discours du 9 avril 1996, *Loc. Cit.*

Quel que soit la colère ou la frustration des autres pouvoirs que provoque l'action de la Cour suprême, il n'est pas possible de destituer ses membres à cause de leur philosophie judiciaire ». Ce constat est confirmé par le résultat des tentatives de destitution du juge Douglas : la volonté de la majorité de se débarrasser d'un juge gênant n'est pas suffisante pour arriver à le destituer[921]. L'échec de la destitution de Samuel Chase fait apparaître comme très exceptionnelle la destitution des juges à la Cour suprême. Dès lors, il est possible de considérer que leur inamovibilité est garantie.

2. La procédure de destitution des membres des cours suprêmes du Canada et d'Irlande

La procédure de destitution des juges de la Cour suprême d'Irlande fait intervenir le Parlement. Chacune des deux chambres, la Chambre des représentants et le Sénat, doit adopter une résolution constatant que les faits reprochés au juge sont constitutifs de *misbehaviour or incapacity* [922]. Les résolutions des assemblées peuvent être prises à la majorité simple des membres présents et votants[923].

Les résolutions doivent être adressées au Président d'Irlande qui est tenu, aux termes de l'article 35 §4 3°, de destituer « immédiatement, par un ordre écrit de sa main et sous son sceau, le juge ».

Le Président étant tenu d'agir, il est possible de considérer que son rôle est purement formel. Le pouvoir de destitution appartient donc au Parlement. Mais, contrairement à ce qui est prévu aux États-Unis, il n'est pas nécessaire d'obtenir une majorité spéciale. Il suffit d'une majorité simple. La destitution d'un juge n'est, en théorie, pas trop difficile à obtenir pour la majorité parlementaire. Pourtant, aucun membre de la Cour suprême n'a été destitué.

Il faut sans doute voir dans cette absence de révocation le poids d'une tradition très attachée à l'indépendance du pouvoir judiciaire. En outre, le jeu des partis en Irlande rend le système quasi-inefficace. Comme aux États-Unis, l'inamovibilité des juges à la Cour suprême découle tout autant de la tradition et du jeu des partis que de la Constitution.

Au Canada, comme en Irlande et aux États-Unis, la procédure de destitution relève de la compétence du Parlement. En effet, pour qu'un juge canadien soit révoqué, il faut préalablement « une adresse du Sénat et de la Chambre des Communes ». Le juge est révoqué par le Gouverneur général.

Mais celui-ci représente la Reine et n'a qu'un rôle formel. Le pouvoir de destitution appartient donc au Parlement. La tradition britannique d'inamovibilité et le jeu des partis rendent la procédure de destitution «

921 David O'BRIEN , *Storm center*, *Op. Cit.*, p. 101.
922 Article 35 §4 1° et 2° de la Constitution irlandaise.
923 James CASEY, *Constitutional law in Ireland*, *Op. Cit.*, p. 251.

stricte et difficile à mettre en branle ». Ce qui constitue une garantie d'inamovibilité.

§2. Un statut garantissant l'effectivité des privilèges et obligations des juges constitutionnels

Un mandat long et l'inamovibilité sont en principe assurés aux juges constitutionnels. Il s'agit de garanties essentielles de leur indépendance : les juges ne risquent pas d'être démis de leur fonction en représailles d'une de leurs décisions. Leur indépendance est renforcée par la garantie de l'effectivité d'un ensemble de privilèges et d'obligations. Ces privilèges et obligations contribuent à l'indépendance des juges constitutionnels, car ils excluent toute dépendance à l'égard des pouvoirs publics. Leur effectivité est garantie par diverses autorités. Si le rôle essentiel revient aux juges constitutionnels, les autorités politiques nationales ainsi que des organes supranationaux ont néanmoins une compétence.

A. Les privilèges des juges constitutionnels

Charles Eisenmann a souligné la nécessité que les juges constitutionnels « échappent à toute influence de l'autorité qui les a choisis, qu'ils n'aient plus rien à craindre ni à attendre d'elle »[924]. A cette fin, le Constituant et le législateur ont accordé aux juges constitutionnels un ensemble de privilèges.

1) Les privilèges des juges constitutionnels

Les juges constitutionnels bénéficient de nombreux avantages ayant pour objet de leur assurer un train de vie convenable pendant, et après, leurs fonctions. Il s'agit de tout faire pour que les juges soient à l'abri des contingences matérielles[925]. Ce qui leur permet, comme le souhaitait Eisenmann, de n'avoir « rien à craindre ni à attendre ». Les divers privilèges qui leur sont accordés sont l'un des éléments garantissant leur indépendance. Il semble que les principaux avantages statutaires qui peuvent être accordés aux juges constitutionnels sont : la rémunération, les privilèges et immunités de juridiction et, enfin, le droit à une pension de retraite.

---

924 Charles EISENMANN, *La justice constitutionnelle et la Haute Cour constitutionnelle d'Autriche*, *Op. Cit.*, p. 176-177.

925 La doctrine américaine utilise l'expression « *Constitutional courts* » pour désigner les cours de l'article 3 de la Constitution. Cette expression pouvant être source de confusion, il est préférable de désigner ces cours, au premier rang desquels se trouve évidemment la Cour suprême, au moyen de l'expression « cours à statut constitutionnel », comme le fait le professeur SCOFFONI dans « Le statut constitutionnel des juges du siège et du parquet – États-Unis », *Loc. Cit.*, p. 193-219.

a) La rémunération des juges constitutionnels

La comparaison des montants des rémunérations des juges constitutionnels serait délicate à mener. De plus, compte tenu de la diversité des situations nationales, elle ne serait guère pertinente.

Pour rendre compte du niveau de traitement, il faudrait pouvoir corriger ces données chiffrées en fonction de la parité de pouvoir d'achat. Pourtant, certaines comparaisons sont possibles. Ainsi, il faut signaler dans certains États l'existence d'un encadrement constitutionnel de la rémunération des juges constitutionnels. En outre, il convient d'apporter quelques précisions quant aux modalités de détermination du traitement principal et de signaler l'existence d'indemnités supplémentaires dans de nombreux États.

1. L'encadrement constitutionnel de la rémunération des juges constitutionnels

Il arrive que la rémunération des juges constitutionnels fasse l'objet d'un encadrement constitutionnel. C'est le cas aux États-Unis, en Irlande et en Italie.

Aux États-Unis, l'article 3 section 1 de la Constitution interdit la diminution du traitement des juges des cours à statut constitutionnel durant toute la durée de leur fonction. Cette garantie est appréciable. Comme le souligne Michael H. Davis, « puisque la Constitution interdit toute diminution de leur rémunération pendant la durée de leurs fonctions, les juges jouissent d'une certaine indépendance immédiate »[926].

La Cour suprême et la doctrine ont précisé ces dispositions. Elles interdisent au Congrès de diminuer le traitement des juges. Mais elles ne l'obligent pas à l'augmenter. Or, en période d'inflation, l'absence d'augmentation a pour conséquence la baisse du pouvoir d'achat.

Un refus d'augmenter les traitements des juges semble pourtant conforme à la Constitution. Ce qui, comme le note Scoffoni aboutit à ce que « par son inaction, le Congrès [...] puisse ainsi contribuer à la réduction des salaires réels »[927]. Il y a là un moyen d'action du Congrès à l'égard des juges, qui peut ainsi les sanctionner.

La Cour suprême a eu l'occasion de se prononcer sur l'application de l'impôt sur le revenu aux juges des cours à statut constitutionnel. La Cour suprême a d'abord jugé que la diminution du revenu par le biais d'un impôt était contraire à la Constitution. Le juge Van Devanter, rendant l'opinion de la Cour dans l'arrêt *Evans v. Gore* de 1920 affirmait ainsi que « le traitement est protégé contre toute diminution quelle qu'en soit la forme, qu'il s'agisse d'une imposition ou d'autre chose ». Le juge Mc Reynolds a confirmé ce

---

926 Michael H. DAVIS, « Les juges constitutionnels - États-Unis », *Loc. Cit.*, p. 139.

927 Guy SCOFFONI, « Le statut constitutionnel des juges du siège et du parquet – États-Unis », *Loc. Cit.*, p. 210.

principe, dans l'opinion qu'il a rédigée pour la Cour dans l'arrêt *Miles v. Graham* de 1925. Puis, dans son arrêt *O'Malley v. Woodrough* de 1939, la Cour suprême a admis l'application aux juges fédéraux, donc à ses membres, d'une taxe générale, non discriminatoire, ayant vocation à s'appliquer à tout citoyen.

Le juge Frankfurter soulignait, dans l'opinion qu'il rédigea pour la Cour, « que soumettre les juges à une imposition générale, c'est seulement reconnaître qu'ils sont aussi des citoyens ». Les dispositions de la Constitution des États-Unis ont influencé les Constituants irlandais.

L'article 35 §5 de la Constitution irlandaise dispose : « le traitement d'un juge ne pourra pas être réduit tant qu'il demeurera en fonctions ». La Cour suprême d'Irlande a également été amenée à se prononcer sur l'imposition des traitements accordés aux juges. Le *Chief Justice* Maguire soulignait en 1959 dans l'opinion qu'il rédigea pour la Cour dans l'affaire *O'Byrne v. Minister for Finance* : « l'interdiction contenue dans cet article doit être lue dans le contexte de l'article tout entier.

L'objet de cet article est de sauvegarder l'indépendance des juges. Demander à un juge de payer des impôts sur le revenu sur la même base que les autres citoyens, et de contribuer ainsi aux dépenses du gouvernement, ne peut pas être considéré comme une atteinte à son indépendance »[928]. Dans cet arrêt, la Cour suprême d'Irlande a également précisé que l'article 35 §5 n'assure pas aux juges le droit de bénéficier d'une indexation de leur traitement, qui peut donc subir une érosion du fait de l'inflation[929].

Les juges constitutionnels italiens bénéficient également d'une protection constitutionnelle de leur salaire. L'article 6 de la loi constitutionnelle n°1 de 1953 dispose : « les membres de la Cour constitutionnelle perçoivent un salaire mensuel qui ne peut être inférieur à celui du plus haut magistrat des juridictions de droit commun et qui est déterminé par la loi ».

Le magistrat de droit commun qui a le traitement le plus élevé est le Président de la Cour de cassation[930]. L'existence d'une garantie constitutionnelle des traitements des juges constitutionnels a pour finalité d'assurer leur indépendance. Les anglo-saxons sont particulièrement attentifs à cette problématique. Le *Chief Justice* Burger rappelait dans l'arrêt *United States* v. *Will* de 1980 que l'interdiction de toute diminution de traitement « a son origine dans la longue tradition anglo-américaine d'indépendance de la magistrature »[931].

---

928 Guy SCOFFONI, « Le statut constitutionnel des juges du siège et du parquet – États-Unis », *Loc. Cit.*, p. 210. Cité par James CASEY, *Constitutional law in Ireland, Op. Cit.*, p. 248-249.

929 James CASEY, *Constitutional law in Ireland, Op. Cit.*, p. 248.

930 Jean-Claude ESCARRAS, « Les juges constitutionnels - Italie », *Loc. Cit.*, p. 176-177.

931 *United States v. Will,* 449 US 200 (1980). L'analyse du *Chief Justice* BURGER développée dans cette opinion rappelle que la garantie contre la diminution de salaire trouve

2. Les modalités de détermination de la rémunération des juges constitutionnels

Il semble que les autorités chargées de fixer le montant du traitement des juges constitutionnels aient eu recours à deux formules différentes.

Soit elles le fixent directement, éventuellement en l'assortissant de modalités d'indexation ; soit cette rémunération est fixée en référence ou en proportion d'un autre traitement public.

Les États-Unis ont choisi la première solution. Ainsi, le traitement des membres de la Cour suprême relève de la compétence du Congrès qui, pendant longtemps, en fixait le montant directement chaque année. Ce système a été aménagé. Désormais est prévu un mécanisme d'indexation. La plupart des États ont recours à la formule de la détermination du traitement par référence.

Ainsi, le montant du traitement des juges constitutionnels italiens est fixé par référence à celui du plus haut magistrat de l'ordre judiciaire[932]. Le législateur allemand a diversifié les références. Le président de la Cour constitutionnelle fédérale reçoit le même traitement qu'un ministre ; le vice-président a le même traitement qu'un secrétaire d'État ; les autres membres ont un traitement égal à celui des présidents des Cours fédérales suprêmes[933].

Le législateur belge a également fixé les traitements des membres de la Cour d'arbitrage par référence. Aux termes de l'article 1er de la loi du 6 janvier 1989 relative aux traitements et pensions des juges, des référendaires et des greffiers de la Cour d'arbitrage, les présidents reçoivent un traitement équivalent à celui du président de la Cour de cassation, tandis que le montant perçu par les autres membres est égal à celui des avocats généraux à la Cour de cassation.

De même, le traitement des juges constitutionnels français est fixé par référence. L'article 6 alinéa 1 de l'ordonnance organique du 7 novembre 1958 dispose : « le président et les membres du Conseil constitutionnel reçoivent une indemnité égale aux traitements afférents aux deux catégories supérieures des emplois de l'État classés hors échelle ». Mais ces dispositions ne concernent pas les membres exerçant des activités compatibles avec leur fonction.

L'alinéa 1 de l'ordonnance organique du 7 novembre 1958 dispose : « le président et les membres du Conseil constitutionnel reçoivent une indemnité égale aux traitements afférents aux deux catégories supérieures des emplois

---

son origine dans le droit britannique. Dès l'Act *of Settlement* de 1701 était établi un lien entre indépendance des juges et non-diminution de salaire.

932 L'article 12 de la loi n°87 du 11 mars 1953 sur l'organisation et le fonctionnement de la Cour constitutionnelle italienne dispose : « tous les membres de la Cour constitutionnelle perçoivent une rémunération correspondant à l'ensemble des émoluments touchés par le magistrat de l'ordre judiciaire investi des plus hautes fonctions ».

933 Michel FROMONT, « Les juges constitutionnels - Allemagne fédérale », *Loc. Cit.*, p. 89.

de l'Etat classés hors échelle ». Mais ces dispositions ne concernent pas les membres exerçant des activités compatibles avec leur fonction.

Il est également possible que le traitement soit proportionnel à un autre traitement public. Il en est ainsi en Autriche. L'article 4 de la loi de 1953 sur la Cour constitutionnelle fixe ce traitement en proportion de celui auquel « un membre actuel du Conseil national aurait droit, si, depuis sa désignation comme membre de la Cour constitutionnelle, il appartenait au Conseil national en tant que député ». Le montant du traitement du président est 166% de celui d'un député au Conseil national.

Celui du vice-président et des rapporteurs permanents est 138% de celui d'un député. Les autres membres reçoivent 83% du traitement d'un député. De même, la rémunération des membres du Conseil constitutionnel français continuant d'exercer une autre activité est proportionnelle à un autre traitement public. Aux termes de l'article 6 alinéa 2 de l'ordonnance du 7 novembre 1958, il est équivalent à la moitié de celui que perçoivent ceux des membres qui n'exercent aucune autre activité.

3. Les indemnités supplémentaires et le remboursement de frais occasionnés par l'exercice des fonctions

Il arrive que les juges constitutionnels perçoivent des indemnités supplémentaires ou le remboursement de frais occasionnés par l'exercice de leurs fonctions.

Dans certains États, les juges constitutionnels bénéficient d'indemnités supplémentaires. Ainsi, en Italie, la loi n°87 du 11 mars 1953 sur l'organisation et le fonctionnement de la Cour constitutionnelle prévoit que le président de la Cour reçoit une indemnité de représentation égale au cinquième de son traitement[934].

Le Président du Conseil constitutionnel français reçoit également une indemnité pour frais de représentation[935]. De même, les juges constitutionnels autrichiens « perçoivent chaque mois une compensation financière des dépenses à hauteur de 25% de leur indemnité mensuelle »[936].

Les juges constitutionnels obtiennent parfois le remboursement de frais occasionnés par l'exercice de leurs fonctions. Ainsi, l'article 5a de la loi de 1953 sur la Cour constitutionnelle autrichienne envisage le remboursement de frais de déplacement.

De même, les membres de la Cour suprême des États-Unis peuvent recevoir une indemnité visant à compenser leurs dépenses lorsqu'ils doivent voyager dans le cadre de leurs fonctions.

934 Article 12 alinéa 1 de la loi n°87 du 11 mars 1953 sur l'organisation et le fonctionnement de la Cour constitutionnelle.

935 Pierre AVRIL et Jean GICQUEL, *Le Conseil constitutionnel*, *Op. Cit.*, p. 89.

936 Article 4 §1 de la loi de 1953 sur la Cour constitutionnelle autrichienne.

b) L'immunité et le privilège de juridiction des juges constitutionnels

Les membres des juridictions constitutionnelles bénéficient fréquemment d'une immunité. Il est aussi envisageable que leur soit accordé un privilège de juridiction.

1. L'immunité des juges constitutionnels

Une immunité est, au sens strict, une « cause d'impunité qui, tenant à la situation particulière de l'auteur de l'infraction au moment où il commet celle-ci, s'oppose définitivement à toute poursuite, alors que la situation créant ce privilège a pris fin »[937]. Dans un sens plus large, c'est « un privilège faisant échapper une personne, en raison d'une qualité qui lui est propre, à un devoir ou une sujétion pesant sur les autres ».

Ce mot désigne parfois des « prérogatives reconnues à une personne [...] l'exemptant à certains égards de l'application du droit commun ». Cette immunité peut ne concerner que certains domaines de l'activité de la personne en bénéficiant, ou bien s'étendre à l'ensemble des actes dont cette personne est susceptible de répondre pénalement ou civilement. Il est possible qu'elle soit seulement partielle, n'interdisant par exemple que la mise en cause de la responsabilité pénale. La levée de l'immunité est parfois prévue.

L'étendue de l'immunité dont bénéficient les juges constitutionnels diffère selon les États. Ainsi, les membres de la Cour constitutionnelle italienne bénéficient d'une immunité garantie par la Constitution. L'article 6 alinéa 2 de la loi constitutionnelle n°1 de 1948 prévoit que « pendant la durée de leurs fonctions, les membres de la Cour constitutionnelle jouissent des mêmes immunités que celles reconnues aux membres des deux chambres du Parlement par l'article 68 alinéa 2 de la Constitution ».

Les juges constitutionnels italiens disposent ainsi d'une immunité particulièrement étendue. Un membre de la Cour constitutionnelle ne peut donc être « soumis à des fouilles corporelles ou à des perquisitions à domicile, ni arrêté ou privé, de quelque manière que ce soit, de sa liberté personnelle, ni gardé en état de détention, sauf en application d'un jugement irrévocable de condamnation ou lorsqu'il est surpris en train de commettre une infraction pénale pour laquelle la loi prévoit l'arrestation obligatoire »[938].

L'étendue de cette immunité « vise à garantir au juge constitutionnel la plus ample indépendance, le mettant à l'abri de toute attaque provenant des pouvoirs adverses, en particulier du législateur, qui représente en quelque sorte le contradicteur naturel de la Cour »[939]. De même, les juges constitutionnels espagnols jouissent d'une immunité. L'article 22 de la loi

---

937 Gérard CORNU, *Vocabulaire juridique*, Paris, P.U.F., 6ème éd., 1996, p. 417.

938 Article 68 alinéa 2 de la Constitution de 1947.

939 Elena LIBONE et Alessandro PIZZORUSSO, « Immunités constitutionnelles et privilèges de juridictions - Italie », *A.I.J.C.*, 2001, p. 269.

organique relative au Tribunal constitutionnel garantit que les juges « ne pourront pas être poursuivis pour les opinions exprimées dans l'exercice de leurs fonctions ». Les membres de la Cour constitutionnelle du Portugal disposent également, aux termes de l'article 224 §5 de la Constitution de l'« irresponsabilité », c'est-à-dire d'une forme d'immunité.

Quant aux juges de la Cour suprême des États-Unis, ils bénéficient d'une immunité pour les actes accomplis dans l'exercice de leurs fonctions, comme tous les juges fédéraux américains. Comme le souligne Scoffoni, « par principe, afin de préserver l'indépendance judiciaire, les juges ne sont pas responsables des actes accomplis dans l'exercice de leurs fonctions, même en cas de fraude ou de corruption. Cette immunité à l'égard d'actions civiles en dommages et intérêt est garantie aux juges des États sur des bases de *common law* et la Cour suprême l'a reconnu applicable aux juges fédéraux.

Dans une décision *Bradley v. Fisher* de 1872, elle a consacré le principe d'une immunité absolue pour protéger les juges contre des actions remettant en cause leurs décisions comme fondées sur des motifs impropres [...]

En conséquence, les juges apparaissent protégés contre des actions civiles invoquant la volonté de nuire ou la corruption dont témoigneraient leurs décisions dans l'exercice de leurs fonctions et les limites de leurs compétences »[940]. Les membres de la Cour suprême du Canada disposent aussi d'une immunité les protégeant contre la mise en cause de leur responsabilité. Celle-ci trouve sa source dans la *common law*[941].

De même, les juges de la Cour suprême d'Irlande bénéficient d'une immunité les protégeant contre l'engagement de leur responsabilité. Cette règle, qui concerne tous les magistrats irlandais, tire son origine dans le principe d'indépendance résultant de l'article 35 §2 de la Constitution et de la *common law*[942].

Il est parfois possible que les immunités dont bénéficient les juges constitutionnels soient levées. Ainsi, la Constitution italienne admet la levée des immunités dont bénéficient les juges constitutionnels.

Mais, l'article 3 alinéa 2 de la loi constitutionnelle n°1 de 1948 réserve cette compétence à la Cour constitutionnelle. La procédure a été précisée par l'article 9 de la loi n°87 du 11 mars 1953 et le règlement général de la Cour. De même, l'article 7 §1 de la loi sur le Tribunal constitutionnel polonais du

940 Guy SCOFFONI, « Le statut constitutionnel des juges du siège et du parquet – États-Unis », *Loc. cit.*, p. 213.

941 « l'immunité judiciaire constitue un élément fondamental de l'indépendance judiciaire. Cette immunité consiste en l'impossibilité pour le justiciable de poursuivre en responsabilité civile un juge en raison d'un acte commis dans l'exécution de ses fonctions ou d'une omission dans ce même cadre. En common law, les juges des cours supérieurs bénéficient d'une immunité absolue. Il importe en effet que ceux-ci puissent rendre jugement sans craindre perpétuellement les poursuites des parties mécontentes » (Karim BENYEKHLEF, « Le statut constitutionnel des juges du siège et du parquet- Canada », *Loc. Cit.*, p. 156).

942 James CASEY, *Constitutional law in Ireland*, *Op. Cit.*, p. 246 ; Dominique BRECHIGNAC, *La justice constitutionnelle en République d'Irlande*, *Op. Cit*, p. 25

1er août 1997, prévoit l'intervention du Tribunal constitutionnel aux fins de donner « l'autorisation d'engager la responsabilité pénale d'un juge ou de le priver de liberté ».

2. Le privilège de juridiction des juges constitutionnels

Un privilège de juridiction est un « droit en faveur de certains dignitaires, magistrats ou fonctionnaires, d'être jugés, pour les infractions à la loi pénale qui leur sont reprochées, par une juridiction à laquelle la loi attribue exceptionnellement compétence »[943].

Le législateur espagnol a prévu un privilège de juridiction au profit des juges du Tribunal constitutionnel. L'article 26 de la loi organique relative au Tribunal constitutionnel prévoit que « la responsabilité criminelle des juges du Tribunal constitutionnel ne pourra être mise en jeu que devant la chambre pénale du Tribunal suprême ». Mais, ce privilège de juridiction n'a qu'une portée restreinte. Il ne concerne que les infractions pénales. En matière civile, les tribunaux ordinaires sont compétents. Au Portugal également, depuis la loi organique du 26 février 1998, une délibération de l'Assemblée de la République est nécessaire pour que soit poursuivi pénalement un membre du Tribunal constitutionnel, lorsque celui-ci est accusé d'avoir commis une infraction pénale dans l'exercice de ses fonctions[944].

L'existence d'un privilège de juridiction est une garantie très forte de l'indépendance des membres de la juridiction constitutionnelle. Pourtant, il ne semble pas que d'autres États aient eu recours à un tel système. On peut se demander s'il est souhaitable d'établir un privilège de juridiction au profit des membres du Conseil constitutionnel français. Deux raisons nous conduisent à écarter une telle éventualité. En premier lieu, il convient de constater que les privilèges de juridictions tendent à disparaître en France.

Ainsi, la loi du 4 janvier 1993 a supprimé le privilège de juridiction dont bénéficiaient, en application de l'article 679 du Code de procédure pénale, les magistrats de l'ordre judiciaire, les magistrats de l'ordre administratif, les membres du Conseil d'État et les membres de la Cour des comptes[945].

En outre, l'octroi d'un privilège de juridiction aux membres du Conseil constitutionnel risquerait de faire apparaître aux yeux de l'opinion publique la nomination de certains membres du Conseil constitutionnel comme une volonté de les protéger contre d'éventuelles poursuites. Sans doute la crédibilité de l'institution en souffrirait-elle.

---

943 Gérard CORNU, *Vocabulaire juridique*, *Op. Cit.*, p. 474.

944 José MIRANDA, « Immunités constitutionnelles et privilèges de juridiction - Portugal », *A.I.J.C.*, 2001, p. 312-313.

945 Sur cette question, voir le texte et la jurisprudence relative à cette question in *Code de procédure pénal*, rédigé avec le concours de Jean PRADEL et Francis CASORLA, Paris, Dalloz, 38ème éd., 1996, p. 592-596.

c) La pension de retraite des juges constitutionnels

La retraite des juges constitutionnels est un élément essentiel de leur statut. Un juge n'est indépendant que s'il n'a rien à craindre ou à attendre des autorités publiques ou des personnes privées. Or, si les conditions de sa retraite sont pour le juge une source d'inquiétude, il n'est certainement pas dans des conditions optimales pouvant le conduire à exercer ses fonctions de manière impartiale.

Il est donc nécessaire, voire indispensable, de garantir au juge constitutionnel un système de pension lui permettant de ne pas craindre de se trouver à la retraite. Le droit à une pension de retraite est généralement reconnu aux juges constitutionnels. Il a même été constitutionnalisé au Canada.

1. Le droit à une pension de retraite des juges constitutionnels

La situation se présente en des termes très différents selon que les juges constitutionnels sont nommés à vie, jusqu'à l'âge de la retraite ou pour un mandat d'une durée fixe. Dans ce dernier cas, il est possible que des anciens juges soient trop jeunes au terme de leur mandat pour bénéficier d'une pension de retraite.

S'agissant des juges constitutionnels qui ne sont pas nommés à vie, il convient de distinguer le droit à une pension de retraite dont ils peuvent bénéficier des autres avantages auxquels ils ont droit au terme de leur mandat. Dans la plupart des États, les anciens juges constitutionnels bénéficient d'une pension de retraite.

En Allemagne fédérale, les juges constitutionnels ont droit à une pension de retraite s'ils arrivent au terme de leur mandat, dont la durée est de douze ans. Ceci résulte de l'article 98 de la loi sur la Cour constitutionnelle fédérale. En outre, les juges ayant exercé leurs fonctions pendant six ans peuvent demander à bénéficier d'une retraite anticipée s'ils ont 65 ans ou sont atteints d'un grand handicap[946].

S'ils sont inaptes à exercer leurs fonctions de manière permanente et qu'ils sont mis à la retraite, ils ont droit également à une pension de retraite. De même, les juges constitutionnels italiens peuvent bénéficier d'une pension de retraite et cela même s'ils ne sont pas arrivés au terme de leur mandat de 9 ans[947].

En revanche, en Espagne et en France, les juges constitutionnels n'ont pas un droit à bénéficier d'une pension de retraite du seul fait de la survenance du terme de leur mandat. En France, les membres du Conseil

946 523 Article 98 §3 et §5 de la loi sur la Cour constitutionnelle fédérale.
947 Jean-Claude ESCARRAS, Chron. Italie, A.I.J.C., 1985, p. 489.
Jean-Claude ESCARRAS, Chron. Italie, A.I.J.C., 1985, p. 489.

constitutionnel « ne perçoivent pas une retraite distincte. Ils cotisent au régime de droit commun »[948].

En Espagne, le calcul de la pension de retraite des juges constitutionnels peut obéir à des règles particulières. En effet, l'article 25 §2 de la loi organique relative au Tribunal constitutionnel dispose : « si le juge du Tribunal provient d'un corps quelconque de fonctionnaires ayant droit à la retraite, on calculera, afin de déterminer le montant de celle-ci, le temps pendant lequel il aura exercé les fonctions constitutionnelles et on le fera en tenant compte du total des rémunérations que le juge du Tribunal constitutionnel aura perçu pendant la dernière année ».

Le droit de bénéficier d'une pension de retraite existe également au profit des juges constitutionnels dont le mandat se termine lorsqu'ils atteignent un âge maximal. Il en est ainsi en Belgique[949], en Autriche[950], en Irlande[951] et au Canada[952]. Il arrive que les juges constitutionnels qui ne bénéficient pas d'une pension de retraite au terme de leurs fonctions reçoivent une indemnité temporaire.

Ainsi, un ancien membre de la Cour constitutionnelle fédérale allemande, ayant exercé ses fonctions pendant au moins deux ans et ne percevant pas de pension de retraite au titre de ses fonctions de juges constitutionnels reçoit « une indemnité temporaire s'élevant au montant de son traitement pour la durée d'un an »[953]. Les juges constitutionnels espagnols bénéficient d'un avantage comparable.

Aux termes de l'article 25 §1 de la loi organique relative à l'organisation du Tribunal constitutionnel, ceux d'entre eux « qui ont exercé leurs fonctions pendant un minimum de trois ans ont droit à une rémunération de transition pour un an, équivalente à celle qu'ils percevront au moment de la fin de leur mandat ».

La question de la retraite des juges constitutionnels ne concerne pas les membres de droit du Conseil constitutionnel français. Ceux-ci ne pouvant démissionner[954], ni être destitués[955], ils ne sont jamais à la retraite du Conseil constitutionnel. Au contraire, les juges à la Cour suprême des États-Unis

948 Pierre AVRIL et Jean GICQUEL, *Le Conseil constitutionnel, Op. Cit.*, p. 89.

949 Article 3 de la loi du 6 janvier 1989 relative aux traitements et pensions des juges, des référendaires et des greffiers de la Cour d'arbitrage ; Articles 391, 392 393, 395, 396 et 397 du Code judiciaire belge.

950 Article 5a à 5g de la loi sur la Cour constitutionnelle de 1953.

951 James CASEY, *Constitutional law in Ireland, Op. Cit.*, 1992, p. 250.

952 Karim BENYEKHLEF, « Le statut constitutionnel des juges du siège et du parquet-Canada », *Loc. Cit.*, p. 165-167.

953 Article 100 de la loi sur la Cour constitutionnelle fédérale allemande.

954 Dominique ROSENBERG, « Les anciens Présidents de la République, membres de droit du Conseil constitutionnel : l'impossible retraite », *Loc. Cit.*, p. 1279-83.

955 Louis FAVOREU et Loïc PHILIP, *Le Conseil constitutionnel, Op. Cit.*, p. 14.

peuvent démissionner. Et depuis 1937, ils ont droit à une pension de retraite[956].

L'objectif du législateur était d'inciter les membres de la Cour suprême à se retirer, afin de pouvoir en nommer de nouveaux, plus proches des analyses politiques du Président Roosevelt[957].

Le montant de la pension de retraite des juges est particulièrement incitatif. En effet, ils touchent une rente égale au montant de leur traitement au moment de leur retraite, s'ils ont atteint un certain âge et exercé des fonctions dans la magistrature fédérale pendant un certain temps.

Le temps de service requis est dégressif en fonction de l'âge. Sont exigés au moins 15 ans de service pour que le juge puisse prendre sa retraite à 65 ans, 14 ans de service s'il est âgé de 66 ans, 13 ans s'il a 67 ans, 12 ans s'il a 68 ans, 11 ans s'il a 69 ans et 10 ans s'il a 70 ans.

Les auteurs français affirment généralement que ces dispositions ne produisent pas l'effet désiré par le législateur, et que les juges à la Cour suprême en « profitent peu »[958]. Il faut réfuter cette idée, car, en réalité, les dispositions relatives aux pensions de retraite aient conduit les juges à changer leur attitude[959].

Les juges qui décèdent pendant leur fonction à la Cour suprême sont désormais très peu nombreux[960] et il semble que les juges de la Cour suprême des États-Unis bénéficient effectivement des dispositions leur accordant une pension de retraite.

2. La constitutionnalisation du droit des juges constitutionnels à une pension de retraite

La question de la constitutionnalisation du droit des juges à bénéficier d'une pension de retraite est relativement récente. Cette problématique ne s'est d'ailleurs développée qu'au Canada.

L'article 100 de la loi constitutionnelle de 1867 dispose : « les salaires, allocations et pensions des juges des cours supérieurs [...] seront [fixés et

956 Elisabeth ZOLLER, « Présentation de la Cour suprême des États-Unis », *Loc. Cit.*, p. 36.
957 David O'BRIEN, *Storm center*, *Op. Cit.*, p. 363.
958 Anne DEYSINE, *La justice aux États-Unis*, *Op. Cit.*, p. 72.
959Interview du *Chief Justice* William REHNQUIST par Brian LAMB, le 7 juillet 1992, *Loc. cit.*
960 Parmi les 24 juges à la Cour suprême dont le mandat s'est terminé entre 1945 et 2000, seulement 5 d'entre eux sont morts au cours de leurs fonctions : Harlan Fiske Stone en 1946 à 74 ans ; Franck Murphy en 1949 à 59 ans ; Wiley Blount Rutledge en 1949 à 55 ans ; Frederick Moore Vinson en 1953 à 63 ans ; Robert Houghwout Jackson en 1954 à 62 ans. Ces données imposent plusieurs remarques. Les juges morts pendant leurs fonctions étaient encore relativement jeunes : quatre d'entre eux avaient moins de 65 ans. Un seul des juges aurait pu bénéficier d'une pension de retraite (le juge Harlan Fiske Stone avait 74 ans et était en fonction depuis 1925). On peut donc en conclure que les décès ne représentent qu'une cause mineure de vacance de siège à la Cour suprême. Depuis 1945, la plupart des juges à la Cour suprême des États-Unis ont donc démissionné.

payés] par le Parlement du Canada ». Or la Cour suprême du Canada est l'une des cours supérieures auxquelles il est ici fait référence.

La jurisprudence de la Cour suprême du Canada a déduit de ces dispositions à la fois une obligation constitutionnelle de l'État de verser une pension aux juges et un droit subjectif des juges, constitutionnellement garantie, c'est-à-dire un droit fondamental, de recevoir une pension. Dans l'arrêt *Beauregard c. Canada* de 1986, le juge en chef Dickson, qui a rédigé l'opinion de la Cour, soulignait que l'article 100 « constitue une affirmation constitutionnelle que les juges des cours [...] recevront au moins un certain salaire et des prestations de retraite [961]».

La fixation du montant de la pension et son versement incombent aux autorités fédérales. Mais ceux-ci ne disposent pas d'une absolue liberté. En effet dès 1985, dans l'arrêt *Valente c. La Reine* de 1985, le juge Le Dain, qui rédigea l'opinion de la Cour, soulignait : « la deuxième condition de l'indépendance judiciaire [...] est [...] ce que l'on pourrait appeler la sécurité financière.

Cela veut dire un traitement ou une autre rémunération assurés et, le cas échéant, une pension assurée. Cette sécurité consiste essentiellement en ce que le droit au traitement et la pension soient prévus par la loi et ne soient pas sujets aux ingérences arbitraires de l'exécutif, d'une manière qui pourrait affecter l'indépendance judiciaire »[962]. Dans l'arrêt *Beauregard c. Canada* de 1986, le juge en chef Dickson a été plus précis. Il a affirmé que « le pouvoir du Parlement de fixer les traitements et les pensions des juges des cours supérieures n'est pas illimité.

S'il y avait un indice qu'une loi fédérale traitant de ces questions avait été adoptée dans un but malhonnête ou spécieux, ou si les juges étaient traités d'une manière discriminatoire par rapport aux autres citoyens, de graves questions se poseraient concernant l'indépendance judiciaire et la loi en question pourrait très bien être jugée *ultra vires* de l'article 100 de la Loi constitutionnelle de 1867 »[963]. Une loi fédérale fixant le montant de la pension de retraite des anciens membres de la Cour suprême du Canada pourrait donc être déclarée contraire à la Constitution.

961 *Beauregard c. Canada*, [1986] 2 R.C.S. 56.
962 *Valente c. La Reine* [1985], 2 R.C.S. 673, p. 704.
963 *Beauregard c. Canada*, [1986] 2 R.C.S. 56.

Conclusion partielle

La défunte Cour Suprême de Justice était, du point de vue de son articulation institutionnelle et normative, une juridiction mal organisée pour exercer transitoirement, d'une manière efficace, les attributions dévolues à une cour constitutionnelle dans un État de droit démocratique.

Juridiction de l'ordre judiciaire, dominée par une composition des juristes imprégnés essentiellement du droit privé et judiciaire, elle ne pouvait pas, de nos jours, satisfaire valablement à l'objectif de spécialité et d'efficacité collé à la Cour constitutionnelle congolaise, telle qu'instituée par la Constitution du 18 février 2006. En plus, son organisation repose sur des textes vétustes, dont l'adoption a eu lieu à une époque rebelle au contrôle juridictionnel du pouvoir politique. La dictature, par essence liberticide, n'aurait pas admis l'existence, en face d'elle, d'une puissante CSJ. Aussi n'y-a-t-il pas à s'étonner que la Cour, sans aucune garantie réelle d'indépendance, si ce n'est que la déclaration formelle de celle-ci, ait été depuis lors noyautée par le pouvoir politique.

En effet, c'est lui qui nomme, révoque et nourrit, à sa guise, les magistrats de la CSJ. En outre, comme si cela ne suffisait pas, le peu de pouvoirs qui leur était confié fut confisqué, d'abord par le Comité central du Mouvement Populaire de la Révolution, à travers sa Commission de discipline, puis par l'ancien Département des droits et libertés du citoyen, institué par l'Ordonnance n°86-268 du 31 octobre 1986. L'un et l'autre organe pouvaient casser les arrêts de la CSJ.

Sur le plan juridique, il a été mis fin à la dictature. La CSJ est cependant demeurée intacte dans son organisation fixée depuis 1982. Ses insuffisances l'ont, de ce fait, poursuivie jusqu'aujourd'hui. Elle est taxée d'être tombée dans le giron du pouvoir et ses balbutiements jurisprudentiels lui ont coûté, d'une part, quelque perte de confiance de la part de certains de ses justiciables et, d'autre part, des tentatives conséquentes de désobéissance à ses arrêts.

Mais, elle ne manque pas non plus de mérite. Son œuvre jurisprudentielle a été florissante au cours de ces dernières années. Quelles que soient ses erreurs, elle ne cesse d'émerveiller la curiosité par ses arrêts audacieux. Et on peut penser que cette œuvre se développera davantage, tant il est vrai que le droit de recours direct au juge constitutionnel est désormais un solide acquis juridique dans la construction congolaise de l'État de droit.

La Cour constitutionnelle déjà opérationnelle doit être une juridiction qui apportera des correctifs à l'actuelle CSJ. Mais les choses ne semblent pas être bien parties au regard du triple objectif du constituant : spécialité, célérité et efficacité. D'abord, parce que dans le mode de désignation de ses neufs membres proprement dits, il y a lieu de craindre de la représentation politicienne et, partant, la domination d'une mouvance politique sur une autre, surtout en période où il n'y aura pas de cohabitation. Heureusement, il existe un bémol à cet inconvénient : le mandat de neuf ans non renouvelables des membres de la Cour constitutionnelle et le régime renforcé de leurs incompatibilités. Il y a lieu de craindre aussi que le Parquet général près la Cour constitutionnelle, qui est en soi une originalité congolaise, n'ait pas l'indépendance nécessaire à l'exercice de sa mission.

Ses membres, comme leurs collègues de juridictions ordinaires, seront soumis au statut de droit commun des magistrats, alors que la Cour constitutionnelle, compte tenu de son importance dans le fonctionnement des institutions politiques du pays, n'est pas une juridiction comme les autres[964]. Toutefois, on peut espérer que le pouvoir n'en fera pas, du fait du jeu des nominations et révocations des magistrats, une institution croupion, totalement subordonnée à sa volonté.

La publication de la loi organique sur la cour constitutionnelle constitue déjà une avancée.

Elle permettra de mettre de côté l'Ordonnance-loi du 31 mars 1982 qui, pour avoir donné la part belle au droit privé et judiciaire, s'avère inadaptée aux procès de droit public. Peut-être qu'avec la nouvelle Loi, la Cour ne commettra plus le genre d'erreurs décriées dans son œuvre élaborée depuis 2006.

Il faut également mettre fin à l'instabilité chronique des membres de la Cour, telle qu'on l'a connue au cours de ces dernières années. Mais ceci est une responsabilité des politiques, qui doivent comprendre que la construction de l'État de droit ne fait pas ménage avec une juridiction constitutionnelle à composition flottante et n'inspirant pas confiance à tous les intéressés.

Il faudrait, par conséquent, une attente politique pour la recomposition des juges à la CSJ et pour le respect de son immutabilité jusqu'à l'installation de la future Cour constitutionnelle. Enfin, les hauts magistrats doivent être bien rémunérés, en comparaison avec les autres hauts responsables du pouvoir exécutif et législatif.

---

964 B. Genevois, " Le juge de l'élection, le traité et la loi. À propos de la décision du Conseil constitutionnel du 21 octobre 1988, *Assemblée nationale, Val-d'Oise, cinquième circonscription* ", *R.F.D. adm.*, 1988, p. 908.

Les arrêts RCE 011/PR et RE007/RE rendu le 16 décembre 2011 par la Cour Suprême de Justice proclamant Kabila Kabange Joseph Président de la République Démocratique du Congo a été rendu sans que les 9 autres candidats à l'élection présidentielle ne soient notifiés du contentieux électoral soulevé par le candidat à l'élection présidentielle Kamerhe Wakanyingini Vital en violation du précité *article 74 ter alinéa 5* de la loi électorale de la République Démocratique du Congo.

D'autre part, les Hauts magistrats de la Cour Suprême de Justice (CSJ) ont, sans avoir procéder à la moindre vérification, ont purement et simplement endossé toutes les données électorales et les résultats provisoires tels que proclamés par la CENI, nonobstant toutes les irrégularités déclarées de part et d'autre et même par le candidat dont l'élection a été contestée.

Ceci, en violation des articles 89, 95 et 96 de la loi électorale de la République Démocratique du Congo lesquels répriment très sévèrement toute forme de falsification des procès-verbaux des opérations électorales, c'est-à-dire non seulement les opérations de vote proprement dites (...) le dépouillement, la compilation et la publication des résultats provisoires par la Commission électorale nationale indépendante, mais aussi toutes les opérations qui précèdent le vote notamment les opérations d'identification et d'enrôlement des électeurs ainsi que les opérations de nettoyage du fichier électoral.

Conclusion générale et suggestions

À l'issue de notre étude sur le contentieux électoral et le juge constitutionnel : l'impératif de vérité, sincérité, régularité et crédibilité. RD Congo 2006, 2011, étude qui s'est articulée autour de la question principale : comment doit-il designer le juge constitutionnel, juge des élections présidentielle et législative en République Démocratique du Congo pour garantir la crédibilité de ces élections ? Question autour de laquelle se trouvent greffées d'autres questions spécifiques dont : comment peut-on voir se dérouler un contentieux électoral viable et fiable dans un contexte d'instabilité permanente ? Et enfin : qu'est-ce qui explique le nombre élevé de recours en contestation des résultats des élections en Afrique en général et en République Démocratique du Congo en particulier ? Comment faire pour que tous les acteurs au processus adhérent aux résultats des élections ou puissent avoir confiance dans les décisions du juge des élections ?

Telles ont été les préoccupations de notre thèse. Pour mener cette étude, les méthodes juridiques, fonctionnelle et l'approche sociologique soutenues par les techniques documentaires, comparatives et d'interview sont utilisées. Les méthodes juridiques nous ont permis de comprendre le sens des différents textes juridiques pour déduire leur interprétation, alors que la méthode fonctionnelle a servi de dégager l'interaction et le fonctionnement pratiques des différents organes de l'État en Afrique en général et en République Démocratique du Congo. L'approche sociologique quant à elle nous a permis de tenir compte de l'environnement socioculturel du milieu d'étude. De ce qui précède, il sied de noter que cette étude nous a permis d'observer l'audace législative des Africains consacrant l'indépendance du juge en général et celui constitutionnel en particulier. Cependant, la pratique, à travers, l'analyse des jurisprudences africaines et congolaises en matière constitutionnelle en général et en matière du contentieux électoral en particulier démontré que, le juge congolais reste encore dubitatif, hésitant de vivre cette indépendance, pourtant consacrée dans les textes de lois. Et jette tout son sort entre les mains de l'exécutif qui a, comme, nous l'avons démontré dans le développement de la thèse, un droit de vie ou de mort sur lui.

Il ressort de cette étude que le juge constitutionnel en Afrique à quelques exceptions près, n'exécute pas la mission lui confiée par la Nation, mais celle lui placée par l'exécutif qui le délègue en vue de feindre au respect du principe de la séparation du pouvoir.

Cette situation est due à son statut qui n'offre pas une garantie vis-à-vis du politique. En République démocratique du Congo, le geste politique fait par le Président de la République de ne pas se présenter au contentieux de 2011, bien que régulièrement signifié et le retrait demandé par la Cour à ses Avocats qui devraient le représenter sont éloquents pour expliquer la conviction de sa maitrise sur l'appareil judiciaire. Le juge en général, et celui constitutionnel en particulier reste, passez-moi le terme, « petit de course » de l'exécutif afin de mériter la confiance du chef et pérenniser sa position sociale et son militantisme.

En moins de quatre, en République Démocratique du Congo, la Cour suprême de justice a été gérée par quatre premiers présidents, ce contre le principe d'inamovibilité du juge.

Comme l'ont d'ailleurs si bien démontré dans leurs études parlant des maux qui rongent la justice congolaise, Matadi Nenga et les autres cités dessus ont insisté sur le fait que ce principe de l'ingratitude n'est pas l'affaire du juge du contentieux électoral, plutôt, une attitude d'idiotie et de non initié en politique. Il en est de même, dans une certaine mesure, du juge administratif, juge du contentieux pour excès de pouvoir, du contentieux de l'interprétation et de l'appréciation de la légalité ou le juge administratif indique la portée ou la légalité de la décision attaquée, le contentieux de la répression ou le juge administratif agit comme juge pénal qui sanctionne le comportement répréhensible et enfin le contentieux de pleine juridiction ou le recours de plein contentieux par lequel ne doit pas se limiter, comme dans le recours pour excès de pouvoir, à annuler ou valider l'acte, mais il peut aussi reformer l'acte(modifier),voir lui substituer un nouveau.

Ce juge voit dans toutes ces formes du contentieux l'ombre de son auteur qui peut être politique, en vertu du principe du dédoublement fonctionnel ou administratif tout court. La situation peut être de manière générale autrement pour le juge judiciaire qui, va en face de lui, sauf, dans une certaine limite si certains gouvernants qui sont, d'ailleurs rarement concernés dans ce genre d'affaires à cause de leurs statuts et régime juridique protecteur de privilège et immunité sont intéressés.

Ce qui nuit le travail du juge judiciaire, c'est l'esprit de lucre ou mieux de la corruption démontrée et décriée par plusieurs études et plusieurs autorités, comme le discours du chef de l'État à la nation lors de son premier mandat avec le ministre Luzolo Bambi et en 2010 lors de la cérémonie de clôture de la formation des magistrats dit de « la tolérance zéro ». Voir aussi le discours de l'ancien président de l'Assemblée nationale Kamerhe Wakanyingini Vital pendant la législature de 2006 lors de l'invalidation de certains députés par la cour suprême de justice.

L'étude de jurisprudences constitutionnelles en générale et celle du contentieux électoral présidentiel et législatif pendant la période de notre étude a démontré que le juge constitutionnel, sous la pression du politique n'a pas hésité à se dédire. C'est le cas notamment de l'invalidation des dix huit députés nationaux cités dans le corps de notre travail et les différentes décisions des juridictions constitutionnelles africaines. L'analyse des jurisprudences du contentieux électoral traité par la Cour suprême de justice a également démontré la difficulté en ce qui concerne l'administration de preuve pour atteindre la sincérité des élections. Il en est de même du manque de confiance dans l'institution qui organise les élections. *Face à cette problématique et à la mentalité congolaise, notre thèse a préconisé ce que nous avons appelé la théorie de la légitimité équipollente dans la désignation du juge constitutionnel en général qui est celui des élections en particulier, en vue d'assurer son indépendance.*

Cette théorie, nous pensons à coup sûr va s'adapter aux réalités d'un continent qui a sa conception propre du pouvoir, différente de celle occidentale. Ce ci ressort même de la thèse de Ndjoli Jacques lorsqu'il confirme que la conception occidentale du pouvoir est généralement présentée comme étant un cercle, alors que chez-nous le pouvoir est concentrique. Les petits cercles qui s'entrelacent font naturellement le lit du pouvoir. Dès lors, la logique de cette observation sociologique devra se traduire institutionnellement par la responsabilisation et la prise en charge de communautés de base enfin réhabilitées par le pouvoir d État.

Dans notre étude, après avoir constaté les limites du juge des élections en ce qui concerne l'administration de la preuve, nous proposons que notre législation électorale soit revisitée pour instituer les juges commissaires des élections et leurs tâches ont été clairement définies dans les lignes du développement de la thèse. Ces juges commissaires permettront l'application de la théorie de la cascade qui veut tout simplement que le juge électoral intervienne à chaque stade du processus électoral.

Cette intervention facilitera d'élaguer la difficulté de preuve que connait et autour de quelle oscille tout le raisonnement du juge électoral. Par ailleurs, dans le chapitre de l'administration électorale, nous avons estimé que le modèle canadien serait adaptable au Congo.

L'étude du statut du juge constitutionnel nous a permis de constater que celui-ci doit assurer l'autonomie de la juridiction en tant qu'institution et l'indépendance de ses membres. L'autonomie de la juridiction se manifeste au travers de la marge de liberté dont elle dispose afin de gérer ses affaires administratives et financières ainsi que de sa maîtrise sur les règles qui la concernent. L'autonomie de la juridiction se manifeste également par la liberté dont elle bénéficie pour gérer ses affaires financières et administratives. Quant aux membres de la juridiction constitutionnelle, leur indépendance doit être garantie.

Leur statut doit leur assurer un mandat long et l'irrévocabilité de celui-ci par l'autorité qui les a nommés. Leur inamovibilité résulte du caractère exceptionnel des motifs de destitution et de la difficulté de mettre en œuvre une telle procédure. Un ensemble de privilèges leur est accordé, tandis qu'ils sont soumis à plusieurs obligations : ces privilèges et obligations contribuent à l'indépendance des juges constitutionnels, car ils les placent en dehors de toute dépendance à l'égard des pouvoirs publics.

Ces traits se retrouvent dans la plupart des États ayant adopté un système de justice constitutionnelle, sans qu'il y ait lieu d'opérer une distinction entre les États se rattachant au modèle européen et les États se rattachant au modèle américain qui ont inspiré le droit congolais.

Dans ces deux principaux systèmes qui ont inspiré la plupart des États africains dont le Congo, la procédure de destitution se déroule selon des principes très proches : les juges ne peuvent être destitués que si les deux chambres du Parlement en conviennent. En outre, les motifs de destitution sont formulés en des termes presque similaires : il s'agit toujours plus ou moins d'un défaut de bonne conduite. Un autre élément essentiel rapproche ces États : l'impossibilité de diminuer le traitement des juges durant leurs fonctions.

Il s'agit de garanties essentielles à l'indépendance des juges constitutionnels, que l'on ne trouve pas dans les États d'Europe continentale. Cela ne découle pas de la distinction entre le modèle européen et le modèle américain de justice constitutionnelle. Cette proximité trouve son origine dans la tradition commune à ces États : l'origine anglaise de leur système juridique et de leur organisation judiciaire. Ainsi, l'inamovibilité des juges américains, canadiens et irlandais correspond à celle garantie aux juges britanniques. L'Acte d'Etablissement de 1701 prévoit en effet que « les commissions seront données aux juges *quam die se bene gesserint* »[965], c'est-à-dire tant qu'ils se comporteront bien. Ce même texte organise la procédure de destitution, dans le cas où les juges cessent de « bien se conduire » : il est nécessaire que les deux Chambres du Parlement votent une adresse prononçant la destitution.

Le statut garantissant l'autonomie de la juridiction et l'indépendance des membres, il ne reste plus au juge qu'à exercer sa fonction : le contrôle de la constitutionnalité des lois. Il lui revient alors de montrer que les prérogatives qui lui ont été accordées lui permettent d'agir en toute impartialité, sans se préoccuper de l'avis des autorités qui l'ont nommé. Et, nombre de juges, une fois nommés, ont déçu les espoirs des autorités de nomination.

L'histoire de la Cour suprême des États-Unis présente plusieurs exemples révélateurs de cette situation. Ainsi les juges Holmes et Clark déçurent

---

965 Acte d'Etablissement de 1701, in Jacques LERUEZ, *Les institutions de la Grande-Bretagne*, Paris, La documentation française, coll. « Documents d'études », 1994, p. 7-8.

respectivement les présidents Théodore Roosevelt[966] et Harry Truman, de même les juges O'Connor et Souter ne répondirent pas aux attentes des présidents Reagan et Bush. Mais l'exemple le plus connu celui du *Chief Justice* Warren qui déçut profondément Eisenhower [967].

Le président Truman résuma la situation en une formule célèbre : « quand vous mettez quelqu'un à la Cour suprême, il cesse d'être votre ami » [968].

Ce reproche est sans doute l'un des plus beaux compliments que l'on puisse faire à un juge constitutionnel, car, lorsqu'il se comporte ainsi, le juge se soumet, comme il en a le devoir, à l'exigence morale d'impartialité qui s'impose à tout juge.

En termes de perspective d'avenir, nous pensons qu'une étude sur le rôle des partis politiques dans la réussite d'un processus électoral crédible et apaisé sera d'un grand apport en terme à supplétif à notre étude. Il en est également d'une recherche consacrée à l'apport du parlementaire congolais dans la réussite des élections crédibles et apaisées. Les deux thèmes qui auront comme question principale : comment le parlement à travers la fonction de législation peut-il contribuer à l'adhésion des décisions du juge des élections ? Comment les partis politiques également vont contribuer à la crédibilisation du processus électoral en République Démocratique du Congo ?

Au regard de constat ci-dessus décrit, nous suggérons au parlement de revisiter la loi électorale pour y insérer l'institution du juge commissaire ; institution qui contribuera sans faille à l'administration de la preuve du contentieux électoral.

Nous suggérons également que le parlement, chaque fois qu'il s'apprête de légiférer en matière électorale qu'il puisse, parmi ses stratégies, tenir compte aussi du consensus ; condition indispensable pour la réussite du processus électoral apaisé. Doivent également être révisés les articles 153 alinéa 3 ,155alinea 1 et 168 alinéa 1.

Cette révision trouve son fondement dans l'esprit de l'article 61 de la même constitution qui contient les droits intangibles et précisément à son point 5 sur les droits de la défense et le droit de recours qui ne peuvent en aucun cas même lorsque l'état de siège ou l'état d'urgence aura été proclamé faire l'objet de dérogation. La création de chambres de deuxième instance ou d'appel serait une solution idoine à cette nécessité.

Nous pensons également que l'article 156 de la constitution sur le mode de désignation des membres de la Cour constitutionnelle doit être révisé pour permettre l'avènement d'un juge constitutionnel indépendant du pouvoir politique et partant artisan de l'État de droit. De songer chaque fois à temps,

966 David O'BRIEN, *Storm center*, *Op. Cit.*, p. 84-85

967 Louis FAVOREU et al., *Droit constitutionnel*, *Op. Cit.*, p. 227.

968 David O'BRIEN, *Storm center*, *Op. Cit.*, p. 84.

de doter le pays des instruments juridiques susceptibles d'organiser à l'échéance constitutionnelle les élections à tous les niveaux.

Nous demandons à la majorité d'intégrer et de comprendre chaque fois dans l'élaboration de sa politique que d'une part elle a le droit de pérenniser son pouvoir et d'autre part elle doit éviter les révisions intempestives de la constitution qui viderait cette dernière de son sens et que l'État de droit passe obligatoirement par le respect de droit et par les gouvernants et par les gouvernés.

La majorité doit également éviter de s'immiscer dans l'administration de la justice pour influence les cours du contentieux électoral qui constitue un postulat dans la construction de l'État de droit. Elle doit comprendre que les lois constituent son œuvre et qu'elle ne peut pas être à la fois juge et partie. Elle doit chaque fois permettre, c'est-à-dire doter à l'administration électorale des moyens pour l'organisation des élections aux intervalles prévues par la loi pour éviter au pays des violences au résultat incalculable.

Nous demandons aux partis politiques de former ses militants à la citoyenneté responsable et républicaine, celle qui comprend que la réussite, la sincérité, la crédibilité et la régularité du processus électoral n'est pas une panacée du seul juge ou de la majorité au pouvoir mais de tous les acteurs au processus. Nous suggérons à l'administration électorale d'approcher chaque fois qu'elle compte décider, nonobstant son indépendance proclamée par les textes juridiques tous les acteurs du processus électoral pour obtenir le consensus, gage de la réussite d'un processus électoral.

Bibliographie

A. Les Textes Officiels

1. *Constitution of the United States of America : Analysis and interpretation*, annotations de jurisprudence décidées par la Cour suprême des États-Unis, préparées par le Congressional Research Service, 1992,
2. La constitution Allemande ; www.giurcost.org/fonti/regolimpiego.htm
3. La constitution apostolique *Pastor bonus* du 28 juin 1988.
4. La Constitution belge. www.giurcost.org/fonti/regolimpiego.htm
5. La Constitution de la RDC du 18 février 2006 in JO N° 47 2006
6. La Constitution Française www.giurcost.org/fonti/regolimpiego.htm
7. La loi Canon du Code de droit canonique de 1983.
8. La loi organique relative au Tribunal constitutionnel. États-Unis : 28 U.S.C.
9. La loi organique relative au Tribunal constitutionnel. États-Unis
10. La loi organique sur le Tribunal constitution,
www. giurcost.org/fonti/regolimpiego.htm
11. La loi spéciale du 6 janvier 1989 sur la Cour d'arbitrage. www.giurcost.org/fonti/regolimpiego.htm
12. La loi sur la Cour suprême canadienne
13. Le règlement d'ordre intérieur de la Cour d'arbitrage belge du 15 décembre 1987.
14. Le règlement intérieur de la Cour constitutionnelle autrichienne
15. Loi n°06/006 du 09 mars 2006 portant organisation des élections présidentielles, 16. législatives, provinciales, urbaines, municipales et locales.
16. Loi n°09/001 du 10 janvier 2009 portant protection de l'enfant.
17. Loi organique n°04/009 du 05 juin 2004 portant organisation, attributions et fonctionnement de la Commission électorale indépendante
18. Loi organique n°06/020 du 10 octobre 2006 portant statut des magistrats
19. Loi organique sur le Tribunal constitutionnel espagnol.
20. Ordonnance-loi n°82-017 du 31 mars 1982 relative à la procédure devant la Cour suprême de Justice.
21. Ordonnance-loi n°82-020 du 31 mars 1982 portant Code d'organisation et de la compétence judiciaires
22. Règlement général de la Cour constitutionnelle italienne
23. Règlement intérieur de la Cour constitutionnelle fédérale allemande
24. Règlement intérieur de la Cour constitutionnelle fédérale.
25. Résolution 1603 du Conseil de sécurité, 3 juin 2005.
26. Résolution 1765 du Conseil de sécurité, 16 juillet 2007.

27. Rule n°2 de la Cour suprême des Etats-Unis.*Wayman v. Southard*, 23 US 1 (1825).
28. Le règlement adopté en 1956 par la Cour constitutionnelle italienne en application de l'article 22 de la loi n°87 de 1953 est nommé « Normes complémentaires ».
29. Procédures et techniques de protection des droits fondamentaux – Tribunal constitutionnel fédéral allemand ;
30. Règlement applicable à la procédure suivie devant le Conseil constitutionnel pour le contentieux de l'élection des députés et sénateurs, adopté en mai 1959 et modifié en 1986, 1987 et 1991, in Thierry S. RENOUX et Jean-Michel de VILLIERS, *Code constitutionnel*, Paris, Litec, 1995

B. Jurisprudences

31. *La Reine c. Lippé* [1991], 2 R.C.S. 114.
32. (Emmanuel TAWIL, « Le respect de la hiérarchie des normes dans le droit canonique actuel », R.D.C. 2002,
33. Décision n°2 du 16 décembre 1985, Citée par Roland RICCI, *Le Procès constitutionnel en Italie*, Mém.
34. Décision n°2 du 16 décembre 1985, citée par Roland RICCI, *Le Procès constitutionnel en Italie*
35. La décision du 15 novembre 1993 de l'Assemblée plénière de la Cour d'Allemagne
36. Décision du Conseil constitutionnel du 11 juin 1981, *Delmas*, note M.A. FEFFER, A.J.D.A., 1981 ; note Claude GOYARD, A.J.D.A., 1981 ;
37. Décision du Conseil constitutionnel du 8 juin 1995, *Bayeurte*, A.J.D.A, 1995,
38. Décision du Conseil constitutionnel du 6 avril 1995, *Durand*, Rec.
39. Décision du Conseil constitutionnel du 25 juillet 2000, *M. Hauchemaille* , note Jean-Eric SCHOETTL, L.P.A. n°153, 2000,
40. Décision du Conseil constitutionnel du 9 avril 1995, *Néron*, Rec.
41. Décision du Conseil constitutionnel du 11 avril 1981, *Fouquet*, Rec.
42. Observations du Conseil constitutionnel relatives à l'élection présidentielle des 24 avril et 8 mai 1988, R.D.P., 1989, p. 47;
43. Observations du Conseil constitutionnel relatives à l'élection présidentielle des 23 avril et 7 mai 1995, R.D.P., 1996,
44. Décision n°2001-456 DC du 27 décembre 2001, Rec.,
45. Décision n°94-354 DC du 11 janvier 1995, R.J.C. I-617.
46. Avis du 22 septembre 1982 du Conseil d'État de Belgique, cité par Jacques VAN COMPERNOLLE, in Francis DELPEREE (sous la dir.), *La Cour d'arbitrage, actualité et perspectives*, Bruxelles, Bruylant, 1988,
47. Observations du Conseil constitutionnel relatives à l'élection présidentielle des 24 avril et 8 mai 1988, *Loc. cit.*, p. 47;
48. Observations du Conseil constitutionnel relatives à l'élection présidentielle des 23 avril et 7 mai 1995, *Loc. cit.*, p. 492.
49. Observations du Conseil constitutionnel relatives à l'élection présidentielle des 23 avril et 7 mai 1995, *Loc. cit.*,
50. *L'arrêt de la Cour Suprême des États-Unis d'Amérique, 1 Cranch, 137, 2 L.ED. 60, 1803, Marbury vs Madison. Cf. Gerald Gunther, Constitutionnal Law, New York, The Foundation Press,*
51. Décision du Tribunal constitutionnel polonais du 5 septembre 1995, BJC 1995,

52. Décision n° CI-2011-EP-036/04-05/CC/SG portant proclamation de Monsieur Alassane Ouattara en qualité de Président de la République de Côte d'Ivoire, 4 mai 2011 du Conseil constitutionnel ivoirien,
53. Décision n° CI-2011-EP-036/04-05/CC/SG portant proclamation de Monsieur Alassane Ouattara en qualité de Président de la République de Côte d'Ivoire, 4 mai 2011.
54. Les décisions et avis du Conseil constitutionnel du Sénégal, Dakar, CREDILA, 2008.
55. Arrêt R.CONST.06/TSR du 24 mars 2004 de la RDC in KATUALA KABAKASHALA, *La jurisprudence électorale congolaise commentée*, Kinshasa, The Carter Center, RD Congo, novembre 2007
56. Arrêt RCE.PR.009 du 27 novembre 2006 et l'Arrêt de proclamation R.E.006 de la RDC ; in KATUALA KABAKASHALA, *La jurisprudence électorale congolaise commentée*, Kinshasa, The Carter Center, RD Congo, novembre 2007
57. Arrêt RCE 011/PR du 28 décembre 2011 et l'Arrêt de notification RE 007 de la RDC trouvé dans le site www.Radiokapi.net 29 décembre 2011

c. La Doctrine

58. ABDOU LATIF COULIBALY, *Sénégal. Affaire Me Sèye : un meurtre sur commande,* Paris, Le Harmattan, 2006 ;
59. AIVO Joël, *Le juge constitutionnel et l'État de droit en Afrique. L'exemple du modèle béninois,* Paris, le Harmattan, 2006 ;
60. AVRIL Pierre et Jean GICQUEL, *Le Conseil constitutionnel*, Paris, Montchrestien, 1992 ;
61. Badinter(R), *« Le Conseil Constitutionnel et le pouvoir constituant »*in mélanges ROBERT(J), Montchrestien, 1998 ;
62. BAKANDEJA Wa MPUNGU G., A. MBATA BETUKUMESU MANGU et R. KIENGE-KIENGE INTUDI (dir.), *Participation et responsabilité des acteurs dans un contexte d'émergence démocratique en République Démocratique du Congo*, Actes des journées scientifiques de la Faculté de Droit de l'Université de Kinshasa 18-19 juin 2007, Kinshasa, PUK, 2007.
63. *BALDE Sory, La convergence des modèles constitutionnels. Etudes des cas en Afrique subsaharienne, éd. Publibook, Paris, 2011, p. 381.*
64. BAUDOIN Marie-Elisabeth, *Justice constitutionnelle et État postsoviétique*, Clermont Ferrand, Presses Universitaire de Clermont Ferrand, 2005,
65. BELLOIR, Ph., *La question prioritaire de constitutionnalité,* Paris, L' Harmattan, 2012 ;
66. BON Pierre, in Pierre BON et al., *La justice constitutionnelle en Espagne*, Paris, Economica, 1997
67. CAPELLETI (M), *Nécessité et légitimité de la justice constitutionnelle* in cours constitutionnelles européenne et droits fondamentaux, Paris, Economica, Presses Universitaires d'Aix-Marseille, 1981 pp.461-501.
68. CAPELLETTI M, « *Des juges législateurs* », in Mauro CAPPELLETTI, *Le pouvoir des juges*, Paris, Economica, coll. « *Droit public positif* », 1990,
69. CARCASSONNE Guy, DUHAMEL Olivier, L*a question prioritaire de constitutionnalité, Paris, Dalloz,* 2011 ;

70. CHAPUS René, *Droit administratif général*, tome 2, Paris, Montchrestien, 10ème éd.1997 ;
71. CHEVALLIER Jacques, « *Le juge constitutionnel et l'effet Becket* », in Renouveau du droit constitutionnel, Mélange en l'honneur de Louis FAVOREU, Paris, Dalloz, 2007 ;
72. DAVID René, *Les grands systèmes de droit contemporains*, Paris, Dalloz, 7ème éd., 1978,
73. DUPUY P.-M., *Droit international public*, Paris, Dalloz, 2006
74. DUSSART Vincent, *L'autonomie financière des pouvoirs publics constitutionnels*, Th. Lille II, 1995,
75. EISENMANN C., *La justice constitutionnelle et la Haute Cour constitutionnelle* d'Autriche, Paris, LGDJ, 1928
76. EISENMANN Charles, *La justice constitutionnelle et la Haute Cour constitutionnelle d'Autriche*, Paris, 1928, rééd. Paris, Economica, 1986,
77. EISENMANN C., *Droit constitutionnel et science politique,* Paris, Ed. Panthéon-Assas, 2002 ;
78. FAVOREU L., « *Brèves réflexions sur la justice constitutionnelle en Afrique* », *in Les Cours suprêmes en Afrique, II : La jurisprudence*, Paris, Economica, 1989.
79. FAVOREU L., « *Le droit constitutionnel, droit de la constitution et constitution du droit* », RFDC, 1990,
80. FAVOREU L., « *Brèves réflexions sur la justice constitutionnelle en Afrique* », *in CONAC G. (dir.), Les cours suprêmes en Afrique. II. Jurisprudence : droit constitutionnel, droit social, droit international, droit financier,* Paris, Economica, 1989 ;
81. FAVOREU Louis, *Droit constitutionnel*, Paris, Dalloz, 5e éd., 2002.
82. FAVOREU Louis et al., *Cours constitutionnelles européennes et droits fondamentaux,* Aix-en Provence- Paris, P.U.A.M.-Economica, 1982, nouveau tirage 1987,
83. FAVOREU Louis et al., *Droit constitutionnel*, Paris, Dalloz, 7ème éd., 2004,
84. FAVOREU Louis et Loïc PHILIP, *Le Conseil constitutionnel*, Paris, P.U.F., 6ème éd., 1995
85. FAVOREU Louis, « Juridiction constitutionnelle », *Dictionnaire constitutionnel*, Paris, P.U.F., 1992,
86. FAVOREU Louis, « *La notion de Cour constitutionnelle* », *Mélanges Aubert*, Bâle et Francfort-sur-le-Main, Helling et Lichtenhahn, 1996,
87. FAVOREU Louis, « *Le juge administratif a-t-il un statut constitutionnel ?* », *Mélanges Auby*, Paris, Dalloz, 1992,
88. FOURNIER Paul, et Gabriel LE BRAS, *Histoire des collections canoniques en Occident*, Paris, Sirey, 1931,
89. GAFFIOT Félix, *Dictionnaire Latin-Français*, Paris, Hachette, 1934;
90. GAUDUSSON Jean du Bois et CONAC G., *La justice en Afrique*, Paris, La Documentation française, 1990,
91. GAUDISSON Jean du Bois, « *Les élections à l'épreuve de l'Afrique* », *Les Cahiers du Conseil constitutionnel*, n° 13, « Études et doctrine. La sincérité du scrutin », Dalloz, 2002,
92. GERARD Patrick, *Le Président des États-Unis*, Paris, P.U.F., 1994,

93. GREWE C., JOUANJAN O., MAULIN E., WACHSMANN P. (dirs.), *La notion de « justice constitutionnelle »*, Paris, Dalloz, 2005,
94. GICQUEL J et GICQUEL J. E. *Doit constitutionnel et institutions politique*, 22e éd-Montchretien, Paris,2008 ;
95. GUILLIEN Raymond et Jean VINCENT, *Termes juridiques*. Paris, Dalloz, 10ème éd., 1998 ;
96. KABANGE NTABALA, «*Quelle constitution pour la Troisième République face aux réalités zaïroises ? », Annales de la Faculté de Droit*, vol.XXV, Kinshasa, PUZ, août 1996.
97. KAISER M, " *Le droit à des élections libres... L'application timide d'une disposition ambitieuse ", in " Les droits de l'homme au seuil du troisième millénaire ", Mélanges en hommage à Pierre Lambert,* Bruxelles, Bruylant, 2000,
98. KAYEMBA NTAMBA MBILANJI, « *Modernité sous l'identité culturelle d'emprunt en Afrique noire postcoloniale », Annales de la Faculté de Droit,* Vol. IV-VII, Kinshasa, PUZ, 1984,
99. KELSEN Hans, *Qui doit être le gardien de la constitution* ? Paris, M. Houliard, 2006
100. KELSEN Hans, *Théorie pure du droit, traduction française de la 2é éd. de la « Reine Rechtslehre »* par Charles EISENMANN, Paris, Dalloz, 1977,
101. KENGO wa DONDO, *L'évolution jurisprudentielle de la Cour suprême de justice au Zaïre* (1968-1979), Mercuriale du 4 novembre 1978, C.S.J., Imprimerie Saint Paul, Kinshasa, 1979
102. LALANDE André, *Vocabulaire technique et critique de la philosophie*, Paris, P.U.F., 1992,
103. LERUEZ Jacques, *Les institutions de la Grande-Bretagne*, Paris, La documentation française, coll. « Documents d'études », 1994;
104. LEVASSEUR Alain, in Alain LEVASSEUR (sous la dir.), *Droit des États-Unis*, Paris, Dalloz, 2ème éd., 1994, 52.LITTRE Paul-Emile, *Dictionnaire de la langue française,* Chicago, Encyclopaedia Britannica, 1978, tome4,
105. MARTIN Elizabeth A., *A Dictionary of Law*, Oxford, Oxford University Press, 3ème éd., 1994;
106. MATADI NENGA GAMANDA, *Droit judiciaire privé*, Louvain-la-Neuve et Kinshasa, Brylant-Academia s.a, Droit et Idées nouvelles, 2006 ;
107. MASCLET Jean-Claude, *Droit électoral*, PUF, coll. *« Droit politique et théorique* », 1989
108. MASCLET Jean-Claude, *Le Droit des élections politiques*, PUF, coll. « Que sais-je ? », 1992.
109. MBOYO EMPENGE EA LONGILA B.B., «*La mégarde des modèles de constitutions euro-occidentales et l'élaboration d'une constitution zaïroise de développement véritablement intégriste», Annales de la Faculté de Droit*, vol.XXV, Kinshasa, PUZ, août 1996,
110. MPONGO BOKAKO BAUTOLINGA, « *Le contrôle de la constitutionnalité des lois sous l'Acte constitutionnel de la Transition du 9 avril 1994 », Annales de la Faculté de Droit,* vol.XXV, août 1996, Kinshasa, P.U.Z.,
111. MOUHAMADOU Mounirou SY, *La protection constitutionnelle des droits fondamentaux en Afrique. L'exemple du Sénégal*, Paris, l'Harmattan, 2007 ;

112. MPONGO BOKAKO, *Institutions politiques et Droit constitutionnel, Tome* 1, éd Universitaire Africaine, Kinshasa, 2001 ;
113. MUKADI BONYI et KATUALA KABA KASHALA, *Procédure civile*, Kinshasa, Editions Batena Ntambua, 1999.
114. NGONDANKOY -LOONGYA, *Droit congolais des droits de l'homme*, Louvain-la Neuve, Bruylant-Academia, 2004 ;
115. NTUMBA LUABA L, *Droit constitutionnel général*, éd Universitaire Africaine, Kinshasa, 2007 ;
116. NYABIRUNGU Mwene SONGA, *Traité de droit pénal général congolais*, Kinshasa, Editions Universitaires Africaines, 2007.
117. NYEMBO-Ya-LUMBU O., *La Constitution de la Troisième République est fédérale. Regard critique sur la "décentralisation"*, Kinshasa, Editions Universitaires Africaines, 2009.
118. OBERDOFF, *Les Constitutions des États de l'Union européenne,* La Documentation française, 2e éd., 1999,
119. O'BRIEN David, *Storm center*, New York- Londres, Norton, 5ème éd., 2000,
120. PACTET P. et MELIN-SOUCRAMANIEN F., *Droit constitutionnel*, 25ème édition à jour, Paris, Sirey, août 2006 ;
121. PACTET P. *Institutions politiques et Droit constitutionnel*, Paris A. Colin 20E éd., 2001
122. PANTELIS et STEPHANOS Koutsoubinas, *Les régimes électoraux des pays de l'Union européenne,* Londres, Esperia publications, 1998,
123. PELLET A., *Droit international pénal*, Paris, Editions A. PEDONE, 2000.
124. PERROT Roger, *Institutions judiciaires*, Paris, Montchrestien, 7ème éd., 1995,
125. PEYROU-PISTOULEY Sylvie, *La Cour constitutionnelle et le contrôle de la constitutionnalité des lois en Autriche*, Paris, Economica, coll. « Droit public positif », 1993,
126. REHNQUIST William H., *Grand Inquests, The Historic Impeachments of Justice Samuel Chase and President Andre Johnson*, New York, Quill-William Morrow, 1999 William H. REHNQUIST, *Grand Inquests, The Historic Impeachments of Justice Samuel Chase and President Andre Johnson*, New York, Quill-William Morrow, 1999;
127. *RIVERO J. « Sanction juridictionnelle et règle de droit », Mélanges Julliot De la MORANDIERE, Dalloz, 1964 ;*
128. ROUSSEAU Dominique, *La justice constitutionnelle en Europe*, Paris, Montchrestien, 1992,
129. SINDJOUN L., « *Les grandes décisions de la justice constitutionnelle africaine. Droit constitutionnel jurisprudentiel et Politiques constitutionnelles au prisme des systèmes politiques africains »*, Bruylant, Bruxelles, 2009,
130. SOMA Abdoulaye, *Droit à l'alimentation et sécurité alimentaire en Afrique,* Zurich, Bruxelles, Schulthess, Bruylant, 2010,
131. THOMAS Julien, *L'indépendance du Conseil constitutionnel*, Paris, LGDJ, 2010,
132. TOINET Marie-France, *La Cour suprême : les grands arrêts*, Presses universitaires de Nancy, Nancy, 1989,
133. URRUTIA Francisco Javier, *Les normes générales*, Paris, éd. Tardy, 1994,
134. VUNDUAWE te PEMAKO F., *«L'histoire constitutionnelle des actes ayant force de loi au Congo-Zaïre (1885-2005) »,* in Liber Amicorum Marcel

Antoine Lihau, *Pour l'épanouissement de la pensée juridique congolaise*, Bruxelles, Brylant et Presse de l'Université de Kinshasa, 2006.

135. WIEDERKEHR Georges, « Qu'est-ce qu'un juge ? », in Nouveaux juges, nouveaux pouvoirs, Mélanges en l'honneur de Roger PERROT, 1996, Paris, Dalloz,
136. WIGNY P., *Droit constitutionnel. Principes et droit positif,* Bruxelles, Bruylant, 1952,
137. WODIE Francis, *Institutions politiques et Droit constitutionnel en Côte d'Ivoire*, Abidjan, Presses universitaires de Côte d'Ivoire, 1996 ;

d) Thèses

138. ABDOURAHMANE B. Issa, Les Cours constitutionnelles dans le processus de démocratisation en Afrique, Thèse soutenue à Bordeaux en octobre 2002.
139. ESAMBO KANGASHE J.-L., *La Constitution congolaise du 18 février 2006 à l'épreuve du constitutionnalisme. Contraintes pratiques et perspectives*, thèse de doctorat en droit public, Université de Paris 1-Panthéon-Sorbonne, Université de Kinshasa, présentée et soutenue publiquement le 17 juin 2009
140. Kaluba Dibwa, Du contentieux Constitutionnel en République Démocratique du Congo. Contribution à l'étude des fondements et des modalités d'exercice de la justice constitutionnelle, Thèse de doctorat en droit, UNIKIN, 2010
141. Joseph PINI, *Recherches sur le contentieux de constitutionnalité*, Th. Aix-Marseille III, 1997,

142. NDIAYE A., La nouvelle juridiction constitutionnelle en Afrique noire francophone et la construction de l'État de droit : exemple du Gabon et du Sénégal, Thèse Droit public, Montpellier, 2003.
143. Ntumba Musuka Zacharie, Le Rôle du juge administratif congolais dans l'émergence de l'État de droit, Thèse soutenue à la faculté de Droit de l'UNIKIN, 2010 ;
144. KHOUMA O., La légitimité du pouvoir de l'Etat en Afrique subsaharienne, essai sur la relation entre la reconnaissance internationale et la légitimité démocratique, Thèse droit public, Université de Toulouse I, 2009 ;

145. SY. Papa Mamour, « Le développement de la justice constitutionnelle en Afrique noire francophone : les exemples du Bénin, du Gabon et du Sénégal », Thèse de doctorat présentée et soutenue le 14 novembre 1998 sous la direction du Professeur Serigne Diop,

e) Revues et publications.

146. Abdeltif Menouni, « *Constitution et contentieux électoral* », *in* Académie internationale de droit constitutionnel, *Recueil des cours*, vol. 10, « *Constitution et élection* », 2002
147. Alessandro PIZZORUSSO, « Présentation de la Cour constitutionnelle italienne », *Les Cah. Cons. const.*, n°6, 1999,
148. Alioune Fall, " Le juge, le justiciable et les pouvoirs publics: pour une appréciation concrète de la place du juge dans les systèmes politiques en Afrique ", in *Les défis des droits fondamentaux*,
149. Anne RASSON, « Les méthodes de travail des juridictions constitutionnelles », A.I.J.C., 1992,

150. Atstute Agboli, cité par K.J. Koffigoh, *Le processus démocratique en Afrique et l'observation internationale des élections*, Libreville, 1998, AIPLF
151. BASTIEN François, « Le juge, le droit et la politique : éléments d'une analyse politiste », in RFDC n°1, 1990,
152. Batyah SIERPINSKI, «un texte à la croisée du droit interne et du droit international », R.R.J. 1997, p. 1066 ; Nicolas MAZIAU, Chron. Bosnie-Herzégovine, A.I.J.C. 1999,
153. BOURGI A. « Ombres et lumières des processus de démocratisation en Afrique subsaharienne », in Bilan des Conférences nationales et processus de démocratisation, Actes du Séminaire de Cotonou, 11-12 novembre 1998.

154. CABANIS A. et MARTIN M.L, Les constitutions d'Afrique francophone. Evolutions récentes, Karthala, 1999,
155. Ch. Nach Mback, " La décentralisation en Afrique: enjeux et perspectives ", in *L'État en Afrique: entre le global et le local,* sous la dir. de J. du Bois de Gaudusson et J.-F. Médard, *Afrique contemporaine*, n° 199, 2001
156. CIHUNDA HENGELELA J., « Rapports entre les autorités politiques provinciales et le pouvoir judiciaire à Kinshasa », *Librairie africaine d'études juridiques*, vol.2, 2010.
157. Claude Momo, « *De la justice électorale au Cameroun* », Janus. Revue Camerounaise de Droit et de Science Politique, juin 2005 Cour constitutionnelle, décision 030/97/CC du 18 mars 1997 (élection à l'Assemblée nationale, Boumi-Louetsi, 3e siège).
158. CONAC G. « Les processus de démocratisation en Afrique » in l'Afrique en transition vers le pluralisme politique. Economica, colloque de Paris 12-13 décembre 1990
159. COWRAT J.P « Le Bénin, un laboratoire de démocratie en Afrique » in la Tribune de l'expansion du 24 décembre 1991,
160. DIALLO Ibrahima, « A la recherche d'un modèle africain de justice constitutionnelle » Essais in Annuaire International de Justice Constitutionnelle, XX- 2004 ;
161. DALLOZ J.P « L'itinéraire du pionnier : sur l'évolution politique béninoise » Politique africaine n° 46 ;
162. DELMAS-MARTY M., « France- États-Unis : Regards croisés sur l'internationalisation du droit », Collège de France, 10-11 avril 2006,
163. DIALLO Ibrahima, « A la recherche d'un modèle africain de justice constitutionnelle » Essais in Annuaire International de Justice Constitutionnelle, XX- 2004 ;
164. DIOP Serigne, Justice et Politique, Afrique contemporaine, n° 156, 1990,
165. Discours prononcé par Oumar Senou, Rapporteur général lors de la Rentrée judiciaire au Mali à Bamako de 2009
166. Émile Le Bris, " La laborieuse construction d'un nouvel espace public ", *Politique africaine*, n° 74, juin 1999
167. Eugenia FROEDGE TOMA, *«Congressional Influence and The Supreme Court : The Budget as A Signaling Device »*, *Journal of Legal Studies*, vol. XX, janvier 1991,
168. Eugenia FROEDGE TOMA, *«Congressional Influence and The Supreme Court : The Budget as A Signaling Device »*, *Journal of Legal Studies*,

169. FALL Alioune Badara, « Le juge, le justiciable et les pouvoirs publics : pour une appréciation concrète de la place du juge dans les systèmes politiques en Afrique », in Le statut du juge en Afrique,
170. *FAVOREU L. « La modernité des vues de C. Eisenmann sur la justice constitutionnelle » in la pensée de Charles EISENMANN sous la direction de Paul AMSELECK Economica 1986*
171. FAVOREU L. « Le Conseil constitutionnel, régulateur de l'activité normative des pouvoirs », RDP 1967, p. 5.
172. FAVOREU L., « La légitimité du juge constitutionnel », Revue internationale de droit comparé, 1994.
173. Francis DELPEREE et Anne RASSON-ROLAND, Chron. 1987, A.I.J.C., 1987,
174. François LUCHAIRE, *Le Conseil constitutionnel*, 2 tomes en 3 volumes, tome 1(*Organisation et attribution)*, Paris, Economica, 2nde éd., 1997, n° 319.
175. GAUDUSSON J. D.B., « Les solutions constitutionnelles des conflits politiques », Afrique contemporaine numéro spécial 4 trimestre. 1996
176. GONIDEC P-F., « La place des juridictions dans l'appareil d'État », in sous dir. P-F. GONIDEC, Encyclopédie juridique de l'Afrique,
177. Guillaume GOULARD, concl. sur CE 25 octobre 2002, *Brouant*, R.F.D.A. 2003,
178. Guy SCOFFONI, « Le statut constitutionnel des juges du siège et du parquet – États-Unis », A.I.J.C., 1995,
179. Guy SCOFFONI, « *La légitimité du juge constitutionnel en droit comparé : les enseignements de l'expérience américaine* »,R.I.D.C. 1999,
180. HOLO Theodore, « Emergence de la justice constitutionnelle » in La Démocratie en Afrique, Pouvoirs n°29, 129 Seuil, 2009 ;
181. HOLO Théodore, *« Emergence de la justice constitutionnelle », in Revue Pouvoirs, n° 129, 2009,*
182. Jean-Claude Masclet, « Rapport introductif à la séance sur "*L'organisation générale des contentieux en matière électoral*" », *in* Organisation internationale de la francophonie, *Aspects du contentieux électoral en Afrique. Actes du séminaire de Cotonou*, 11-12 novembre 1998,
183. J.-C. BEGUIN, *Le contrôle de la constitutionnalité des lois en République fédérale d'Allemagne*;
184. Jean Christophe CAR, in Chron. « Droit constitutionnel jurisprudentiel », D. 1997, S.C.,
185. Jean du Bois de GAUDUSSON, « Défense et illustration du constitutionnalisme en Afrique après quinze ans de pratique du pouvoir », in Renouveau du droit constitutionnel, Mélange en l'honneur de Louis FAVOREU,
186. Jean-Claude ESCARRAS, « Les juges constitutionnels - Italie », A.I.J.C., 1988,
187. Jean-Claude Masclet, « Rapport introductif à la séance sur "L'organisation générale des contentieux en matière électoral" », *in* Organisation internationale de la francophonie, *Aspect du contentieux électoral en Afrique. Actes du séminaire de Cotonou*, 11-12 novembre 1998 ;
188. Jean-Eric SCHOETTL, « Quel régime juridique pour les archives du Conseil constitutionnel ? », *Les Petites affiches*, juillet 2001, n°133,

189. KANE Elimane Mamadou, « Les obstacles structurels et culturels à l'épanouissement de la justice constitutionnelle en Afrique »,
190. Karim BENYEKHLEF, « *Le statut constitutionnel des juges du siège et du parquet - Canada* », A.I.J.C. 1995,
191. Table ronde internationale sur « *Les juges constitutionnels* », A.I.J.C. 1988,
192. KATUALA KABA KASHALA, « Une nouvelle exception à la saisine de la Cour suprême de Justice telle qu'organisée à l'article 2 du Code de sa procédure », *Justice, science et paix*, numéro spécial, Kinshasa, juin 2004
193. KATUALA KABA KASHALA, *La jurisprudence électorale congolaise commentée*, Kinshasa, The Carter Center, RD Congo, novembre 2007.
194. KELSEN H. « La garantie juridictionnelle de la constitution (la justice constitutionnelle) in RDP 1928 ;
195. Klaus SCHLAICH, « Procédures et techniques de protection des droits fondamentaux – Tribunal constitutionnel fédéral allemand », in Louis FAVOREU et al., *Cours constitutionnelles européennes et droits fondamentaux,*
196. Louis FAVOREU, « Le Conseil constitutionnel régulateur de l'activité normative des pouvoirs publics », R.D.P. 1967,
197. Marthe FATIN-ROUGE, *Le contrôle du référendum par la justice constitutionnelle*, Th. Aix-Marseille III, 1999,
198. Meledjé Djedjro, « La révision des constitutions dans les états Africains francophones :Esquisse de bilan »,RDP,1999,No1.p112
199. Michel FROMONT, « Les méthodes de travail des juridictions constitutionnelles – Allemagne », A.I.J.C., 1992,
200. Michel VERPEAUX, « Conseil constitutionnel », *Jurisclasseur administratif*, fascicule 1410, 1998, n°49.
201. MPONGO BOKAKO BAUTOLINGA E., « Le rôle de l'armée dans la construction de l'État de droit en République démocratique du Congo », in G. BAKANDEJA Wa MPUNGU, A. MBATA BETUKUMESU MANGU et R. KIENGE-KIENGE INTUDI (dir.), *Participation et responsabilité des acteurs dans un contexte d'émergence démocratique en République Démocratique du Congo*, Actes des journées scientifiques de la Faculté de Droit de l'Université de Kinshasa 18-19 juin 2007, Kinshasa, PUK, 2007 ;
202. Neji Baccouche, « Contentieux électoral et suffrage universel », *in* Abdelfattah Amor, Philippe Ardant et Henry Roussillon (dir.), *Le Suffrage universel*, PUSS, 2007 ; et « Le problème des délits électoraux en Tunisie », *Revue tunisienne de droit*, 1982.

203. NGONDANKOY NKOY-ea-LOONGYA, « De l'organisation de la Cour constitutionnelle congolaise : le constituant de 2006 induit-il le principe d'une organisation décentralisée de la nouvelle juridiction constitutionnelle », *communication lors de Journées des réflexions sur la mise en place des ordres juridictionnels prévus par la Constitution du 18 février 2006*, Faculté de Droit, Université de Kinshasa, du 29 au 31 janvier 2009, inédit.
204. OKITONEMBO WETSHOKONDA L., « La forme juridique de la décision d'interprétation d'une loi : un avis ou un arrêt ? », *Les Analyses juridiques*, n°9, 2006.

205. Olivier SCHRAMECK, « Le secrétariat général du Conseil constitutionnel », R.F.D.A., 1994,
206. P. Garrone, " Le patrimoine électoral européen. Une décennie d'expérience de la Commission de Venise dans le domaine électoral ", *RD publ.* 2001, n° 5,
207. Pascale GONOD et Olivier JOUANJAN, note sous CE 25 octobre 2002, *Brouant*, R.F.D.A. 2003,
208. Pascale GONOD, « Les archives du Conseil constitutionnel », D. 2001,
209. PHILIPPE Xavier, Mutations et révisions constitutionnelles dans les pays de l'Océan indien, A.I.J.C., X-1994, Economica-PUAM,
210. Philippe Ardant et Henry Roussillon (dir.), *Le Suffrage universel*, PUSS, 2007 p. 215 ; et « Le problème des délits électoraux en Tunisie », *Revue tunisienne de droit*, 1982.
211. Pierre BON, « Le Tribunal constitutionnel espagnol – Présentation générale », *Les Cah. Cons. const.*, n°2, 1997,
212. Pierre BON, « Présentation générale », in Pierre BON et al., *La justice constitutionnelle au Portugal*, Paris, Economica,
213. Politique africaine, n° 69, « Des élections pas "comme les autres" », mars 1998
214. Proclamation de M. Jacques Chirac, président de la République. Propos prononcés par le président du Conseil constitutionnel devant la presse le 9 mai 2002;
215. R. Otayek, " *Les élections en Afrique sont-elles un objet scientifique pertinent* ", in *Politique Africaine*, n° 69, mars 1998
216. RAYNAL J.J « Le renouveau démocratique béninois : modèle ou mirage ? « Afrique contemporaine n° 160 octobre-décembre 1991 ;
217. Roland RICCI, *La Cour constitutionnelle italienne et la résolution des conflits de normes*, Th. Toulon, 1997,
218. Sadebou Ajo Alao, *Urnes et gouvernabilité en Afrique*, GERDES, 1998,
219. SOMA Abdoulaye, « Le statut du juge constitutionnel africain »,
220. STIRN, Bernard, Premières réflexions sur la question prioritaire de constitutionnalité 2011 Bien public, bien commun. Mélanges en l'honneur Étienne FATOME,
221. Sur l'Espagne, Voir Pierre BON, « Le Tribunal constitutionnel espagnol – Présentation générale », *Loc. cit.*,
222. TCHAPNGA C.K., « Le juge constitutionnel, juge administratif au Bénin et au Gabon », in RFDC, n° 75, 2008,
223. C.E.D.H. 23 juin 1993, *Ruiz-Mateos c. Espagne*, Série A, n°262.
224. C.E.D.H. 16 septembre 1996, *Süssmann c. Allemagne*, R.U.D.H. 1997
225. C.E.D.H. 21 octobre 1997, *Pierre-Bloch c. France*, note Laurence BURGORGUE-LARSEN, A.J.D.A. 1998,
226. Joseph PINI, *Recherches sur le contentieux de constitutionnalité*, Th. Aix-Marseille III, 1997,

F. Webographie

- www.jura.uni sb.de/BIJUS/bverfgg/introfr. Htm
- www.access.gpo/congress/senate/constitution (28/12/1999),
- www.rajf.org
- www.conseil-constitutionnel.fr/divers/comm.htm
- www.radioookapi.net ,2011

- www.conseil constitutionnel.fr/divers/interim.htm [15/03/00]).
- www.uscourts.gov/ttb/sep99ttb/budget_bill. html [09/02/00]).

G. Rapports et autres documents

- Rapport italien à la 7ème conférence des Cours constitutionnelles européennes, traduction de Bruno Genevois, A.I.J.C., 1987 ;
- KAMTO M. « Les conférences nationales africaines ou la création révolutionnaire des constitutions » colloque de Bordeaux (inédit).

ANNEXES

I. Arrêt № 01

1. Requête – contestation résultats – absence preuve allégations – non fondée

Est non fondée, une requête en contestation des résultats des élections non assortie de preuves des faits alléguées, en l'espèce de la preuve que les voix attribuées à son adversaire ne correspond pas aux voix que ce dernier a réellement obtenues. CA KIN/Gombe, 9 février 2007, RCE 009, Aff. BALUKU C/ALI LUTUMBA

2. Extrait de l'arrêt

Examinant la requête, la Cour remarque que le Candidat ALI LUTUMBA OMARY, ni personne pour lui, n'a daigné soutenir la demande de la production d'une moindre preuve à la justice aux fins du triomphe de ses intérêts prétendus lésés.

Il appert ainsi que cette requête ne peut être que déclarée non fondée.

II. Arrêt №02

1. Requête – contestation résultats – absence preuve allégations – non fondée

Est infondée, le recours en contestation des résultats pour falsification introduit par un candidat qui n'a pas apporté la preuve de ses allégations (Csj, 30 janvier 2007, RCE 011, Aff. MEXANI)

2. Extrait de l'arrêt

A l'appui de sa requête, la demanderesse soutient qu'elle a été défavorisée par la mauvaise organisation du scrutin, mise en place par la Commission électorale indépendante, la falsification des résultats , le retard avec lequel ses témoins ont reçu les cartes ou fiches d'accréditation et l'existence de quelques bureaux fictifs créés dans le but de favoriser d'autres candidats que lui, notamment ceux du Mouvement de Libération du Congo, MLC en sigle, et Monsieur N'SINGA UDJUU lequel se serait même permis de déclarer lors d'un meeting à NIOKI et à KUTU : « même si vous ne votez pas pour moi, je serai élu ».

La CSJ relève que la requérante n'a pas apporté aucun élément de preuve pouvant établir la véracité de ses allégations.

III. Arrêt №03

1. Moyen annulation scrutin – Campagne électorale illégale, corruption, intimidation témoins, absence observations témoins, PV constat autorité judiciaire – fondée.

N'est pas fondée, le moyen pris de l'irrégularité des scrutins par un appelant qui reproche à la CEI d'avoir faire élire un candidat ayant fait une campagne illégale, d'avoir corrompu les élections et intimidé les témoins, lorsqu'il ne produit ni procès-verbaux contenant les observations de ses témoins, ni le procès-verbal de l'autorité judiciaire compétente.

IV. Arrêt №04

1. Requête – annulation scrutin – cause irrégularités – insuffisance preuve – non fondée

Est infondée, la requête tendant à obtenir l'annulation de scrutin pour cause d'irrégularités, en l'occurrence l'erreur sur la photo du candidat et l'invalidation des bulletins de vote étant donné que le requérant n'a produit au dossier qu'un seul bulletin de vote contenant l'erreur déplorée, mettant la Cour dans l'impossibilité de mesurer l'étendue du préjudice causé et qu'il n'a produit aucune preuve sur l'invalidation des bulletins de vote.

(CSJ, 1er février 20017, RCE 047, Aff. KABASELE MAKANGU

2. Extrait de l'arrêt

La Cour suprême de Justice, examinant le premier grief relative à la présence d'une photo étrangère à côté du nom de requérant relève que ce grief n'est pas fondé.

En effet, le requérant n'ayant produit au dossier qu'un seul bulletin de vote contenant l'erreur déplorée, elle est dans l'impossibilité de mesurer l'étendue de préjudice causé ainsi que l'impact que l'erreur aurait eu sur le résultat du scrutin.

Concernant le second grief ayant trait à l'invalidation des bulletins de vote émis en sa faveur, la Cour relève que ce grief n'est pas non plus fondé, car le requérant ne donne aucune preuve de ses allégations.

V. Arrêt №05

1. Moyen- rectification résultats – distorsion résultats affichés bureaux vote – résultats publies CEI – Absence de preuve – non fondée

Est infondé, le moyen faisant état de la distorsion du nombre des voix entre les chiffres affichés dans les bureaux de vote et ceux publiés par la CEI lorsque le grief n'est fondé sur aucune preuve.

(Csj, 23 janvier 2007, RCE088, Aff. David M'BWANKIEM)

2. Extrait de l'arrêt

Le requérant fonde son recours sur la distorsion du nombre de voix entre les chiffres provenant des résultats affichés dans les différents bureaux de vote et de dépouillement et ceux publiés par la CEI. Il estime que les 589 voix dont il est crédité officiellement par la CEI sont imaginaires et en demande la rectification par la Cour.

La Cour relève que le requérant, qui n'a pas comparu, n'a joint à son recours aucune pièce susceptible d'orienter les investigations de la Cour et n'a même pas indiqué combien de voix il avait obtenues d'après les chiffres recueillis dans les mêmes bureaux de vote et de dépouillement.

Pareil recours sera déclaré non fondé pour défaut de preuve des griefs y articulés.

VI. Arrêt №06

1. Moyen – annulation scrutin – cause irrégularités – absence preuves – non fondée

Est infondé, le moyen basé sur des irrégularités dont serait entachée l'élection, lorsqu'il le requérant ne verse pas au dossier des preuves pouvant étayer ses allégations. (Csj, 3 janvier RCE 093, Aff. KOLOSO SUMAILI

2. Extrait de l'arrêt

Parmi les griefs retenus contre la CEI, le requérant cite :

- La désignation des membres du bureau de liaison appartenant à une même tribu, les BAKUMU dont Monsieur BINDIMONO, député élu, serait l'un des membres ;
- La campagne émaillée d'injures et menaces à l'endroit du candidat des Forces du Renouveau, Monsieur KOLOSO SUMAILI ;
- Le refus par la CEI de permettre aux témoins du regroupement politique dénommé Force du Renouveau d'accéder aux bureaux de vote pour assister à l'ouverture des urnes avant le début des opérations de vote.

Le requérant reproche enfin à la CEI d'avoir permis au candidat OMBA BIDIMONO de continuer à battre campagne le jour du vote en pénétrant dans les bureaux de vote pour se faire voir et pour parler aux électeurs.

Pour toutes ces raisons, il demande à la Cour de procéder au recomptage des voix obtenues par chacun des candidats ;

La Cour relève que le requérant n'a pas versée au dossier des preuves pouvant étayer ses allégations. Elle ne peut par conséquent, faire droit à sa requête en se fondant uniquement sur des simples affirmations.

VII. Arrêt №07

1. Requête – annulation scrutin- votes irréguliers par dérogation – violation de l'article 7 – fondée

Est fondée, la requête tendant à obtenir l'annulation du scrutin pour votes irréguliers par dérogation, car ils ont été émis en violation de l'article 7 de la loi électorale №o6/006 du 9 mars 2006. CSJ 25 octobre 2206, RCE 126, Aff. PAR

2. Extrait de l'arrêt

La Cour suprême de justice relève, au vu des procès-verbaux des opérations de vote et des fiches des résultats des bureaux de vote et de dépouillement incriminés en provenance de la CEI , que dans la circonscription électorale de Lomela, les candidats se sont faits enregistrés à savoir :

Monsieur MPETSHI WOTO, candidat indépendant ; partie du Renouveau soutenant la candidature de Monsieur EKUMBAKI OMBATA, Ligue des Démocrates Chrétiens ;

- Force de la Relève Congolaise ;
- Coalition des démocrates Congolais ;
- Parti du Peuple pour la Reconstruction et la Démocratie ;
- Démocrate chrétienne ;
- Mouvement de Libération du Congo ;
- Forces novatrices pour l'Union et la Solidarité ;
- Rassemblement Congolais pour la Démocratie ;
- Monsieur LOKITO LOKOHO César.

Elle considère sur base des éléments détaillés ci-dessus que le vote effectué dans ces différents bureaux par des personnes non inscrites sur les listes, viole les dispositifs de l'article 7 de la loi électorale №06/006 du 9 mars étant donné que la majorité des personnes qui ont voté par dérogation, dans les bureaux mis en cause en faveur du candidat MPETSHI et de ses autres candidats, n'étaient pas inscrits sur la liste des électeurs comme indique le procès-verbal établi dans le bureau №9143 D. en outre, elles ne sont pas celles désignées par la disposition légale pré – rappelée.

Elle contient que les voix obtenues par le candidat MPETSHI, les autres concurrents dans les conditions illégales et à travers les bureaux identifiés ci-dessus, seront annulées et défalquées du suffrage global de voix obtenues par chaque candidat. Elle dit en définitive que la déduction de 1474 voix obtenues irrégulièrement dans les bureaux.

VIII. Arrêt №08

1. Moyen – irrégularités déroulement opérations électorales – absence de preuve non – fondée

Est infondée, le moyen faisant état des irrégularités dont serait entachée l'élection lorsque le requérant n'apporte pas la preuve des irrégularités qu'il dénonce. Csj, 3 janvier 2007, RCE 129/190, Aff. PARTI DEMOCRATE CHRETIEN

2. Extrait de l'arrêt

Après vérification des résultats provisoires mentionnés dans les procès-verbaux de dépouillement publiés par la CEI et à elle communiqués, la Cour relève que pour les bureaux de vote dénoncés comme ayant été les sièges des irrégularités, à savoir les bureaux 4323B, 4342A, 4342B, 4317A, 4317C, 4341B, 4341C, 4341D et 4341 E, le requérant a obtenu 382 voix tandis que le Mouvement de Libération du Congo et les patriotes résistants mai-mai en ont obtenu respectivement 642 et 884. Elle constate que pour cette tranche de l'électorat, le requérant occupe la troisième place après les deux autres partis politiques et qu'il n'a pas apporté la preuve ni de bourrages des urnes ni des autres irrégularités dénoncées.

Dès lors, elle déclarera le recours non fondé.

IX. Arrêt №09

1. Requête – contestation résultats électoraux – agents électoraux non désignés CEI- violation article 47 L.E. – absence preuve allégations – non fondée

N'est pas fondée, une requête en contestation des résultats introduite au motif que les agents électoraux ayant présidé aux opérations n'étaient pas désignés par la CEI en violation de l'article 47 de la loi électorale lorsque le requérant n'apporte pas la preuve de ses allégations.

Csj 26 février 2007, RCE 176, Aff. CODEP

2. Moyen – transport bulletins de vote – violation articles 47 L.E. - absence preuve allégations – non fondée

N'est pas fondée, le moyen pris de la violation des articles 6 et 6 de la loi électorale par la CEI accusée d'avoir fait transporter les bulletins de vote par un candidat lorsque le requérant n'apporte pas la preuve de ses allégations.

3. Extrait de l'arrêt

Par sa requête déposée au greffe de la CSJ le 11 septembre 2006, la Convention Démocratique du Peuple CODEP, conteste les résultats des élections législatives du 30 juillet 2006 proclamés provisoirement par la CEI, le 07 septembre 2006, pour la circonscription électorale de MASI MANIMBA province de Bandundu.

A l'appui à sa requête, la personne intéressée invoque les moyens suivants :

Premier moyen : tiré de la violation de l'article 48 de la loi électorale en ce que l'organisation et la supervision des élections, dans la circonscription de Masi-Manimba, ont été assurées par Messieurs MUMPE et SINDANK qui n'étaient pas nommés par la CEI ;

Deuxième moyen : tiré de la violation des articles 5 et 6 de la loi №04/006 du 5 juin 2004 pourtant organisation, attribution et fonctionnement de la CEI en ce que les responsables locaux de la CEI/Masi-Marimba ont autorisé le candidat KIN KIEY Tryphon à transporter et à distribuer les bulletins de vote dans les centres de Lulua codé sous 3221, de Kitoy code sous le no3223 et de Bondo code sous le no3225, alors que la mission de la CEI est de garantir la neutralité et l'impartialité dans l'organisation et le déroulement des scrutins.

Troisième moyen : tiré de la violation de l'article 54 de la loi électorale précitée en ce que la fin du scrutin législatif a eu lieu au centre de vote no3223, dans l'obscurité, soit de 18 heures à 22 heures dans les salles de classe éclairées par les bougies placées par le candidat Ki Kiey alors que ces conditions du déroulement dudit scrutin sont prohibées par le texte précité ;

Quatrième moyen : tiré de la violation des articles 67, 68 et 69 de la loi électorale susmentionnée en ce que les résultats électoraux du centre de Masi-marimba n'ont été ni rendus publics ni affichés dans aucun bureau de dépouillement de la circonscription dudit centre, les procès-verbaux de dépouillement ni signés ni reçus par les témoins des partis politiques , le ramassage des procès-verbaux de dépouillement, les pièces jointes, des bulletins et autres fiches non utilisés acheminés vers le centre local de compilation de Kikwit par les moyens de fortune dont les vélos ou les véhicules des particuliers comme ceux du candidat Kin Kiey dans les centres de vote du secteur Kitoy alors que tous ces actes sont contraires aux textes légaux susvisées ;

Cinquième moyen : tiré de la non publication et du non affichage des résultats ordonnés à travers toute la circonscription, ayant pour objectif, de falsifier les résultats et de permettre, à certains candidats de transcrire, sur des nouvelles fiches, de faux résultats notamment, au bureau de vote B du centre de Mbenda, le code 3216 où il a été constaté que le résultat du vote est différent selon qu'il apparait sur procès-verbal de dépouillement ou sur les fiches des résultats ;

Sixième moyen : tiré du fait que, dans le centre de Bilili code 3256, les électeurs n'ont pas voté à la suite des incidents créés par un président du bureau de vote et ayant entrainé la destruction et l'incendie de tous les matériels de vote ;

Septième moyen : tiré de la violation de l'article 59 de la loi électorale en ce que, dans plusieurs bureaux de vote, les membres de ces derniers ont illégalement autorisé plusieurs électeurs à voter deux fois, soit sans titre ni droit de vote en dehors de son centre d'enrôlement ;

Huitième moyen : tiré du fait que, dans plusieurs bureaux de vote, il a été constaté que le nombre des votants était supérieur au nombre de électeurs enrôlés et inscrits sur les listes électorales de ces bureaux comme il en a été le cas au centre de vote de Gobari, code 3267 ou le bureau A avait enregistré 525 votants pour 462 inscrits sur la liste électorale ;

Neuvième moyen : tiré de la violation de l'article 70 de la loi électorale du fait qu'aucune fiche de compilation des résultats ni aucun procès-verbal n'avaient été ni dressés, ni signés en présence des témoins, la plupart des bureaux de vote ayant été frauduleusement fermés par les représentants locaux de la CEI sans que les témoins de la requérante aient pu assister au dépouillement des opérations de vote ;

Dixième moyen : tiré du fait que, selon les renseignements fournis par les témoins de la requérante, les candidats déclarés provisoirement élus n'ont pas obtenu plus de voix que ceux de ladite requérante ;

La Cour relève que la présente requête ne pose aucun problème de recevabilité ; les conditions afférentes à la reconnaissance juridique de la requérante, à sa qualité et à sa représentation en justice ;

Elle peut ainsi procéder à l'examen des moyens précités :

Premier moyen : tiré de la violation de l'article 47 de la loi électorale en ce que l'organisation et la supervision des élections, dans la circonscription de Masi-Manimba, ont été assumés par Messieurs MUMPE et SINDANK qui n'étaient pas nommé par la CEI ;

Ce moyen n'est pas fondé. La requérante n'a pu prouver ni offert des preuves d'allégations précitées par toutes les voies de droit ;

Deuxième moyen : tiré de la violation des articles 5 et 6 de la loi №04/006 du 5 juin 2004 portant organisation, attribution et fonctionnement de la CEI en ce que les responsables locaux de la CEI/Masi-Marimba ont autorisé le candidat KIN KIEY Tryphon à transporter et à distribuer les bulletins de vote dans les centres de Lulua codé sous 3221, de Kitoy code sous le no3223 et de Bondo code sous le no3225, alors que la mission de la CEI est de garantir la neutralité et l'impartialité dans l'organisation et le déroulement des scrutins électoraux

Ce moyen n'est pas, non plus, fondé ; aucune preuve des allégations avancées n'est ni rapportée ni offerte par la requérante ; ce moyen sera rejeté.

Troisième moyen : tiré de la violation de l'article 54 de la loi électorale précitée en ce que la fin du scrutin législatif a eu lieu au centre de vote no3223, dans l'obscurité, soit de 18 heures à 22 heures dans les salles de classe éclairées par les bougies placées par le candidat Ki Kiey alors que ces conditions du déroulement dudit scrutin sont prohibées par le texte précité ;

Ce moyen n'est pas fondé, le requérant n'établit pas qu'au centre susdit pendant les heures susmentionnées de la CEI n'avait pas suffisamment éclairée les lieux susvisés.

Quatrième moyen : tiré de la violation des articles 67, 68 et 69 de la loi électorale susmentionnée en ce que les résultats électoraux du centre de Masi-manimba n'ont été ni rendus publics ni affichés dans aucun bureau de dépouillement de la circonscription dudit centre, les procès-verbaux de dépouillement ni signés ni reçus par les témoins des partis politiques , le ramassage des procès-verbaux de dépouillement, les pièces jointes, des bulletins et autres fiches non utilisés acheminés vers le centre local de compilation de Kikwit par les moyens de fortune dont les vélos ou les véhicules des particuliers comme ceux du candidat Kin Kiey dans les centres de vote du secteur Kitoy alors que tous ces actes sont contraires aux textes légaux susvisés ;

Ce moyen n'est pas fondé, aucun élément de preuve de la prétendue violation des articles susvisés n'a été ni apporté ni proposé par la requérante pour fonder cette allégation.

Cinquième moyen : tiré de la non publication et du non affichage des résultats ordonnés à travers toute la circonscription, ayant pour objectif, de falsifier les résultats et de permettre, à certains candidats de transcrire, sur des nouvelles fiches, de faux résultats notamment, au bureau de vote B du centre de Mbenda, le code 3216 où il a été constaté que le résultat du vote est différent selon qu'il apparait sur procès-verbal de dépouillement ou sur les fiches des résultats ;

Ce moyen n'est pas, non plus, fondé : aucune preuve de ces affirmations ne résultant, en effet, de nombreux documents du reste, certifiés conformes par le greffe de la Cour Suprême de Justice.

Sixième moyen : tiré du fait que, dans le centre de Bilili code 3256, les électeurs n'ont pas voté à la suite des incidents créés par un président du bureau de vote et ayant entrainé la destruction et l'incendie de tous les matériels de vote ;

Ce moyen n'est pas fondé, le dossier de la présente cause ne permet pas, en effet, d'établir la pertinence des faits dénoncés par la requérante ; aucune preuve de cette allégation n'est surapportée ni apportée par ladite partie.

Septième moyen : tiré de la violation de l'article 59 de la loi électorale en ce que, dans plusieurs bureaux de vote, les membres de ces derniers ont illégalement autorisé plusieurs électeurs à voter deux fois, soit sans titre ni droit de vote en dehors de son centre d'enrôlement ;

Ce moyen n'est pas fondé, aucun élément de preuve de cette prétendue violation n'a été rapporté ni proposé par la requérante.

Huitième moyen : tiré du fait que, dans plusieurs bureaux de vote, il a été constaté que le nombre des votants était supérieur au nombre des électeurs enrôlés et inscrits sur les listes électorales de ces bureaux comme il en a été le cas au centre de vote de Gobari, code 3267 où le bureau A avait enregistré 525 votants pour 462 inscrits sur la liste électorale ;

Ce moyen n'est pas fondé ; aucune preuve de ces allégations n'a été ni rapporté par la requérante ; il doit être rejeté.

Neuvième moyen : tiré de la violation de l'article 70 de la loi électorale du fait qu'aucune fiche de compilation des résultats ni aucun procès-verbal n'avaient été ni dressés, ni signés en présence des témoins, la plupart des bureaux de vote ayant été frauduleusement fermés par les représentants locaux de la CEI sans que les témoins de la requérante aient pu assister au dépouillement des opérations de vote ;

Ce moyen n'est pas fondé ; la requérante n'a pas prouvé la pertinence de cette prétendue violation de l'article susvisé ; ledit moyen mérite, donc le rejet ;

Dixième moyen : tiré du fait que, selon les renseignements fournis par les témoins de la requérante, les candidats déclarés provisoirement élus n'ont pas obtenu plus de voix que ceux de ladite requérante ;

Ce moyen n'est pas fondé ; cette dernière n'a ni prouver ni offert des preuves que ces candidats non provisoirement déclarés élus ont rempli toutes les conditions prévues, notamment, électorales ; cette partie n'a pas spécialement établie que les documents transmis à la CSJ par la CEI sont moins convaincus que les renseignements fournis à la requérante par ses témoins.

Aucun moyen de la présente requête n'étant retenu, celle-ci sera déclaré non fondée et rejetée.

X. Arrêt №010

1. Requête – rectification résultats électoraux – écart défavorable résultats affichés résultats proclamés absence de preuve.

N'est pas fondé, la requête en rectification des résultats électoraux dont l'auteur ne donne aucune preuve de ses allégations en produisant notamment les procès-verbaux de dépouillement des opérations de vote ou les fiches de résultats du centre de compilation contenant les observations de ses témoins.

Csj, 15 décembre 2006, RCE/DN/KN 228, Aff. NGOY KALUME

2. Extrait de l'arrêt

A l'appui de sa requête, le demandeur prétend qu'il existe une nette différence entre les résultats affichés après le dépouillement du centre local de compilation et ceux proclamés par la CEI. Il soutient à cet effet que si les résultats des urnes avaient été respectés, son candidat aurait eu droit à un siège à l'Assemblée nationale.

La CSJ dira ce recours non. En effet, le requérant ne donne aucune preuve de ses allégations, en produisant notamment les procès-verbaux de dépouillement des opérations de vote ou les fiches de résultats du centre de compilation contenant les observations de ses témoins ou encore autre pièce pouvant faire foi.

XI. Arrêt №011

1. Moyen – contestation résultats élection – nombre de voix inferieur – fraude – absence de preuve – non fondé

Est infondé, le moyen faisant état de la réduction du nombre de voix d'un candidat à la suite de la fraude, lorsque le candidat n'apporte pas la preuve de ce qu'il était classé en ordre utile pour mériter un siège.

Csj, 26 janvier 2007, RCE 267, Aff. KAYA KINZONZI

2. Extrait de l'arrêt

Entendu à l'audience publique du 19 janvier 2007, il a déclaré qu'à l'issu des opérations des vérifications des résultats électoraux, il a totalisé 1805 voix soit moins que le nombre de voix à lui accordé par la CEI et encore moins que celui auquel il avait prétendu avoir droit.

La preuve de ce qu'il est classé en ordre utile pour mériter un siège n'ayant pas été apportée, la Cour déclarera sa requête non fondée.

XII. Arrêt №012

1. Requête – contestation résultats provisoires – motif distorsion résultats publiés, résultats affiches- rectification – absence preuves nombre votants, sièges prévues, partis politiques- candidat lice, bulletins blancs, nuls – non fondé

Est fondé, la requête en contestation des résultats formée par un requérant qui ne produit à son appui ni le nombre des votants, ni le nombre des sièges prévus, ni le nombre de candidats en lice, ni le nombre des bulletins blancs et nul enregistrés dans sa circonscription.

Csj, 26 février 2007, RCE 281, Aff. PDC

2. Extrait de l'arrêt

Moyen unique : tiré du fait que Monsieur MUSUMBA INKAZA Garry, candidat du requérant dans la circonscription électorale susvisée, a bénéficié des résultats électoraux différents selon qu'il s'agit de ceux affichés devant les bureaux de vote, soit 4.197 voici, ou ceux affichés par le CLCR de Sende 3.417 voix, cette différence de voix devant profiter audit candidat sur l'ensemble des voix recueillies par le parti dans cette circonscription, soit 9.260 voix en tout.

La Cour relève que la présente requête réunit toutes les conditions de la recevabilité ; sa reconnaissance juridique, sa qualité, sa représentation en justice.

Donc, elle peut examiner le moyen unique sus invoquée à l'appui de la présente requête.

Ce moyen n'est pas fondé ; en effet, le requérant n'a pas prouvé le nombre des votants de la circonscription intéressée, des sièges prévus, des partis ou des candidats en lice, des bulletins blancs ou nuls des suffrages valables exprimés ; le requérant n'a pas, non plus, prouve le quotient électoral pour ce scrutin.

Tous ces renseignements auraient dû permettre, à la Cour suprême de Justice, d'assurer entre autres une application efficace de la règle du plus fort reste aux résultats électoraux obtenus dans la circonscription susvisée.

La présente requête sera déclarée recevable, mais non fondé.

Quant à la requête de réouverture des débats, présentée par le parti politique du nom de l'Alliance pour le Renouveau du Congo, en sigle ARC, la Cour l'estime sans objet.

XIII. Arrêt №013

1. Requête – parti politique - annulation résultats élections – absence preuves non fondé

Est infondée, la requête en annulation des résultats des élections introduite par le requérant qui n'a pas produit ni offert de produire les preuves à ses allégations

Csj, 14 novembre 2006, RCE 301, Aff. Partie politique démocratique chrétienne, abrégée DC

2. Extrait de l'arrêt

A l'appui de son recours, la requérante soutient avoir constaté après la publication que les résultats affichés dans les différents centres divergeaient de ceux publiés officiellement par le bureau de représentation provinciale de la CEI Kasai oriental. Il en est notamment des candidats KABEMBA KABEMBA Achille, MUSEKA TSHILUMBA Pie, , MULUMBA MUKAMA Gilbert et KALONJI TSHIBUMBA Joachin qui ont obtenu respectivement 534, 358, 333 et 470 voix au lieu respectivement de 248, 205, 188 et 165 voix leur attribuées par la CEI

Sans qu'il soit nécessaire d'examiner la demande de réouverture des débats introduite par la requérante le 3 novembre 2006 et celle du 10 octobre 2006, la Cour dira non fondé le recours de cette dernière.

En effet, elle constate que la requérante n'a produit ni offert de produire les preuves de ses allégations. Le procès-verbal du 3 novembre 2006 qui aurait constaté notamment que la liste des candidats de la Démocratie chrétienne a obtenu 947 voix sur 706 bureaux de vote recomptées n'a pas été signée par l'un de ses auteurs, en occurrence le greffier divisionnaire MBAO Thomas[969].

969 KATUALA KABAKASHALA, *la jurisprudence électorale congolaise commentée*, Ed. Batena, Kinshasa, 2006, pp 312-323, 327-329, 331-345

Table des matières

Structures éditoriales du groupe L'Harmattan

L'Harmattan Italie
Via degli Artisti, 15
10124 Torino
harmattan.italia@gmail.com

L'Harmattan Hongrie
Kossuth l. u. 14-16.
1053 Budapest
harmattan@harmattan.hu

L'Harmattan Sénégal
10 VDN en face Mermoz
BP 45034 Dakar-Fann
senharmattan@gmail.com

L'Harmattan Cameroun
TSINGA/FECAFOOT
BP 11486 Yaoundé
inkoukam@gmail.com

L'Harmattan Burkina Faso
Achille Somé – tengnule@hotmail.fr

L'Harmattan Guinée
Almamya, rue KA 028 OKB Agency
BP 3470 Conakry
harmattanguinee@yahoo.fr

L'Harmattan RDC
185, avenue Nyangwe
Commune de Lingwala – Kinshasa
matangilamusadila@yahoo.fr

L'Harmattan Congo
67, boulevard Denis-Sassou-N'Guesso
BP 2874 Brazzaville
harmattan.congo@yahoo.fr

L'Harmattan Mali
Sirakoro-Meguetana V31
Bamako
syllaka@yahoo.fr

L'Harmattan Togo
Djidjole – Lomé
Maison Amela
face EPP BATOME
ddamela@aol.com

L'Harmattan Côte d'Ivoire
Résidence Karl – Cité des Arts
Abidjan-Cocody
03 BP 1588 Abidjan
espace_harmattan.ci@hotmail.fr

L'Harmattan Algérie
22, rue Moulay-Mohamed
31000 Oran
info2@harmattan-algerie.com

L'Harmattan Maroc
5, rue Ferrane-Kouicha, Talaâ-Elkbira
Chrableyine, Fès-Médine
30000 Fès
harmattan.maroc@gmail.com

Nos librairies en France

Librairie internationale
16, rue des Écoles – 75005 Paris
librairie.internationale@harmattan.fr
01 40 46 79 11
www.librairieharmattan.com

Librairie l'Espace Harmattan
21 bis, rue des Écoles – 75005 Paris
librairie.espace@harmattan.fr
01 43 29 49 42

Lib. sciences humaines & histoire
21, rue des Écoles – 75005 Paris
librairie.sh@harmattan.fr
01 46 34 13 71
www.librairieharmattansh.com

Lib. Méditerranée & Moyen-Orient
7, rue des Carmes – 75005 Paris
librairie.mediterranee@harmattan.fr
01 43 29 71 15

Librairie Le Lucernaire
53, rue Notre-Dame-des-Champs – 75006 Paris
librairie@lucernaire.fr
01 42 22 67 13

www.ingramcontent.com/pod-product-compliance
Lightning Source LLC
LaVergne TN
LVHW011137061026
849535LV00003B/513
* 9 7 8 2 3 4 3 1 7 1 4 1 8 *